AF397589

BIBLIOTECA INDIANA
Publicaciones del Centro de Estudios Indianos (CEI)

Universidad de Navarra
Editorial Iberoamericana

Dirección: Ignacio Arellano y Celsa Carmen García Valdés.
Subdirección: Juan Manuel Escudero.
Secretario ejecutivo: Álvaro Baraibar.
Coordinadora: Pilar Latasa.

Biblioteca Indiana, 22

FRAY DIEGO DE OCAÑA

VIAJE POR EL NUEVO MUNDO:
DE GUADALUPE A POTOSÍ, 1599-1605

EDICIÓN CRÍTICA, INTRODUCCIÓN Y NOTAS DE
BLANCA LÓPEZ DE MARISCAL
Y ABRAHAM MADROÑAL

CON LA COLABORACIÓN DE ALEJANDRA SORIA

Universidad de Navarra • Iberoamericana • Vervuert • Bonilla Artigas
Instituto Tecnológico y de Estudios Superiores de Monterrey • 2010

BONILLA
ARTIGAS
EDITORES

TECNOLÓGICO
DE MONTERREY.

ÍNDICE

PRELIMINAR

El volumen que aquí presentamos contiene una edición crítica del relato del viaje que realizó fray Diego de Ocaña entre 1599 y 1605 a lo largo de la América del Sur. Dicha edición va acompañada de un estudio introductorio y de un conjunto de notas destinadas a explicar cada uno de los pormenores que se citan a lo largo de la relación.

Se trata de un texto muy complejo en el que se aglutinan diferentes géneros literarios que van desde la relación del viaje en prosa hasta una comedia en verso al estilo de las que se representaban en España a finales del siglo XVI, pasando por relaciones de fiestas y sucesos, poemas religiosos, plegarias a la Virgen, etc. Es también de suma importancia la presencia de mapas y dibujos que intentan representar la realidad geográfica y las características de los habitantes y colonizadores con los que entró en contacto el autor a lo largo de su viaje. Todo ello debido a la pluma de Ocaña.

Por primera vez se edita el texto completo y en el mismo orden en que lo dispuso su autor, procurando respetar la voluntad de éste. Actualmente el manuscrito original se encuentra en la Biblioteca Museo de la Universidad de Oviedo y ha sido objeto de varias ediciones, tanto de partes aisladas del mismo (especialmente la comedia) como del conjunto; pero en ninguno de los casos presentan una lectura rigurosa, como se pretende ofrecer aquí.

Como la figura de Ocaña, el trabajo de investigación reúne a especialistas de España y América; la complejidad de la obra editada necesariamente requería la presencia interdisciplinar de profesionales de diversos ámbitos y géneros, motivo por el cual es producto de una colaboración en la que se conjugan dos lecturas especializadas: la de las relaciones de viajes y la del teatro y la poesía del Siglo de Oro.

Nos queda agradecer a Andrés Eichmann la lectura que hizo de este trabajo en una de sus etapas finales y sus sugerencias para enriquecer el contexto. Agradecemos también a Guillermo Gómez Sánchéz-Ferrer y José Vicente Salido López su valiosa ayuda.

INTRODUCCIÓN

Del autor y su viaje

Lo primero que nos preguntamos al analizar el recorrido que entre 1599 y 1605 llevó a cabo, a lo largo de gran parte de la América del Sur, fray Diego de Ocaña es ¿qué tipo de persona realiza, en el siglo XVII, un viaje de más de 35.000 kilómetros y con qué motivo? Se trata de un viaje que lo llevó desde el monasterio de Guadalupe en Extremadura y a través del Atlántico, a recorrer de norte a sur la costa occidental de América del Sur, hasta llegar a Chiloé; cruzar la cordillera de los Andes; transitar una buena parte de las pampas argentinas; visitar Buenos Aires; y, ya en su camino de regreso, atravesar el Paraguay y Tucumán para finalmente llegar a las ciudades de La Plata y Potosí, en las que fue el artífice de las celebraciones en honor de la imagen de Guadalupe que él mismo pintó. Su recorrido lo llevó también a Chuquiapo, actual ciudad de La Paz, Arequipa y el Cusco, ciudad sagrada de los incas, para posteriormente regresar a Lima desde donde nos informa que había de embarcarse rumbo al Virreinato de la Nueva España en el que, seguramente, murió.

Ocaña había nacido en la villa de su nombre hacia 1570; era hijo de Juan Huerta y María de Salcedo. Ingresó en el monasterio jerónimo de Guadalupe el 8 de junio de 1588 e hizo profesión religiosa, siendo prior otro probable paisano, fray Diego de Talavera, a quien no hay que confundir con otro prior, fray Gabriel de Talavera, que escribiría también una obra importante relacionada con la Virgen, la *Historia de Nuestra Señora de Guadalupe* (Toledo, 1597), que sin duda determinó de forma fundamental la comedia de fray Diego, pues con él embarcó camino del Nuevo Mundo.

Aunque no es el momento, bien estará que mencionemos de pasada que este fray Gabriel de Talavera fue el que convocó al monasterio a importantes personalidades literarias de la época, entre otros al mejor poeta religioso toledano: el maestro José de Valdivielso, que acudió a Guadalupe en 1597 con otros clérigos de la catedral y quizá en compañía del mejor pintor toledano de todos los tiempos, el famoso Greco. Tenía como misión celebrar una fiesta con motivo del traslado de unas reliquias. Talavera pretendía que Valdivielso redactase una relación de dichas fiestas, a la vez que le animó a componer un epítome sobre la vida de san José, a quien se dedicó la capilla que había recibido dichas reliquias. En otro lugar se ha apuntado que la *Vida de San José* de Valdivielso y algunos de los cuadros del pintor griego con este motivo quizá estén relacionados[1]. A todo se hallaba presente un joven fray Diego.

Muy poco después del año de la publicación de la *Historia de Nuestra Señora de Guadalupe* (1597), de Talavera, y el dato es importante para nuestros propósitos, sale Ocaña en compañía de otro fraile de su monasterio, fray Martín de Posada, hacia Sevilla para embarcar hacia América y con el objeto de «fomentar el Monasterio, que los enviaba, además, para que recogiesen los grandes donativos hechos allí a la Virgen extremeña y reglamentasen su envío para el porvenir»[2].

Fray Martín de Posada no logró sobrevivir mucho tiempo después de haber llegado a tierra firme, Ocaña nos relata cómo, a los once días del mes de septiembre del año de su partida, expiró en sus brazos cuando se encontraban en Paita. Este padre Posada es el protagonista de un famoso caso de exorcismo que se llevó acabo en el convento de Santo Toribio de Liébana, donde después de muchos intentos por expulsar al demonio del cuerpo de una posesa el padre Posada, gracias a la intervención de una imagen de la Virgen de Guadalupe, logra liberarla del maligno[3].

---

[1] Madroñal, 2002, pp. 273-294.

[2] Villacampa, 1934, pp. 67-139. La cita es de las pp. 67 y 68.

[3] Crémoux, 2008, p. 80, relata este caso que ha sido consignado por Talavera y Montalvo en sus antologías de milagros atribuidos a la Virgen de Guadalupe.

En la *Relación* de Ocaña queda muy claro que la principal finalidad del viaje era la de asentar cofrades y recabar entre ellos limosnas destinadas al convento extremeño y a solventar los gastos de la larga travesía:

> Por espacio de tres meses que estuve en Panamá los ocupé en asentar cofrades de nuestra Señora a toda la gente de la ciudad. La limosna que dieron fue dos mil reales; la mitad la dejé para que la enviasen a España y lo demás iba gastando con médicos y en las demás cosas necesarias para nuestra embarcación (fols. 19 y 19v).

Su intención era reunir contribuciones y destinarlas a la casa española, de tal manera que los donativos de los fieles establecidos en las tierras recientemente conquistadas y pobladas no se desviasen a otras órdenes religiosas o a otras advocaciones marianas:

> Y con esto les quité las limosnas [a los dominicos], que era lo que yo pretendía; de manera que todos los días anda un hombre por las calles y casas pidiendo para nuestra señora de Guadalupe, y lo que recoge se entrega a los mayordomos para que se junte para Castilla. Y de esta suerte será esta limosna perpetua (fol. 214v).

Ambos frailes habían conseguido que el monasterio les nombrase representantes suyos en escritura pública de 14 de octubre de 1598, con objeto de que las ofrendas americanas a la Virgen llegaran íntegras al monasterio español y no quedasen en manos de intermediarios. En un principio el fraile comisionado para acompañar a fray Martín de Posada fue fray Pedro de Valencia, el que llegaría a ser rector del Colegio de Salamanca, pero después le sustituyó nuestro Ocaña, que sería quien viajase efectivamente. La sustitución, como veremos, fue muy afortunada.

En 1599, los dos frailes embarcan en Sevilla, pasan las penalidades propias de una travesía tan larga y llegan por fin a América. Posada muere muy pronto, el 11 de septiembre de 1599 en el puerto de Paita; Ocaña, ya solo, marcha hacia Lima, pasa por Piura, Saña, Trujillo. Se detiene en la capital del virreinato peruano hasta febrero de 1600 y pinta la imagen para la capilla de la Virgen de Guadalupe, de la Ciudad de los Reyes. En la última fecha mencionada se embarca en el Callao y llega a Coquimbo, atravesando después Chile hasta llegar a Osorno y la isla de Chiloé, como dice, sin parar en sitio alguno, siempre caminando incesantemente. Cuando pretendió volver a Lima, le sorprendió la sublevación de los indios y se vio obligado a cruzar los Andes hasta arribar a Paraguay y luego a Potosí el 18 de julio de 1600. Allí, en Potosí y Sucre, se detuvo hasta 1603 y pintó las imágenes de la Virgen para el convento de San Francisco de Potosí y para la catedral de Sucre, esta última todavía se conserva hoy con gran devoción de sus fieles[4]. También organizó las fiestas que menciona en su manuscrito. Sale el 16 de junio de 1603 hacia Chuquiapo, Copacabana, Arequipa y Cusco y llega a Lima, ya enfermo, en agosto de 1604. Justamente en la Navidad de ese año se propone embarcar para México, noticia que resulta ser la última que nos lo presenta como vivo todavía, porque lo que sabemos de él después es que había muerto ya en 1608, en México. Concretamente el 17 de noviembre de ese año llega la noticia de su muerte a su monasterio de Guadalupe, donde se celebran en su honor las honras de precepto[5].

Ocaña, bien claro es, era un fraile viajero, con una resistencia casi sobrehumana, un quijote manchego, como ese otro contemporáneo a quien Miguel de Cervantes estaba mandando a viajar por la España de su tiempo, que tiene por cometido extender la devoción a la Virgen extremeña por todos los medios, y por ello escribe y pinta, ambas cosas aceptablemente. Por fortuna, nos deja una relación pormenorizada de su viaje desde que embarca en España hasta que lo hace para ir a México. Junto a la relación de las penalidades de dicho viaje intercala también las relaciones de fiestas en que participa y las poesías y la comedia que compone para honrar a la Virgen en cada uno de los lugares que visita. Este hecho ha permitido que se nos conserve íntegra la *Comedia de la Virgen de Guadalupe*, que escribió el fraile.

La buena fortuna de que el manuscrito original se conserve hoy en la Biblioteca Universitaria de Oviedo, después de una serie de vicisitudes, ha hecho posible que podamos leer el texto tal cual lo transcribió su autor. No es el manuscrito primero, más bien parece una copia en limpio de lo que fray Diego iba escribiendo, dado que tenía por costumbre ir anotando en cualquier papel las circunstancias de

---

[4] Álvarez, 1969, p. 445, señala que ya no existe el lienzo pintado por Ocaña en 1602, en su lugar hay una lámina de plata que se hizo a imagen exacta del citado lienzo, seguramente destruido por la acción del tiempo.

[5] Seguimos a Villacampa, 1934, pp. 71-72.

cada jornada y, muy especialmente, todo lo que afectaba a la economía relacionada con el culto a la Virgen.

Es necesario apuntar que el viaje de fray Martín de Posada y de fray Diego de Ocaña se da como consecuencia de una crisis económica en la que se encontraba el monasterio desde los años sesenta, debida principalmente a la disminución de las limosnas por la mala situación económica en la que estaba el país. Situación que se veía agravada por la disminución de las peregrinaciones y el deterioro de la estimación social de los romeros, ya que ambas prácticas, comunes en el Medievo, habían entrado en franca declinación para fines del siglo XVI y empezaban a desaparecer. Para consolidar el sistema de recaudación, el monasterio había ya enviado al continente americano a otros jerónimos. Éste fue el caso del fallido viaje de fray Diego de Losar, quien salió del convento hacia 1587 con un derrotero muy similar al de Ocaña. Tenemos noticias puntuales de su labor, ya que Ocaña hace varias veces referencia a ella en su texto, destacando los motivos por los que la misión recaudatoria de Losar no tuvo los resultados económicos que se esperaban.

Por otra parte, no está de más recordar que en el Nuevo Mundo se iba consolidando un culto guadalupano cada vez más extendido y cada vez más intenso[6], debido seguramente en gran medida a que las gestas del descubrimiento y la conquista de América se encuentran, en muchos casos, marcadas por la personalidad y las prácticas religiosas de los extremeños, quienes extendieron por el Nuevo Mundo la devoción a la imagen de Guadalupe. Disponemos de información muy precisa sobre el origen de los pobladores, con la que es posible afirmar que a partir de 1541 «los viajeros que partían al Perú eran en su mayoría (80%) andaluces, extremeños y castellanos», y entre los viajeros cuyo destino era México la cifra de los provenientes de la misma región asciende al 88%[7]. Muchos de los conquistadores visitaban el monasterio antes de emprender su azaroso viaje o al retornar de él.

---

[6] Un buen ejemplo de esto, lo encontramos en la profundamente arraigada tradición mexicana, en la que la devoción a la advocación guadalupana se vio fortalecida con la aparición, en 1531, de una imagen que adoptó Aunque investigadores como Andrés Eichmann, siguiendo a Mujica Pinilla, sostienen que se trata solamente de un caso de homonimia en el que resulta difícil asimilar la Guadalupe mexicana a la extremeña.

[7] Baudot, 1983, p. 45.

El mismo Cristóbal Colón visitó Guadalupe en varias ocasiones, una de ellas en 1486, y lo mismo podemos decir de Hernán Cortés y de los hermanos Pizarro, extremeños que antes de embarcarse a América solían pasar, en condición de peregrinos, al monasterio guadalupano a rendir su tributo a la Virgen y solicitarle la gracia de encontrar condiciones favorables para el largo trayecto. No es por eso extraño que el culto a la guadalupana haya encontrado en los conquistadores un medio para extenderse en tierras americanas, y de ahí también que los superiores del convento decidieran enviar, con autorización de Felipe II[8], a sus recolectores de limosnas, uno de los cuales fue ni más ni menos Diego de Ocaña.

La relación de viaje de fray Diego de Ocaña

La relación de viaje que hizo fray Diego de Ocaña por tierras americanas entre 1599 y 1605 es un texto que ha sido publicado en forma fragmentaria en varias ocasiones, dos de ellas por fray Arturo Álvarez, la primera con el título *Un viaje fascinante por la América hispana del siglo XVI* (Madrid, Studium, 1969) y la segunda, aún más fragmentada que la primera, titulada *A través de la América del Sur*, forma parte de la colección «Crónicas de América» de Historia 16 (Madrid, 1987)[9]. Existe un tercer fragmento de este texto que bajo el título «Fray Diego de Ocaña, Relación del viaje a Chile, año 1600» fue publicado en dos ocasiones por Eugenio Pereira Salas, la primera en *Anales* de la Universidad de Chile y la segunda, ya en forma de libro, con un prólogo de Lorena Loyola Goich, en 1995, en la Editorial Universitaria.

El texto es mucho más que un relato de viaje ya que contiene, además de relaciones de sucesos[10], la descripción de las fiestas que se realizaron para la entronización de la Virgen en las ciudades de La

---

[8] «Para recoger y cobrar las limosnas y mandas que se hubieren hecho [...] al Monasterio de Nuestra Señora de Guadalupe», *Real Cédula*, Archivo General de Indias, Sección Quinta. Indiferente general, legajo 2.869.

[9] La presente edición debe mucho a los estudios y anotaciones realizadas por Álvarez en sus ediciones de 1969 y 1987. Gracias a la erudición de don Arturo este trabajo se ha visto iluminado, y se han esclarecido muchas de las dudas que se nos plantearon a lo largo de la investigación.

[10] Entre las relaciones de sucesos que se encuentran en el texto de Ocaña se narra lo acaecido durante algunos de los terremotos de los que fue testigo a lo largo

Plata, Charcas y Potosí (fols. 152-162, 188-190, 255-260[11] del manuscrito), y una comedia titulada *Comedia de Nuestra Señora de Guadalupe y sus milagros* (folios 235 al 254 del manuscrito); y veintidós dibujos y cinco mapas. Se abundará sobre cada uno de estos temas a lo largo de la introducción.

Cabe señalar que en ninguna de las ediciones modernas del texto se ha respetado la integridad de la obra, ya que en varias de ellas se suprimen los grabados, la comedia y las relaciones de fiesta. Cuando alguno de estos textos se llega a incluir aparecen como apéndices, tal es el caso de la edición de 1969 de Álvarez en la que las «Canciones en honor de la Virgen de Guadalupe» aparecen en el Apéndice III, la «Letanía mariana» en el Apéndice IV, la «Descripción de la fiesta del Potosí» en el Apéndice V y la «Comedia que se representó en honor de la Virgen de Guadalupe» en el Apéndice VI. Decisiones seguramente tomadas a partir de criterios editoriales que no permiten al receptor conceptualizar la totalidad del texto.

Por su parte, la comedia fue publicada por fray Carlos Villacampa en la revista *El monasterio de Guadalupe*, en 1934, y posteriormente reproducida en su libro *La Virgen de la Hispanidad* (1942); también se editó en La Paz, en 1957, en los Cuadernos de teatro de la Biblioteca Paceña, en una edición dirigida por Jacobo Liberman con introducción de Teresa Gisbert e ilustraciones modernas de José Mesa.

Algunas de las 27 ilustraciones que contiene la obra han sido publicadas en la edición de 1995 de *Viaje a Chile* o acompañando estudios de historia del arte colonial[12]. De los 27 dibujos cuatro son mapas delineados en tinta y coloreados con acuarela verde, otro es un bosquejo del cerro del Potosí, y en los 22 restantes se representan seres humanos y animales. Estos dibujos fueron realizados por Ocaña con plumilla y 18 han sido coloreados con acuarela por el autor. Ilustran las descripciones de los indígenas de las diferentes regiones visitadas, así como su forma de vestir. Entre ellos cabe destacar la serie de dibujos con los que se muestran el traje de los indios de los llanos (fols.

---

de su viaje, entre ellos, los de Arequipa (1600 y 1604), el de Chuquisaca (1601) y el de Lima (1605); así como también un auto inquisitorial celebrado en Lima en 1605.

[11] Que en el manuscrito aparece como la 301, porque existe un error de paginación, de tal forma que se pasa de la página 250 a la página 300 sin que existan vacíos.

[12] Ver *Los Siglos de Oro en los virreinatos*, 1999 y Foerster, 1996.

33v y 34), el de los indios de la ciénaga del Purén (fols. 103v y 104), un indio del Paraguay (fol. 118v), los trajes de los indios y de las indias del Tucumán (fols. 130v y 131), los indios e indias chirigunaes (fol. 302) y los trajes de los indios del Collao (fols. 310v y 311), entre otros. Incluye también dibujos de personajes destacados como una imagen de Lautaro, indio que mató a la gente del gobernador Valdivia (fols. 74v y 75), el gobernador Martín García de Loyola y su yanacona (fols. 93v y 94), y el gobernador Alonso de Sotomayor (fol. 104). Ilustra también los camélidos americanos a los que él, como casi todos los autores de los siglos XVI al XVII, llaman «carneros del Pirú» o «carneros de la tierra», e incluye cuatro mapas en los que se representan las características más destacadas de la costa del Pacífico que recorre a lo largo de su viaje. Ocaña califica a estos mapas como «papeles». En el papel primero describe la costa desde Coquimbo hasta Santiago (fols. 72v y 73), el papel segundo da cuenta de la geografía desde Santiago hasta la ciudad de Chillán (fols. 80v y 81), el papel tercero da información desde Chillán hasta la Ciudad Imperial de la Concepción (fols. 88v y 89) y el cuarto va de la Imperial a Valdivia (fols. 96v y 97).

En una primera lectura el texto de Ocaña parece tener la misma estructura y las mismas características de la gran mayoría de los *relatos de viaje* que se produjeron a partir de las expediciones de descubrimiento y conquista del siglo XVI[13]. La información que contienen estos relatos, suele responder a instrucciones precisas que se les daba a los conquistadores para la elaboración de sus relaciones. En la instrucción de don Antonio de Mendoza que acompaña a la relación de fray Marcos de Niza se le ordena, entre otras cosas informarse si los indios están en paz o en guerra «los unos indios con los otros»; observar la cantidad de gente que hay en los poblados: «si es mucha o poca o si están derramados o si viven juntos»; informar sobre la calidad y fertilidad de la tierra: «si es áspera o llana, los ríos si son grandes o pequeños, y las piedras y metales que hay en ellos; dar noticia sobre las costas del mar, ya sea el mar del Sur o el mar del Norte», y «si llegáredes á la costa del mar del Sur [...] al pie de un árbol seña-

---

[13] Esto sucede, sobre todo, si lo que leemos es una de las ediciones modernas, tan fragmentadas.

lado de grande dejar enterradas cartas de lo que os pareciere que conviene avisar[14]...».

Este tipo de instrucciones fueron posteriormente formalizadas por la Corona y se encuentran contenidas en la *Instrucción y memoria de las relaciones que se han de hacer para la descripción de la Indias*. Se trata de un texto que se imprimió en 1577 en el cual, como su nombre indica, se dan instrucciones de cómo se deben elaborar las relaciones, los listados y las memorias de todos los pueblos de indios y de españoles que se encuentran bajo jurisdicción de la Corona. Estas instrucciones estaban destinadas a estructurar la información que habían de mandar a la metrópoli, tanto los concejales de los pueblos, como los curas o los religiosos que estuvieran a cargo de impartir la doctrina en los poblados más remotos del imperio y, al igual que en el instructivo del virrey Mendoza, se pide dejar asentada información muy concreta contenida en cincuenta apartados o números entre los que destacan: asentar el nombre de la comarca o provincia, quién fue el descubridor o conquistador de ella, la información sobre el temperamento y la calidad del clima, de las aguas, de la tierra y de los pobladores.

Se pide también que quede asentada la información con respecto a la localización geográfica «si estuviese tomada», la distancia con respecto a otros pueblos de españoles y de indios, los nombres y sobrenombres de dichos pueblos, las características del sitio y asiento de los mismos. Los apartados 13 al 15 están dedicados a la información sobre las lenguas, las costumbres y los gobiernos de los pueblos de indios, para continuar con información sobre el asiento en el que están los poblados, las sierras o cordilleras, los ríos, los lagos y las lagunas, los volcanes y las grutas, la vegetación silvestre y los cultivos tanto de frutales como de granos y hortalizas. Desde luego no quedan fuera de la larga lista las minas de oro y plata, las canteras de piedras preciosas, las salinas, las formas de las casas y los materiales de construcción, así como los edificios. En este rubro se pone especial atención a las instalaciones de los religiosos, ya se trate de conventos y monasterios, iglesias, catedrales, hospitales y colegios, etcétera.

La crónica de Ocaña, a pesar de no ser una crónica oficial, parece seguir al pie de la letra esta clase de documentos, ya que se encarga

---

[14] Mendoza, 1992, p. 146.

de dar, de manera minuciosa, todo este tipo de información lo que la convierte en un estupendo documento referencial en el que podemos encontrar información precisa sobre el extenso territorio que recorre. Pero, justamente por tratarse de un documento que parece tener como destinatario, no a la Corona, sino a los hermanos que ha dejado atrás en el convento, nos encontramos con un texto que va mucho más allá del documento oficial y en el que el narrador deja también plasmadas sus vivencias personales y su muy particular forma de percibir los espacios que recorre.

Resultan de especial interés pasajes en los que el fraile describe el paisaje exuberante y extraño con el que se va enfrentando, como el paraje costero que encontró Ocaña entre Chiclayo y el pueblo de Etén, en el que reporta haber visto un cúmulo de piedras con características que le resultaron extraordinarias, ya que al ser:

> [...] heridas con otras piedras, es tanto lo que suenan que se oyen media legua larga y con tan sonoro sonido, que parecen campanas muy grandes; y me pareció que sonaban tanto como la campana grande de nuestra casa. Y lo que más admira, es que estábamos seis personas alrededor de las dos piedras, y cada uno de nosotros teníamos en las manos piedras, unas grandes y otras pequeñas, y dábamos todos a un tiempo en diferentes lugares y parecía que repicábamos una docena de campanas, unas grandes y otras pequeñas, de suerte que según es la piedra con que se da, ansí suena; que si es grande parece una campana muy grande y si es una piedra pequeñita, suena como campanilla. Y con tan grande sonido que dura mucho el retintín que suena en el oído, como cuando se da un golpe grande en una campana... (fol. 42).

La descripción de la *pedra do sino*, como se llaman en Brasil a estas piedras sonoras que también se suelen localizar en algunas de las costas del Pacífico sudamericano, resulta por demás ociosa si la contrastamos con la información utilitaria que los documentos oficiales solían exigir, pero fray Diego quien, como dijimos antes, cumple rigurosamente con consignar la información que sus superiores esperarían encontrar, tiene también ojos, y en este caso oídos, para un fenómeno que a él le resulta novedoso y digno de señalar. Algo muy similar sucede cuando relata las curiosas alianzas que hacen entre sí los perros y los micos para lograr pasar los ríos infestados de cocodrilos del Darién:

[...] los perros [se sitúan] en una parte y comienzan todos a ladrar y los caimanes que hay en el río vienen al ladrido y estanse quedos debajo del agua esperándolos. Y cuando a los perros que han ladrado un rato les parece que ya están allí los caimanes juntos en aquel lugar donde ellos están ladrando, lo que hacen es callar todos y van corriendo por más arriba o más abajo y pasan el río a nado, callando; y cuando el viento y el olor llega a los caimanes, ya ellos están de la otra parte y déjanlos burlados. Y esto se ve cada día por experiencia. Y habiendo mi compañero y yo salido algunas veces a rezar hasta la puente, paseándonos, reparábamos en el ladrar de los perros que los vimos y oímos. Pero no sabíamos el secreto hasta que, diciendo yo en la posada que todas las veces que salía al río veía orilla dél algunos perros ladrar, me dijeron lo que acabo de contar. Que lo pongo por cosa tan notable como el paso de los micos en el camino de Portobelo de una parte a otra, hechos cadena, asidos de las colas unos de otros... (fol. 22v).

Pasajes como los anteriores nos permiten descubrir a un narrador que tiene la capacidad de maravillarse con las características del espacio con el que se encuentra. Y es por ello que en las descripciones de los pobladores del Nuevo Mundo encontramos fragmentos en los que se contrasta la percepción del «yo» con la percepción del «otro», cuyas características se han descrito en un trabajo más extenso[15].

El encuentro con «el otro» suele estar en Ocaña marcado por el asombro y la extrañeza, sobre todo cuando se trata de la descripción de los naturales, que rara vez suelen presentarse como civilizados, el viajero se detiene con mayor cuidado en todos aquellos cuyas costumbres le resultan exóticas o salvajes:

Luego comenzamos dentro de cuatro días a hallar algunos ranchos de indios, y pocos indios por los campos, desnudos como sus madres los parieron, ansí mujeres como hombres, y todos embijados y feos, que no parecen sino diablos (fol. 114v).

Como podemos apreciar, estas operaciones discursivas suelen ser introducidas por marcadores que dejan ver juicios subjetivos: «parecen», «considero», «creí» en los que el narrador testigo hace patente el espacio social y cultural desde el cual está hablando. En este caso, es

---

[15] López de Mariscal, 2004.

importante señalar que asociar al hombre primitivo con seres monstruosos es una práctica que tiene sus orígenes en la tradición de los viajeros occidentales de la Antigüedad y que es muy fácil encontrar pasajes similares tanto en textos de Plinio como de Marco Polo o Mandeville. En el fragmento que acabamos de ver, el ser monstruoso elegido como término de la comparación es el mismo demonio, con lo cual el narrador logra darle una personalidad a lo que le resulta abominable.

La desnudez es aún más desagradable cuando se traslada a los espacios urbanos y el hombre primitivo empieza a convivir con los españoles que se han establecido en las tierras conquistadas:

> Y fuimos a la iglesia, la cual estaba llena de indios y indias, todos desnudos en cueros, y tan grandotes ellos y tan feos y tan deshonestos, que me causó grandísimo enfado, porque no traen cosa ninguna en las partes vergonzosas sino todo al aire. Y lo que más me enfadaba era cuando servían a la mesa, que se sirven dellos los españoles, cuando llegaban con tanta deshonestidad a quitar alguna cosa de la mesa; y las mujeres están ya tan hechas a vellos ansí las españolas, que no se les da nada y se reían mucho de lo que yo me enfadaba… (fols. 115-115v).

La inmensidad del continente americano se convierte entonces en un obstáculo para Ocaña, tanto para conseguir las limosnas que dan motivo a su azaroso viaje como para la edificación del alma de los españoles que se han establecido en los territorios más alejados. Es por eso que su travesía por Chile se presenta como infructuosa, y no es sino hasta que llega a las grandes ciudades como Lima, La Plata o Potosí en donde se convierte en un embajador de la devoción mariana que ha llegado para entronizar a la Virgen e instaurar las prácticas religiosas en su forma de ejecución más suntuosa.

El vehículo para lograrlo es la polifacética y talentosa personalidad del monje jerónimo. Habiendo sido educado en el monasterio de Guadalupe, pertenece a la larga tradición de artistas que produjeron la magnífica colección de libros miniados que el convento alberga en la actualidad. El entrenamiento que los novicios solían tener como pintores le permitió a Ocaña utilizar sus habilidades para hacer imágenes de la Virgen que en un principio le consiguieron fondos para sobrevivir, y que, posteriormente, le dieron un espacio privilegiado en la sociedad colonial, ya que no solamente recibía de los poderosos el encargo de pintar imágenes de la Virgen, sino que también estas imágenes eran entronizadas con todo lujo en el marco de grandes festejos y celebraciones.

La descripción de estas últimas le da al texto de Ocaña una dimensión inusual, ya que se convierte no sólo en el relato de viaje del que hemos estado hablando sino también en una detallada relación de los festejos. Fray Diego tiene buen cuidado de describir tanto los preparativos como las festividades mismas entre las cuales se encuentran procesiones, celebraciones litúrgicas, fiestas de toros y justas como el «juego de la sortija», cuyo objetivo es honrar a la Virgen otorgando a los caballeros un espacio para «servir a la excelsa y excelente dama / cuya luz oscurece al claro Apolo» (fol. 189). Además, Ocaña transcribe letanías, villancicos, sonetos, y, como ya dijimos antes, incluso la *Comedia de Nuestra Señora de Guadalupe y sus milagros*.

Cuando tenemos la oportunidad de observarlo en su totalidad, descubrimos que se trata de una obra en la que, como apunta Beatriz Mariscal, «imágenes y textos conformaban complejos sistemas emblemáticos [...] y constituyen una preciosa fuente de información sobre las fiestas públicas novohispanas, sobre la creación literaria [...] y sobre la visión que [los organizadores] tenían de los naturales»[16].

En las relaciones de viaje al Nuevo Mundo en el siglo XVI, narración y descripción forman parte integral del tejido textual, y cada una de ellas tiene la finalidad de sustentar aspectos diferentes del texto. Tenemos, por un lado, la necesidad del narrador de dar información sobre su tránsito por las tierras que van siendo recorridas, y por el otro, las múltiples digresiones con las que se describe el escenario por el que se transita. Los diferentes elementos que conforman el texto de Ocaña hacen evidente que nos encontramos frente a una relación con características muy particulares, en las que el relato de viaje es el soporte para incluir todos los aspectos obligados en la *Instrucción y memoria de las relaciones que se han de hacer para la descripción de las Indias*, y es también el motivo para dar cuenta de los referentes relacionados con el espacio geográfico, la travesía y los usos y costumbres de la gente.

---

[16] Mariscal Hay, 2000, p. xix. La autora se refiere a la Nueva España, pero esto es algo que se verifica en toda América y por supuesto también en España.

Pero, al encontrar también en el relato de Ocaña las descripciones de las solemnes celebraciones para propiciar el culto a la Virgen de Guadalupe, podemos ser testigos del diálogo que se establece entre los diversos discursos retóricos que son parte central de la construcción de la nueva sociedad colonial. En el texto confluyen el discurso oficial, que sienta las bases para la legitimación de la nueva administración, el discurso eclesiástico, en el cual se va dando forma a la conquista espiritual, y un discurso que responde a la cosmovisión de una sociedad que se encuentra en gestación.

Las narraciones de sucesos

La narración de sucesos es una práctica que tiene sus orígenes en la tradición medieval, ya que, como apunta Pedro Cátedra: «... los historiadores de todos los países utilizaron en sus crónicas, anales o historias relatos particularizados de acontecimientos importantes»[17]. El cronista, o el viajero narrador, solían insertar en sus textos relaciones de sucesos, relativamente aislables, con los que se daba cuenta de fenómenos particulares, que de alguna manera eran redactados para provocar el asombro de sus destinatarios, ya fuera porque el suceso en cuestión enaltecía el valor del emisor al situarlo en situaciones de peligro, ya porque, con la narración del suceso se magnificaban las características de las tierras recorridas. Introducir este tipo de relación en el cuerpo del relato responde también a un principio de utilidad, ya que a partir de la exaltación del carácter esforzado, valeroso y sacrificado del remitente y a su visión providencialista de la historia, se perseguía conseguir el reconocimiento del destinatario al que el texto estaba dirigido.

El largo viaje que emprendió fray Diego de Ocaña por la América del Sur, le lleva a ser testigo de una serie de sucesos, algunos de ellos catastróficos, de los que da cuenta a lo largo de su relato de viaje. Entre ellas encontramos una referencia al auto de Inquisición que se celebró en su segunda estancia en Lima (fol. 66); dos terremotos, uno en noviembre de 1601 (fols. 217-217v) y otro también en el mes de noviembre de 1604, al que hace referencia en los folios 67-68 y posteriormente en los folios 358- 360v del manuscrito; y una erupción

[17] Cátedra, 1996, p. 33.

volcánica que arrasó con la ciudad de Arequipa y los fértiles valles que la circundan (fols. 320v-327).

Esta última es seguramente la que más llama nuestra atención, ya que a ella se dedica un apartado completo dentro del manuscrito. El texto cuenta con una serie de características formales propias de toda relación de sucesos y responde a la retórica propia del género[18]. El tema está centrado en el ámbito del suceso histórico, tiene una intención básicamente informativa, es producto de un autor que tiene calidad de testigo, pero que también ha realizado una indagatoria para poder presentar, al destinatario, una versión ampliamente informada. En el caso de la relatoría de Ocaña, ésta se introduce con un título cuya «formulación textual resume los datos principales del contenido y que se destaca, del resto del manuscrito y del inicio del texto en sí, y propone una información esencial inmediata…»[19]. El título del que se vale Ocaña para introducir el suceso es el siguiente:

> Relación del portento y casos prodigiosos que sucedieron en la ciudad de Ariquipa, de las provincias del Pirú con la reventazón de un volcán que reventó a diez y nueve de hebrero del año de 1600 hasta hoy, 24 de julio de 1603, hecha por el padre fr. Diego de Ocaña, que entró en esta ciudad a solo ver y saber lo que había sucedido (fol. 320v).

Como podemos ver no faltan en este título elementos significativos que, como apunta Augustin Redondo, nos sitúan dentro de un doble campo semántico, por un lado el espacio de los hechos portentosos, que remiten al campo de la naturaleza y tiene un sentido muchas veces negativo: «la reventazón del volcán»; y por otro, los casos prodigiosos que transmiten mensajes ideológicos, muchas veces contrarreformistas, y en los que, como veremos más adelante, la función mediadora de la Iglesia es un elemento indispensable para el retorno del orden, ya que a través de ella se logra «enmendar la vida y dar toda la fuerza posible a la confesión y a la contrición»[20].

La erupción volcánica y los movimientos telúricos sucedieron en 1600 y Ocaña nos informa que está narrando el suceso en 1603, a

---

[18] Ver Infantes, 1995, p. 208.
[19] Infantes, 1995, p. 211.
[20] Redondo, 1995, pp. 287-303.

partir de las referencias que de él le dan los habitantes de Arequipa tres años después. Sin embargo, no podemos considerar a Ocaña totalmente ajeno a la catástrofe, debido a que la erupción del volcán fue atestiguada por aquellos que se encontraban a muchas leguas a la redonda. En esa fecha Ocaña se hallaba camino a Tucumán a más de doscientas leguas de Arequipa, y fue ahí donde, aun a la distancia en que se localizaban él y sus compañeros, los sorprende la erupción volcánica:

> [...] entre las cinco y las seis de la tarde [...], se oyeron unos truenos tan grandes, que pareció que la máquina de los cielos se disolvía; y no eran como suele otras veces, sino como si dispararan piezas de artillería, los cuales se oyeron en muchas leguas alrededor; y así los oí yo yendo caminando más de doscientas leguas de Ariquipa. Y miraba al cielo, y como le veía claro y advertía que no eran truenos, dije a los compañeros que iban conmigo: «¿qué artillería es esta que dispara el cielo? Por gran portento tengo esto». Hasta que llegamos a la ciudad de Santiago de Tucumán y supimos la pérdida desta ciudad de Ariquipa (fol. 321).

Esta descripción a distancia resulta perfectamente factible dada la extensión del espacio geográfico que se vio afectado por el movimiento de tierra y por el alcance de los daños ocasionados por la erupción volcánica. En los primeros meses del siglo XVII, la ciudad de Arequipa sufrió una serie de fenómenos atmosféricos y telúricos de proporciones nunca antes vistas por los españoles en el virreinato del Perú. El 20 de enero inició una lluvia que se prolongó, sin tregua, hasta el 8 de febrero. Según la experiencia de la época, ese tipo de lluvias era el anuncio de terremotos, y en este caso los movimientos telúricos desembocaron en la erupción del Huaynaputina un volcán que se encuentra situado 30 kilómetros al sur de Ubinas, y forma parte de la cadena de volcanes de la cordillera andina. El viernes 18 de febrero la tierra comenzó a temblar y según los testigos se contaron más de 200 temblores. Al siguiente día hubo dos sismos de gran magnitud, y ya al final de la tarde el volcán presentó una violenta erupción descargando sobre la ciudad y toda su comarca una gran cantidad de ceniza que cubrió el cielo por casi seis semanas.

La historia de este fenómeno ha sido recogida al menos por cinco cronistas de la época, entre ellos se encuentran: el virrey don Luis de Velasco, quien desde el Callao da cuenta del suceso en una carta fechada el lunes 8 de mayo del mismo año; en 1615, el cronista indio Guaman Poma, en su *Nueva corónica y buen gobierno*, también describe la destrucción que la ciudad de Arequipa sufrió a causa de la erupción volcánica; el carmelita fray Antonio Vázquez de Espinosa en su *Compendio y Descripción de las Indias Occidentales* que terminó en 1629, da asimismo cuenta del fenómeno. Otra de las versiones es de Bernabé Cobo, un sacerdote jesuita que describe el acontecimiento en su *Historia del Nuevo Mundo*, cuyo prólogo está firmado en 1653.

Todos ellos dan cuenta del aspecto físico de la catástrofe, y lo van describiendo a partir del alcance que tuvo en los alrededores del volcán. Ocaña, como ya vimos reporta haberlo escuchado en Tucumán y tanto el virrey don Luis de Velasco como el jesuita Bernabé Cobo dan noticias de la forma en que fueron percibidas las explosiones en el puerto del Callao y en Lima. Utilizan, como Ocaña, el símil de los disparos de artillería: «[…] se oyeron disparar por la costa arriba donde estaba la armada esperando los enemigos y todos afirmaron que eran de artillería y que debían de estar peleando con ellos…». O bien afirman que «[…] en la ciudad de Lima, que está a ciento y sesenta y cuatro leguas del volcán, los oímos tan claramente, […] que tuvimos por cierto que la armada real que poco antes había partido del puerto del Callao en busca de un corsario […] se había encontrado con él, y que los truenos que oíamos eran de la artillería…»[21]. A medida que los testigos se encuentran más próximos a las inmediaciones del volcán el ruido se magnifica y es percibido como «[…] muy grandes y espantoso truenos a manera de artillería gruesa, tan de cerca como si se dispararan dentro de la ciudad, y con apresuración tanta, que se alcanzaban los unos a los otros»[22].

El tópico predominante en todos los cronistas que describen el suceso está relacionado, sin lugar a dudas, con el fuego que cae del cielo, las cenizas que lo oscurecieron y la forma en que éstas se depositaron cubriendo campos y casas en más de cien leguas a la redonda. Ocaña reporta que «en cuarenta horas estuvieron en perpetuas tinieblas sin saber si era de día ni de noche, ni qué hora era por no haber quedado reloj, ni cosa con cosa, entendiendo todos que era la fin del

---

[21] Cobo, *Historia del Nuevo Mundo*, 1956, p. 99.
[22] Cobo, *Historia del Nuevo Mundo*, 1956, p. 96.

mundo por el fuego grande y globos que el volcán arrojaba» (fol. 321v).

Ocaña, como el resto de los cronistas de la época, introduce el texto con el que describe la catástrofe, dentro de su gran relato, debido a su carácter ejemplar. En él, el desastre y la desolación son interpretadas como un castigo divino destinado a cambiar la conducta de los habitantes de la tierra, o a hacerlos conscientes de su inminente fin y la forma sorpresiva e inesperada en que éste se puede presentar. Tal vez es por ese mismo motivo que no se escatima la descripción del fenómeno natural, de tal forma que el destinatario del texto recibe información detallada tanto del suceso como de las consecuencias del mismo.

> Primeramente, viernes, que se contaron 18 de febrero del dicho año de 1600, comenzaron a las 7 horas de la noche algunos temblores de tierra, con tanta frecuencia que casi se alcanzaban unos a otros, aunque aquella noche no hicieron daño en los edificios [...] Y el sábado siguiente arreciaron los temblores de la tierra, con tanta furia, fuerza y violencia y tan a menudo, que [...] jamás el suelo dejaba de estar alterado y temblando con continuo movimiento [...], dando con esto Dios nuestro señor aviso a la gente para que se comenzasen a percebir para el mayor daño que después vino (fol. 320v).

El autor utiliza sus dotes de narrador para ir dosificando la información, de tal manera que lo que inicia con «algunos temblores de tierra» y un controlado asombro de los habitantes, poco a poco se desencadena en una serie de escenas dantescas, de devastación y muerte, en las que perecen una gran parte de los seres vivos en muchos kilómetros a la redonda:

> [...] había sido un pedazo de cordillera, que había reventado, el cual arrojó de sí tanta ceniza que por todo el Pirú se tendió, comenzó pues en Ariquipa a llover una arena un poco gruesa, como la que hay en las playas de la mar, ecepto que ésta no era redonda sino pedacitos partidos de piedra pómiz, como purificados por fuego, muy blanca y sequísima, y entre ella alguna marga[r]ita resplandeciente, plateada y alguna ceniza entre [e]lla. Y la gente, viendo llover aquello lo cogían y lo envolvían en papelitos para guardar y enviar por curiosidad a otras partes; y fuese tanto aumentando el llover ceniza y con tanta abundancia, que en poco espacio cubrió los tejados y suelo y campos más de media vara en alto, y se

les caían las casas y los techos con el grandísimo peso, y la que envolvían en papelitos para enviar a otras partes, la llevó el viento hasta México, y en Sonsonate dañó la fructa del cacao, que aquel año se perdió toda (fols. 321-321v).

Esta larga cita nos permite observar cómo se va graduando la información, para pasar de lo que en un principio mantenía a los habitantes en un estado de asombro o maravilla a uno de horror, en el que la ceniza muy pronto se convierte en una amenaza para todos los seres que habitan en los alrededores.

La narración de la devastación y la muerte es escalofriante: los lectores poco a poco van presenciando cómo se anegan los ríos, cómo se cubren de ceniza los caminos y los mantos acuíferos, cómo se queman las plantas y mueren los animales y cómo llegan sólo a sobrevivir aquellos seres humanos que encuentran refugios, suficientemente fuertes, para aguantar el peso de las emisiones del volcán enfurecido. De tal manera que una de las más prosperas ciudades que habían surgido en el Perú se convierte, a causa del fenómeno natural, en la ciudad fantasma que Ocaña descubre en su visita de 1603.

Ocaña describe este desconcierto al hacer alusión a la falta de información debida a que «[…] en estos dos días no vino persona ninguna de fuera que pudiese dar noticia de dónde había procedido tan grande daño» (fol. 322v). Las provisiones comenzaron a escasear debido a que los caminos estaban cubiertos de ceniza, el agua de los ríos anegada, los animales muertos y muchos de los edificios a punto de colapsar por el peso de la ceniza, y a todo esto habría que agregarle el daño que infringían en casas y edificios las réplicas del movimiento telúrico.

Todo se convierte en señal prodigiosa para los hombres del 1600, y más aún cuando la catástrofe se produce exactamente durante la primera Cuaresma del cambio de siglo. Uno de los cronistas afirma que por: «la espesura de la ceniza hecha fuego, que llovía, les parecía que era ya llegado el fin del mundo y juicio final», y en el texto de Ocaña queda consignado que como los habitantes de Arequipa: «[…] no sabían que había sido volcán, sino que era fuego del cielo; y como tenemos por fee que ha de ser por fuego el último fin, entendieron realmente que entonces era y que ya era llegada la última hora» (fols. 321v y 322). Ante esta imagen apocalíptica no es extraño que los atemorizados pobladores recurran a la Iglesia, en busca del sacramento

que ha de preparar el camino para la vida eterna, creando así un caos
que se superpone al causado por el fenómeno natural. El caso prodi-
gioso, que toma forma en la reventazón del volcán, crea entonces un
segundo orden de cosas en las que los católicos, testigos de la tragedia, se ven empujados a corregir sus conductas e incitados a prepara-
se para el inminente fin. A medida que transcurren los días, los habitantes sienten la necesidad de implorar para aplacar la ira divina y
suplicar que el orden normal de las cosas regrese; que los elementos
naturales vuelvan a estar bajo control, y los hombres contritos no vuelvan a apartarse del camino del bien. Ocaña describe esta parte del proceso en forma por demás convincente:

> Y comenzaron a hacer algunas procesiones y a pedir a Dios miseri-
> cordia, porque hasta este día no se atendió a otra cosa más que a las con-
> fesiones; y se hizo una procesión de sangre en la cual iban todos descal-
> zos, ansí frailes co[mo] seglares, todos con reliquias en las manos porque
> cada uno tomaba aquello con que más devoción tenía. Iban todos las ca-
> bezas descubiertas, llenas de cenizas cara y barbas y vestiduras; todos tan
> desemejados, que los que se iban azotando no tenían necesidad de capi-
> rotes porque no se conocían los unos a los otros; tantas cadenas, tantos
> grillos, tantos hombres aspados, tantas penitencias y tan ásperas hubo en
> esta procesión cuanto jamás [ha] habido en el mundo (fol. 322v).

La relación de hechos prodigiosos, en un texto como el de Ocaña,
es una forma de difundir el mensaje de la omnipotencia de Dios, por
lo que es indispensable tanto para los narradores laicos, como para los
que están dando cuenta de lo vivido a los superiores de su orden, de-
dicar también un espacio para la explicación sobrenatural de que tales acontecimientos sucedan. En 1615 el cronista indio Guaman Poma
afirmaba que la ciudad de Arequipa:

> Le fue castigado por Dios cómo rreuentó el bolcán y sallió fuego y
> se asomó los malos espíritus y salió una llamarada y humo de senisa y
> arena y cubrió toda la ciudad [...] Y ubo proceción y penitencia y salió
> la Uirgen María todo cubierto de luto y ancí estancó y fue seruido Dios
> y su madre la Uirgen María. Aplacó y pareció el sol pero se perdió to-
> das las haziendas de los ualles de Maxi[23].

---

[23] Poma de Ayala, *Nueva corónica y buen gobierno*, 1992, p. 973.

La explicación sobrenatural es el segundo de los motivos del tópico, pero suele estar codificada de tal manera que en ella encontramos series de sintagmas que parecen tomados incluso de la descripción de otro tipo de fenómenos naturales; por ejemplo la precipitación de ceniza se explica a partir de las figuras tópicas propias de la tormenta, ya que fue: «tan grandísima tempestad de piedras vivas como piedra pómiz, y tanta tierra, que parecía que todo el mundo se hundía» (fol. 325). El fenómeno resulta de tal manera inexplicable que los sobrevivientes entrevistados por Ocaña, «entendieron realmente que entonces era y que ya era llegada la última hora» (fol. 322).

Todo este terror lleva desde luego a la apelación divina de tal forma que Ocaña reporta cómo los habitantes «comenzaron a hacer algunas procesiones y a pedir a Dios misericordia». De esta forma la narración del hecho histórico extraordinario no sólo nos da una riquísima información referencial sino que también nos permite entrever el comportamiento de los involucrados y las características que adquieren las prácticas culturales, y religiosas, en situaciones extremas. Se trata sin lugar a dudas de una estrategia discursiva que está relacionada con el afán de veracidad tan característico en todo relato de viaje, y en el que se da cuenta tanto del fenómeno físico como del comportamiento humano.

Entronizaciones y festejos

En la sección charqueña del relato de viaje, Ocaña describe las dos fiestas que se realizaron en la villa de Potosí, la primera en el mes de septiembre de 1601, con motivo de la entronización de la imagen de la Virgen realizada por Ocaña[24], y la segunda que se llevó a cabo un año después de la entronización con motivo de las celebraciones del primer aniversario de la colocación de la imagen en uno de los altares de la iglesia de San Francisco[25]. La tercera fiesta, descrita en los folios 250-260[26] del manuscrito, corresponde también a una entronización

---

[24] En los fols. 152-162 del manuscrito.

[25] En los fols. 188-212.

[26] Que en el manuscrito aparece como la 301, porque hay un error de paginación: se pasa de la página 250 a la página 300 sin que existan vacíos.

que fue realizada en la ciudad de La Plata. Ésta última se llevó a cabo durante «la primera domínica después de fiesta de la Epifanía», del año 1602.

Ocaña a lo largo de su viaje pintó un buen número de imágenes: en Lima, en el Cusco, en la villa de Ica, y prácticamente en cualquier pueblo o ciudad en el que encontraba algún tipo de culto guadalupano. A través de la nueva representación de la virgen, que culminaba siempre con una entronización acompañada de una novena solemne y fiestas populares, conseguía redireccionar las limosnas al convento de los jerónimos en Extremadura. Algo que lograba con facilidad porque al ser fraile de la casa matriz:

> [...] tuvieron a la imagen que yo hice por verdadero original y a las demás como a retratos. Y con estas fiestas que yo ordenaba, para que la recibiesen, se enderezaba todo a que tuviesen devoción con ella; y ha sido de suerte que les he quitado a los frailes agustinos, como ellos dicen, el comer... (fol. 214).

Una parte muy importante en el proceso de creación de la imagen estaba relacionada con la recolección de joyas y piedras preciosas que, pegadas sobre el lienzo, servían para ornar a la Virgen. Estas joyas eran recolectadas y donadas para la imagen por los habitantes de la ciudad a la que estaba destinada. A esto se debe que centros urbanos tan afamados por su riqueza como La Plata y el Potosí entraban en una especie de competición a partir de la calidad y cantidad de los ornatos:

> Salió, pues, para dar principio a esta obra [la elaboración de la imagen de la Virgen], el deán Juan de Larratigui por toda la ciudad, a pedir a las damas acudiese cada una con lo que pudiese para la imagen. Fue de manera que ninguna mujer quedó en toda la ciudad que no diese algo: anillos de oro muy ricos con piedras preciosísimas, joyas de oro de muchas maneras, sartas de perlas en tanta abundancia, que se juntaron la cantidad de perlas y esmeraldas y rubíes que contaré abajo en la dispusición que cada cosa tiene en la imagen, con las muchas partidas que compró el señor obispo de esmeraldas y perlas para que la imagen se acabase perfectamente (fol. 218).

Ocaña relata cómo una gran parte de la población se veía involucrada en la creación de la imagen cuya culminación era la ceremonia de entronización y las fiestas asociadas a ésta, que se realizaban con todo el fasto y el lujo de que el pueblo y las autoridades civiles y religiosas eran capaces.

El fraile en repetidas ocasiones se disculpa por su falta de oficio, y hace saber a los lectores que, si como producto de su trabajo las imágenes resultan, no sólo bellas sino dignas de ocupar un lugar de honor en los altares de templos y conventos, esto se debe, no a su capacidad artística sino a un don especial concedido a él por la Virgen, para que pudiese, por una parte promover su culto y por la otra sobrevivir a lo largo de un viaje tan accidentado y azaroso como el que realizó durante los seis primeros años del siglo XVII. Es evidente que se trata de una fórmula retórica que responde a la misma postura de «humildad» por la que el resto de los cronistas americanos se declaran faltos de oficio y carentes de palabras para hablar con elocuencia de las tierras visitadas.

> Comencé, pues, en casa del deán a hacer la imagen como si yo fuera el pintor más extremado del mundo, y puedo afirmar con verdad, que en toda mi vida [no] había tomado pincel al olio en la mano para pintar, si no fue esta vez; sin tener yo más práctica desto, de la que tenía de la iluminación de aquellas imágines que en España, sin haber tenido maestro que me enseñase, hacía (fol. 218).

En el fragmento anterior conviven ambas posturas, pues si por una parte declara nunca haber pintado, por la otra hace alusión a su práctica como iluminador. Aun así en el discurso se establece una interesante simbiosis entre la práctica del pintor, el favor que la Virgen le hace para realizar su retrato y, finalmente, la capacidad de intermediación de la imagen que una vez entronizada con gran fasto y lujo empieza a realizar favores y milagros a todos sus devotos.

Resulta de especial interés la fiesta que se realizó para celebrar el primer año de la entronización de la imagen de Guadalupe en la iglesia de San Francisco en el Potosí, ya que en ella, además de las procesiones, las salves, las misas, los sermones, la representación de la *Comedia de Nuestra Señora de Guadalupe y sus milagros*, cada tarde se celebraron mascaradas, fiestas de toros, juegos de cañas, suertes de lanzadas y de rejones y justas literarias para celebrar a la Virgen.

En la parte medular de la narración, el fraile jerónimo da cuenta de un torneo, o justa de corte medieval, en el que se corre la sortija en honor de la Virgen de Guadalupe. El juego de la sortija da inicio con la publicación de un Cartel del desafío, en el que se convoca a participar a «cuantos en las antárticas regiones / quieren ganar por sí gloriosa fama / [...] / a tres lanzas francesas o españolas / en honor de la angélica María»[27]. Se trata de medir la destreza de los interesados que deseen, a través de la justa, demostrar que son dignos de servir a la más buena, más bella y más verdadera dama del universo. El Mantenedor, que es el contendiente principal de la fiesta, defiende la grandeza de María, y se enfrenta a aquellos que deciden aceptar el reto y desean demostrar que alguien puede poseer más sublimes dones. Ya desde el Cartel del desafío se destacan las cualidades de María y lo elevado de la empresa a la que se está citando a los caballeros de la región[28].

A lo largo de la descripción de la fiesta, se equipara a María con los astros celestes, de tal manera que las cualidades de María superan por mucho a las del sol y la luna unidos: «más que el sol y luna [es] su pureza». La analogía entre la brillantez de los astros y los personajes a los que se desea alabar es un tópico poético común en la literatura panegírica de los Siglos de Oro. En la poesía amorosa la amada también suele equipararse con el sol ya que su presencia equivale, para el enamorado, a la luz. En este Cartel del desafío, la presencia de los astros cumple con una triple función significativa ya que María encarna las virtudes que deben tener los personajes de la realeza celestial. Su «imperial cabeza» ha sido coronada por el «Padre omnipresente con doce estrellas», y se convierte en la representación por excelencia de la amada, a quien el caballero se entrega para defenderla, en la inteligencia de que el amor a María debe ser visto como un vínculo con la divinidad, por lo que: «No es racional el hombre que no entiende / que siendo madre de su eterno hijo / él la escogió y él mesmo la defiende» (fol. 198v). El sol entonces, «no sólo simboliza el amor implícito en la comunicación divina, sino también... la tríada platóni-

---

[27] Folio 189.
[28] Folio 189v.

ca: la bondad, la belleza y la verdad»[29] que son justamente los atributos que, en María, se encuentran en su suma perfección.

El Cartel invita a todos los caballeros de los alrededores a inscribirse en la justa de la Sortija, para de esa forma poder elegir al que es más digno de servir a la Virgen en su advocación de Guadalupe. A la justa se presentan cuatro caballeros, cada uno de ellos con un aparato escenográfico y simbólico de gran envergadura. El primer aventurero al que le tocó medir su destreza con el Mantenedor fue el *Caballero del Amor divino*, que aparece precedido de un carro alegórico y acompañado de músicos, damas y salvajes, todos ellos ricamente adornados. El segundo aventurero que entró, acompañado de una multitud de gente vestida con hábitos de clérigo, fue el *Caballero de la Iglesia*, quien sostenía que la imagen de la Iglesia era aún más perfecta y bella que la de la Virgen de Guadalupe. En tercer lugar y de forma intempestiva, porque no estaba contemplado en el programa oficial, apareció el *Príncipe de las tinieblas*, que se hizo llamar *Príncipe Tartáreo*, acompañado de su dama Proserpina y de un ruido ensordecedor de piezas de artillería, que resulta vencido por el *Caballero de la Virgen* y queda encadenado a los pies de la imagen de María en señal de sumisión. Por último aparece el cuarto de los aventureros descritos por fray Diego de Ocaña: el *Salvaje de Tarapaya*[30], acompañado de docenas de salvajes que rodeaban una enorme piedra, dentro de la cual se encuentra oculto un caballero que representaba al Inca. Este último, al igual que los anteriores, también resulta vencido por el Mantenedor.

Podemos confirmar la función doctrinal y didáctica de estas fiestas cuando repasamos el programa general de las mismas. Por una parte, a lo largo de toda la octava se celebraba una misa mayor, para cuyo sermón había sido elegido el mejor predicador de cada una de las órdenes religiosas establecidas en el Potosí. Por la tarde se llevaba a cabo la representación de una obra de teatro (la *Comedia de Nuestra Señora de Guadalupe y sus milagros*), o una justa de lanzas como la que señalamos. En ella la invención fue construida a partir de cuatro secuencias, que se presentan en orden de intensidad dramática ascendente, y en las que paulatinamente se lleva al público a ser testigo de la impor-

---

[29] Confrontar con Serés, 1996, p. 226.
[30] Tarapaya es un pequeño pueblo cercano a la villa de Potosí.

tancia que tiene abrazar incondicionalmente la Fe para alejar los peligros de las antiguas creencias.

En la primera secuencia el *Amor Divino* da vida a los hombres, y es gracias a este Amor Divino que los hombres son redimidos por el sacrificio de Jesús, del cual María es un instrumento. En la segunda secuencia se presenta el *Caballero de la Iglesia*, para simbolizar la función mediadora de la Iglesia que constituye el cuerpo de Cristo, la secuencia termina cuando queda claro que María, como cuello del cuerpo de Cristo, cumple la principal función ya que es el cuello el que sostiene la cabeza. En la tercera secuencia el *Caballero de la Virgen*, vence a las fuerzas del mal, personificadas en el *Príncipe de las tinieblas* que queda vencido a los pies de la guadalupana. Por último, en la cuarta secuencia, la Fe triunfa sobre herejes y salvajes que dan testimonio de su adhesión a la nueva religión.

Una serie de isotopías simbólicas y emblemáticas cruzan las cuatro secuencias; del lado de las fuerzas del mal se encuentran elementos como serpientes y demonios, prisiones, ruidos ensordecedores y cohetes que evocan los infiernos. Mientras que del lado de las fuerzas del bien predominan los apuestos caballeros españoles, los carros con músicos, vestuarios lujosos y aderezados con joyas y piedras preciosas y, sobre todo, una imagen mariana, que es centro y motivo para echar a andar una maquinaria que utiliza el espacio festivo para difundir la doctrina y montar un espectáculo edificante.

La *Comedia de Nuestra Señora de Guadalupe y sus milagros*

Como se ha dicho, la comedia se nos ha transmitido manuscrita, en el autógrafo del fraile jerónimo que cuenta el extraordinario viaje que realiza desde que sale de su convento de Guadalupe hasta que llega a la América española. De alguna forma, pensamos que Ocaña recurrió a la obra teatral porque percibió la enorme afición de potosinos y chuquiasqueños por este espectáculo; afición de la que se van encontrando cada vez más testimonios[31].

---

[31] Recientemente Arellano y Eichmann han editado 18 piezas (aparte de fragmentos sueltos, papeles de actor, de otras) que se conservaron en el convento carmelita de dicha ciudad (ver Arellano-Eichmann, 2005). Ver también Eichmann, 2005, 2006, 2008a y 2008b

Por si fuera poco, Ocaña compuso poemas a la Virgen y obras teatrales como la comedia que nos ocupa. Ésta se divide en dos partes claramente diferenciadas, aunque unidas por la presencia de la Virgen. De su representación sólo sabemos que gustó mucho las dos veces que se hizo porque le cupo en suerte representarla a compañías de cómicos profesionales. La primera puesta en escena se llevó a cabo en Potosí en 1601 y un año después, durante la Epifanía, en Chuquisaca (Sucre); siempre interpretada, como dijimos antes, por compañías de cómicos profesionales y con gran éxito de público, según nos informa el propio fray Diego[32].

A grandes rasgos, lo que cuenta la obra en la primera parte es la pérdida de España por culpa del rey Rodrigo y sus devaneos con la Cava. En la parte segunda, cuya trama sucede unos cuantos siglos después, se refiere el hallazgo milagroso de la imagen de la Virgen y la elección de ésta como patrona en la guerra contra el moro, lo que permite al rey Alfonso vencer en la decisiva batalla del Salado. Podría parecer que los saltos geográfico-temporales son importantes y están en consonancia con lo que el propio Lope preconizaría en su *Arte nuevo de hacer comedias*, poco posterior a la fecha que nos ocupa aquí; pero aún es más importante la mezcla de géneros y personajes, porque la segunda parte empieza con un salto temporal y espacial en el que la trama nos sitúa en la España del siglo XIV; en su primer cuadro aparecen unos personajes rústicos: el alcalde Bertolano, a quien da cuenta el vaquero Gil que ha perdido su vaca. En este momento tiene lugar una escena típicamente entremesil y ajena a la acción de la comedia: otro alcalde, Malceñido, aparece con un escribano y los regidores Bras Maroto y Melenaque, que hacen consejo público. En el consejo se delibera sobre una serie de problemas propios del entremés rústico: un mastín se ha comido uvas ajenas, un puerco se ha comido las bellotas que no le pertenecían, el tabernero tiene que vender el vino de balde porque así lo ha decretado el concejo, el carnicero no mata la carne suficiente para el pueblo, etc. Todo se enjuicia y soluciona y así acaba esta escena que es un verdadero entremés, tan ajeno a la acción principal que pensamos incluso podría tratarse del supuesto entremés que no se conserva entre las dos partes de la comedia. Tanto por su duración (vv. 1276-1417, es decir, 142 versos) como por

---

[32] Y confirman investigadores recientes como Suárez Radillo, 1981, p. 288.

su contenido y lengua rústica perfectamente podría tratarse del texto intermedio y humorístico que solía escenificarse entre los dos actos de una comedia para rebajar la tensión de la misma y dar tiempo a los actores para continuar.

La mezcla de personajes y la métrica variada confirman que las ideas de Lope se iban imponiendo en todos los dramaturgos contemporáneos a él. En lo que toca a lo primero, se trata de poner en escena más de 45 personajes distintos, que van desde el Papa al vaquero más humilde, pasando por reyes, generales moros y cristianos, alcaldes rústicos o clérigos de gran cultura. Ello desemboca en un cuidadoso «contraste de estilos», que alternan la artificiosidad barroca con el tono pastoril[33], al estilo de los pastores rústicos de Encina o Lucas Fernández.

La comedia se basa en los libros de milagros que hoy existen en el propio monasterio de Guadalupe, como han demostrado investigaciones recientes[34], pero literaturizados y, sobre todo, aplicados a los destinatarios americanos de fray Diego: indios, mestizos y españoles. Al componer su obra, a nuestro autor no le interesa tanto la literatura como la evangelización y la recaudación de fondos para su monasterio cacereño.

No es un caso aislado en la historia del teatro de su tiempo, como ha escrito José Roso Díaz[35], la leyenda de la Virgen ha cristalizado en diversas obras bien conocidas, alguna de ellas incluso atribuida a Miguel de Cervantes. En efecto, en el año 1868 el cervantista José María Asensio editaba la obra con el título de *Comedia de la soberana Virgen de Guadalupe* a partir del impreso antiguo[36] y no dudaba en atribuirla al príncipe de los ingenios[37]. Duda entre considerarla auto o comedia; pero lo que es claro es que se dio licencia para imprimirla en agosto de 1598, aunque no apareció impresa en Sevilla hasta 1615. Esta obra es muy efectista y presenta los hechos de manera muy dis-

---

[33] Suárez Radillo, 1981, p. 289.

[34] Díaz Tena, 2003, que demuestra que fray Diego se basa en el códice 1 del monasterio de Guadalupe, donde se recogen los milagros de la Virgen.

[35] Roso Díaz, 2002, pp. 75-94. Véase también Teijeiro Fuentes, 1997.

[36] También se conserva manuscrita en la Biblioteca Nacional de España, aunque incompleta.

[37] *Comedia de la soberana Virgen de Guadalupe y sus milagros y grandezas de España*, 1868.

tinta a como lo hace Ocaña: el moro ha tomado prisionera a Rosimunda, mujer de Alarico, el cual aparece luchando con la imagen de la Virgen bajo el brazo. De su espada sale fuego, pero como la morisma acomete, Alarico decide llevarse a la Virgen y dejar a su esposa cautiva, pero cuando los moros quieren apresarla de nuevo, Rosimunda invoca a la Virgen, se hace invisible y atraviesa sus filas. Alarico esconde a la Virgen en unas breñas y acto seguido aparece el pastor de Cáceres con su mujer, Aurelia, que da cuenta de la enfermedad de su hijo Francisco. Cuando invocan a la Virgen, se les aparece para decirles que encuentren su imagen enterrada, les anticipa que hallarán a su hijo muerto, pero que resucitará, como así sucede. Van todos a buscar a la Virgen y la hallan en la cueva y con las palabras del niño resucitado, el cura y el pastor se da fin a la historia. La comedia es mucho más breve que la escrita por Ocaña, de ahí la confusión entre comedia y auto.

Sin embargo, en cuanto al género a que pertenece la obra de Ocaña, los investigadores que nos han precedido señalan que no se trata de un auto mariano, sino de una verdadera comedia a lo divino[38], relacionada con las comedias de santos, en las que los milagros, muy efectistas en la escena, menudean. Pero su intencionalidad es bien clara: la promesa de nuevos milagros de la Virgen, si los espectadores se comportan como los personajes que han visto en escena, es decir, si hay devoción hacia ella y donaciones. Nos parece, sin embargo, algo excesivo ver la obra como «un discurso político social que respondía a los intereses de las autoridades españolas»[39]. Ocaña quería recaudar fondos para la casa madre de Guadalupe, lo otro puede darse por añadidura, pero no parece su cometido principal cuando compone la obra.

La comedia de Ocaña parece ser una de las más antiguas piezas dramáticas dedicadas a la Virgen de Guadalupe y sus milagros que fueron escritas y representadas entre los años de 1598 y 1722. Decimos, parece ser, porque no se puede asegurar que no existiera una pieza anterior, de la que tal vez procedan la de Ocaña y las que la suceden. En estos momentos tenemos noticias de la existencia de al menos cuatro piezas que tienen como tema central los milagros de la imagen de la Virgen extremeña y que de alguna forma recogen la leyenda

---

[38] Es frase de Suárez Radillo, 1981, p. 289.
[39] Así lo escribe Sánchez, 1995, p. 101.

guadalupana cuya tradición milagrosa circulaba en la Península Ibérica, al menos, desde el siglo XIII[40]. En primer lugar, La *Comedia de Nuestra Señora de Guadalupe y sus milagros*, de fray Diego de Ocaña, que fue representada en Charcas en 1601; en segundo lugar, el *Auto o comedia de la soberana Virgen de Guadalupe y sus milagros y grandezas de España*, atribuida a Miguel de Cervantes[41]; la tercera es el *Auto sacramental de la virgen de Guadalupe* de Felipe Godínez, que fue publicado en el libro *Autos Sacramentales y del Nacimiento de Cristo*, con sus loas y entremeses, Madrid, 1675; y, por último, la *Comedia famosa de La Virgen de Guadalupe*, de Francisco Bances Candamo, publicada por Blas de Villanueva en un volumen titulado *Poesías cómicas, obras póstumas de Don Francisco Bances Candamo* en Madrid en 1722.

En las cuatro piezas se presentan escenas relacionadas con la imagen de la Virgen de Guadalupe y aunque las escenas varían de una obra a otra, los bloques significativos sobre los que se arma el entramado dramático suelen coincidir, ya que en todas las comedias la advocación guadalupana está consagrada a brindar socorro y protección a aquellos que se encuentran en situaciones de desamparo o en peligro debido a la invasión de España por los moros.

La segunda de estas circunstancias es quizá la que tiene mayores implicaciones en la estructura dramática de los textos, pues mientras la información sobre la relación de la Virgen con la historia de España forma parte del imaginario colectivo y se transmite a través de la tradición popular[42], para el texto americano constituye un enorme reto dar cuenta de temas tan ajenos a los receptores americanos como la historia del rey don Rodrigo y la traición del conde don Julián, o informar a los espectadores de Charcas la historia del enfrentamiento de

[40] Existe un trabajo de María Cecilia Graña titulado «La Virgen de Guadalupe: de la leyenda al teatro», en *La metamorfosi e il testo; studio tematico e teatro aureo*, Università di Verona, Istituto di lingue e letterature spagnole, 1990, en el que la autora habla de las piezas teatrales que recogen la tradición guadalupana. Dato proporcionado por Andrés Eichmann.

[41] Ángel Valbuena Prat atribuye esta comedia a Cervantes y la publica en la edición de las *Obras completas* (1975).

[42] Para el espectador peninsular resultaba absolutamente familiares la invasión de los árabes en el año 711 que obliga a los cristianos a esconder la estatua milagrosa en una cueva, la protección a las tropas de Alfonso XI en la batalla del Salado en el año de 1340 y la construcción del monasterio.

las tropas cristianas de Alfonso XI con Almohacén con el objetivo de impedir la llegada de nuevas tropas desde el norte de África. Esta dificultad se hace más evidente si consideramos que entre los destinatarios de la comedia un importante porcentaje eran hablantes del quechua o del aimara. Aun así la historia de la Cava le da a Ocaña la posibilidad de insertar ingredientes típicos de la comedia barroca, entre los que el tema del honor (en este caso de la Cava y del Conde) son motor de la acción.

En el caso de las comedias peninsulares esta información se inserta en la representación a partir de rápidas alusiones a los pasajes históricos, puestas en boca de alguno de los personajes. En el texto atribuido a Cervantes existe un pasaje en el que Benhalmar, desde su óptica árabe, le informa a Rosimunda:

BENHALMAR   Que España va de vencida,
                      la morisma la atropella,
                      de vuestro Julián vendida;
                      no ha de quedar templo en ella,
                      ni cruz ni imagen a vida.
                      Pues si ha de ser de Mahoma,
                      su secta y su nombre toma...[43].

Alarico, esposo de Rosimunda, más adelante retoma el tema para hacer alusión a los culpables de la pérdida de España

ALARICO   Rodrigo malhadado,
                      y arrepentido tarde,
                      por sus pecados hoy a España pierde
                      del bárbaro incitado
                      de Julián cobarde
                      haced que de su tuerto se le acuerde
                      que tiñe el campo verde,
                      entrando por Sevilla.

El texto de Ocaña está dividido en dos partes y ocho cuadros; en los primeros cinco se representa la historia de la imagen, desde sus primeros milagros en Roma, hasta el momento en que un canónigo

---

[43] Cervantes, *Obras completas*, p. 1086.

y un aldeano la esconden en Extremadura para librarla de los sarracenos (Cuadro V). En el primer cuadro se da cuenta de un milagro acaecido en Roma, hacia el año 600 de nuestra era. En él participan: un ángel, el papa Gregorio, Sulpicio su criado e Isidro (o Isidoro), hermano de Leandro y obispo de Sevilla. A través de los diálogos de los personajes, los espectadores se enteran de que el Papa desea enviar como regalo a la ciudad de Sevilla una imagen para agradecer su intercesión al librar a Roma de una enorme peste. El segundo cuadro sucede en el año 710, en la corte del rey don Rodrigo en Toledo, en él se presenta el «mal de amor» que sufre el rey por Florinda, hija del conde don Julián, y sus afanes por poseerla. La escena culmina con la transgresión del rey, quien es justificado por los comentarios de sus consejeros para gozar de la joven (vv. 502-525):

CRISANTO	Adórasla con razón, que es por todo estremo bella. Calva pintan la ocasión; no dejes, señor, perdella.
REY	¿Con qué traza?
CRISANTO	Escucha, advierte: Tu estrella, tu hado o suerte te inclina a solo querer a Florinda que es mujer; tú rey, la cosa más fuerte. Ella te desdeña a ti, como yo lo he visto aquí; tú la adoras; pues, por fuerza ve y haz que su gusto tuerza. Pues eres rey, ¡pese a mí!, en caso justo o injusto, con razón o contra ley, enderezado a su gusto, ¿puede hacer, señor, un rey que no sea a todos muy justo? Amas y eres rey, en fin; ella una mujer, y sin remedio alguno te mata, entra, y goza de la ingrata, pues sola está en el jardín. (fols. 238 y 238v.)

El pasaje, por demás explícito, construye para los espectadores un doble contexto, ya que si, por una parte, hace evidente la transgresión de Rodrigo, por la otra, justifica ante los ojos del público de Charcas el derecho que el monarca tiene sobre sus súbditos, y por extensión, el superior sobre el inferior, el hombre sobre la mujer, etc. Ya que como lo corrobora Gaudencio más adelante, «rey eres, y sólo quien / puede hacer ley y no hacella. / O naciera menos bella, / o no mostrara desdén» (fol. 238v)[44].

Este cuadro se complementa temáticamente con el cuarto; la acción sucede en Sevilla y en él, por una carta de su hija, el conde don Julián se entera de su deshonra y jura venganza. En la obra de Ocaña, la Cava le habla a su padre de una sortija que tenía sobre una mesa: «suelta y descuidada, joya de mí y de los míos tan estimada […], cayó sobre [e]lla el estoque real, y desgraciadamente, la hizo dos pedazos, partiendo por medio la verde piedra, sin ser yo parte de remedialla» (fol. 241v). En la escena en la que se lee la carta de Florinda, la ofensa se hace evidente e indiscutible, de tal manera que la afrenta debe ser limpiada de forma inmediata (vv. 782-791):

TARIFE	Al que ha intentado tu afrenta,
	conde, por muerto le cuenta.
	Pues poner quiso el traidor
	mancha en la sangre mejor
	que [e]l alto cielo sustenta.
	Si por su apetito ciego,
	Florinda, cual ves, forzada,
	se inclinó a cumplir su ruego,
	verá su España asolada. (fol. 242)

Frente a esta leyenda tan compleja y llena de embrolladas aristas, el tratamiento del tema del honor y lo que se puede y no se puede decir en escena, parece fácil justificar que Ocaña dedique cuatro de los primeros cinco cuadros de la obra a poner a su público en con-

---

[44] El pensamiento de la época en España, y también en América, es contrario a esta postura, incluso se desarrolla la teoría que justifica el tiranicidio (Mariana y Suárez). Los ejemplos se pueden multiplicar *ad infinitum*, pero tal vez basta con lo que dice Ignacio Arellano en un artículo titulado «"Decid al rey cuanto yerra": algunos modelos de mal rey en Calderón».

texto, ya que, sin entender la llegada de la imagen milagrosa a Sevilla y la invasión española por los moros, no puede justificarse el quinto cuadro, en el que un canónigo y un aldeano esconden la imagen en una gruta para librarla de los sarracenos. Así como tampoco se puede justificar que en la segunda parte, integrada por los tres últimos cuadros, se presenten las secuencias en las que se recupera la imagen que había sido ocultada y ésta hace milagros enfocados a la recuperación de España y a la protección de los humildes.

Precisamente es la protección de los desamparados el otro bloque temático que comparten las cuatro obras dedicadas a la Virgen de Guadalupe. En él se presentan tres motivos que constituyen los motores de la acción dramática y los ejes sobre los que ésta se sustenta. En todas las obras la protección a los humildes se hace evidente a través de conflictos en los que se ven involucrados doncellas ultrajadas, cautivos liberados y pobres en desgracia.

Guadalupe suele estar relacionada y percibirse como protectora de este tipo de desvalidos, no sólo en las obras de teatro que nos ocupan, sino también en otros géneros narrativos en los que el motivo de la peregrinación y el santuario están presentes. En estas obras dramáticas, las doncellas acosadas por sus amantes suelen acudir a la Virgen para que su situación se resuelva. Rosimunda en el texto atribuido a Cervantes, invoca a la Virgen para que la libere de Benhalmar y es justo en ese momento cuando su esposo Alarico aparece en escena para librarla. Isabel, la heroína del texto de Felipe Godínez, se lamenta de que su enamorado Sancho la goza cada noche sin cumplir su palabra de matrimonio, y es justamente la intervención de la guadalupana, la que lleva el desenlace a un final feliz. Por último, Benita y Teresa de Bances Candamo también suplican a la Virgen para que se resuelvan los problemas con sus parejas:

BENITA   Salve, la mejor esposa,
                pues vuestro amparo, y favor,
                contra los malos maridos,
                nos sirve de protección.
                [...]

TERESA   Virgen, tibio miro a Sancho,
                cuando es dueño de mi honor,
                bien sabéis vos, que palabra

> de casamiento me dio:
> casada soy, aunque vivo
> de doncella en opinión,
> volved por mí, pues vos, Virgen,
> casada y doncella sois[45].

La representación de milagros cuyos destinatarios son personajes que encarnan a seres comunes, característicos de la sierra de las Villuercas, da cuenta de los inicios del culto mariano una vez que la imagen ha sido recuperada del espacio en el que se le confinó para protegerla de la invasión árabe. Constituyen una serie de anécdotas que dan forma al presente de la representación, y aunque de un texto a otro se presentan con diversas características, tienen la finalidad de difundir el culto a la Virgen de Guadalupe. Es por esto que en todas ellas se recurre a motivos extraídos de la leyenda y con los que el público peninsular se encontraba muy familiarizado, como la resurrección de una vaquilla extraviada, que posteriormente se ve corroborada con la resurrección del hijo de Gil, la sanación de ciegos y de sordos, o la liberación de los cautivos. Este tipo de secuencias no implican, como las relacionadas con la historia de España, un cambio estructural para la obra virreinal, ya que los temas presentados resultaban familiares y de común interés para el público de Charcas.

La representación de la *Comedia de la Virgen de Guadalupe y sus milagros*, dentro de las festividades de entronización de la imagen, son una parte muy importante del aparato espectacular de las fiestas del Potosí y de Chuquisaca. En la organización del octavario estuvieron involucrados los dos Cabildos, y en cada uno de los espectáculos o de las ceremonias religiosas que conformaron las festividades, Ocaña reporta que acudieron: «tanta gente de indios y españoles que la iglesia de San Francisco se me representaba la nuestra en tiempo de feria» (fol. 191).

La presentación de la imagen de la Virgen a la ciudad se acompañó de fiestas y celebraciones como si se tratara de la entrada de un virrey, por lo que no sólo la gente del pueblo estaba presente para darle el merecido recibimiento sino también, y con toda solemnidad, participaron los principales para quienes se habían dispuesto estrados es-

---

[45] Bances Candamo, *Comedia famosa de la Virgen de Guadalupe*, pp. 300 y 301.

peciales: «Sentados todos, el obispo y el Audiencia y los dos Cabildos, eclesiástico y seglar, sonó la música de ministriles; y acabada, salieron al teatro las guitarras y se comenzó, con riquísimos trajes, libreas y apariencias, una comedia de la misma historia de Nuestra Señora de...» (fol. 234v).

Ocaña, como pintor y artífice de la imagen, tiene un lugar especial reservado para presenciar la puesta en escena de una obra de la que, en el manuscrito, declara ser el autor. La misma imagen de la Virgen está presente durante la representación y es testigo de la historia en la que se narran sus milagros y la devoción que sus fieles le brindan:

> [...] vino la imagen a la plaza, donde estaba un teatro sumptuosísimo hecho con muchos árboles y frescuras, y un sitial y altar con dosel, donde se puso la imagen y todos los demás santos, que iban en hombros de españoles con sus andas, todos cercados de la imagen como dándole el parabién de su venida a su ciudad. Y así como cuando entra un rey o una reina en una ciudad salen los cortesanos della a recebirlos con contento grandísimo de ver a su rey y señor en su ciudad, ansí salieron todos los santos de las cofadrías con mucha cera a recebir a la Reina de los Cielos como cortesanos que son de allá; y por buen orden, mientras los cantores cantaban curiosas letras, iban pasando por delante de la imagen y humillándose todos (fols. 233v y 234).

Todo este aparato festivo tiene como finalidad fomentar el culto mariano en su advocación de Guadalupe, utilizando el milagro como recurso dramático para adoctrinar sobre la función mediadora de María. A lo largo de la descripción de la fiesta, Ocaña deja patente cómo cada uno de los actos y de las celebraciones es un factor más para acrecentar la fe de los espectadores y su devoción por la imagen mariana. A través de la comedia se logra informar al público peruano sobre la historia milagrosa de la imagen e invitarle a la oración frente a una imagen que ha probado ya su cercanía con el pueblo extremeño. Les ayuda frente a los enemigos en situaciones de guerra, protege a las doncellas en desgracia, ayuda a los pobres y los desvalidos. Pero sobre todo, la obra enmarcada en el contexto de todas las celebraciones, cumple con una función propagandística del santuario. A fin de cuentas, el propósito del viaje de Ocaña era fomentar el culto a la advocación de Guadalupe para captar limosnas para el convento extremeño.

Es por eso que en el cuadro VIII se cierra la comedia con una escena en el monasterio de Guadalupe; en él, un fraile de San Jerónimo recibe al alcalde Menelaque, que lleva un cántaro de leche, y al regidor Malceñido, cuya ofrenda es un cirio. El objetivo es remarcar el tipo de ofrendas que es aconsejable llevar a la Virgen y destacar el privilegio que recibe la Villa del Potosí al albergar la imagen recién entronizada:

CAUTIVO   Y tú, villa imperial
                     de Potosí, con razón
                     puedes en esta ocasión
                     juzgar tu ventura igual
                     a España, pues también tienes
                     el tesoro que ella alcanza;
                     de quien ten cierta esperanza
                     que te vendrán grandes bienes.
                     [...]
                     Tened siempre en la memoria,
                     sin que otra cosa la ocupe,
                     la Virgen de Guadalupe.
                     Y aquí se acaba la historia. (fol. 254v)

Desde luego la comedia se puede relacionar con otras de tema similar como *El lucero de Caudete*, donde sucede exactamente lo mismo, sólo que allí los protagonistas son la Virgen de Gracia y, en especial, la villa de Caudete (Albacete). En la primera parte, la villa de Caudete cae en manos árabes y en la segunda, una vez hallada la imagen de la Virgen por otro pastor, es reconquistada y los infieles expulsados[46]. Hay una divergencia importante en esta comedia en relación con la de Ocaña: mientras que en la *Comedia de Nuestra Señora de Guadalupe y sus milagros* el papel de la Virgen es fundamental en la lucha contra el infiel, en *El lucero de Caudete*, sin embargo, este detalle no se menciona. Dado que esta última comedia sólo se ha conservado en varias copias manuscritas del XVIII es previsible que hubiese existido, en el siglo XVII, un estadio anterior donde constase tal papel

---

[46] Manejo la edición facsímil del manuscrito del siglo XVIII que lleva por título *El lucero de Caudete. Nuestra Señora de Gracia*, 1988.

de la Virgen, que se habría perdido con la reelaboración de la obra en el siglo siguiente.

PROBLEMAS TEXTUALES DE LA COMEDIA

Como se ha dicho, el manuscrito donde se copia la comedia es autógrafo de Ocaña, según sus estudiosos; pero no es el original de la obra, por cuanto bien a las claras se ve que está poniendo en limpio una copia anterior. Ese proceso de autocopia, pensamos, como toda copia al fin y al cabo, indujo a cometer una serie de errores, típicos de la persona que copia un manuscrito, aunque sea propio. De ahí que a veces no tengamos más remedio que proceder a la enmienda de algunos pasajes defectuosos. Por otra parte, las otras dos copias manuscritas de la obra, que hicieron los eruditos del siglo XIX Cañete y Barrantes, cometieron también errores propios por el apresuramiento de las copias respectivas, lo que hace inútil su trabajo para las cuestiones de crítica textual.

Por otra parte, la única edición seria que se ha hecho de la comedia, es decir, la que se realizó teniendo a la vista el manuscrito original, fue la que llevó a cabo fray Carlos G. Villacampa en la revista *El monasterio de Guadalupe* (1934)[47], edición bastante buena y completa que fue después reproducida con muchos errores en su libro *La Virgen de la hispanidad* (1942)[48], al parecer sin revisión cuidadosa de su autor. Todas las demás ediciones que vinieron después, es decir, la de Teresa Gisbert (1957)[49], la de fray Arturo Álvarez en el apéndice de su libro *Un viaje fascinante por la América hispana del siglo XVI* (1969)[50] y las que han seguido no son más que reimpresiones que parten de la edición de Villacampa de 1942 o de algunas de sus herederas, aunque señalen que han tomado como fuente el manuscrito. Ésa es la razón por la que a los errores del primer editor (que se repiten una y otra vez) hay que sumar los propios de cada uno de los editores posteriores. Todos han incurrido, por ejemplo, en la supresión de unos cuantos versos en determinados lugares de la obra, en el añadido de

---

[47] Ya citada, núms. 265-269, 1934, pp. 83-139.
[48] Villacampa, 1942, pp. 197-291.
[49] Gisbert, 1957.
[50] Álvarez, 1969, pp. 367-433.

otros que estaban tachados en ésta, en malas lecturas del editor primitivo, etc. Por otra parte, casi ninguno de esos editores ha llevado a cabo una numeración de los versos, lo cual tampoco habría ayudado mucho, dada la mala fijación textual de la obra desde 1942. Algún análisis métrico de la misma (el llevado a cabo por el editor de *Teatro colonial*, II, que sí numera, de diez en diez) es claramente defectuoso por partir de ese texto al que le faltan unos cuantos versos, como hemos dicho.

Este hecho, el que Villacampa en su edición de 1942 diera un texto defectuoso, mucho peor que el de 1934, ha originado que todavía hoy no dispongamos de un texto pulcro de la comedia. Como veremos, los editores modernos han copiado la edición de Villacampa de 1942, sin cotejar con la primera. Por otra parte, incluso el propio Villacampa cometió errores de lectura en su primera edición, que también hay que subsanar. Damos algunos ejemplos significativos de una y otra cosa en el apartado de «Nuestra edición».

Según nuestra opinión, no hemos conocido hasta ahora el texto genuino de Ocaña en múltiples pasajes de su obra: los errores de lectura, las modernizaciones intolerables de la lengua del siglo XVII han hecho que la comedia se interprete mal en ocasiones, que no se entienda en otras y que se rompa la rima en muchas. Se han añadido versos que no deberían estar y se han suprimido otros necesarios para que el cómputo métrico sea correcto. Ocaña pudo ser un poeta mediano, pero desde luego era buen versificador y no se le pueden achacar redondillas de cinco versos ni cosa por el estilo. Es por eso por lo que a la Virgen de Guadalupe se le puede prestar también un servicio desde la investigación filológica en este año tan significativo, en que se cumplen los cuatrocientos de la muerte de su autor.

Sinopsis métrica

Primera parte

1-76: redondilla
77-132: romance
133-240: redondilla
241-550: quintilla

551-614: redondilla
615-617: sueltos
618-629: redondilla
630-631: sueltos
632-655: redondilla
656-657: sueltos
658-741: redondilla
742-841: quintilla
842-1225: redondilla

Segunda parte

1226-1641: redondilla
1642-1643: sueltos
1644-1651: redondilla
1652-1653: sueltos
1654-1845: redondilla
1846-1881: silva endecasílabos
1882-1921: redondilla
1922-1935: soneto
1936-2011: redondilla
2012-2067: octava
2068-2439: redondilla

Primera parte

752 redondilla
410 quintilla
56 romance
7 sueltos
Total: 1225

Segunda parte

1104 redondilla
56 octava
36 silva endecasílabos
14 soneto
4 sueltos
Total: 1214

Por estrofas, la que más abunda es la redondilla, con 1.856 versos (lo que representa un 76,09%); siguen después las quintillas con 410 (un 16,81%) y, ya a larga distancia, el romance, con 56 versos (2,29%), los mismos que las octavas: 56 (2,29%). Por fin, tenemos 36 versos de silva de endecasílabos (un 1,47%), un soneto (0,57 %) y 11 versos sueltos (0,45%). En suma se trata del sistema que estaba imponiendo Lope con su comedia nueva, a la que, como todos sus contemporáneos, tampoco pudo sustraerse.

El manuscrito

El manuscrito de fray Diego de Ocaña se encuentra hoy en día en la Biblioteca de la Universidad de Oviedo bajo la signatura M-215, se le ha asignado el nombre de *Relación del viaje de fray Diego de Ocaña por el Nuevo Mundo (1599-1605)* debido a que el manuscrito no tiene título. Se trata de un volumen que consta de 318 folios numerados de forma irregular por lo que por un error en la foliación el último folio numerado es el 360. Lo encuadernó Ginesta, en Madrid, en agosto del año de 1871, en piel marrón. Medidas exteriores 22 x 16 cm; medidas interiores 21 x 15,2 cm. En promedio los folios tienen unas 25 líneas aunque los hay muy irregulares. Tiene, al principio y al final, cinco páginas de guarda en blanco y dos páginas en la que se da noticia de los diferentes dueños que el manuscrito ha tenido. Se menciona a un personaje a quien se identifica como «Cruzado Caballero de la Orden de Calatrava y comisario del Santo Oficio y obispo de Cuenca[51]», junto a este nombre aparece una fecha: «primero de junio de mil y seiscientos y cincuenta y seis años». Le siguen varias rúbricas de Diego de Prades.

En el siguiente párrafo se asienta que el dueño del libro es Francisco Gutiérrez, quien vive en la calle de San Antón, enfrente de la calle de Jesús María Válgame Dios. En el último párrafo, con letra del siglo XIX, aparece el texto siguiente:

[51] El obispo de Cuenca entre 1653-1663 fue Juan Francisco Pacheco, ha pasado a la historia entre otras cosas por ser el tío y tutor del marqués de Villena, Juan Manuel Fernández Pacheco, y quien despertó, en el fundador de la Real Academia Española, la afición a los libros y a las tareas literarias y quien lo instruyó en las lenguas clásicas y las ciencias de su época.

Perteneció este curioso libro a don Bartolomé José Gallardo, Toledo, y desde el año de 1861 forma parte de la colección de manuscritos reunidos por mi padre el Señor don Felipe de Soto y Posada, Asturias. Lo encuadernó Ginesta, en Madrid, en Agosto del año de 1871. Sebastián de Soto.

Enseguida, inicia la relación de Ocaña, cuya paginación principia en el folio 2, todos los folios están paginados, incluidos los que se encuentran en blanco y los 18 que contienen los dibujos. La foliación debe de ser posterior a la elaboración del manuscrito, ya que su trazo es diferente al resto del mismo. Encontramos un error de paginación, del folio 259v se salta al 300, pero sin que exista alteración en el texto. En el punto en el que se inserta el mapa o papel 4 aparece otro error, el mapa aparece en los folios que llevan los números 96 y 97 y están fuera de lugar ya que siguen al 108, éste es seguramente un error de la encuadernación, existen además 2 páginas marcadas con el número 109. Entre los folios 235 y 254v se encuentra la *Comedia de Nuestra Señora de Guadalupe y sus milagros*.

Se trata de un manuscrito autógrafo con letra bastarda italiana. A lo largo de todo el texto se utiliza la misma tinta, las frases en latín se encuentran subrayadas con la misma tinta del resto del texto. Los nombres de personajes, toponímicos y fechas están subrayados con tinta roja, esto parece ser obra de alguno de los usuarios modernos, alguien que seguramente tenía intención de editar el texto, ya que con la misma tinta han sido dibujados calderones para marcar cambios de página o pliego. En términos generales el manuscrito se encuentra en magnífico estado, los cantos limpios, sin marcas de carcoma y sólo aparecen algunas manchas amarillentas que por lo general no impiden la lectura.

El manuscrito estaba destinado a ser enviado por el autor al monasterio de Guadalupe, donde pudo haber permanecido hasta la Desamortización[52], pero no tenemos la certeza de que el texto haya llegado a su destino. Arturo Álvarez, en la introducción que hace a una de las ediciones modernas del texto con las que contamos, nos hace notar que la relación de Ocaña no es «citada en ninguno de los tres inven-

---

[52] Villacampa 1942, p. 130.

tarios del archivo guadalupense correspondientes a los años 1769, 1820 y 1822 y por tanto anteriores a la Desamortización»[53]. En todo caso sabemos que perteneció a Bartolomé José Gallardo, un ilustre bibliófilo toledano; de él pasó a manos de don Felipe de Soto y Posada, en Asturias, y posteriormente fue adquirido por Roque Pidal, quien en 1935 lo vendió junto con un numeroso lote de libros al Estado español y desde entonces se encuentra en la Biblioteca de la Universidad de Oviedo[54].

Nuestra edición

En la presente edición se han respetado los criterios del GRISO siempre con la intención de reflejar de la manera más fiel la voluntad de autor.

Se ha modernizado toda grafía que no tenga trascendencia fonética. En este punto conviene aclarar que se trata de un manuscrito autógrafo en el que los hábitos del autor no son sistemáticos, escribe la misma palabra de modo diferente a lo largo del texto como: así, ansí, (fol. 2, 5); mesmo, mismo (fol. 2, 22), etc.

Se han modernizado las mayúsculas, salvo en los casos de valor grafémico. Los títulos nobiliarios cuando son genéricos conservan las minúsculas; cuando son títulos concretos «el Virrey don Luis de Velasco» se opta por la mayúscula.

Las cifras numéricas han sido transcritas tal como aparecen en el manuscrito.

A lo largo del texto se observa una enorme carencia de signos de puntuación y acentuación, esto nos ha obligado a suplir estos signos para facilitar la lectura aun cuando somos conscientes de que al puntuar estamos optando por una propuesta de interpretación.

Los títulos de los capítulos que van entre corchetes son nuestros, han sido introducidos a partir de un criterio geográfico para facilitar la localización de las diversas secuencias del texto.

En el aparato de notas se han incluido observaciones textuales, notas filológicas, identificación de personas, identificaciones de lugares citados, las alusiones a acontecimientos históricos, etc.

[53] Álvarez, 1987, p. 27.
[54] Ver Álvarez, 1987, p. 28.

RELACIÓN DE ALGUNAS LECTURAS ERRÓNEAS
DEL MANUSCRITO EN EDICIONES MODERNAS Y PROPUESTA EDITORIAL

Las ediciones que nos han precedido (y nos basamos en la más importante de todas, que es la del padre Álvarez de 1969) se permiten una serie de modificaciones con respecto al original, sin duda con la intención de acercar el texto a la óptica del lector actual, pero que no parecen tolerables desde el punto de vista de un editor riguroso de nuestros días. Son sistemáticos, por ejemplo, cambios que afectan a las vocales (*oscurece*, en la edición de Álvarez, por *escurece* del manuscrito; *Perú*, por *Pirú*; *regocijo* por *regucijo*; *segura* por *sigura*; *empresa* por *impresa*; *cobija* por *cubija*), a las consonantes (*ahora* por *agora*; *extremeño* por *estremeño*) o a grupos consonánticos (*así* por *ansí*; *insigne* por *insine*, *servirla* por *servilla*, *sutileza* por *subtileza*, *victoria* por *vitoria*, *columnas* por *colunas*, etc.). Otras veces se deshacen amalgamas del tipo: *de este* por *deste* o se introducen cambios morfológicos (*hicisteis* por *hicistes*, *el color* por *la color*). Con todo, los cambios más importantes tienen que ver con la sustitución de una palabra o conjunto de ellas por otra u otras, lo cual muchas veces obedece a una mala lectura del manuscrito. Damos a continuación algunos de esos cambios, los que nos han parecido más importantes, tanto en lo que se refiere a la lectura del viaje en sí como en la de la comedia, que presenta una problemática particular.

Manuscrito de Ocaña	Edición de Álvarez, 1969	Nuestra edición
Dejado aparte las muchas ballenas (fol. 9)	**Debajo** aparte las muchas ballenas (p. 12)	Dejado aparte las muchas ballenas
Dioles la naturaleza a estos micos vn distinto para passar el rio (17v)	Dioles la naturaleza a estos micos un **instinto** para pasar el río (25)	Dioles la naturaleza a estos micos un distinto para pasar el río
Sandalias de frayles francos. (fol. 35)	Sandalias de frailes **franciscanos** (49)	Sandalias de frailes franciscos
No hay calabazas ni balsa ni barca (47)	No hay **calabazas ni barca** (69)	No hay calabazas ni balsa ni barca
Vn çerro […] en el qual baten las olas de la mar (fols. 48 y v°)	Un cerro […] en el cual **parten** las olas de la mar (70)	Un cerro […] en el cual baten las olas de la mar
Dixe vn responso por su alma que al cuerpo los pescados […] dieron sepultura en escamados vientres (49)	Dije un responso por su alma, que al cuerpo los pescados […] dieron sepultura en escamados **dientes** (70)	Dije un responso por su alma, que al cuerpo los pescados […] dieron sepultura en escamados vientres
estaua regado y limpio en lo qual se echaua de uer sello ella mucho en todo el aseo (51v)	estaba regado y limpio; **lo** cual se echaba de ver **serlo en** todo el aseo (75)	estaba regado y limpio en lo cual se echaba de ver sello ella mucho en todo el aseo
Me acaue de limpiar salio ella con un vn brinquiño (52)	Me acabé de limpiar, **saltó** ella con un brinquiño (75-76)	Me acabé de limpiar, salió ella con un brinquiño
Nos auia reçeuido con tan buena graçia que mostraua bien ser muger principal (53)	Nos había recibido con tan buena gracia que **nos demostraba** bien ser mujer principal (53)	Nos había recibido con tan buena gracia que mostraba bien ser mujer principal
Ire por el camino con el papel en la mano marcando y pintando toda la tierra […] y tomamos el puerto de coquimbo demediado abril del mesmo año (71v°)	Iré por el camino con el papel en la mano, **marchando** y pintando toda la tierra […] y tomamos el puerto de Coquimbo **a mediados de** abril del **mismo** año (108)	Iré por el camino con el papel en la mano marcando y pintando toda la tierra […] y tomamos el puerto de Coquimbo demediado abril del mesmo año
Subiendo desde lima por la mar con el primer puerto que se toma es el balle copiapo (78)	Subiendo desde Lima por la mar con el primer **punto** que se toma es el valle **de** Copiapó (109)	Subiendo desde Lima por la mar con el primer puerto que se toma es el valle Copiapó
Este valle […] viene a ser	Este valle […] viene a ser	Este valle […] viene a ser

derechamente antípodas por vn costado de los manchegos de españa (88vº)	derechamente antípodas por un **estado** de los manchegos de España (114)	derechamente antípodas por un costado de los manchegos de España
Es todo de pantanos y lodo hasta la cinta (90vº)	Es todo de pantanos y lodo hasta la **cintura** (116)	Es todo de pantanos y lodo hasta la cinta
La quebrada honda y es fuerza a los pasajeros passar por ella (91vº)	La Quebrada Honda y es **forzoso** a los pasajeros pasar por ella (116)	La Quebrada Honda y es fuerza a los pasajeros pasar por ella
quatro vofetones (fol. 117vº)	Cuatro **bofetadas** (p. 138)	Cuatro bofetones
Muchos viendo aquesto / […] adoran convertidos lo q adoro / y aquesse gran theosoro / conoçen (154vº)	Muchos, viendo aquesto, / […] adoran, convertidos, lo que adoro, / **ya que ese** gran teosoro / conocen (317)	Muchos, viendo aquesto, / […] adoran, convertidos, lo que adoro, / y aquese gran teosoro / conocen
Esta ledania se cantaua todo el octavario (160)	Esta letanía se cantaba todo el octavario (321)	Esta ledanía se cantaba todo el octavario
Este lugar esta entre dos cerros pequeños a la parte del oriente tiene vno y a la de occidente otro (fol. 165vº)	Este lugar está entre dos cerros pequeños; a la parte del oriente tiene **un río**, y a la de occidente otro (p. 182)	Este lugar está entre dos cerros pequeños; a la parte del oriente tiene uno y a la de occidente otro
A esta saçon estaua en Alemaña (fol. 166)	A esta **razón** estaba en **Alemania** (p. 183)	A esta sazón estaba en Alemaña
Desde lenjos (fol. 166)	Desde **lejos** (p. 183)	Desde lenjos
El español diole al indio vna manta (fol. 167)	El **español diole** vna manta (fol. 162)	El español diole al indio una manta
Que sino estendido a la larga (169vº)	Que si no es **extendido** a la larga (186)	Que si no es tendido a la larga
Las lleuan ~~todas estas ciento y~~ ochenta leguas (172)	Las llevan **todas estas ciento** ochenta leguas (189)	Las llevan ochenta leguas
Las indias vsan de afeyte y lo q se ponen es vna tierra colorada (174)	Las indias usan de **aceite** y lo que se ponen es una tierra colorada (191)	Las indias usan de afeite y lo q se ponen es una tierra colorada
Yo le dixe la missa y aynas no la acauara de rissa (175)	Yo le dije la misa, y **hay más** no la acabara, de risa (192)	Yo le dije la misa y aínas no la acabara de risa
Un maestro q las ande de contino reparando y para q por vnas compuertas q tienen tenga cuydado de echar el agua q fuere necesaria para que las	Un maestro que las ande de **continuo preparando** y para que por unas compuertas q **tiene**, tenga cuidado de echar el agua que fuere necesaria para	Un maestro que las ande de contino reparando y para que por unas compuertas que tienen, tenga cuidado de echar el agua que fuere necesaria

ruedas muelan (179v°)	que las ruedas **se muevan** (198)	para que las ruedas muelan
Ni vsan della ni de asiento sino en cluquillas se ponen […] tenia messa pero muy baxa como vna banqtilla (180)	Ni usan **de ella** ni de asiento, sino en **cuclillas** se ponen […] tenia mesa, pero muy baja como una **banquilla** (199)	Ni usan della ni de asiento, sino en cluquillas se ponen […] tenía mesa pero muy baja, como una banquetilla (180)
Higos verdes quatro higos vn real higos passados y passas todo el año limas y naranjas todo el año, peras q traen de chuquisaca (182)	Higos verdes, cuatro higos un real; higos pasados y pasas, todo el **año; peras** que traen de Chuquisaca (201)	Higos verdes, cuatro higos un real; higos pasados y pasas todo el año; limas y naranjas todo el año; peras que traen de Chuquisaca
En la mano derecha una espada desnuda y en la izquierda embraçado vn escudo (188v)	En la mano derecha una espada desnuda y en la izquierda **embrocado** un escudo (326)	En la mano derecha una espada desnuda y en la izquierda embrazado un escudo
Se avalio lo que en el aparador habia (194v°)	Se **evaluó** lo que en el aparador habia (332)	Se avalió lo que en el aparador había
Mazapanes y costras de calabaza y de cidra (202)	Mazapanes y costras de calabaza y de cidra (339)	Mazapanes y costras de calabaza y de cidra
Detrás de los saluajes yva siguiendo a la peña (208)	Detrás de los salvajes iba **subiendo** a la peña (344)	Detrás de los salvajes iba siguiendo a la peña
Fueron estas fiestas de tanto mas gusto quanto careçieron de desgras. q de ordinario suelen acaescer (257v°)	Fueron estas fiestas de tanto mas gusto, cuanto carecieron de desgracias, que de ordinario suelen **acontecer** (437)	Fueron estas fiestas de tanto mas gusto cuanto carecieron de desgracias, que de ordinario suelen acaescer
Fueron grandes las ventajas q esta maxcara hizo a todas las demas (258)	Fueron grandes las ventajas que esta **mascarada** hizo a todas las demás (437)	Fueron grandes las ventajas que esta máscara hizo a todas las demás
Victimas haze y el asi s'entrega/ y en viendo Huesos Poluos y carcoma / como si viera a guadalupe o Roma (300)	Víctimas hace, y él a sí se entrega, / y en viendo huesos, polvos y **carrroña**,/ como si viera a Guadalupe o Roma (439)	Víctimas hace, y él así se entrega, / y en viendo huesos, polvos y carcoma,/ como si viera a Guadalupe o Roma
La idolatra yntenicon el triste dolo / desarraigada del coraçon oculto / crezca señora en vro santo culto (301v°)	La idólatra intención, el triste dolo / **desarraiga** del corazón, oculto; / crezca, Señora, en vuestro santo culto (440)	La idólatra intención, el triste dolo, / desarraigada del corazón oculto, / crezca, Señora, en vuestro santo culto
Echamos de ver que su intento era matarnos (305)	Echamos de ver que su **invento** era matarnos (219)	Echamos de ver que su intento era matarnos

Pare defensa de las saetas y revolví el manto al brazo (305)	Pare defensa de las saetas y **me volví** el manto al brazo (219)	Pare defensa de las saetas y revolví el manto al brazo
El algazara que traian porque a su parecer venian a cosa hecha (307)	**La** algazara que traían porque a su parecer **venía la** cosa hecha (221)	El algazara que traían porque a su parecer venían a cosa hecha
La carne destos es como de vaca para comer de que hacen el charque o cecina que se come en potosí (312vº)	**Las carnes de estos** es como de vaca, para comer, de que hacen el charque o cecina que se come en Potosí (188-189)	La carne destos es como de vaca para comer, de que hacen el charque o cecina que se come en Potosí
Llegan a la jornada tan presto como el pasajero (313vº)	Llegan a la jornada tan **pronto** como el pasajero (227)	Llegan a la jornada tan presto como el pasajero
La medí con la de esta ymagen de copacauana y no tubo la vna mas q la otra sino q vinieron yguales (314vº)	La medí **con esta** imagen de Copacabana y no tuvo la una mas **de** la otra sino que **midieron** iguales (229)	La medí con la de esta imagen de Copacabana y no tuvo la una mas que la otra sino que vinieron iguales
Se viene de contino caminando orilla desta laguna (315)	Se viene de **continuo** caminando **a orillas de** esta laguna (230)	Se viene de contino caminando orilla desta laguna
Estaua alli aquel madero que ellos temian mucho y apoco espacio como iban cauando dieron con la cruz (318vº)	Estaba allí aquel madero que ellos temían mucho. Y a poco espacio, como iban **cuando** dieron con la cruz (235)	Estaba allí aquel madero que ellos temían mucho. Y a poco espacio, como iban cavando dieron con la cruz
quarenta oras estuvieron en perpetuas tinieblas (321vº)	cuarenta horas estuvieron en **perfectas** tinieblas (241)	cuarenta horas estuvieron en perpetuas tinieblas
Cayo tanta çeniza y piedra pomiz que quedaron como estauan çerca del bolcan todos enterrados (325)	Cayó tanta ceniza y piedra pómez, que quedaron, como estaban cerca del volcán, todos **encerrados** (244)	Cayó tanta ceniza y piedra pómiz que quedaron, como estaban cerca del volcán, todos enterrados
Deuiera de auer algun mundo alla riua y que se venia abajo pues tanta piedra y tierra llouia (325vº)	Debiera de haber algún **mando** allá arriba y que se venia abajo, pues tanta **tierra y piedra** llovía (245)	Debiera de haber algún mundo allá arriba y que se venia abajo, pues tanta piedra y tierra llovía
destas cadenas ay por la parte de auajo tres y por laparte de arriua q siruen de espaldar y antepecho dos las extremidades…	De estas cadenas hay por la parte de abajo tres y por la parte de arriba, que sirven de **espaldas** y **antepechos**; las	De estas cadenas hay por la parte de abajo tres y por la parte de arriba, que sirven de espaldar y antepechos, dos; las extremidades…

(340vº)	extremidades… (268)	
En medio desta questa esta el tambo donde se haze noche (342)	En medio de esta cuesta está el tambo **de Hacenoche** (270)	En medio desta cuesta está el tambo donde se hace noche
Los indios […] los tienen muy gastados y apocados por los muchos que alli mueren azogados (343vº)	Los indios […] los tienen muy gastados y apocados por los muchos que allí mueren **ahogados** (271)	Los indios […] los tienen muy gastados y apocados por los muchos que allí mueren azogados
Desde el cuzco a Xaxa guana 5 leguas (349)	Desde el Cuzco a **Jauja: a Guana**, cinco leguas (278)	Desde el Cuzco a Jajaguana 5 leguas
En algunas hoyas ay vn poquillo de agua (351)	En **aquellas** hoyas hay un poquillo de agua (282)	En algunas hoyas ay un poquillo de agua
El camino ba por una barranca alta (352)	El camino va por una **barraca** alta (283)	El camino va por una barranca alta
Tiene ya muchos pueblos asolados porque de trauajados y de azogados los indios no ay año que no pasan de setecientos (353)	Tiene ya muchos pueblos asolados, porque de trabajados y de **ahogados** los indios, no ay año que no **pasen** de setecientos (284)	Tiene ya muchos pueblos asolados, porque de trabajados y de azogados los indios, no ay año que no pasan de setecientos
Todas las caualgaduras q por tres veces se zabulleron y no pareçio ninguna (354vº)	Todas las cabalgaduras, que por tres veces se **zambulleron** y no **parecieron** ninguna (285)	Todas las cabalgaduras que por tres veces se zabulleron y no pareció ninguna
En estas hoyas de villa curi […] se dio la mas barbara y çeuil batalla (355vº)	En estas hoyas de Villacurí […] se **vio** la más bárbara y **cruel** batalla (286)	En estas hoyas de Villacurí […] se dio la mas bárbara y cevil batalla
Salio la mar de sus limites y de improuisso cubrio todo el pueblo del puerto de arica (359)	Salió la mar de sus límites, y de improviso cubrió todo el **puerto del pueblo** de Arica (290)	Salió la mar de sus límites y de improviso cubrió todo el pueblo del puerto de Arica

Comedia de Nuestra Señora de Guadalupe

Manuscrito de Ocaña	**Edición Villacampa, 1934 (y otras ediciones)**	**Nuestra edición**
dalle la norabuena (fol. 236 a)	darle la enhorabuena (v. 154)	dalle la norabuena
Ayudarme a escrebilla (fol. 236 a)	Ayudarme a escribirla (v. 178)	Ayudarme a eschebilla
Amor me da muerte	Amor me da muerte /[…]/	Amor me da muerte

/[…]/ si me alcanço con su bira (fol. 238 a)	si me alcanzó con su ira (v. 429)	/[…]/ si me alcanzó con su vira
Amas y eres rey en fin (fol. 238v° b)	A más y eres rey en fin (v. 521)	Amas y eres rey en fin
A solas la de hablar (fol. 239 a)	A solas la he de hallar (v. 537)	A solas la he de hablar
Y despues boluere a oilla [la misa] (fol. 239v° b)	Y después volveré a oírla (v. 604) Después volveréis a oírla (Álvarez)	Y después volveré a oílla
Que linda es su jamestad (fol. 240 a)	Qué linda es su jamestad (v. 621) Majestad (Álvarez)	Qué linda es su jamestad
-Otras dos quiero ponelle, / que tanbien so gente yo. / -Madre tanbién vos pario (fol. 240b)	Otras dos quiero **ponerle**, / que también so gente yo. / Madre también vos parió (vv. 640-642) (Faltan en todas las siguientes)	Otras dos quiero ponelle, / que también so gente yo. / Madre también vos parió.
A quien se le nego / juzgar de la luz dichosa (fol. 240v° b)	A quien se le negó / **usar** de la luz dichosa (vv. 698-699)	A quien se le negó / juzgar de la luz dichosa
quando blandeando astas / por dar fin a infames castas (fol. 242b)	Cuando **blanqueando estás** / por dar fin a infames castas (vv. 817-818)	Cuando blandeando astas / por dar fin a infames castas
Lo pasado sea pasado / todos se pueden sentar (fol. 245 a)	Lo pasado **se ha pasado** / todos se pueden sentar (v. 1198)	Lo pasado sea pasado / todos se pueden sentar
El can q se desmandare / y en agena biña entrare (fol. 245b)	El can q se desmandare / y en **alguna** viña entrare (v. 1216)	El can q se desmandare / y en ajena viña entrare
Ruego adios todo mi mal / baca se resuelba en vos (fol. 246v° a)	Ruego a Dios, todo **animal**, / vaca, se resuelva en vos (vv. 1386-1387)	Ruego a Dios, todo mi mal, / vaca, se resuelva en vos
-Y quixa le esta muy bien. / -el cura y el sacristán (fol. 247v° a)	Y **quizá** le está muy bien. / El cura y el **sacristán** (vv. 1507-1508)	Y quijá le está muy bien. / El cura y el sacristén
Y alli una igreja la haremos (fol. 250b)	Y allí una **iglesia** la haremos (v. 1975)	Y allí una igreja la haremos
Tiemble Belona desta airada mano (fol. 250v° b)	**Tiemple** Belona **de esta** airada mano (v. 1926) Tiemple Belona esta airada mano (Villacampa, 1942)	Tiemble Belona desta airada mano
De enfermos que allí sanaron/ qual manco qual	De enfermos que allí sanaron,/ cual manco, cual	De enfermos que allí sanaron,/ cual manco, cual

sordo y ciego/ las informaciones luego / con esta carta embiaron (fol. 251b)	sordo y ciego,/ las informaciones luego / con esta carta enviaron (vv. 1992-1995) (Faltan los 4 vv. en todas las eds. siguientes a 1934)	sordo y ciego,/ las informaciones luego / con esta carta enviaron
-Mas qué alboroto es aqueste/ no estoy de Recelo ageno/ -que hazes, alfonso onceno/ quieres que un Rno te cueste (fol. 251v° a)	Mas, ¿qué alboroto es aqueste?/ ¡No estoy de recelo ajeno!/¿Qué incita al arma? **¿Qué es esto**? / - ¿Qué haces, Alfonso Onceno?/ ¿Quieres que un reino te cueste? (vv. 2016-2019)	Mas, ¿qué alboroto es aqueste?/ ¡No estoy de recelo ajeno!/ -¿Qué haces, Alfonso Onceno?/ ¿Quieres que un reino te cueste?
Luego a la virgen paguemos / de dos partes la una / la una vos le llevareys/ y aora nos a descansar nos entremos (fol. 253v° a)	Luego a la Virgen paguemos / de las dos partes, **la una**;/ la una Vos le **llevaréis**, / y **ahora nos a** descansar / nos entremos (vv. 2220-2223)	Luego a la Virgen paguemos / de dos partes la [mitad];/ la una vos le lleva[d]/ y a descansar nos entremos
Soplico / Reciba su remenençia (fol. 254 a)	**Suplico** / reciba su **Reverencia** (v. 2247)	Soplico / reciba su remenencia

Bibliografía

Alciato, A., *Emblemas*, ed. S. Sebastián, prol. A. Egido, Madrid, Akal, 1993.

Álvarez, A. (ed.), D. de Ocaña, *Un viaje fascinante por la América hispana del siglo XVI*, Madrid, Studium, 1969.

— D. de Ocaña, *A través de la América del Sur*, Madrid, Historia 16, 1987.

Arellano, I. «"Decid al rey cuanto yerra": algunos modelos de mal rey en Calderón», en *El teatro clásico español a través de sus monarcas*, ed. L. García Lorenzo, Madrid, Fundamentos, 2006, pp. 149-180.

— y A. Eichmann (eds.), *Entremeses, loas y coloquios de Potosí (colección del convento de Santa Teresa)*. Madrid / Frankfurt, Iberoamericana / Vervuert, 2005.

Bances Candamo, F. de, «Comedia famosa de la Virgen de Guadalupe», en *Poesías cómicas, obras póstumas de Don Francisco Bances Candamo*, Madrid, Blas de Villanueva, 1722.

Baudot, G., *La vida cotidiana en la América española en tiempos de Felipe II: Siglo XVI*, México, FCE, 1983.

Caballero Juárez, J. A., *El régimen jurídico de las armadas de la carrera de Indias, siglos XVI y XVII*, México, Universidad Nacional Autónoma de México, 1997.

Cátedra, P., «Los orígenes de las *epístolas de relación*», en *Les «relaciones de sucesos» (canards) en Espagne (1500-1750). Actes du premier colloque international (Alcalá de Henares, 8, 9 et 10 Juin, 1995)*, Paris / Alcalá de Henares, Publications de la Sorbonne / Servicio de Publicaciones de la Universidad de Alcalá, 1996.

Cejador y Farauca, J., *Fraseología o estilística castellana*, Madrid, Tipografía de la Revista de Archivos, Bibliotecas y Museos, 1925.

Cervantes Saavedra, M. de, *Obras completas*, recopilación y estudio preliminar Á. Valbuena Prat, Madrid, Editorial Aguilar, 1975.

Cobo, B., *Historia del Nuevo Mundo*, ed. y estudio preliminar F. Mateos, Madrid, Atlas, Biblioteca de Autores Españoles, 91, 1956.

Comedia de la soberana virgen de Guadalupe y sus milagros y grandezas de España, Sevilla, Sociedad de Bibliófilos Andaluces, 1868.

Correas, G., *Vocabulario de refranes y frases proverbiales*, ed. R. Jammes y M. Mir-Andreu, Madrid, Castalia, 2000.

Crémoux, F., «Las imágenes de devoción y sus usos. El culto a la Virgen de Guadalupe (1500-1750)», en *La imagen religiosa en la Monarquía hispánica. Usos y espacios*, estudios reunidos y presentados por M. C. de Carlos, P. Civil, F. Pereda y Cécile Vincent-Cassy, Madrid, Casa de Velázquez, 2008, pp. 27-56.

Dermit Martínez, P. J., «La construcción de las naos del Obispo de Plasencia en Vizcaya. 1536-1539. Pleitos y documentos sevillanos», *Derroteros de la Mar del Sur*, 11, 2003, pp. 78-96.

Díaz Tena, M.ª E., «La leyenda y milagros de la Virgen de Guadalupe en el teatro hispanoamericano de principios del xvii», *Via Spiritus*, 10, 2003, pp. 139-171.

Eichmann, A., «Notas sobre el teatro en Charcas», en *Manierismo y transición al Barroco; Memoria del III Encuentro Internacional sobre barroco*, ed. N. Campos, Artes La Paz, Gráficas Sagitario, 2005, pp. 333-343.

— «Sainete unipersonal intitulado *La brevedad sin sustancia*, una rareza escénica aurisecular de Charcas (Bolivia)», Pliegos volanderos del GRISO, núm. 9, Pamplona, GRISO (Universidad de Navarra), 2006.

— «Nuevas notas sobre el teatro en Charcas», en *Ciencia y Cultura; Revista de la Universidad Católica San Pablo*, 20, 2008a, pp. 9-37.

— «Textos dramáticos de la colección de manuscritos musicales de Sucre (Archivo Nacional de Bolivia)», en *El teatro en la hispanoamérica colonial*, ed. I. Arellano y J. A. Rodríguez Garrido, Madrid / Frankfurt, Iberoamericana / Vervuert, 2008b, pp. 275-294.

El lucero de Caudete. Nuestra Señora de Gracia, Albacete, Junta de Comunidades de Castilla-La Mancha, 1988.

Foerster, R., «Jesuitas y mapuches: 1593-1767», *Excerpta*, 4, 1996, pp. 4-7.

Gisbert, T., *Comedia de nuestra señora de Guadalupe y sus milagros, de fray Diego de Ocaña*, La Paz, Biblioteca Paceña, 1957.

Godínez, F., «Auto sacramental de la Virgen de Guadalupe», en *Autos Sacramentales y del Nacimiento de Cristo, con sus loas y entremeses*, Madrid, 1675.

Infantes, V., «¿Qué es una relación? (Divagaciones varias sobre una sola divagación)», en *Les relaciones de sucesos (canards) en Espagne (1500-1750). Actes du premier colloque internacional (Alcalá de Henares, 8, 9 et 10 de Junin 1995)*, Paris / Alcalá de Henares, Publications de la Sorbonne / Servicio de Publicaciones de la Universidad de Alcalá, 1996, pp. 42-56.

«La invención de la Santa Cruz por santa Elena», en *El teatro Náhuatl, Épocas novohispana y moderna*, ed. F. Horcasitas, México, Instituto de Investigaciones Históricas / Universidad Nacional Autónoma de México, 1974.

López de Mariscal, B., *Relatos y relaciones de viaje al Nuevo Mundo en el siglo xvi*, Madrid / Monterrey, Ediciones Polifemo / Instituto Tecnológico de Monterrey, 2004.

Los Siglos de Oro en los virreinatos de América, Madrid, Museo de América, 1999.

Madroñal, A., «La primera edición de la *Vida de San José* del maestro Valdivielso», *Revista de Filología Española*, 87, 2002, pp. 273-224.

Mariscal Hay, B. (ed.), *Carta del Padre Pedro de Morales*, México, El Colegio de México, 2000.

Mendoza, A. de, «Instrucción de don Antonio de Mendoza, Visorey de Nueva España», en *Las siete ciudades de Cíbola: textos y testimonios sobre la expedición de Vázquez de Coronado*, ed. C. de Mora, Sevilla, Alfar, 1992.

Mújica Pinilla, R., *Rosa limensis: mística, política e iconografía en torno a la patrona de América*, México, Instituto Francés de Estudios Andinos / Centro Francés de Estudios Mexicanos y Centroamericanos / Fondo de Cultura Económica, 2005.

Neyra Ramírez, J., «El Hospital de San Lázaro de Lima», *Folia Dermatol*, 3, 2006, pp. 149-150.

Ocaña, D. de, *Relación del viaje de fray Diego de Ocaña por el Nuevo Mundo (1599-1605)*, Oviedo, Biblioteca de la Universidad de Oviedo, M-215.

— *Un viaje fascinante por la América hispana del siglo XVI*, ed. A. Álvarez, Madrid, Studium, 1969.

— *A través de la América del Sur*, ed. A. Álvarez, Madrid, Historia 16, 1987.

— *Fray Diego de Ocaña, Relación del viaje a Chile, año 1600,* Santiago de Chile, Editorial Universitaria, 1995.

— *Comedia de Nuestra Señora de Guadalupe y sus milagros*, introd. T. Gisbert, La Paz, Biblioteca Paceña, 1957.

— *Comedia de Nuestra Señora de Guadalupe y sus milagros*, en *Un viaje fascinante por la América hispana del siglo XVI*, ed. A. Álvarez, Madrid, Studium, 1969.

Poma de Ayala, G. F., *El Primer Nueva corónica y Buen gobierno*, México, Siglo Veintiuno, 1992.

Real Academia Española, *Diccionario de Autoridades*, 1726-1739, edición facsimilar, Madrid, Gredos, 2002.

— *Diccionario histórico de la lengua española*, Madrid, Real Academia Española, 1960-1993.

— *Diccionario de la lengua española*, Madrid, Espasa Calpe, 1780-2001.

— *Corpus Diacrónico del español* (CORDE), consulta en línea en la dirección <http://corpus.rae.es/cordenet.html>.

Redondo, A., «Los prodigios en las relaciones de sucesos», en *Les «relaciones de sucesos» (canards) en Espagne (1500-1750). Actes du premier colloque internacional (Alcalá de Henares, 8, 9 et 10 de Juin, 1995),* Paris / Alcalá de Henares, Publications de la Sorbonne / Servicio de Publicaciones de la Universidad de Alcalá de Henares, 1996, pp. 120-145.

Roso Díaz, J., «La virgen de Guadalupe en la dramaturgia barroca», *Káñina: revista de artes y letras de la Universidad de Costa Rica*, 26, 2, 2002, pp. 1-35.

Sacrificio de Isaac: auto en lengua mexicana, trad. y ed. F. del Paso y Troncoso, Florencia, Tipografía de Salvador Landi, 1899.

Sánchez, Á., «Teatro, propaganda y comercio en la *Comedia de Nuestra Señora de Guadalupe y sus milagros*», *Bulletin of the Comediantes*, 47, 1, 1995, pp. 95-103.

Serés, G., *Las transformaciones de los amantes. Imágenes del amor de la antigüedad al siglo de oro*, Barcelona, Crítica, 1996.

SEMPERE, J. y J. RICO JIMÉNEZ, *Historia del lujo y de las leyes suntuarias de España*, Valencia, Alfons el Magnànim, 2000.

SUÁREZ RADILLO, C. M., *El teatro barroco hispanoamericano*, Madrid, José Porrúa Turanzas, 1981, vol. II.

TALAVERA, G., *Historia de Nuestra Señora de Guadalupe Consagrada a la soberana magestad de la Reyna de los Ángeles, milagrosa patrona de este santuario...*, Toledo, Tomás Guzmán, 1597.

TEIJEIRO FUENTES, M. Á., *El teatro en Extremadura durante el siglo XVI*, Badajoz, Diputación Provincial, 1997.

VÁZQUEZ DE ESPINOZA, A., *Compendio y Descripción de las Indias Occidentales 1629*, ed. B. Velasco Bayón, Madrid, Historia 16, 1992.

VEITIA LINAGE, J., *Norte de la contratación de las Indias occidentales*, Buenos Aires, Comisión Argentina de Fomento Interamericano, 1945.

VILLACAMPA, C. G., «Comedia de nuestra Señora de Guadalupe y sus milagros», *El Monasterio de Guadalupe,* núm. 265, Real Monasterio de Guadalupe, Ediciones Guadalupe, 1934.

— *La Virgen de la Hispanidad*, Sevilla, Editorial de San Antonio, 1942.

VIAJE DE FRAY DIEGO DE OCAÑA
POR LA AMÉRICA DEL SUR, 1599-1605

[0] *Nos, — — —, cruzado caballero de la Orden de Calatrava y comisario del Sancto Oficio y obispo de Cuenca. Y lo escribo en la villa de Madrid, a primero de junio de mil y seiscientos y cincuenta y seis años.* [Siguen varias rúbricas de Diego de Prades y Escobar.]

Este libro es de Francisco Gutiérrez, que vive en la calle de San Antón, enfrente de la calle de Jesús María Válgame Dios, alguacil que fue de la jurisdición de Arévalo, por el doctor Aldaba, corregidor que fue de la otra jurisdición por su Majestad, que Dios guarde como deseo.

[1] *Este libro es de Francisco Gutiérrez, quien lo hallare se lo volverá, si acaso lo hurtare (porque de otra manera no se puede perder). Y quien lo escribió esto es un amigo suyo está* mortis morten et de morte.

Perteneció este curioso libro a don Bartolomé José Gallardo, Toledo, y desde el año de 1861 forma parte de la colección de manuscritos reunidos por mi padre, el señor don Felipe de Soto y Posada, Asturias. Le encuadernó Ginesta, en Madrid, en Agosto del año de 1871. Sebastián de Soto.

[De cómo salimos del convento de Guadalupe
en Extremadura]

[2] Partimos el padre fray Martín de Posada[1], mi compañero, y yo de nuestra sancta casa de nuestra Señora sancta María de Guadalupe, despedidos de todo el convento y con la bendición de nuestros perlados[2] padres y mayores, a los 3 de enero del año de 1599 a la una del día, después de comer. Acompañándonos hasta la puerta de la hospedería[3], donde subimos a mula, todos nuestros hermanos y amigos, de los cuales nos despedimos con muchas lágrimas y sentimiento de todos; y en particular fueron en mucha copia y abundancia las que yo derramé en los brazos de mi querido y amado hermano fray Pedro de Segovia. Las cuales lágrimas, mi compañero y yo de contino[4] fuimos derramando hasta que llegamos al humilladero[5] de San Sebastián, que es donde se pierde de vi[s]ta la casa. Y allí volvimos las riendas a las mulas y, vueltos los ojos a nuestra gloriosa patria y casa, nos vol-

---

[1] Arturo Álvarez, en la edición de Historia 16 del texto de Ocaña, anota que el compañero de viaje de fray Diego es natural de Posada, en Asturias, profesó en la orden jerónima el 1 de octubre de 1580 siendo prior el padre Agustín del Castillo. En la presente edición se recuperarán las notas más relevantes de la edición. Álvarez, 1987.

[2] Por *prelados*.

[3] La hospedería solía ser el lugar en que se recibía a los peregrinos que llegaban al santuario de Guadalupe en romería. El gesto de despedir a los viajeros en la puerta de la hospedería tiene la característica de destacar un movimiento contrario, ya que con él se está dando inicio a un peregrinar, que va, del interior del convento hacia el mundo exterior para recaudar limosnas.

[4] Por *continuo*.

[5] Lugar devoto en el que se ha colocado una imagen de Cristo, de la Virgen o de un santo; suelen estar en los caminos. Dadas las condiciones orográficas, el humilladero de San Sebastián al que hace referencia el narrador, tiene la característica de ser el primer punto (o en este caso el último) del camino en el que el peregrino establece contacto visual con el santuario.

vimos a despedir de nuestra gran patrona la Serenísima Reina de los Ángeles, como lo habíamos hecho antes en el coro, pidiéndole nos guiase en nuestro viaje y nos llevase y volviese con bien a su sanctísima casa, de donde con [2v] tan gran dolor y sentimiento nos apartábamos por tan largo espacio; pues veníamos[6] en busca del Nuevo Mundo descubierto.

Y guiados por tan clara estrella y cierto norte, llegamos por nuestras jornadas contadas, con salud y próspero suceso, a la gran ciudad de Sevilla, adonde, presentadas las cédulas del Rey nuestro señor y las licencias de nuestro muy reverendo padre general y de nuestro convento, se despacharon en la Casa de la Contratación por el señor presidente y oidores della, y nos dieron licencia para que nos embarcásemos en los galeones de su majestad[7]; que estaban aprestados para venir con el socorro a Puerto Rico. De los cuales era general don Francisco Coloma[8], caballero del hábito de san Juan.

Estuvimos en Sevilla apercibiendo las cosas de nuestro matalotaje, hasta los 26 de enero. Y fletándonos en un barco fuimos por el río abajo hasta el puerto de Sanlúcar de Barrameda, donde estuvimos esperando los mozos y el donado[9] que había de venir con nosotros hasta el segundo día de febrero, que fue la Purificación y fiesta de nuestra Señora. Y habiendo dicho misa en su altar[10] de Barrameda, nos fuimos [3] a embarcar a los galeones solos y sin criados, que la falta grande que nos hicieron no puedo encarecer, ansí para por los cami-

---

[6] «...veníamos en busca del Nuevo Mundo...», ésta es una de las marcas textuales que pueden ayudar a dilucidar la discusión que existe sobre el espacio y el tiempo de la emisión del texto.

[7] Es extraño que se autorizara el viaje del padre Ocaña, ya que desde 1588 no se permitía el paso a los religiosos cuyas órdenes no tuviesen conventos establecidos en Indias. Ver Veitia Linage, 1945, pp. 323-326.

[8] Don Francisco Coloma fue por esa única vez general de la Armada de la Guarda de la Carrera. Salió de Sanlúcar en enero de 1599 con dirección a Tierra Firme, iban seis galeones y varias naves de distintas clases; el almirante, como más adelante nos informa Ocaña, fue Juan de Urdaine. Ver Caballero Juárez, 1997, p. 347.

[9] «Hombre seglar que se retira a los monasterios y casas de religión para servir a Dios y a los religiosos» (*Diccionario de Autoridades*). Arturo Álvarez anota que existe una real cédula del 29 de julio de 1598 en la que Felipe III permite a los padres Posada y Valencia llevar a las Indias dos criados casados y otro soltero. Álvarez, 1987, p. 32, en nota.

[10] En el altar de Nuestra Señora.

nos después que llegamos a las Indias como por la mar, que no teníamos quién nos sirviese ni quién nos diese un jarro de agua, que en la mar es gran falta. Ésta se suplió con los soldados que venían en los galeones. Mi compañero se embarcó en la capitana con el general don Francisco Coloma[11] y yo me embarqué en la almiranta[12] con el almirante Juan de Urdaire, el cual me regaló mucho. Llevé título de capellán mayor de toda la armada hasta Portobelo y así las veces que se ofreció decir misa a toda la armada en una barraca que se hacía en tierra a vista de todos los navíos, la dije yo. Y como navegamos toda la cuaresma, vine confesando en el navío a toda la gente que venían en el galeón[13], que pasaban de cuatrocientas personas, marineros y soldados.

Salimos, pues, con próspero viento del puerto de Sanlúcar el mesmo día de nuestra Señora. Diecisiete velas grandes y pequeñas[14], donde venían todos los soldados del tercio de Bretaña[15]; [3v] soldados viejos y buena gente y casi todos mosqueteros. Pasamos todo el golfo de

[11] En enero de 1599 Francisco de Coloma, general de la Armada de la Guarda de la Carrera de Indias, y Juan de Urdaire, almirante de la misma, salieron de Sanlúcar de Barrameda. Coloma con dirección a Tierra Firme y Urdaire con dirección a la Nueva España. Ambos se reunieron en La Habana y regresaron a Sanlúcar en mayo de 1600. Iban 6 galeones y varias naves de distintas clases, todas de armada. Ver Caballero Juárez, 1997, p. 347.

[12] La capitana es el navío principal del que se compone una armada y a la que siguen las demás. La almiranta ocupa el puesto de la retaguardia. *Diccionario de Autoridades*.

[13] Es práctica común entre los católicos confesarse durante la Cuaresma como preparativo para celebrar la fiesta de Pascua de Resurrección.

[14] Es una sinécdoque por el número de las embarcaciones de las que estaba formaban la armada.

[15] El conjunto de compañías destinadas permanentemente al servicio de la Armada se conocía como el tercio de la Armada. Un tercio se componía, por lo regular, por unas doce compañías, llegaron a existir tercios cuyo número de integrantes era cercano a los dos mil. En 1598, una vez que concluyó la guerra con Francia, y con ella la campaña de Bretaña, el tercio que había estado en Bretaña fue asignado a la escolta de los galeones de la Armada oceánica, seguramente Ocaña se refiere a la gran cantidad de soldados que formaban parte de la flota. Ver Caballero Juárez, 1997.

las Yeguas[16], que son trescientas leguas, en siete días y llegamos a descubrir las islas de la Gran Canaria, con próspero tiempo, sin suceder desgracia ninguna. En estos siete días no me levanté de la cama, de mareado que estaba. No podía comer y lo que comía no lo podía retener en el estómago, hasta que a los seis días hice unos vómitos de cólera y luego comencé a estar bueno.

A la vista de las islas de Canaria tuvimos dos días de calmas que los navíos se estuvieron quedos sin navegar, y con aquello acabó de quitárseme el estómago y se me quitó un dolor grande de cabeza que del mareamiento me había dado. Y allí hicimos todos promesa de cantar todas las noches la salve a nuestra Señora de Guadalupe, y desde entonces no tuvimos más calmas en la mar del norte.

Pasaron los galeones de largo sin tomar puerto en Canaria[17], a vista de Turquía y África, por entre la isla de Lanzarote y Canaria. Y entramos en el mar de las Damas[18], que son novecientas leguas, hasta llegar a descubrir la Deseada[19]; que [4] con justo título le pusieron este nombre, porque haber navegado tanto mar sin ver tierra es grande el deseo que la gente trae de vella. En estas novecientas leguas no tuvimos desgracia ninguna y siempre el viento muy favorable, si no fue un día que por espacio de una hora vino un huracán de viento tan grande y repentino, que puso los navíos en riesgo porque con llevar todas las velas cogidas y la vela mayor tan baja que apenas podía coger viento, con todo eso era tanta la mar que había que se levantaban grandísimos montes de agua. Con éstos se atravesó la almiranta y co-

[16] El golfo que separaba la costa occidental de la Península de las Islas Canarias se llamaba golfo de Yeguas. Era el tramo más difícil del viaje y debía su nombre a los caballos que se tiraban al mar cuando las embarcaciones se encontraban en peligro por las tormentas. En algunas ocasiones se identifica con el golfo «grande» o Atlántico. Un ejemplo lo encontramos en el viaje que hace Alonso Pérez de Guzmán, en 1588, entre Lisboa y Finisterre.

[17] Es preciso destacar esta afirmación de Ocaña, ya que resulta inusual que la flota no se haya detenido en Canarias para reabastecerse y hacer la aguada.

[18] El narrador está hablando del inicio de la travesía atlántica. Se le llamaba el Mar de las Damas, porque dadas las condiciones ideales de navegación, se decía que hasta las mujeres podían gobernar allí las embarcaciones.

[19] Isla y dependencia de Guadalupe, en las Antillas, en el mar del Caribe. Cristóbal Colón dio a la isla su nombre, fue el primer lugar donde desembarcó en su segundo viaje, en 1493.

rrió un rato riesgo, quebrose el trinquete[20] y la vela de gavia[21], y como cesó el viento luego se remedió lo mejor que pudieron. Y llegamos con bien a Puerto Rico, víspera de nuestra Señora de marzo.

Descubrimos la Deseada a 7 de marzo, y desde aquí a Puerto Rico hay trecientas leguas. Tomamos el puerto a 24 de marzo. Toda la gente de aquí se había retirado a los montes por miedo de los ingleses, los cuales habían robado el pueblo y llevado cuanto en él había. Y como la gente de la tierra supo que [4v] habían llegado los galeones de España, vinieron todos al pueblo, que estaban por aquellos campos escondidos. Y vino el obispo don Antonio Calderón[22] y los clérigos, y cuatro frailes del convento de Sancto Domingo que hay en aquel puerto. Y otros cuatro frailes con otros tres clérigos que veníamos en los galeones, todos nos juntamos con el señor obispo y el general don Francisco Coloma, con todos los capitanes. Y todos juntos cortamos de unas matas que por allí hay unos ramos de que hicimos escobas, y cada uno de nosotros con la suya en la mano entramos todos juntos en la iglesia mayor. Y con muchas lágrimas como otros Macabeos[23] y con mucha fee y devoción, comenzando primero el señor obispo a barrer le acompañamos todos con nuestras escobas y fuimos purificando el templo de Dios, que pocos días antes había sido caballeriza de los ingleses y habían allí puesto sus caballos. Y de los excrementos de bestias y de aquella maldita gente le purificamos. Y después llegamos al *sancta sanctorum*, que es el sagrario y el altar mayor, y hallamos todos los sanctos y la[s] figuras dellos rajadas y hechas pedazos, y algunos cortadas las narices. Aunque a las figuras del Cristo [5] que había en la iglesia mayor y en el convento, ansí de bulto como pintadas, no tocaron en ellas[24]; pero a la María y san Juan que estaban a los lados del Cristo, todas las caras borradas y las que eran de bulto hechas pedazos. De ver aqueste desacato nos enterneció mucho y de lá-

---

[20] «El tercer árbol hacia la parte de proa en las naves mayores, y en las menores es el segundo» (*Diccionario de Autoridades*).

[21] «Una como garita redonda que rodea toda la extremidad de cada uno de los mástiles del navío». Por extensión, se llama gavia a la vela del mastelero mayor, y la del mastelero del trinquete (ubicado en la proa, como ya se mencionó) es llamada velacho (*Diccionario de Autoridades*).

[22] Don Antonio Calderón fue obispo de Puerto Rico y Panamá.

[23] Lo mismo que avergonzados, o arrepentidos como Judas Macabeo.

[24] En las prácticas iconoclastas, los ingleses solían respetar las imágenes de Cristo.

grimas no nos podíamos hablar los unos a los otros. Y cogidas las reliquias de los sanctos, cabezas, brazos y otras muchas rajas, lo juntamos todo en un lugar. Y de los navíos mandó el general que trujesen una campana pequeña que traía en la capitana, y que viniesen los ministriles[25] que traía y el ornamento que mi compañero y yo habíamos traído de Guadalupe con todo recaudo de ara y de cáliz, porque lo demás que había en la iglesia los ingleses lo habían llevado y lo habían hecho galas[26].

Y vestido el señor obispo con aquel ornamento, comenzaron a tocar las chirimías y el señor obispo a cantar con muchas lágrimas *introibo in domun tuam, adorabo ad templum sanctum tuum et confiteuimur nomini tuo, Domine*[27]. Y todos nosotros con él llegamos en medio de la iglesia y comenzamos la antífona de las vísperas de nuestra Señora que dice *missus est angelus Gabriel*[28]; las cuales vísperas diji[5v]mos con mucha devoción, encomendándonos a la Virgen sanctísima. Otro día se dijo la misa de pontifical, aunque con falta de capas y de otras cosas, pero lo mejor que pudimos. Predicó el padre prior de Sancto Domingo y tomó por tema aquellas palabras del libro de los *Macabeos* de la reedificación del templo, que dicen *non fuit gloria domus illius*[29], etc. Predicó doctamente como hombre que lo era y buen predicador. Y acabada la misa, nos dimos el parabién los unos a los otros y fuimos todos los sacerdotes acompañando al señor obispo, que se despidió del general a la puerta de la iglesia y se fue a los galeones, y el obispo a su casa, donde comimos aquel día todos con él de lo que el pobre y robado obispo tenía. El cual se fue con nosotros a Panamá porque el Rey nuestro señor le hizo merced de que fuese a aquella iglesia, el cual merecía mayores mercedes de su majestad por haber sido dos veces robado de los ingleses.

[25] «Instrumentos músicos de boca, como chirimías, baxónes, y otros semejantes que se suelen tocar en algunas procesiones» (*Diccionario de Autoridades*).

[26] Arturo Álvarez anota que seguramente Ocaña se refiere al saqueo del conde inglés George Clifford, quien, apoyado en una escuadra de quinientos navíos, logró entrar en Puerto Rico en donde mató a muchos habitantes, robó la ciudad y le prendió fuego. Ver Álvarez, 1987, p. 35, en nota.

[27] Tr. Entraré en tu casa, me postraré en tu templo santo y confesaré tu nombre, oh Señor.

[28] Tr. El ángel Gabriel fue enviado.

[29] Tr. No fue gloria de aquella casa.

Luego, otro día, mandó el general desembarcar cuatrocientos hombres con sus armas, los cuales quedaron allí con el gobernador para guarnición de aquel puerto. Dejó también cuarenta piezas de artillería con mucha munición de pólvora y plomo. Dejó también bizcocho y vino para seis meses, para los cuatrocientos hombres que dejaba.

[6] Lo que en este puerto y pueblo se coge, es mucha especia de jengibre. Hay mucha arboleda y por los montes matas de naranjos y muy lindas naranjas, las cuales fueron causa de que muriesen muchos ingleses porque comían muchas y corrompieron en cámaras[30]. Y si aguardaran allí algunos días más, murieran todos; y eso fue cierto, que fue mayor el gasto del inglés que el provecho de lo que llevó, porque aunque el puerto tiene nombre de rico la gente dél es muy pobre por no haber en él tratos y contratos. No se da trigo ni se come otro pan sino el bizcocho que los navíos traen. Hacen pan de unas raíces molidas y muy blancas que llaman cazabe, que tras cada bocado es menester echar un jarro de agua para podello pasar según es de seco; y hacen dello unas tortillas muy delgadas y unos bolluelos de maíz cocido y con esto pasan la vida la gente de aquella isla.

Sustenta su majestad este puerto para reparo de las naves que con alguna tormenta vuelven a arribar. El puerto es muy bueno y fuerte porque no pueden entrar las naves sino una a una por contadero. Tiene un morro[31] bueno, y en el pueblo buen castillo y fortaleza para defensa dél.

[6v] Los días que estuvimos en este puerto posamos mi compañero y yo en el convento de Sancto Domingo. Y lo que tengo que contar de suceso deste pueblo es que lo que habíamos de comer, el prior lo iba a cazar. Y lo que hacía era tomar una escopeta y salir al monte y tiraba a una vaca, que hay muchas cimarronas, que es decir sin dueño; y traíala a casa a pedazos, y comíamos vaca cocida y vaca asada y vaca guisada, y todo era vaca. Decíanos el prior que le proveyésemos de pan y de vino, que él nos daría carne; y así fue necesario

---

[30] «El flujo de vientre, que ocasiona obrar repetidas veces en breve tiempo, y por eso se usan en plural. Algunas veces suelen ser los cursos de sangre, por estar heridos los intestinos» (*Diccionario de Autoridades*).

[31] «Monte o peñasco escarpado que sirve de marca a los navegantes en la costa» (*Diccionario de la Real Academia Española*, 2001).

que yo fuese al navío y sacase una talega de bizcocho y una botija de vino. Y como fuese muy noche, que eran casi las diez, y por la playa no parecía ningún soldado ni marinero que pagándoselo me lo quisiera llevar al convento, comencé a sentir la falta que los criados nos habían de hacer después en cosas de más importancia, por haberse quedado atrás en Sevilla, por mal despacho que tuvieron. Y como yo era mozo tomé a cuestas, en un hombro, la talega del bizcocho y la botija del vino al otro. Y hecho un Melquisedech[32], subí por una cuesta arriba, sudando con mi grata carga, y llegué al convento que estaba algo lenjos (sin encontrar con nadie con quién poder partir la carga), donde estaba [7] muerto de hambre esperando al sacerdote. Recibiéronme bien el prior y mi compañero muerto de risa de verme cargado con el pan y el vino; y díjome:

—¡Ah, padre fray Diego!, ¿a esto venimos a las Indias?

Yo respondí que Dios me librase de otra carga, que aquella no la tenía por mala pues era de pan y vino; que con aquélla se podrían llevar los duelos y los trabajos por pesados que fuesen.

Al fin cenamos y nos recogimos a una celda a reposar, que traíamos deseo de dormir una noche sin que se menease la cama. Y después que estábamos dormidos, el prior, por hacernos regalo, nos envió agua de piernas[33] para que nos lavásemos la vescosidad de la mar. Y el paje que traía el agua era una negra que servía en el convento, de lo que yo estaba ignorante y muy ajeno de mi pensamiento pensar que en los conventos servían mujeres y negras. Y como desperté y vi junto a mí una negra, entendí que era algún demonio o alguna alma de inglés de los muchos que allí habían muerto, y comencé a dar voces y a decir «Jesús sea conmigo». La negra me respondió:

—Yo no so diabro. ¿Qué decí Jesú, Jesú?

Y como oí repetir el nombre de Jesús, reporteme un poco y pregunté:

—¿Pues quién eres?

Respondió:

—Que so negra de convento; dame la pierna, padre.

<hr>

[32] Rey y sacerdote de Jerusalén distinguido por sus buenas costumbres y virtud.

[33] Agua de pie, «Lo mismo que agua corriente, o de fuente, a diferencia de la de los Pozos, y Norias» (*Diccionario de Autoridades*).

Y como oí pe[7v]dir la pierna, escandaliceme y díjele que se fuese con el diablo.

Dijo:

—Jesú conmigo ¿Viene lavar la pierna y toma diablo?

Y es que se había dejado el agua y la paila[34] a la puerta de la celda y no acababa yo de entender a la negra lo que me decía; y dába-
me mucha prisa:

—Daca la pierna.

Y con el coloquio que teníamos despertó mi compañero, y como
vido la negra arremangados los brazos y desnudas las piernas y con
pequeño paño delante de la barriga, si yo me había espantado y dicho Jesús, mi compañero decía Jesús y Sancta María, y con tantas voces que la negra dio a huir que no parecía sino al diablo. Y en un
grandísimo rato no pude aplacar ni sosegar a mi compañero según estaba de espantado. Y aunque le decía que era negra del convento, no
se podía sosegar sino hacer cruces sobre sí, que era comedia con entremés.

Oyonos a los dos y dijo:

—Pues si quería lavar las piernas, ¿qué es del agua y el recaudo?

Dije que lo había dejado a la puerta y llamé a la negra, y después
no quería entrar, diciendo:

—So diabro y no quiero entrar.

Al fin trujo recaudo y nos lavó las piernas.

Esto he puesto de cuento gracioso que nos sucedió a mi compa-
pa[8]ñero y a mí, para poder escribir que no solo en este pueblo pero
en todos los conventos del Nuevo Reino de Granada usan servir negras a los frailes. Que lo tengo por mal uso, aunque ya se va esto en-
mendando y los perlados mandan que no las haya; pero hasta agora
las ha habido y las hay, cosa que a mí me escandalizó mucho. Y en el
refectorio no había otra lección ni otro servidor sino la negra. Y la
conversación del prior con ella, contando después, por gracia, a todos
lo que nos había sucedido con la negra. Y así como acá son los tiempos al revés, ansí también las demás cosas son al revés de España, que
los criados y los mozos de los conventos son mujeres para que todo
ande conforme con el tiempo. Y así no digo más acerca desto, aun-

---

[34] Vasija de metal poco profunda.

que había materia para decir mucho; pero no es mi intento decir más de lo que a mí me sucedió, que fue lo que he dicho.

[8v] El almirante Juan de Urdaire traía orden de su majestad para ir desde Puerto Rico a México por la plata. Y estando ya para salir el armada, llegó un navío y trujo por nueva que estaban dieciocho velas de ingleses dando carena[35] en unas islas que estaban en la vía de México. Y así determinaron que el almirante fuese por allí en su busca con tres galeones y dos filipotes[36] grandes y dos pataches, y así me pasé yo a la capitana con mi compañero para ir a Cartagena[37]. Y luego como salimos del puerto, el almirante hizo salva a la capitana con cuatro piezas y levantó bandera de capitana en el árbol mayor. Y siguiéronle los otros dos galeones y filibotes y fueron en busca de los navíos ingleses, los cuales tuvimos nueva que encontraron luego como llegamos a Panamá; y nos dijeron que al salir del puerto, habían peleado con ellos y que el almirante Juan de Urdaire había tomado tres navíos y que llegó con ellos y con bien a México. Nosotros fuimos siguiendo nuestro viaje para Cartagena y pasamos las trecientas leguas que hay desde Puerto Rico con muy felice tiempo, llevando de con[9]tino viento en popa y brisas hasta Portobelo.

En estas trecientas leguas que hay desde Puerto Rico hasta Cartagena, lo que vi notable en la mar fue (dejado aparte las muchas

[35] Carena, parte sumergida de la nave. Dar carena es dar reparo y compostura que se hace en el casco de la nave para hacerlo estanco. *Diccionario de la Real Academia Española*, 2001.

[36] Filibotes, embarcaciones grandes, muy anchas por el centro, de dos palos y de popa redonda.

[37] Cartagena de Indias, fundada en 1533 por Pedro de Heredia, actualmente es la capital del departamento de Bolívar, en Colombia. De ella Guaman Poma nos informa que: «es tierra de mucho calor y de mucha comida y de mucha fruta, corre oro, y no se halla plata. Primero llegan los navíos de España a estas ciudades. Y son buenas gentes, cristianos, y grandes servidores de Dios...» (Poma de Ayala, *El Primer Nueva corónica*, 1992, p. 945).

ballenas y bufeos[38] y pescados de tanta grandeza que parecían unas cubas muy grandes en la mar, que andaban por el agua) un género de pescado que se llama dorado, tan ligero en el nadar que con la velocidad que va un navío, con la misma van por el agua siguiéndole y sustentándose de los excrementos de la gente. Y son tan ligeros que siguen a otros pescadillos pequeños como sardinas, los cuales, viéndose acosados y perseguidos de los dorados, dejan el agua y salen por el aire volando una bandada dellos, tantos y tan juntos como las bandadas de tordos en España. Y dúrales el vuelo todo el tiempo que dura el enjugárseles el agua de las alillas que tienen, que me parece a mí volaban tanto espacio cuanto puede tirar una ballesta con una jugadera. Y suelen entrarse volando estos pescadillos en los navíos y así los llaman peces voladores. Y son tan ligeros los dorados en cortar el agua que nadan más que los otros vuelan, [9v] y los aguardan al tiempo de caer en el agua y se los comen porque, como dije, no les dura el vuelo más de lo que dura estar las alillas mojadas. Y eran tantas y tan a menudo las bandadas que salían volando destos pescadillos, en particular por la mañana, que causaba mucho gusto vellos volar. Traía otro gusto muy grande que era venirme parlando con el piloto mayor hasta después de medianoche, tratando del secreto de la navegación, de los grados y de las alturas, del conocimiento de los ocho vientos principales que trae el aguja de contino pintados; ver cómo va de contino apuntando al norte. Y lo que mayor contento me daba era ver el movimiento de los cielos y cómo cada noche el norte se nos iba escondiendo y bajándose más, hasta que vino a quedar a nuestra prospectiva[39] orilla de las aguas, como se parece en Portobelo. Y con esta conversación del piloto supe muchas cosas que no sabía del globo del mundo, y pasaba las noches con mucho gusto.

Antes de llegar a Cartagena lo que hay notable es la boca del río de Sancta Marta, que es tan grande y entra el agua en la mar con tanta fuerza que seis leguas dentro en la mar se coge agua dulce, de la que entra del río del Marañón, que así se llama [10]. Y es el mayor

---

[38] Término proveniente de Argentina y Perú para designar una marsopla o un delfín. *Diccionario de Autoridades*.

[39] *Prospectiva* es la palabra que aparece en el manuscrito. No se encuentra en el *Diccionario de Autoridades*. Seguramente Ocaña lo utiliza en lugar de *perspectiva*, un término propio de los dialectos de la pintura, disciplina en la que eran instruidos los novicios del convento de Guadalupe.

río que debe de haber en el mundo porque cuando entra en la mar tiene de boca, con entrar por dos partes, según dicen los de aquella tierra y los que le han visto, 40 leguas de boca. Y así los navíos huyen desta boca, y se meten la mar adentro porque corre el agua con tanta fuerza que vuelca y zozobran los navíos que coge la corriente; como ha sucedido algunas veces a los que se han descuidado.

Hay también, entre Sancta Marta y Cartagena, unas sierras tan altas que con sus puntas parece que tienen los cielos; y desde allí comienza la cordillera general[40] que va corriendo todo el Pirú y el reino de Chile hasta el estrecho de Magallanes. Y díjome el piloto, admirándome yo mucho de la altura de aquella tierra, que tenían aquellas sierras de subida y de alto 30 leguas, las cuales en todo el año y en todo el tiempo están siempre cubiertas de nieve. Pasando al fin considerando estas cosas, llegamos al puerto de Cartagena con bien y prosperidad el Viernes Sancto, a la una después de mediodía: y, dado fondo los navíos, no hicieron salva al castillo ni se disparó artillería por ser Viernes Sancto. Aquella tarde desembarcamos y fuimos a Cartagena en un batel, adonde hallamos arribada la capitana de don Luis Fajardo con tres millones que llevaba. [10v] Adonde los dos generales se trataron y recibieron como tan grandes caballeros que eran, no obstante que estaban muy encontrados ambos; y así se hicieron las amistades y quedaron muy conformes para volver juntos según la orden que el rey después les envió.

Y con esto pasaron los tres días de Pascua con muy buen ejemplo que dieron a todo el pueblo; y estuvieron juntos en la iglesia mayor en dos sillas con mucha conformidad. Y don Pedro de Acuña, gobernador de Cartagena, como caballero tan discreto del hábito de San Juan, los convidó el día de Pascua a comer en su casa. Y de allí nos despedimos para irnos a embarcar para desde allí ir a Portobelo, que está ochenta leguas de Cartagena, donde reciben los navíos toda la plata que baja de Panamá y de todo el Pirú.

No tengo cosa que poder escribir de Cartagena porque estuve solos tres días en él, mas de que es un temple de mucho calor y un pueblo fundado en un arenal orilla de la mar. El puerto es muy bueno y muy seguro y grande; el pueblo es pequeño. Habría como seis meses que el inglés le había saqueado, por la falta de soldados y munición

---

[40] Se refiere a los Andes.

que había en él. [11] Hay un convento de San Francisco a la entrada de la ciudad; muy buena casa labrada de piedra como lo está muchas casas de Cartagena, adonde no nos quisieron dar posada y así nos fue fuerza alquilar un aposento donde estuvimos aquellos tres días. Hay mucho pescado, en particular unas icoteas[41], que es un pescado que tiene una concha grande y redonda como rodela, y el pescado destas icoteas es como carne. No hay aquí carneros ni se crían; y dan a los enfermos a comer puerco fresco, que es muy sano y muy bueno y tierno. Aquí la gente, por el grandísimo calor que hace, usa de unas camas de viento y hamacas colgadas en el aire en dos clavos, de una pared a otra, en las cuales se mecen. Y como están desnudos y cogen viento, vive la gente muy enferma; y andan, ansí aquí como en Portobelo y Panamá, muy descoloridas las personas. Aquí en Cartagena es el trato de las perlas de la margarita[42] y de las esmeraldas, que bajan del reino; y todo vale barato.

[41] Una hicotea es una especie de tortuga de agua dulce que se cría en América; mide unos 30 centímetros y es comestible. *Diccionario de la Real Academia Española*, 1925.

[42] Margarita es sinónimo de perla, y se aplica regularmente para designar a las más preciosas. *Diccionario de Autoridades*.

[11v] El último día de Pascua de Resurrección del año de 1599, mandó el general don Francisco Coloma que hiciesen en tierra, orilla de la mar, una barraca a vista de todos los navíos. Y salimos con el batel a tierra y dije misa, estando todos los soldados en los bordos de los navíos viendo al sacerdote. Y acabada la misa volvimos a los navíos, y hecha una grande salva al castillo salimos del puerto de Cartagena a las diez de la mañana para Portobelo, que hay 80 leguas, las cuales pasamos con mucha felicidad. Y tomamos a Portobelo sábado por la mañana del domingo de Quasimodo[43], donde dimos fin a la navegación larga de todo el mar del norte; habiendo pasado todo aquesto sin sucedernos desgracia ninguna ni en navíos ni personas, sino con grandísima felicidad en todo.

Hay desde el puerto de Sanlúcar, donde nos embarcamos, hasta Portobelo, que es de tierra firme, mil ochocientas ochenta leguas. A la entrada del puerto está una peña a un lado del mismo puerto, donde hace una islita pequeña; y allí nos dijeron que estaba el cuerpo del capitán Francisco Drake[44], que murió aquí viniendo a tomar a Panamá; y en esta demanda aca[12]bó el desventurado la vida, y quedó allí su cuerpo en la mar. Y como fue un hombre tan famoso y que tanto inquietó a las Indias y tanto daño hizo en ellas, advierto dónde está su cuerpo, que me parece curiosidad. La entrada de Portobelo es estrecha y no pueden entrar los navíos sino uno a uno. Tiene a un lado un fuerte y al otro lado otro morro muy bueno, que habiendo quien le defienda no le pueden entrar de ninguna manera, porque de la una parte y de la otra pueden echar los navíos a fondo. Aunque un año después que yo pasé, entró por engaño una noche el inglés estando

---

[43] Es el domingo siguiente al de la Resurrección, llamado así ya que la misa de ese día en su *introito* empezaba: *Quasi modo geniti infantes. Diccionario de Autoridades.*

[44] Sir Francis Drake, famoso corsario inglés (1543-1596). Ocaña estuvo en Portobelo tres años después de la muerte de Drake.

los velas de los fuertes dormidos, y robó el puerto y le quemó las casas que había comenzadas, que eran todas de madera, y después, por falta de pólvora, se volvió a salir con las lanchas sin recibir daño ninguno. El puerto es muy bueno aunque, por la mucha agua dulce que tiene de un río que entra en él, les da a las naves, si están allí mucho, broma, que es un gusanillo que come la madera, y reciben mucho daño los navíos si no les dan carena.

[12v] En este puerto posamos en el convento de la Merced, que era toda la casa un buhío[45] de madera tosca y paja. Y habiendo un día acabado de comer, comenzó la casa a crujir y yo levanteme de la mesa y salí corriendo afuera y mi compañero díjome que para qué corría: respondí que por no quedar enterrado y que saliese fuera pronto. Y como a mí me reprendía porque corría, no quiso andar aprisa sino con gravedad; y cayó todo lo grave de la casa y cogiole debajo y quedó enterrado con toda la casa encima. Como vi esto, fui corriendo al general y pedile que mandase a la compañía que estaba de guardia que fuesen [a] ayudarme a quitar la madera que había caído. Y así fueron conmigo 200 soldados, y fue tanta la prisa que nos dimos a quitar madera que a poco espacio, advirtiendo yo a la parte donde me pareció que estaba, fuimos derechos a dar con él; de suerte que se ahogara si media hora más estuviera porque tenía encima mucha madera y gruesa. Pero como yo dije dónde estaba, dimos presto con él. Así[46] que le valió mi correr, pues corrí a pedir socorro. Tenía sobre el pecho un palo que le apretaba mucho y no le dejaba respirar; no recibió más daño que una pequeña descalabradura [13] y así le sacamos como de un sepulcro, lleno de tierra y medio muerto. Y cuando le vi fuera y con vida, alegreme mucho y díjele que en aquella ocasión era mejor correr que no andar despacio. Que por correr cuando hay peligro de vida no pierde el hombre su gravedad, cuanto más que el andar y el correr es al hombre tan natural como el reír y llorar; y que andar despacio y con artificio es accidental. Y cuando el correr lo sea en tiempo de necesidad es mejor que no el espacio, y así le libramos de aquel peligro. Di las gracias al general y a los soldados, pues por su buena diligencia no quedó enterrado.

---

[45] *Bohío*, «Choza o cabaña» (*Diccionario de la Real Academia Española*, 1803).

[46] *Así* se encuentra sobre la expresión *de suerte que*, que se encuentra tachada en el manuscrito.

Hay de contino en ese puerto grandísimos aguaceros y la tierra es muy húmeda y de mucha arboleda y mucha hierba y frescura. Y todas las dieciocho leguas que hay hasta Panamá es todo arboleda y frescura, de suerte que todo el año están los árboles frescos y con hoja y no se agostan, ni cuando cortan un árbol se seca sino se pudre de la mucha humedad que tienen. La gente que está de asiento en este puerto vive muy enferma, y los chapetones y los que vienen de España si no se van a la mano en el beber se mueren muchos, como se murieron de la gente que vino en los galeones; tanta, que fue necesario hacer gente en Panamá para volver [13v] a España, que fue grandísima lástima porque eran todos soldados viejos, por no haber donde poderse alojar. Y como el agua del cielo era tanta, mojábanse mucho y luego con el sol enfermaron todos.

Hay mucha falta de pan y de carne porque todo se trae de Panamá. La carne que se come es vaca y muy flaca por venir sin pasto, que hay poco y malo como está la tierra de contino bañada en agua. Está allí, cerca del puerto en un repecho de un monte, el pueblo de los negros, los cuales eran cimarrones y andaban por aquellos campos haciendo mucho daño. Y como les dieron libertad, recogiéronse allí y quedaron obligados a recoger los demás negros que se huyen de sus amos; y así, en cogiendo alguno, luego le traen a la ciudad y le entregan a su amo. Y estos negros, cuando los ingleses venían huyendo, mataron muchos dellos por aquellos campos, de suerte que ellos viven allí con libertad. No se me ofrece otra cosa que poder escribir deste puerto; y así, despedidos del general y de los demás amigos, tratamos de ir a Panamá.

[14] Después de quince días que habíamos estado en Portobelo, bajaron los arrieros de Panamá para llevar a los pasajeros. Alquilamos nueve mulas, las cuales nos costaron a veinte pesos de a ocho reales el peso cada una, por solas dieciocho leguas que hay desde Portobelo a Panamá. Las cinco mulas para llevar los trescientos cuerpos de libros de la historia de nuestra Señora[47] y las cuatro para nosotros dos, y dos mozos que cogimos de los navíos, los cuales me sirvieron hasta que volví de Potosí. De suerte que de sólo fletes de las mulas pagamos ciento ochenta pesos por tres días de camino que hay hasta Panamá.

Salimos mi compañero y yo sin túnicas, sino en sayo, saco y el escapulario, cogido con la cinta como capotillo de dos faldas; con medias de lienzo y alpargates; y fuimos desta suerte porque ansí caminan todos por la mucha agua que hay por el camino, de causa que todas las primeras doce leguas se va caminando de contino por un río abajo. Y todo el primer día no salimos del agua y, con no ser tiempo de aguas, llevamos de contino el agua por encima de los tobillos, unas veces más y otras menos, pero siempre los pies en el [14v] agua. Y muchas veces que no tomaban pie las mulas, íbamos nadando y están tan diestras que no hay necesidad de regillas con freno, sino dejallas ir, porque como están tan cursadas en aquel camino saben ya por dónde han de ir. A mí me cupo una mula que era guía de la recua y así iba de contino adelante y cuando nadaba avisaba a los de atrás para

---

[47] Arturo Álvarez apunta que posiblemente se refiere a la *Historia de Nuestra Señora de Guadalupe* escrita por el padre fray Gabriel de Talavera y que vio la luz en Toledo en el año de 1597: «En 1601 era la única historia de Guadalupe dada a la estampa; y además se colige porque describiendo Ocaña más tarde las fiestas del Potosí, asegura que el predicador contó varios milagros tomados del padre Talavera. En una de las reales cartas en que Felipe III ampara el viaje a Indias de los padres Valencia y Posada, les permite llevar libros de estudio y *cuantos volúmenes de libros de la historia de la dicha imagen de Guadalupe y fundación de su Casa quieran* (A. G. I., sec. 5a., leg. 2869, t. V, fol. 165v)» (Álvarez, 1987, p. 45, en nota).

que se apercibiesen. Fueron más de sesenta partes las que conté aquel día que fue nadando la mula por mucho espacio sin tomar pie; y por esta causa van los hombres con zaragüelles[48] de lienzo y calcetas, porque si cayeren puedan nadar. Y los negros van allí junto para acudir a las mujeres que suelen caer en el río; y no es posible el camino poder ir por otra parte, porque de la una y de la otra del río hay unos montes tan altos que no se puede echar camino de ninguna manera. Y las cargas y la ropa todo va mojado aunque las reparan con unas hojas que llaman biguay[49], que son anchas como de plántanos. Y aunque se nos mojaron otras cosas, [15] los libros no se mojaron y aunque cayeron otras cabalgaduras, las cinco que llevaban las petacas de los libros no cayó ninguna dellas porque parecía que nuestra Señora las guardaba. Y si cayeran en el río, todo se perdiera porque el biguay no defiende más de lo que chalpican con los pies; pero si cae en el río, como va tanta agua, luego se cubren las cargas de agua. Y con no haber llovido, llevamos todo el día el agua por encima de las gargantas[50] y tobillos de los pies, y muchas veces a los arzones de las sillas; y desta suerte se camina todas las primeras doce leguas siempre por el agua. Y si algún pedazo de camino hay que no es por agua, es tan malo y de tanto lodo que deseamos volver al agua. Y a la noche, cuando llegamos a la dormida, que es un bohío con cuatro palos que sustentan un techo cubierto de ramas, nos quitamos los calzones y medias de lienzo y alpargates, que iba todo mojado, y nos pusimos otra ropa enjuta para caminar otro día. Y fuimos a hacer noche al río de Chagre, por el cual suben los barcos con la ropa y desde allí a Panamá la llevan las recuas de mulas.

[15v] Antes de llegar a este río hay muy malos caminos de cuestas muy altas, que suben las mulas por escalones con unos palos que están atravesados para que detengan la tierra. Es todo monte tan alto y tan espeso que está como la naturaleza lo crió, después que Dios hizo el mundo, sin haberse cultivado. Y así hay tres diferencias de monte muy verde y muy espeso, árboles muy altos que parece que se van

---

[48] «Calzones anchos y con pliegues» (*Diccionario de la Real Academia Española*, 2001).

[49] Biguay, posiblemente por bijagua, planta zingiberaceae de los países tropicales con hojas muy grandes, como el jengibre.

[50] Garganta se usa también como «parte superior del pie, por donde está unido con la pierna» (*Diccionario de la Real Academia Española*, 2001).

al cielo y otros la mitad menores; y lo de abajo, monte más menudo y pequeño. Y no hay hierba en el suelo porque el sol no pasa abajo ni la calienta; y así está muy húmeda de contino. Los árboles todo el año están siempre verdes y con mucha frescura de hoja.

No hay más camino de aquello que está abierto y rozado a mano, y así se lleva a una parte y a otra del camino una pared de árboles y de frescura que es grandísimo deleite caminar por allí para la vista; pero con mucho trabajo del cuerpo por los malos pasos que hay, como es el paso de Sancta Bárbara y el del Calvario. Estos dos pasos son unas peñas resbaladeras y por algunas partes picadas, de suerte que las mulas juntan los pies y las manos y así se van escurriendo y deslizando hasta que llegan abajo. Y cuando yo pasé estos dos [16] pasos, no había más de seis meses que el camino de Portobelo se había abierto y dejado el de Nombre de Dios; y por esta causa estaban estas peñas por labrar y picar y sin escalones, de suerte que ansí cabalgaduras como personas todos bajamos deslizando y dejándonos ir abajo, medio sentados en la propia piedra. Y las mulas están tan hechas a dejarse ir por allí abajo, que en llegando con las cargas luego juntan las manos y los pies y se dejan ir abajo.

Está más adelante otro mal paso que se llama el paso del Credo: una cuesta arriba con muchas piedras adonde para pasar aquello no sólo es menester decir el Credo sino toda la doctrina cristiana y encomendarse a Dios. Y así se tienen por temerarios los hombres que no se apean para subir y bajar estos pasos. Y por todo aquel camino hay muchas memorias de caídas; que han dado personas aquí cayó fulano y acullá fulano. Y porque no dijesen aquí cayó el fraile jerónimo, me apeaba de contino en semejantes pasos; tiniendo por mejor que digan aquí se apeó el fraile hierónimo, que no decir aquí cayó. Y así de apearme dejé memoria, como otros la dejaron de caídas que dieron.

Viniendo caminando de Portobelo a Panamá queda a un lado, a la mano izquierda del camino, la famosa y celebrada [16v] sierra de Capira. Es una sierra muy alta por donde antiguamente venía el camino de Nombre de Dios, en la cual continuamente, en todo tiempo, hay truenos y relámpagos y aguaceros muy grandes, de suerte que a cualquiera hora siempre está tronando y hay tempestades.

Antes también de llegar al río de Chagre sobre unas lomas está el fuerte de San Pablo, donde solos diecisiete soldados defendieron el paso a ochocientos ingleses que iban a dar sobre Panamá. Llámase de San Pablo el fuerte porque fue día de San Pablo cuando pelearon. Y es el lugar más fuerte que hay en todo aquel camino, que no parece sino que la naturaleza le formó allí para defensa de Panamá, porque se va el camino estrechando por una loma de un cerro de manera que no pueden pasar dos hombres juntos ni dos cabalgaduras; y da una vuelta el camino de suerte que han de ir pasando uno a uno por contadero; y por un lado y por otro hay unos valles y despeñaderos muy hondos. Aquí en este sitio con unos ramos taparon el camino y los diecisiete soldados, como los ingleses iban subiendo la cuesta, los iban tirando a puntería con las escopetas; y así mataron más de trescientos ingleses, y sus cuerpos y jubones de gamuza estaban por aquella cuesta cuando yo pasé.

[17] Don Alonso de Sotomayor estaba a esta sazón con todo el resto de la gente en el río de Chagre, con grandes emboscadas y máquinas apercebidas de árboles medio aserrados para, en pasando las lanchas, dejar caer de repente los árboles y coger las lanchas en el río. Y si el inglés no se volviera con los navíos sin dubda los degollaran a todos, por las muchas emboscadas que hay y partes de donde poder ofender sin ser ofendidos. Pero Dios ordenó que aquella gente que venía por tierra no pasase adelante, porque si pasara era mucha y sin dubda tomara a Panamá; pero los que venían por el río, todos murieran si pasaran con su intento adelante.

Lo que hay notable en este camino es que por todos aquellos árboles andan trepando de unos en otros multitud de micos que son como monas de Berbería, sino que tienen estotros las colas largas y se cuelgan dellas de los árboles. Y son tantos los que hay, particularmente donde hay alguna fructa de monte como son guayabas, que es grande el ruido que hacen y las voces que dan; y a los que pasan, cortan palos de los árboles y se los tiran; y las hembras traen sus hijuelos a las espaldas y los hijos tan abrazados y asidos que, aunque la madre salta de una rama a otra, no los dejan. [17v] Dioles la naturaleza a estos micos un distinto[51] para pasar el río de una parte a otra, o cualquier otro arroyo, que si no lo viera yo no lo escribiera porque aunque me lo habían dicho yo no lo quería creer. Y es que se suben muchos a un árbol alto y allí se van asiendo de las colas y de las ma-

---

[51] *Sic* por *instinto*.

nos unos con otros, de suerte que quedan en el aire todos colgados como una cadena o soga; y el que está arriba tiene fuertemente asida la rama con las manos porque los sustenta a todos los que están colgando. Y luego que les parece que están los que bastan para llegar de la otra parte se comienzan a columpiar y a menearse de una parte a otra, y van cogiendo vuelo hasta que de un embión[52] el último de abajo puede asir a los árboles que están de la orilla del arroyo; y quedan como una maroma de las barcas de España y el arroyo por debajo. Y cuando siente el de acá que ya el otro está asido de la otra parte que se va subiendo, en asiendo hasta lo más alto del árbol porque cuando el otro suelte no den en el agua. Estando pues así asidos uno de una parte y otro de otra, suelta el de la una y hállanse todos de la otra parte y van por aquellos árboles [18] gritando y contentos y ligeros como demonios. Que cierto los estaba mirando cómo se columpiaban de una parte a otra hasta que tomaban tanto vuelo que pasaban de la otra parte. Y estándolos ansí mirando, llegó a mí un indio que había bajado de Paita[53] y él de verlos más espantado que yo, me dijo:

—Padre, éstos son gente, sino que no quieren hablar porque el viracocha, que quiere decir el español, no los haga trabajar.

Esto dijo el indio porque los españoles hacen trabajar demasiado a los indios mitayos, que quiere decir de servicio, que les dan para labrar sus chácaras[54] y simenteras[55].

Y con esto se pasan aquellas dieciocho leguas que hay desde Portobelo a Panamá, viendo con mucho gusto tanta frescura y las danzas de los micos, aunque algunas veces llueve tanto y vienen los pasajeros todos mojados y puestos de lodo y no gustan de ver tanta frescura. Por entre los árboles, como hay tanta humedad, se crían muchas arañas muy grandes y culebras y lagartos y muchas sabandijas. En particular se crían unas iguanas que son como lagartos verdes, las cuales comen en Panamá [18v] y las tienen por gustosa comida, aunque yo por más que lo disfrazaban nunca las pude comer por habellas visto,

---

[52] «Golpe dado con fuerza y violencia para arrojar de sí alguna cosa» (*Diccionario de Autoridades*).

[53] La provincia de Paita se encuentra en Sudamérica, en la costa norte del Perú.

[54] Chácaras o chacras, granjas.

[55] Sementeras: tierras sembradas.

que si me las dieran a comer sin decirme lo que era lo comiera como lo demás; que nunca extrañé fructa ni otra comida de las Indias. Solamente la fructa de las guyabas, al principio me olían como chinches y no las podía comer; pero después que llegué a Lima las comí bien por haber unas que llaman de mato, que son muy lindas y sin aquel olor que tienen las de Panamá. Hay por este camino de Portobelo muchas fructas silvestres de que se sustentan todos aquellos micos. En este camino encontré a don Alonso de Sotomayor que iba con muchos soldados llevando unas piezas de artillería para el fuerte de Portobelo; y las llevaban por tierra hasta el río de Chagre para embarcallas allí y llevalla por el río abajo, al fuerte. Cuatro leguas antes de llegar a Panamá no hay arboleda ninguna sino unos montecillos y campiñas pequeñas con alguna hierba de icho[56], que es como el esparto de España. Entré en Panamá a los primeros días de mayo año de 1599.

[56] «Planta de la familia de las gramíneas, espontánea de los páramos de la cordillera de los Andes» (*Diccionario de la Real Academia Española*, 1925).

[19] Estuvimos en Panamá esperando que bajasen los navíos del Pirú con la plata para podernos embarcar por el mar del Sur a la ciudad de Lima, tres meses; y todos los tres meses estuvo mi compañero en una cama, de unas calenturas muy recias que le dieron. Costábame cada gallina que comía doce reales y el médico cada día por dos visitas que hacía dos pesos de a ocho reales. Lo que fue necesario de la botica me dio de limosna Simón de Torres, boticario natural de la Puebla de Guadalupe. Gasté con esta enfermedad de mi compañero mucho; y de las malas noches que yo pasé, tiniéndole compañía cuando él comenzaba a levantarse, me dieron a mí unas cuartanas[57] que me pusieron, con las sangrías que me hicieron, muy flaco; y me duraron después, hasta la ciudad de Trujillo. Y algunas veces me cogía el frío de la cuartana en el camino por aquellos arenales, que cada vez que me daba era con tanto rigor que entendía morir y quedarme para carne momia, como hay otros muchos cuerpos por aquellos caminos que no se pudren por ser el arena tan seca.

Por espacio de tres meses que estuve en Panamá los ocupé en asentar por cofadres[58] de nuestra Señora a toda la gente de la ciudad. La limosna que dieron fue dos mil reales; la mitad dejé allí para que lo enviasen a Espa[19v]ña y lo demás iba gastando con médicos y en las demás cosas necesarias para nuestra embarcación. En esta ciudad hay poca gente y no de mucha plata; y así la limosna fue poca.

Todas las casas son de tablas y entiendo que por éstas se dijo:

—Mirad como habláis que las paredes tienen oídos.

Porque no hay más de una tabla en medio del vecino y todo cuanto se trata se oye en la casa ajena. Pero yo digo que no solamente tie-

---

[57] Especie de fiebre (casi siempre de origen palúdico) «que entra con frío y dura de cuatro en cuatro días» (*Diccionario de la Real Academia Española*, 1817).

[58] Por *cofrade*.

nen oídos aquellas paredes sino ojos también, porque por las junturas de las tablas se ve cuanto pasa en casa del vecino. Hay en los techos destas casas muchos alacranes, los cuales cuando truena y hay grandes aguaceros caen al suelo y andan por todo el aposento y son ponzoñosos; y si pican con la uña de la cola duele mucho y es menester luego acudir con el remedio de la triaca o contrahierba. Son tan grandes los truenos que, como son las casas de tablas, tiembla toda la casa que no parece sino que todo el mundo y el pueblo viene abajo con cada trueno. Y luego de medio cuarto de hora como cae el agua, aunque sea mucha, está todo el suelo de las calles enjuto del grandísimo calor que hace, por estar en ocho grados, que los antiguos dijeron ser inhabitable por estar cerca [20] de la tórrida zona. Pero esto es falso porque la ciudad de Quito y el puerto de Manta están puntualmente debajo de la línea, y son pueblos muy templados y no de mucho calor. Pero éste en Panamá es contino y siempre andan las personas sudando y no pueden sufrir ropa en el cuerpo, y las mujeres traen unas naguas de lienzo y desta causa está la gente muy descolorida y muy enferma de contino. Y de la gente que baja del Pirú y de los que vienen de Castilla mueren de ordinario muchos, y los hospitales están de contino llenos de enfermos.

Aquí está el obispo y la catedral. Hay conventos de Sancto Domingo, de San Francisco y de la Merced, y padres de la Compañía y un monesterio de monjas. La carne que se come es todo vaca; no hay carnero de ninguna suerte. Hay muchos puercos y por aquellos campos unos animales de la tierra que son de la propia suerte que puercos, y tienen el ombligo en el lomo y con el gran calor se corrompen luego si no les cortan aquel ombligo al punto que los matan. No se coge trigo ninguno; provéese esta ciudad de harinas de los valles de Trujillo y de vino de Castilla y del Pirú. Está situada orilla de la mar, de suerte que bate en las mismas casas la mar. [20v] Es todo el año igual el día con la noche, que no hay más que media hora de diferencia por Navidad. El viento que tiene de ordinario es el sur porque está, como dije, orilla del mar del sur, aunque muchas veces cuando hay brisas alcanza el norte. Pero desde esta ciudad hay una cosa notable y es que orilla de la tierra se parecen las estrellas del norte, la bucina[59] y el mismo norte, y por estotra parte del mar del sur se pa-

---

[59] «Caracola o bocina» (*Diccionario de la Real Academia Española*, 1936).

rece también el crucero que está cerca destotro polo antártico. Y así de noche se ven los cielos evidentemente cómo van dando vuelta, que para quien lo entiende es el mayor gusto y entretenimiento del mundo; para pasar un rato de la noche con la consideración de ver ir dando vueltas los cielos con tanto concierto. Y luego que nos embarcamos en el mar del sur, a dos días que se navega, se pierde el norte de vista y no parece más.

En esta ciudad hay Audiencia. Está el presidente don Alonso de Sotomayor y los oidores. Están las casas reales so la mar. El puerto antiguamente era junto a las mismas casas reales, y por la mucha arena que el agua de un río que por más arriba de Sancta Ana entra ha traído consigo con las muchas crecientes que tiene, ha cegado el puerto de manera que no pue[21]de entrar navío grande y así las naves dan fondo una legua más abajo de Panamá, en el puerto de Perico, donde hay mejor agua y el temple y el sitio es más sano que no el de Panamá. Pero todos los barcos entran con las barras y las arrojan en aquella playa adonde las entregan a los arrieros para que las lleven a Portobelo. Y como yo no había visto barras de plata admireme de ver tantas, que aquel año bajaron de su majestad y de los mercaderes para avío de la flota que estaba en Portobelo y para emplear en la ropa que había venido de Castilla, en lo uno y en lo otro, ansí del rey como de particulares, 17 millones; que toda la gente que habíamos venido de Castilla estábamos elevados de ver tanta plata junta en aquel arenal. Y todos los años que hay flota es de la mesma manera. Y los oficiales reales tienen para este tiempo embargadas todas las récuas[60] de mulas y no dejan que vaya pasajero ninguno hasta que toda la plata que va a Castilla se lleva a Portobelo; que más rico camino no hay en el mundo que estas diez y ocho leguas en este tiempo de armadilla, pues en tan pocos días pasa tanta plata. Y así es la cosa más notable de camino que tiene el universo.

[21v] Hay en esta orilla de la mar, aquí en Panamá y en las bocas de los ríos, muchos y muy grandes caimanes, que son unos lagartos muy grandes; y cuando vienen con la creciente sobre aguados, no parecen sino unas grandes vigas y tantos como cuando bajan de Cuenca las maderadas por el río de Tajo. Salen afuera del agua a poner los

---

[60] «El conjunto de animales de carga que sirve para trajinar» (*Diccionario de Autoridades*).

güevos, los cuales entierran en el arena, orilla del agua, dos o tres picas apartados de la orilla; y el sol los empolla y si algunos gallinazos
no los comiesen los güevos habría tantos caimanes que no cabrían en
todo aquel punto. Son malos porque están cebados con la carne del
matadero que está allí cerca y acometen a un hombre si está durmiendo y descuidado, como algunas veces ha acaecido; y llevándolos
particularmente si alguno que no sabe que los hay [y] entra descuidado a nadar y a lavarse las piernas, luego hacen presa en ellos y se
los comen. Y cuando mi compañero y yo y otras muchas personas con
nosotros nos fuimos a embarcar al puerto, fuimos desde Panamá aquella legua que hay en un barco y un mozo iba sentado al bordo del
barco y llevaba la una pierna colgando al agua y sacó de repente un
caimán la cabeza y asiole de la pierna y dio con él en la mar y sin
podelle remediar se lo comió; [22] que no puedo por escrito significar el temor que todos tuvimos de ver aquello. Y tienen estos caimanes una propiedad estraña: que no pueden comer debajo del agua sino
sacan la cabeza fuera, de manera que en cogiendo la presa se meten
con ella en el agua y la ahogan y luego vuelven arriba y sacan la cabeza para comer lo que cogieron. Y así detuvieron el barco y espera-
mos un poco y vimos sacar las cabezas muchos caimanes; y al desventurado mozo hecho pedazos, que se le comían. Dijímosle un
responso y encomendámosle a Dios y pasamos adelante, que no veíamos la hora que salir del barco porque entendíamos que del mismo
barco nos habían de sacar, según eran de grandes y muchos los caimanes. Y en matando alguno, luego se vuelve la barriga hacia [a]rri-
ba y el agua le hecha a la orilla como arroja un madero. Uno destos
caimanes vi a la orilla muerto, que le medí y tuvo treinta pies de largo; tiene larga boca y grande y seis diferencias de dientes que enca-
jan unos en otros, y así cortan lo que cogen con grandísima facilidad.
Son muy amigos en grande manera de perros y dejan otra cualquiera presa por coger un perro; y los güelen de muy lenjos. Y cuando los
perros quieren pasar aquel río que entra por detrás de [22v] Sanct[a]
Ana, júntanse los perros en una parte y comienzan todos a ladrar y
los caimanes que hay en el río vienen al ladrido y estanse quedos debajo del agua esperándolos. Y cuando a los perros que han ladrado un
rato les parece que ya están allí los caimanes juntos en aquel lugar
donde ellos están ladrando, lo que hacen es callar todos y van corriendo por más arriba o más abajo y pasan el río a nado, callando; y

cuando el viento y el olor llega a los caimanes, ya ellos están de la otra parte y déjanlos burlados. Y esto se ve cada día por experiencia. Y habiendo mi compañero y yo salido algunas veces a rezar hasta la puente, paseándonos, reparábamos en el ladrar de los perros que los vimos y oímos. Pero no sabíamos el secreto hasta que, diciendo yo en la posada que todas las veces que salía al río veía orilla dél algunos perros ladrar, me dijeron lo que acabo de contar. Que lo pongo por cosa tan notable como el paso de los micos en el camino de Portobelo de una parte a otra, hechos cadena, asidos de las colas unos de otros.

Es tan húmeda toda esta tierra que a los troncos de los árboles crecen unas raíces y suben hasta lo alto del árbol, y luego vuelven a bajar a la tierra y prenden en ella, y vuelven a subir otra vez arriba y a bajar; y están los árboles con estas raíces que parece tienen colgadas maromas.

[23] En esta ciudad de Panamá hizo nuestra Señora de Guadalupe, la imagen que yo traía conmigo, un grande milagro. Y fue que estando el muy reverendo padre fray Pedro de Montemayor, predicador de la orden de San Augustín, lector de teología que fue después en la ciudad y convento suyo de Lima, muy enfermo por una enfermedad muy aguda que le dio, la cual se le agravó tanto y con tan gran rigor que los médicos mandaron que recibiese los sacramentos de Comunión y Extrema Unción todo junto. Y recebido el de la Eucaristía fueron por el otro y entretanto me pidió la imagen de nuestra Señora de Guadalupe, la cual tomó en las manos y con muchas lágrimas de devoción se encomendó a la sanctísima Virgen de Guadalupe y le hizo un voto y promesa de visitar su Casa en volviendo a España y de dalle cierta limosna. Y esto con tanta fee y devoción que fue oída su fervorosa oración y tuvo tan buen despacho su petición que luego le dejó la calentura y con ella todos los males le dejaron, de suerte que se levantó sano y bueno. Y llamados los médicos, todos juraron y afirmaron aquella salud haber sido milagrosa y que conforme a la medicina no se podía haber conseguido tan complida [23v] salud, por no haber habido evacuación ninguna de sangría ni de purga ni sudor ni otra cosa por donde se entendiese haber evacuado la enfermedad. Y por tal milagro notorio le predicó después el mismo padre fray Pedro de Montemayor, dando juntamente con él todo el pueblo muchas gracias a Dios y a la Virgen sanctísima. Este padre vino conmigo desde España y subió hasta el Cuzco y Potosí. Y como hombre

tan docto, me aprovechó mucho en la materia de *gratia*[61] que me leyó y la materia de *fide*[62], la materia de *adoratione imaginum*[63] y la materia de *predestinatione*[64], que es muy curiosa; con cuyo caudal granjeé yo lo que sé para poder subir al púlpito, como después lo hice después de tres años que había estado en el Pirú. Y después que nuestra Señora le hizo tan gran favor, acudió con más voluntad a hacerme merced.

No se me ofrece por agora más qué decir de aquesta ciudad sino que el trato de la gente es con algún vicio, particularmente de mujeres que tienen mucha libertad. Y suele suceder que el ama se mete en una canasta, en camisa con solas unas naguas, y cubrir la boca de la canasta con un paño y la negra llévala en la cabeza a casa del amigo; y encontrar la Justicia a la negra y decille:

—¿Qué llevas ahí?

Y responder: [24]

—Paños a lavar al río.

Y quitalle la justicia la canasta para vello y hallar a la señora asentada dentro de la canasta. Y en mitad del día suelen hacer lo mismo. Esto y muchas hechiceras que saben lo que se hace y sucede en otros pueblos. Y la muerte del católico rey don Felipo, la misma noche que murió en España en esa misma se dijo a voces por las calles de Panamá, diciendo:

—El rey es muerto.

Y estas voces las oyeron muchos, sin que se supiese de qué persona. Esto y venir una mujer a dormir con un hombre desde Nombre de Dios a Panamá y volver aquella noche a Nombre de Dios a echar el pan en el horno, que lo dejaba en el estrado; y hay 18 leguas y de vuelta otras 18, que son 36. Y venir y estar con el hombre y volver a echar el pan en el horno es ligereza de mujer, de las que hay en Panamá. Mucho podía decir desto pero no es bien y por eso lo dejo.

[61] Tr. Materia acerca de la gracia.
[62] Tr. Materia acerca de la fe.
[63] Tr. Materia acerca de la adoración de imágenes.
[64] Tr. Materia acerca de la predestinación.

Cómo nos embarcamos para la gran ciudad
de Lima por el Mar del Sur

[24v] A 3 días de agosto de 1599 partió la armada que había bajado con la plata para la ciudad de Lima, que hay quinientas leguas por agua. Embarcámosnos mi compañero y yo con don Gonzalo Rodríguez de Herrera, que vino por corregidor de los Collaguas[65], y el padre fray Pedro de Montemayor, en la nave que venía por admiranta[66], que se llamaba la Galizabra. Costonos el camarote en que veníamos cien pesos de a 9 reales, los cuales se partieron entre nosotros 4 que veníamos todos de compañía, de suerte que nos cupo los cincuenta pesos a mi compañero y a mí. Demás desto, nos fletamos nosotros dos y nuestros criados, a 20 pesos ensayados cada persona, que es trece reales y un cuartillo cada peso ensayado, el matalotaje de bizcocho y vino y cecinas y gallinas y las demás cosas necesarias para la mar; nos costó mil cuatrocientos reales porque todas las cosas valen muy caras y todo a peso de plata.

Embarcamos muy achacosos; mi compañero convaleciente de su prolija enfermedad y yo con unas enfadosas cuartanas. Estas se me quitaron luego como entré en la mar y después me volvieron y me duraron hasta la ciudad de Trujillo, donde me dejaron de todo punto. Esta navegación de Panamá a Lima [25] es penosísima y muy enfadosa porque de contino vienen los navíos contra el viento, virando a la mar y a la tierra, dando vueltas a la una parte y a la otra, siempre a la bolina y el navío tan trastornado que nos podíamos tener en pie sino asidos a unas guascas[67] y cables. Con este trabajo se viene al puerto de Lima y no son más de 500 leguas y tardan 3 y cuatro meses; y cuando vienen en 2 meses tienen el viaje por felicísimo. Por este mar

[65] Grupo indígena que habitaba en la región del Alto Perú.

[66] *Sic* por *almiranta*.

[67] Americanismo, «ramal de cuero, cuerda o soga, que sirve especialmente de rienda o de látigo» (*Diccionario de la Real Academia Española*, 2001).

del sur perdimos de vista, a dos días que navegamos, el norte y algunas otras estrellas conocidas de España. Por los rumbos ordinarios venimos a ponernos debajo de la línea que pasa por el puerto de Manta, donde es la mitad del cielo y del mundo; y luego que comenzamos a pasar destotra parte, parece otro cielo y otro temple y los vientos diferentes, que no corre de ordinario más que uno que es el sur. Y como mi compañero era mayor de edad, comenzósele [a] agravar la enfermedad por algunas demasiadas abstinencias y ayunos que hacía por la mar, que después, cuando quiso comer, no pudo ni lo retenía en el estómago. Con esto se vino a enflaquecer tanto, que puesto en lo último con una calen[25v]tura que nunca le dejó, entendí que le echáramos a la mar si cuatro días más tardáramos en tomar el puerto. Y de mí fuera lo mismo, que también venía muy malo; pero con la mocedad resistía mucho y sufría más trabajo.

Dieron fondo los navíos en el puerto de Paita[68] después de haber navegado treinta días por el mar del sur. Y como veníamos tan malos determinamos desembarcar allí, como lo hicimos. Y los navíos, dentro de cuatro días que tomaron refresco, se partieron para Lima, con grandísimo sentimiento de vellos ir porque para ir por tierra a Lima desde Paita hay docientas leguas, todas de grandísimos arenales. Y como salimos en los barcos nos arrojaron en aquel arena, orilla de la mar, a donde estábamos mi compañero y yo sin poder dar paso ni podernos tener en pie, con la enfermedad y flaqueza grande que teníamos. Y como yo era más mozo, como mejor pude fui en busca de unos indios, los cuales llevaron en los hombros y sobre los brazos a mi compañero a un aposento que yo había alquilado por dos reales cada día.

Llegose la fiesta de nuestra Señora de setiembre y hice a mi compañero que se confesase y trújosele el Sanctísimo Sacramento; y lo mismo hice yo el mesmo día de nuestra Señora en el convento de la Merced. [26] Y a los once días del mismo mes de setiembre hice que le diesen el Sacramento de la Extrema Unción, por verle tan al cabo; el cual recibió con mucha devoción y el mismo día de nuestra Señora me dijo mi buen compañero:

---

[68] Guaman Poma de Ayala dice de Paita que «es tierra de buen temple y bastante de pan y bino y carne y de muchas frutas y de mucha caridad a todos los pobres que vienen de Castilla; en esta villa les favorece y les ayuda en su auiaminto» (Poma de Ayala, 1992, *El Primer Nueva corónica*, p. 935).

—Padre fray Diego, ¡cuán diferentes estarán nuestros hermanos hoy en la casa de Guadalupe y qué contentos!

Con estas palabras que me dijo, me fui por orilla de la mar y en una quebrada que allí hacía un cerrillo pequeño donde nadie me veía, me metí. Y después qué acabé de rezar las horas canónicas, me harté de llorar acordándome de mi casa de Guadalupe y del mucho regalo que los frailes aquel día tienen con tanto regocijo y alegría, con el consuelo de la vista de la serenísima Reina de los ángeles; a la cual con muchas lágrimas supliqué nos diese salud y fuerzas para llevar los grandes trabajos que me esperaban, y el mayor de todos la falta de mi buen compañero. El cual después de haber recebido la Extrema Unción a los once días del mes de setiembre a las diez de la noche espiró en mis brazos, estando conmigo los dos criados que habíamos tomado y cogido en Portobelo y dos hombres naturales del pueblo de Guadalupe que allí estaban casados. El sentimiento [26v] que tuve de verme solo en ese Nuevo Mundo no puedo escribir porque palabras y fuerzas y ánimo, todo me falta en esta ocasión; y así lo dejo a la consideración de los que saben qué cosa es perder amigo y compañero y hermano y tan bueno como el que yo veía muerto en mis brazos. No me dejó cosa ninguna encomendada que hiciese por él, aunque se lo repetí muchas veces; por donde se puede colegir su buen alma y quietud de conciencia, pues no tenía cosa que le diese cuidado. Otro día hice que todos los clérigos y frailes que había dijesen misa por él, las cuales pagué a peso que es la limosna que se da en el Pirú. Díjosele una vigilia y misa cantada en el convento de la Merced, donde se le dio sepultura junto al altar mayor; a donde le dejé depositado con intento que tengo de llevar su cuerpo conmigo, si Dios me lleva con bien a España y vuelvo por aquí[69]. Compré la cera que fue menester. Acompañaron el cuerpo toda la gente principal del pueblo con la cruz de la matriz, con todos los clérigos acompañados que había. Llevome el cura, de derechos por acompañar con la cruz, 39 pesos de plata corriente, que me dejó sin un real. La sepultura y lo de-

[69] Arturo Álvarez anota que aunque buscó los restos del padre Posada en Paita no logró encontrarlos. Agrega que, «Por otra parte aunque fray Ocaña regresó a Perú en 1603, después de su largo viaje, no volvió a Paita ni estaba en condiciones de llevar los restos de su compañero a España» (Álvarez, 1987, p. 58, en nota).

más que los frailes dieron no me costó nada; y así hubo fin mi compañero, y yo le doy a lo demás.

[27] Lo que hay notable en este puerto de Paita es que nunca se acuerdan los indios antiguos haber visto llover. Y el año de 1596 cuando en España llovió tanto que estuvo Sevilla a pique de anegarse, cuando llegó el agua a los monjes de las Cuevas y anegó a Triana[70], en ese mismo año vino tan grande aguacero sobre este puerto de Paita que en unas tierras y arenales llanos que tienen arriba del pueblo se hicieron unas lagunas muy grandes y del agua que bajó dellas anegó el pueblo y se le llevó todo. Cosa que nunca había sucedido hasta entonces.

Las casas son de bahareques[71] de cañas, unas junto a otras hincadas en el arena. Y así hacen un apartado unas casas de otras, de suerte que por entre las cañas ven los indios vecinos todo lo que los otros hacen porque no hay barro ninguno por entre las cañas ni cosa que pueda encubrir la vista. Para que no se vea cuanto en la otra parte hay, dicen un refrán ordinario: quedose a la luna de Paita. Porque como el cielo está tan limpio de nubes y los arenales de por allí son blancos, de ordinario hace unas noches muy serenas y la luna tan clara que causa contento vella [27v] porque la luna reverbera con la blancura del arena y hace una luna tan clara como si fuera de día; de suerte que el que tiene buena vista ve allí a rezar en el breviario. En este puerto de Paita es el primer carnero que se come. Desde España hasta aquí no hay carnero y como la gente trae tanto deseo de un poco de carnero y ello de suyo es muy gordo y muy linda carne y sabrosa, que se trae aquí desde Quito (que estará de Paita como cien leguas), es mucho lo que se celebra el carnero; y por refrán se puede decir carnero de Paita como se dice luna de Paita.

Hay mucha fruta y buenos melones que se traen de allí cerca. Tiene este puerto falta de agua porque no tiene río y está muy lenjos; y se

---

[70] Arturo Álvarez anota que «son famosas en la historia de Sevilla las inundaciones que a lo largo de los siglos anegaron extensos barrios a orillas del Guadalquivir. Entre sus víctimas preferidas siempre figuró el monasterio Cartujo de nuestra Señora de las Cuevas, de tan gloriosa historia monacal y artística, pero sobre todo porque en sus claustros moró el almirante Colón y en su templo recibieron primera sepultura sus restos en 1506» (Álvarez, 1987, p. 58, en nota).

[71] Voz taína, «pared de palos entretejidos con cañas y barro» (*Diccionario de la Real Academia Española*, 2001).

trae el agua por la mar, en barcos. Aquí tocan todos los navíos que vienen de Panamá y de México y los que bajan de Lima a México, para tomar refresco de carne y gallinas que valen baratas, a 2 reales cada una. No se me ofrece otra cosa que decir deste puerto.

CÓMO PARTÍ DE PAITA POR TIERRA PARA LIMA, QUE SON DOSCIENTAS
LEGUAS LAS QUE HAY

[28] Partí de Paita con la tristeza que puedo significar, causada de la memoria de mi buen compañero que dejaba enterrado, a los 14 días del mes de setiembre de 599. Alquilé cuatro caballos de los indios de Olmos, el uno para mi persona y otro para llevar la cama, sin la cual ningún hombre camina en esta tierra porque si no la lleva dormirá todo el camino en el suelo desnudo porque no hay camas en los tambos[72] sino unos poyos[73] y barbacoas[74] de piedra, donde el que no lleva cama se revuelve en su capa y duerme sobre aquellas barbacoas y poyos de piedra. Y como yo iba tan malo con las cuartanas pasé mucho trabajo en los despoblados que hay, sin tener dónde recogerse de tres días de camino sino por aquellos arenales que si no se camina de noche se abrasan de calor las personas. Y hay tanta falta de agua en este despoblado de tres días que para todos ellos se lleva el agua en unos calabazos grandes, ansí para las cabalgaduras como para las personas. Otros dos caballos alquilé para los dos mozos porque acá no se usa caminar a pie, ni pueden andar por la mucha arena y menuda que hay. Quedáronme solos cuarenta pesos, con los cuales comencé a caminar por viaje tan largo de 200 leguas. [28v] La demás ropa y libros de nuestra Señora fue por la mar hasta Lima. Aquel día que salí de Paita llegamos a la ciudad de Piura, la primera que hubo en estos reinos del Pirú y por eso la llamaron Piura. Hay desde Paita aquí doce leguas, todo de arena, que no pensé llegar con vida según era grande el dolor de cuerpo y cansancio que llevaba.

---

[72] Posada en Bolivia y Ecuador.

[73] «Banco de piedra, yeso u otra materia, que ordinariamente se fabrica arrimado a las paredes» (*Diccionario de la Real Academia Española*, 2001).

[74] Americanismo, «zarzo o tablado tosco en lo alto de las casas» (*Diccionario de la Real Academia Española*, 2001).

Esta ciudad de Piura es pequeña, de poca gente. La que hay en ella se sustenta de traer ganado de hacia Quito, de carneros; y engordan con el algarroba que por allí hay. Y cuando bajan los navíos que van a México y a Sonsonate y al Realejo y a Guayaquil, a Panamá y a otros muchos valles que por allí hay, llevan el ganado de carneros desde Piura con que los navíos se proveen. Y en esto se gasta y tratan los más desta ciudad el carnero de Piura. Es lo mejor de todo el Pirú y muy sabroso y gordo. De aquí también se lleva a Lima algún algodón, aunque poco. Llévase también, para teñir, alguna algarroba y mucho tollo que se coge en el puerto de Paita. No se da en esta ciudad trigo y así se traen las harinas de los valles de arriba, de Trujillo. En esta ciudad dejé nombrados por mayordomos, y con los poderes que traía, para que si mandasen algo a nuestra Señora de Guadalupe acudiesen con ello a Pedro Díaz de Argüelles y a Bartolomé Sánchez, naturales del mesmo pueblo de Guadalupe de España.

[29] Partí de la ciudad de Piura después de dos días que allí estuve. El uno dellos tuve una cuartana muy recia; y luego otro día caminamos con un indio que llevábamos de guía porque desde Paita a Olmos, que es un pueblo de indios, hay 40 leguas de despoblado y no se puede caminar sin guía porque el arena que hay es mucha y menuda y el viento que hace, como va el camino cerca de la mar, es grande. Y luego como las cabalgaduras pasan, ciega el viento la huella y no queda vestigio por donde se pueda saber por dónde va el camino. Y así los que han caminado sin guía, muchos dellos se han perdido y por aquellos arenales perecido de hambre y de sed. Y aun no perdiéndose se pasa con mucha necesidad de agua este camino, porque en estas cuarenta leguas no hay agua que poder beber sino la del arroyo que pasa por Piura. Y así se lleva el agua en unos calabazos grandes, ansí para la gente como para las cabalgaduras que milagrosamente pasan aquellas cuarenta leguas; y por esta falta de agua se camina toda la noche, porque con el fresco della se pasa mejor. Y todo el día estábamos debajo de algunos algarrobos sesteando; y era tanto el calor que la arena ardía como fuego. Y así, guiándonos el indio, llegamos al pueblo [29v] de Olmos.

Costáronme hasta aquí de alquiler los cuatro caballos, diez y seis pesos corrientes. Y aunque este camino de aquí adelante es todo arena y se pasa con mucho trabajo del cuerpo, porque siempre van dando trasnochadas caminando toda la noche y durmiendo todo el día, no se siente tanto por el mucho regalo que hay en todos los pueblos de los indios, por valer los mantenimientos baratos. Valían seis panes de a libra, un real; dos pollos, un real; una gallina, un real; tres melones como la cabeza, un real; un cabrito, cuatro reales; doce güevos, un real; y desta manera por el consiguiente las demás cosas de comida valen baratas. En este pueblo de Olmos dejamos aquellos caballos que traímos, muy cansados; y alquilamos otros cuatro para ir al pueblo de españoles que se llama Saña[75], que hay otras 40 leguas como las pasadas, todo de arena, tanta y tan menuda que las cabalgaduras meten las manos hasta encima de los murecillos[76] y se cansan mucho. Al fin llegué a Saña con grandísima necesidad, por habérseme acabado ya la plata y no tenía un real que gastar.

[75] El pueblo de Zaña se ubica en la región de Lambayeque, provincia de Chiclayo y distrito de Zaña, en un valle de llanuras del mismo nombre. Guaman Poma informa que los pobladores son «gente de buen temple y buenos cristianos, servidores de Dios, y de su Magestad. Y tiene bastimentos de comida y de todo lo necesario, pobrécimo de plata y poco oro» (Poma de Ayala, 1992, *El Primer Nueva corónica*, p. 939).

[76] «Músculos» (*Diccionario de la Real Academia Española*, 2001).

[30v] Está este pueblo de Saña cuatro leguas de nuestra Señora de Guadalupe, convento de frailes de San Augustín, con quien todo el pueblo tiene mucha devoción. Y así no pude hacer nada en este pueblo más de dejar poder a dos personas para que si alguno mandase alguna cosa, por testamento o por otra manera cualquiera que fuese, para nuestra Señora de Guadalupe de los reinos de España, que hubiese quién acudiese a recogello. Porque otra cosa no se pudo hacer por tener, como dije, tan cerca la casa de Guadalupe con quien los frailes tienen recurso. Y acuden a Saña a pedir limosna para el convento; con las cuales se sustenta, ansí de pan al tiempo de las cosechas, como de las demás cosas. Y ésta fue una de las causas que me movió, dejadas otras muchas, para edificar en Lima y en las demás partes, ermitas: para con esta ocasión quitar a la gente que no acudiesen a aquella casa con sus limosnas, sino a las que yo fundaba y a las imágines que hacía para que no se perdiese la memoria y devoción de la casa de España, y las limosnas derechamente fuesen todas a España sin faltar nada. [30v] Porque habiendo en Lima ermita de nuestra Señora de Guadalupe, los que hacían promesa de visitar la imagen de los frailes augustinos visitan la de Lima y la limosna que habían de dar acullá, danla acá. Y con la presencia de la imagen de Lima es más la devoción de la ciudad y la demanda que se pide cada día también se aumenta. Porque si no es desta manera, luego se olvida todo en estos reinos y en volviendo las espaldas todo se deja y se acaba, como se olvidó lo que el padre fray Diego de Losal[77] hizo. Que no hallé cosa ninguna de limosna por todos los pueblos donde pasé sino decir: aquí estuvo otro padre de la casa tantos años ha; y preguntando a las per-

---

[77] Hacia 1587, fray Diego de Losar viajó al virreinato del Perú con el mismo objetivo que fray Diego de Ocaña, supervisar el culto y las limosnas que se otorgaban a la advocación guadalupana.

sonas a quien el padre fray Diego de Losal había dejado sustituidos los poderes que traía, que si habían pedido y juntado alguna limosna, me respondieron todos que no. Y que luego como se fue el padre fray Diego de Losar se había olvidado todo. Y considerando que después de yo ido a Castilla había de ser lo mismo, me pareció que convenía dejar memoria viva; y ninguna mejor que las imágenes con las cuales tienen grandísima devoción, ansí por habellas hecho fraile de la propia casa como por ser tan parecidas a la de España.

[31] Aquí se me acabó de todo punto la poca plata que traía y quedé sin un real que gastar. Y viéndome con necesidad comencé a vender algunas cosas de las que traía, en particular curiosidades de imágines. Traía conmigo una imagen muy curiosa que yo había hecho en Panamá. Saquela para que la viesen algunas personas, y lleváronla a un enfermo y a todos les parecía bien; y dije que si me la pagaban que la dejaría allí, y todos me rogaban y pedían que la dejase. Y como yo tenía necesidad era menester rogarme poco, porque antes rogaba yo a nuestra Señora que se aficionasen a su retrato. Y entre otras personas que vinieron a ver la imagen, vino un clérigo rico y curioso, y pareciéndole que yo lo era, me convidó a que fuese a su casa a ver un oratorio que tenía con muchas curiosidades. Pero yo más quisiera que me convidara a comer, que tenía en aquella ocasión más necesidad que no de ver curiosidades porque eran las once y no me había desayunado ni tenía con qué comprar de comer. Y al fin fui con el clérigo a su casa a ver a su oratorio, por si acaso con aquel achaque me convidaba a comer y a que me quedase en su casa por el mucho sol que hacía; y lleveme conmigo en la manga la imagen de [31v] nuestra Señora. Y después que hube visto el oratorio, que era muy bueno y muy curioso, me dijo que le diese aquella imagen y que me daría para ayuda al camino. Y yo, por buen comedimento, dije que aunque no me diese nada quería dejar mi imagen entre tanta curiosidad; pero esto no fue sino por obligalle a que me la pagase, que tenía más necesidad deso y me importaba más remediar mi necesidad que toda su curiosidad, porque estaba en punto y en tal extremo que, como otro Esaú, diera el mayorazgo por una escudilla de lantejas. Al fin, de una palabra en otra, para cortar razones, vino a decir que si quería dejalle la imagen que me daría una barra de plata por ella para ayuda al camino; y como oí decir una barra, preguntele:

—Señor, ¿cuánto es una barra de plata?

Dijome que docientos y cincuenta pesos, pero que me daría un barretón que tenía de trecientos pesos, y que se la dejase y que me rogaba mucho que se la diese.

Y como yo oí esta última palabra tan confortativa de trecientos pesos, quedé un poco suspenso y comencé a tragar saliva y a volver en mí. Y como yo estaba rogando a Dios que la quisiese tomar, reíame mucho de que él me rogase que se la diese. Y como me veía reír, entendía que [32] hacía burla de los trecientos pesos; y no me reía, cierto, sino de contento que tenía de habelle oído decir que me los daría. Y díjome:

—Padre, no repare vuestra paternidad en plata; pídame lo que quisiere y deme esa imagen.

Díjele que no quería sino dejársela y tomar lo que su merced me diese; que no reparaba en plata, sino que quería dalle gusto. Y así se la puse en las manos y se la di, diciéndole que tenía tanta voluntad de serville que si no tuviera necesidad no tomara nada. Y mandó luego a un muchacho suyo que sacase el barretón de plata; y como yo le vi, díjele que me lo diese en plata de reales y respondió que no tenía. Y al fin, abreviando razones, dije que hacía mucho calor y que era hora de comer; que me diese licencia para irme.

El honrado clérigo me convidó a comer y aunque yo tenía hambre ya no lo quería acetar porque no veía la hora que sacar el barretón de en casa del clérigo, porque la memoria de echar la plata de casa suele causar en las personas mudanza. Y ésta temía, no se arrepintiese y me volviese la imagen porque me pareció que miraba mucho al barretón de plata y con alguna ternura. Y así hice a mi criado que le tomase debajo de la capa y se fuese con él por qui[32v]társele de delante de los ojos.

Y así me despedí del buen clérigo y llegamos al tambo donde estaba el otro mozo guardando la casa y la ropa; y cuando vido arrojar en el suelo el barretón de plata que iba sudando con él, comenzose a alegrar y todos tres, llenos de contento por vernos ya con plata, pedimos al tambero que nos diese de comer. Y mandé que cerrasen la puerta del aposento y que si alguno me buscase o preguntasen por mí, que dijesen que no estaba en el mundo. Y así es verdad que por entonces yo no estaba, sino todo con todas mis potencias y sentidos en el barretón que no me hartaba de miralle y de palpalle; y me parecía que era sueño y que no le tenía seguro. Y así, con este medio y

desta suerte, se remedió mi necesidad y compré mulas por no ir al-
quilando caballos; que valen ya, hasta Lima, más caros los alquileres y,
por el consiguiente, los mantenimientos, de suerte que desde Trujillo
a Lima valen todas las cosas doblado.

En este pueblo de Saña se curte el cordobán y se hace todo el ja-
bón que se gasta en el Pirú; y estas dos cosas son los tratos deste pueblo de Saña. Aquí cogen el trigo que han menester para sí. Los trajes
de los indios y [33]indias de todos estos llanos hasta Chile son estos
que aquí están pintados naturalmente, como ellos y ellas andan.

[33v] Pie del dibujo: «Traje de todos los indios de los Llanos, desde Paita hasta Chile».

[34] Pie del dibujo: «Traje de los indios de los Llanos».

[35] Este traje deste indio y de la india que quedan atrás pintados
es el traje natural de todos los indios de los Llanos. Desde el puerto
de Paita, adonde desembarcamos y murió mi buen compañero, hasta
la tierra de Chile no usan otro sino éste. Los indios traen el cabello
que les cubre todo el cuello por la parte de detrás, y por la frente le
cortan dedo y medio por encima de las cejas. Traen sobre la cabeza
sombrero conforme los españoles lo usan. Usan en el cuerpo, en lu-

gar de ropilla, una camiseta de algodón sin mangas; porque si no son los caciques, que usan de jubón y andan calzados y con medias y cuellos de lechuguilla y con traje españolado, todos los demás traen los brazos y las piernas de fuera. La camiseta les llega por encima de las rodillas, cuatro dedos. Usan de unos zaragüelles muy cortos como pañetes de lienzo, hasta las corvas debajo de la rodilla; de ordinario descalzos, y algunas veces ponen unas ojotas en los pies como sandalias de frailes franciscos, que no tienen sino la suela, que anda por el suelo con unas cuerdas atadas por encima del empeine [35v] del pie. Y muchos indios de los oficiales y de los que viven en los pueblos de españoles usan de zapatos sin medias, sino de contino las piernas de fuera. Cúbrense por encima de los hombros con una manta cuadrada sin ningún pliegue sino de algodón y lana, con sus cuatro esquinas como una sobremesa. Y de los mismos indios hacen alguaciles y fiscales. Los alcaldes tienen cuenta de dar en los tambos a los pasajeros mitayos, que son unos indios que sirven de traer todo lo que es menester para el servicio de la gente española que camina, pagándoles todo lo que traen por su cuenta y razón. Y en no acudiendo tan presto a dar recaudo, como traen aquellas melenas y coletas de cabellos, cogen al alcalde los españoles de los cabellos y danle cuatro torniscones y bofetones; y por una parte va el indio rodando y por otra la vara del rey. Y desta suerte dan recaudo en los tambos. Y de ordinario tienen mala inclinación de no hacer cosa ninguna por bien si no es aporreándolos; y luego van ligeros y traen todo cuanto los españoles les piden, dándoles primero la plata. Y de todo lo que se les entrega dan cuenta.

[36] El traje de las mujeres es naturalmente como está pintada y aquel traje de vestido es una ropa entera como capuz[78], que no tiene más abertura que por donde sacan la cabeza y los brazos. Y de ordinario son de algodón y de lana negra; y algunas los traen de colores la mitad y la otra mitad de otro color, como está pintada la india que queda atrás, pero lo común y más ordinario es ser negros. Y en todo su cuerpo no traen otro adorno ninguno ni otra vestidura sino aquel capuz, de suerte que quitado aquél, quedan desnudas como sus madres las parieron. Y el cabello siempre suelto y tendido sobre los hombros, largos y negros. Y como el capuz es negro y tiene una falda lar-

---

[78] Cierta capa o capote que antiguamente se usaba.

ga, de suerte que siempre arrastra, y el cabello negro y suelto y ellas morenas y tostadas del sol, no parecen por aquellos arenales sino demonios y brujas. Y como no tiene más de la abertura del cuello y de los brazos, por allí, cuando van andando va saliendo el polvo. Ellas no se lavan sino cuando van a la mar, que de ordinario está muy cerca de los pueblos en todos estos llanos. Y tienen tanta costumbre de lavarse en la mar, que la india acabada de parir se lava y a la criatura también; y desde que nacen se crían con esto, y con todo eso son puercas [36v] porque si no es cuando se ven junto a la mar, no se lavan. Y en casa aunque tienen las manos y las caras puercas, nunca se las lavan.

Asiéntanse de contino en el suelo sobre la arena a tejer el algodón de que se visten; y hacen unas mantas cuadradas para los hombres y para ellas aquellos capuces. A los niños los traen cuando van [a] alguna parte, no en los brazos, sino a las espaldas, envueltos en aquellos sacos como costales pequeños, los bracitos y las piernas defuera. En toda la vida no usan de lienzo, sino de aquellas camisetas que son ásperas como silicio. Duermen de contino en el suelo sobre el arena, las indias revueltas en sus capuces y los indios en sus mantas con algunos pellejos. Su comida es hierbas que llaman yuyos[79], con un poco de maíz tostado o cocido; al tostado llaman anca y al cocido mote. Andan siempre descalzos y con aquella camiseta áspera, los brazos defuera. Que bien considerado todo, es vida de mucha penitencia y que en el desierto los monjes no podían vivir con más aspereza que ellos viven, porque andan con perpetuo silicio, desnudos y descalzos, duermen en el suelo, [37] comen yerbas. Todo esto si lo hicieran por amor de Dios merecieran mucho; pero no lo hacen sino porque ya es su natural y se han criado con aquello, y no merecen nada porque no lo ofrecen a Dios y se emborrachan mucho con la chicha[80] que hacen del maíz. Y de ordinario se acuestan borrachos y duermen como puercos, todos juntos en el suelo; y así la hija no está segura del padre ni la hermana del hermano, porque ansí ellas como ellos todos están borrachos porque comen poco y beben mucho. Y cuando algún español les da alguna carne, la comen y mucho. Pero ellos nunca la com-

---

[79] En Perú son hierbas tiernas comestibles.

[80] Bebida alcohólica que resulta de la fermentación del maíz en agua azucarada, y que se usa en algunos países de América, especialmente en los países andinos.

pran ni comerán una gallina en toda la vida aunque están enfermos, por vendella, ni un güevo; todo lo guardan para vender a los españoles que caminan por estos arenales hasta Lima.

Vale una gallina un real; dos pollos, un real; doce güevos, un real; un cuarto de carnero, dos reales; seis panes, un real, de suerte que todo vale por estos llanos hasta Lima muy barato; y todo esto nunca los indios lo dan de su voluntad, y aunque lo tienen dicen mana, que quiere decir no hay. [37v] Y si a la india le pide el español una gallina, le dice mana aunque tenga 300 gallinas y aunque tenga los güevos sobrados. De suerte que lo que hacen los pasajeros (en los pueblos donde no hay mitayos, que son indios de servicio, los cuales traen todo lo que es menester), es entrar en las casas de las indias y matar las gallinas que han menester, lo cual no impiden las indias, y luego pagárselas; porque si esperan a que ellas lo den, no lo quieren dar por bien, nunca.

Y desta manera se pasan estos arenales caminando desde las tres de la tarde hasta las ocho de la noche, y después desde las dos de la madrugada hasta las ocho del día; porque si no es desta manera se abrasan los hombres por los arenales, que es tanto el calor que parece que arde el arena. Y como se camina de ordinario de noche, venimos trasnochados y los cuerpos descompuestos, como no se desnudan. Y con mucho trabajo se pasa todas estas docientas leguas que hay hasta la ciudad de Lima desde el puerto de Paita donde desembarcamos, que es el primero que tomamos de la tierra del Pirú.

[38] Cómo partí para nuestra Señora de Guadalupe, convento de frailes augustinos

A 28 de setiembre, un día en la tarde partí de Saña para la casa de Guadalupe, que habrá 8 leguas de arenales hasta dos leguas antes de la casa, que hay un monte de guarangos o algarrobos por otro nombre. Llegué otro día al romper del alba, víspera de nuestro glorioso padre san Hierónimo, a nuestra Señora de Guadalupe, donde recebí consuelo espiritual en pensar que estaba en la casa de nuestra Señora. Y los padres, que son del hábito de San Augustín, me recibieron muy bien y me mandaron que celebrase las vísperas y otro día la misa por ser fiesta de nuestro padre y yo fraile de su hábito; lo cual yo hice, obedeciendo ansí en esto como en todo lo demás que aquellos padres me mandaron. Celebraron esta fiesta con solemnidad, porque allí hay colegio donde se leen artes y la advocación es de san Hierónimo. Y los colegiales celebraron la fiesta con muchos versos y orationes, [38v] las cuales se oraron en el púlpito aquel día en lugar del sermón; y los que las oraron lo hicieron muy bien por ser, como eran, buenos latinos.

Hay en esta casa muchos frailes y después de la casa de Lima es la mejor de toda la provincia. Está muy bien labrada; tiene dos claustros grandes, y buenos jardines y generales donde leen los artes. Tiene la casa mucho término y muchas y muy buenas haciendas, las cuales dejó un vecino de aquel pueblo de indios que allí está, para que hiciesen allí aquella casa de nuestra Señora de Guadalupe. La imagen trujeron de España. Es pequeña y no tan morena como la de nuestra casa de España. Y hace muchos milagros y tienen con ella mucha devoción. Y cuando la enseña a los pasajeros es con mucha devoción, porque para quitarle y correr los velos salen de la sacristía los frailes con ciriales encendidos y vestidos de almáticas[81] y el preste con capa; y mien-

---

[81] Almática es una voz en desuso que equivale a dalmática: «Vestidura sagrada que se pone encima del alba, cubre el cuerpo por delante y detrás, y lleva para tapar los

tras quitan los velos, tañen los indios la[s] chirimías y repican las campanas y el preste inciensa la imagen con mucha [39] devoción, lo cual se hace todas las veces que la enseñan de la manera que queda dicho, a cierta hora del día después de vísperas, para la cual hora está toda la gente que quiere ver la imagen junta. Y les dan mucha limosna, y los frailes, a imitación de España, hospedan a los pasajeros y les dan de comer, y en particular hospedan dentro del convento a toda la gente principal que por allí pasa. Y así todos dejan limosna a la casa, con lo que se sustenta, y con las rentas que tienen, que son buenas dehesas y tierras de pan, adonde todo el año en este valle de Guadalupe se coge trigo, según el tiempo en que lo siembran, de suerte que en todos los meses del año hay trigo. Conforme al tiempo en que lo siembran tarda 7 meses en darse, y lo que siembran en agosto lo cogen por febrero y lo que siembran por setiembre se coge por marzo; y desta manera es todo el año. Y así, cuando iba caminando por el valle, veía en unas partes trigos secos y en otras que comenzaban a nacer y en otras que iban espigando y finalmente muchas maneras de trigos que [39v] yo me maravillaba de ver tanta variedad de trigo. Y la causa desto es que el tiempo allí, todo el año es templado, ni frío ni calor, sino el sol que basta para sazonallo. Y cuando ha menester agua, échansela del río por unas acequias que tiene buenas, porque allí nunca llueve en todo el año, pero el río que baja de la sierra trae mucha agua. Y así aquella tierra es muy fresca de arboleda de guarangos[82]; y todas aquellas dos leguas de Guadalupe es todo de la casa y dentro tienen muy buen estanco grande con mucho pescado, y son muy bien regalados de pescado por estar tan cerca la mar de allí. Finalmente es casa que tiene lo que ha menester de pan y ganado para su gasto[83].

brazos una especie de mangas anchas y abiertas» (*Diccionario de la Real Academia Española*, 2001).

[82] Del quechua *waranqu*. Aromo silvestre: «Árbol de la familia de las Mimosáceas, especie de acacia, que crece hasta 17 m en climas cálidos, con ramas espinosas, hojas compuestas, y por frutos vainas fuertes y encorvadas. Su flor es la aroma» (*Diccionario de la Real Academia Española*, 2001).

[83] Arturo Álvarez anota que «el templo y pueblo de Guadalupe de Pakatnamú o Pacasmayo, al norte del Perú, nacieron en torno a una artística imagen de la Virgen extremeña que en 1560, se llevó desde España el capitán Francisco de Lezcano, el cual en 1531 había acompañado a Pizarro y con él intervino en la captura de Atahualpa» (Álvarez, 1987, p. 70, en nota).

Vino no se da en todos estos valles, que se trae de Ica y de Pisco para todo lo de por acá abajo.

Estuve solos tres días en esta casa adonde recebí mucho regalo; al cabo de los cuales me partí para la ciudad de Trujillo. Y entendiendo que me hicieran el alforja para el camino, como se usa allá, no previne nada y los mozos también se descuidaron conmigo y [40] yo con ellos sin llevar qué comer, porque esto de hacer alforja no se usa por acá. Y como yo era chapetón[84] descuideme y después que habíamos caminado tres o cuatro leguas, como no había almorzado, tuve hambre y pedí que me diesen un bocado que comer, y los mozos me respondieron que no llevaban nada y que como salieron una hora antes que yo, que entendían que yo trujera qué comer en el alforja porque a ellos no les habían dado nada en el convento al tiempo de la partida, y que ellos también llevaban buena gana de almorzar. Y cuando yo los oí decir que no llevaban nada, desmayé de manera que no pensé llegar con vida al pueblo de los indios, al cual llegamos a las cuatro de la tarde tan traspasados de hambre, que si fuera Viernes Santo, fuera verdadero ayuno del traspaso. Y fue de manera que olvidé todo el regalo que me habían hecho con la falta de la alforja y dije que la fiesta tuvo buen principio y mal fin; [40v] pero fue Dios servido que llegamos al pueblo y con el recaudo que los indios nos dieron, satisfechos los estómagos, tratamos del reposo del cuerpo. No puedo dejar de encarecer las muchas veces que se me venían a la memoria, en esta jornada tan larga, aquella pierna de carnero y el pan y el queso y la bota del vino que dan al huésped en Guadalupe cuando se quiere partir[85]. Y preguntándome después qué me había parecido del convento y de la casa de Guadalupe, otros frailes de la misma orden de San Augustín, les respondía que bien me había parecido. Y diciéndome que si era como la de España en el hospedar a los peregrinos, respondía que en recebillos sí; pero que en despedillos no se parecía en nada porque no hacían el alforja y pasaban mucha hambre los que se

---

[84] «Inexperto, bisoño, novicio». En Colombia se dice «de un español o de un europeo recién llegado a América» (*Diccionario de la Real Academia Española*, 2001).

[85] El convento de Guadalupe en Extremadura tenía fama por la generosidad con la que se trataba a los peregrinos, a los que antes de partir se les entregaba una alforja con alimentos y unas sandalias nuevas.

descuidaban como yo. Pero esto fue lectión para todo el camino después, que no nos descuidamos más.

[41] Desde el pueblo de Chiclayo me aparté del camino real dos leguas hacia la mar a un pueblo de indios que le llaman Etén, donde estaba por doctrinante de los indios un fraile francisco que se había criado en la hospedería de nuestra Señora de Guadalupe, hijo de un escribano de Trujillo, llamado fray Francisco de Sancta María. E[l] cual como se había criado con aquella abundancia de la hospedería de nuestra casa, me regaló mucho y me recibió con mucho contento y diome, la noche que llegué, muy buena cena; y otro día almuerzo, con tanta abundancia de manjares que yo satisfice aquí la hambre que había pasado antes, el día que salí de Guadalupe sin alforja. Y este fraile guardó la costumbre de allá (como quien tan bien la sabía), que me hizo el alforja y me dio para el camino dos capones muy buenos, pan y vino, y una cajeta[88] de mermelada muy curiosa, lo cual yo le agradecí por haberse acordado de tan buena costumbre y no habella olvidado en esta tierra de olvido, donde todo se olvida en pasando algún breve tiempo por las cosas; y las memorias por grandes que sean, [41v] no duran.

Aquí, pues, en este pueblo, un cuarto de legua apartado dél más hacia la mar, hay un cerrillo pequeño donde la misma mar bate por un lado, en el cual están dos piedras entre otras (porque todo el cerro es de piedras sueltas y limpias, sin tierra), tan notables y exquisitas, que entiendo es una de las cosas más digna[s] de mandar a la memoria de cuantas en estos reinos hay, por la propiedad que tienen, que es sonar tanto como una grande y sonora campana cuando las tocan

---

[86] Hoy día es capital del departamento de Lambayeque, que se encuentra en la zona noroccidental del Perú.

[87] Hoy Puerto Etén, distrito de la provincia de Chiclayo (Perú), ubicado a orillas del océano Pacífico.

[88] En América Central y en México, dulce de leche de cabra, muy espeso.

con otras piedras. En este cerro, según la tradición de los indios viejos, dicen que el Inga[89] mochaba[90] al sol y le hacía sacrificio de muchos niños que degollaba allí en lo alto de aquel cerro; y para llamar al sacrificio, según parece, puso como en medio del cerro dos piedras largas iguales, que tendrán de largo tres varas y de ancho y grueso poco más de una vara y cuarta por el grueso, de suerte que debe de ser una cuarta más el grueso que el ancho. Estas están sobre otra piedra, no sentadas de llano sino levantadas de las puntas y sentadas por en medio, porque por la parte de abajo están labradas como una media luna. Las [42] cuales, heridas con otras piedras, es tanto lo que suenan que se oyen media legua larga y con tan sonoro sonido, que parecen campanas muy grandes; y me pareció que sonaban tanto como la campana grande de nuestra casa[91]. Y lo que más admira, es que estábamos seis personas alrededor de las dos piedras, y cada uno de nosotros teníamos en las manos piedras, unas grandes y otras pequeñas, y dábamos todos a un tiempo en diferentes lugares y parecía que repicábamos una docena de campanas, unas grandes y otras pequeñas, de suerte que según es la piedra con que se da, ansí suena; que si es grande parece una campana muy grande y si es una piedra pequeñita, suena como campanilla. Y con tan grande sonido que dura mucho el retintín que suena en el oído, como cuando se da un golpe grande en una campana. Estas dos piedras pudiera el rey hacer llevar a España por grandeza; y se puede hacer con facilidad por estar a la lengua del agua, donde se pueden embarcar como dos piezas de artillería. [42v] Y en Panamá llevallas por tierra hasta el río de Chagre, y desde allí a España como se llevó la artillería desde Panamá por tierra a Portobelo cuando la pasó don Alonso de Sotomayor. Y es obra digna de un rey, porque semejantes piedras no debe de haber en el mundo[92].

[89] Forma antigua para Inca, nombre que se le da al soberano entre los antiguos peruanos.

[90] Así en el manuscrito. *Mochar* es lo mismo que *amochar*, «dar golpes con la mocha o cabeza» (*Diccionario de la Real Academia Española*, 2001). Por su parte, *mocha* es —según el diccionario citado— una «reverencia que se hacía bajando la cabeza».

[91] Arturo Álvarez anota que tal vez se refiere a la famosa y monumental campana de Santa María levantada en 1363. Álvarez, 1987, p. 72, en nota.

[92] Hoy día existe en Brasil algo similar a lo que describe Ocaña. En la Ilhabela, frente a San Sebastián, se halla un lugar llamado Praia Pedra do Sino o Playa de Piedras de Campana en la que se pueden encontrar las famosas piedras que cuando son ba-

En todo el cerro hay muchas piedras, unas grandes y otras peque-ñas. Y por todas o por las más, fui haciendo experiencia por ver si hallaba otras que sonasen como estas. Y todas suenan poco o mucho, unas como almireces[93] y otras como calderos y todas tienen sonido, pero ninguna como aquellas dos, que es muy sonoro y muy lindo y grande como la más fina campana que puede haber en toda España, porque en estos reinos ninguna hay de mejor ni mayor sonido que es el de las piedras.

Esto he puesto por curiosidad, que lo es grande; y di por bien empleadas las dos leguas que rodeé, ansí por ver esto, como por gozar del mucho regalo que el buen padre me hizo.

tidas suenan como campanas, seguramente se trata de piedras con alto contenido de metal.

[93] Almirez, «mortero de metal, pequeño y portátil, que sirve para machacar o moler en él» (*Diccionario de la Real Academia Española*, 2001).

[43] De cómo llegué a la ciudad de Trujillo[94] y de lo que hay
notable en ella

Víspera de San Francisco, a 3 de octubre del año de 1599, entré
en la ciudad de Trujillo. El camino que hay desde Etén hasta aquí es
todo de grandísimos arenales, como lo demás destos valles, que todo
es arena que muele las cabalgaduras y los cuerpos de las personas, ansí
por la mucha arena como por las trasnochadas que se pasan por huir
de la inclemencia del sol que es tan grande que arde el arena, y el
suelo es como fuego.

En esta ciudad de Trujillo estuve siete días, en los cuales asenté por
cofadres a toda la ciudad. La limosna no se recogió por entonces y no
sé cuánta fue ni pude volver por ella; y los mayordomos que allí dejé,
no sé si la enviaron a Castilla según la orden que les dejé de que lo
enviasen a Panamá todo lo que se recogiese, para que desde allí se en-
viase a Castilla. Lo que hay notable en esta ciudad es que fue de las
primeras que los españoles fundaron en aquestos valles y de donde sacaron más riquezas a las espaldas de Trujillo, en el camino de la sierra. Por el camino real que viene desde [43v] la ciudad de Quito hasta Lima está el tambo[95] Piscobamba[96], donde los primeros españoles
que entraron en el Pirú prendieron al Inga que venía caminando des-

[94] Actualmente Trujillo es la capital del departamento de La Libertad. Fue fundada en el año 1534 por Diego de Almagro en el valle del río Moche. Guaman Poma
de Ayala informa que los habitantes de Trujillo «son gente de poca caridad» y que «es
tierra de buen temple y tiene iglesia, monasterio y cristiandad, y pulicia, de comida
y poca carne y pobre de plata y oro…» (Poma de Ayala, *El Primer Nueva corónica*,
1992, p. 937).
[95] Los tambos incaicos eran albergues o lugares de hospedaje para la clase poderosa.
[96] El pueblo de Piscobamba es parte de la llamada Ruta Inca y capital de la provincia de Mariscal Luzuriaga.

de Quito para Pachacama[97]; y aquí, en este tambo, prometieron los indios, porque soltase a su rey, de llenalle de oro y plata. Es una sala muy grande y hasta el día de hoy permanece en ella la raya que hicieron los españoles hasta donde los indios llenaron la sala de plata y oro[98]. Y deste oro y plata que los indios dieron por rescate del Inga, fue de lo primero que se le llevó al emperador [a] Alemaña, donde estaba a esta sazón y tiempo; de que quedó más aficionado a las cosas de las Indias y acudió a la conquista dellas con más cuidado desde entonces, estando cierto de la mucha riqueza que en esta tierra había, la cual por experiencia del oro y plata que tenía presente, gozaba. Y después que cogieron los españoles todo aquel tesoro, trujeron al Inga a esta ciudad de Trujillo. Y los españoles que salieron, viendo que el Inga venía sentado en un tablón de oro y que los indios le traían en los hombros, por quitalles [44] la tabla de oro en que venía el Inga sentado hicieron una barbaridad grande, que fue cortar con las espadas las manos de los indios que le traían; los cuales, por no dejar caer en el suelo a su rey, tantas cuantas ellos cortaban tantos se iban ofreciendo y acudían a tener al Inga en el tablón de oro para que no cayese. Señal del grande respeto que a su rey tenían y de la mucha crueldad de los españoles; pues por quitalles el oro les cortaban las manos[99].

En esta ciudad están los mayores edificios de guacas (que son unos entierros donde los indios se enterraban), que hay en todo el Pirú. Son estos sepulcros de adobes y barro, tienen unas paredes muy gruesas y debajo de tierra tantas cuevas y escondrijos y vueltas de unas partes a otras, que los laberintos de Creta quedan muy atrás con estas cosas, porque cuando aquellos cobraron fama y nombre en el mundo, no se habían descubierto estos edificios ni se tenía noticia dellos. Los cuales pueden ser famosos por todo el mundo, ansí por su grandeza como [44v] por los grandes tesoros y riquezas que en sí encie-

[97] Sitio arqueológico al sur de Lima que tuvo una intensa vida en la época prehispánica.

[98] Arturo Álvarez anota que es inexacto que Atahualpa haya sido prisionero en este lugar por los españoles; también lo es que en este lugar estuviera enmarcado el famoso rescate del Inca. Los historiadores sitúan los hechos en Cajamarca, al norte de Piscobamba. Álvarez, 1987, p. 74, en nota.

[99] Álvarez anota que no consta en historiador alguno contemporáneo que Atahualpa fuera llevado vivo a Trujillo, ni que los españoles hubiesen cortado las manos a sus portadores por arrebatarles el oro. Álvarez, 1987, p. 75, en nota.

rran y dellos han sacado; pues ha sido tanto, que los primeros conquistadores llevaban en carretas a la ciudad el oro y la plata que destas guacas sacaban. Y la razón de haber tanta riqueza en estos entierros y guacas, es que cuando moría algún cacique principal, que es decir como un duque en Castilla, enterraban con él toda cuanta riqueza tenía de oro y plata y ropas de cumbé, preciosas[100]. Y así hay el día de hoy grandísima riqueza escondida que no saben della. Y los indios viejos no quieren decillo porque los españoles no se aprovechen dello, y porque viven con un engaño que dicen que si lo descubren, que luego el Zupay, que quiere decir el demonio, los aparece y los espanta y que les riñe y amenaza que los tiene de llevar consigo si lo descubren; y por este engaño no quieren decir nada a los españoles. Y ponían los antiguos sobre estas guacas unas figuritas de piedra del tamaño de un dedo, al cual llaman guarda guaca, y aquél dicen que los habla y no quieren llegar a él; y destos bultillos, que son como idolillos, llevo yo a España uno por curiosidad.

[45] Esta ciudad no es de mucha gente pero la que hay es gente noble, vecinos y encomenderos de indios y nietos de conquistadores. Hay frailes y conventos de todas órdenes: de San Francisco y de Sancto Domingo, augustinos y de la Merced. Cógese aquí mucho trigo, y destos valles se llevan harinas para Panamá y para toda la tierra de abajo y para todos los demás valles; y así todo el trato de aquí es harina y algunas aceitunas que cogen para agua, y son tan buenas y más gordas que las de Sivilla. Y para que los árboles den fructo, los podan cada año como podan las vides en España. Hay también mucha azúcar, de que se hacen muchas conservas y se sustenta la ciudad de Lima con el azúcar que destos valles se trae. El temple de la ciudad es bueno y templado, ni frío ni calor. Dase el trigo todos los meses del año. Está en altura de 9 grados, un poco apartada de la mar más de dos leguas. Y desde aquí hasta Lima hay 80 leguas, todo de arenales muy grandes y penosos de caminar, como todo lo demás.

---

[100] Ropas de ceremonia.

[45v] A los doce de otubre partí para el pueblo de Sancta, que hay cuarenta leguas, todo de grandísimos arenales. Y por las jornadas ordinarias llegué orilla del río, que está media legua apartado del pueblo de Sancta. Este río, por la grandísima corriente que lleva para entrar en el mar, lleva tras sí muy grandes piedras y pásase con grandísimo riesgo. Y cuando viene de avenida es una de las cosas más temerarias de pasar que hay en todos estos llanos, porque por mucha corriente ni se puede hacer puente ni hay barca, sino que le pasan con una invención digna de mandar a la memoria: y es que toman una docena de calabazas grandes y redondas, y átanlas unas con otras y después cuatro hileras destas calabazas, que tiene cada hilera una docena. Métenlas todas en una red y luego ponen encima un poco de leña y sobre la leña ponen la ropa, y las personas se sientan; y luego cuatro indios, dos delante, atadas unas guascas o sogas a los cuerpos el un cabo y el otro a las calabazas, van nadando los de adelante y tirando, y los de detrás arrempujando. Y cuando llegan a la corriente del agua, déjanse ir con ella y, nadando poco a poco, [46] van llevando las calabazas a la orilla de suerte que van a salir un medio cuarto de legua más abajo de donde entraron. Y si las calabazas se desbaratan, va cada cosa con grandísima velocidad por su parte y entra en la mar, que está allí luego, donde se ahogan las personas y toda la hacienda se pierde. Y para pasar otra barcada han de esperar que los indios pasen a nado otra vez las calabazas y la leña, que es un enfado grandísimo porque se tardan en cada barcada dos horas. Y cuando las personas van en la corriente no han de mirar a la tierra, porque van con tanta velocidad que se desvanecen las cabezas y caen en el río, como ha sucedido algunas veces. Las cabalgaduras pasan nadando y los indios las van ani-

---

[101] Más adelante Ocaña informa de que se encuentra cuarenta leguas al norte de la ciudad de Lima.

mando y dándoles voces, y esto es también grandísimo enfado porque no solamente les quitan las cargas, sino los aparejos también; y luego volvellas [a] aparejar y a cargar de la otra parte, detiene mucho.

En este tiempo nos cogió el medio día en el río esperando las balsas que estaban de la otra parte. Y era tanto el calor y el ardor del sol que nos abrasábamos, y por otra parte tantos los moquitos ponzoñosos que nos [46v] picaban y martirizaban, que no los podíamos sufrir; que no sé yo si los de Egipto fueron tan penosos como aquéllos lo fueron a nosotros. Y con esto teníamos mucha hambre por haber caminado desde media noche sin almorzar; y el pueblo estaba de la otra parte del río y destotra no había cosa ninguna. Era un tormento de galera, sol y calor, hambre y picar moquitos, que a cada picadura levantaban una roncha grande con mucha comezón y si lo rascan se encona de manera que se puede perder una mano. Con este sol tan grande y no pudiendo sufrir los moquitos, huyendo de todo se nos metió por el monte adentro una mula, que en dos horas no la pudimos coger, y dilató tanto el ir al pueblo que no nos podíamos menear de hambre.

Al fin fuimos a comer a Sancta a las tres de la tarde, donde estuvimos descansando tres días y reparándose las cabalgaduras para poder pasar adelante. Estos tres días estábamos encerrados en un aposento muy oscuro, por amor de los moquitos que nos sacaban la vida. No hay otra cosa notable aquí de que poder escribir deste pueblo, que es pequeño y de pocos españoles, sino de los muchos moquitos que hay, que es plaga grande.

[47] Del pueblo de Sancta partimos para la ciudad de Lima, que hay cuarenta leguas. Sacamos comidas para nosotros y las cabalgaduras para cinco días que hay de despoblados, durmiendo por aquellos arenales sin haber por todo el campo reparo ninguno, sino algunas cuevas de piedras que hay orilla de la mar, adonde nos reparábamos del rigor del sol del medio día. Y pasados estos cinco días de despoblados llegamos al río de la Barranca, donde ha perecido mucha gente por ser muy peor que el de Sancta. Pues allí hay remedio para pasar aquel río y aunque sea con calabazas se pasa; pero este río de la Barranca va mucho más arrebatado que el otro, y no hay calabazas, ni balsa, ni barca, ni puente, sino que se ha de pasar vadeándole. No lleva mucha agua, pero la que trae, tan recia y con tanta corriente, que trae piedras muy grandes rodando el agua; y cuando la cabalgadura va

vadeando, suele venir una piedra destas y darle en las manos y que-
bralle las piernas, y luego va todo a la mar, que está allí muy cerca
como un tiro de escopeta. Y no aprovecha saber nadar, [47v] porque
va el agua con tanta corriente que desatina a la persona y le hace dar
muchas vueltas, y las piedras les quiebra[n] los brazos y las piernas y
los matan; de suerte que en cayendo la persona del caballo, aunque
sepa nadar no le aprovecha, sino que todos cuantos caen se ahogan. Y
por remediar tan grande daño, el año después que yo pasé buscaron
un ingeniero al cual prometieron mucha plata si hacía allí una puente. El ingeniero la hizo, que fueron unas cadenas de madera por las
cuales pasa la gente. Y después hizo otra puente de la misma manera
en el río de Apurima, como está pintada adelante cuando se trata de
aquel camino del Cuzco, que es el río más notable que allí por todo
aquel camino hay. Y con esta puente se ha evitado el daño grande que
cada año había por el tiempo de las aguas y las desgracias que sucedían, que eran muchas. Este río pasé yo en unos buenos caballos que
habían traído allí aquella sazón para que pasase el vicario general de
Sancto Domingo, con quien comí aquel día, de la otra parte del río.
Y desde allí vine en su compañía hasta cerca de Lima, gozando de los
muchos regalos que los frailes de su orden, que le salieron a re[48]ce-
bir, le hacían, que eran muchos; lo cual en este reino se hace con grandísima abundancia.

Este río y todos los demás pasé sin que me sucediese desgracia nin-
gun[a], llevando yo de contino conmigo la imagen de nuestra Señora
de Guadalupe en la bolsa del arcón, delante, por donde quiera que
iba. Y así no temía nada y era de contino el primero que entraba a
vadear los ríos, los cuales pasé bien guiado y favorecido de nuestra
Señora.

Pasados estos ríos, viniendo caminando por orilla de la mar, venimos a dar a un camino muy estrecho y a una senda que se llama el
Salto del Fraile, que se la daré yo de diez al mayor saltador del mundo. Llámase así este lugar y tomó este nombre de Salto de[l] Fraile
porque saltó un fraile desde allí más de cien estados, a mal de su grado, que debe de haber hasta un piélago grande que la mar hace allí.
El camino es una de las cosas más temerarias de pasar que hay en todos estos llanos. Y es el caso que viniendo el camino de contino por
la costa de la mar, siempre por orilla della, se llega la mar a un cerro
alto y muy derecho en el cual [48v] baten las olas de la mar, y sube

el camino derecho como un tiro de ballesta hacia [a]rriba, y luego va una senda muy angosta por donde cabe solamente una cabalgadura, y por parte que mira a la mar es una piedra tan derecha como una pared y por parte de la tierra son unas piedras muy grandes que impiden el camino, que no se puede pasar sino por allí. Y vase con tanto tiento que en topando la carga por la parte de la tierra en alguna piedra de aquéllas, luego la cabalgadura cae de romanía[102] en la mar sin haber dónde poder reparar sino que da de golpe en el agua como si cayese de una pared de un estanco derecha. Y cuando se pasa esta senda, van las personas mirando y acostándose hacia la tierra porque suele desvanecerse la cabeza y caer; y de ordinario y todas las personas bien consideradas lo pasan a pie. Sólo un fraile, que son en estos reinos muy temerarios, se atrevió a pasallo a caballo por dejar de sí fama, y dejóla de manera que de aquí a que Dios nos venga a juzgar se llamará este lugar el Salto del Fraile, porque saltó una vez y bien; que si como fue hacia [49] [a]bajo fuera hacia [a]rriba, se hallara cien estados más cerca del cielo. Dios se le dé. Yo dije un responso por su alma, que al cuerpo los pescados que hay allí, en aquel lago tan profundo, dieron sepultura en sus escamados vientres. Y desde allí propuse de no pasar a caballo pasos semejantes, tiniendo por mejor que dijesen aquí se apeó el monje de San Hierónimo, que no dar ocasión a que digan aquí cayó. Y en todo acertara yo tan bien como lo acertaba en hacer esto.

Desta senda se vuelve después a bajar a la misma playa y se va caminando por la costa con mucha arena y muy mala, como cieno, que atollan[103] las cabalgaduras hasta la media pierna. Dura la senda, por la estrecheza que dije, como un tiro de una piedra tirada con una honda larga, todo lo que es más peligroso del paso donde bate la mar en la peña derecha.

---

[102] «De golpe», es un término en desuso (*Diccionario de la Real Academia Española*, 2001).

[103] «Atascarse», impedir la salida (*Diccionario de la Real Academia Española*, 2001).

CÓMO ME PERDÍ EN ESTE CAMINO Y DE UN CASO
QUE ME SUCEDIÓ EN UNA CASA DE CAMPO

[49v] Después que pasamos aquel mal paso del Salto del Fraile, llegamos a hacer noche a un gramadal[104] donde nos faltó el agua de los puquíos[105] por haber dormido allí la noche antes un alcalde de Corte, el vicario general y otra mucha gente; y como se juntaron tantos caballos y mulas, dejaron los puquíos secos y así sentimos mucho lo mal que las cabalgaduras pasaron aquella noche sin agua. Y otro día era la jornada larga y en más de seis leguas adelante no había agua donde pudiesen beber; y con esto madrugamos dos horas antes de lo ordinario para que con la fresca de la mañana las cabalgaduras caminasen y no sintiesen tanto la falta del agua. Y después que amaneció y que ya se parecía el camino, aunque poco por el arena, dije a un mozo mío que nos fuésemos los dos adelante para llegar presto al pueblo de los indios, que estaba seis leguas de allí, para descansar y tener apercebido de comer, por no venir al paso de las cargas, que venían muy despacio por venir cansadas las bestias y muertas de sed. Y para poder andar más presto hice que una bota de agua que había quedado se la diesen a mi mula y a la de mi mozo; y echa[50]mos el agua de la bota en los sombreros y bebieron la bota de agua las mulas, que se bebieran treinta botas que les dieran, cada una, porque después de haber bebido el agua del sombrero ponían las lenguas en aquella humedad que quedaba en el sombrero y le lamían, que me daba compasión de vellas. Y esto lo hicimos apartados de las demás, porque si lo sintieran se mataran por el agua a coces.

[104] De grama, «hierba que produce unos ramillos que se extienden en la tierra divididos de trecho a trecho, por ciertos nudos o coyunturas. Echa muchas raíces compartidas también con nudos. Las hojas son duras, puntiagudas, anchas y semejantes a la de la caña pequeña» (*Diccionario de Autoridades*).

[105] «Manantial de agua» (*Diccionario de la Real Academia Española*, 2001).

Y con esta diligencia nos adelantamos y fuimos a las 9 de la mañana a dar sobre un valle muy espeso de árboles algarrobos, o guarangos que llaman en otras partes. Y luego comenzamos a buscar agua, y las propias mulas por el olor el camino adelante dieron con ella y bebieron hasta que quedaron satisfechas. Y después, volviendo al camino, dejamos una senda que llevábamos, que era la que habíamos de seguir para ir al pueblo; y tomamos un camino ancho que atravesaba hacia la mar, el cual era de pescadores y de unas carretas que allí estaban, en una hacienda o chacra de unos caballeros de Lima. Y después de haber caminado [50v] dos horas, que era ya casi medio día, por entre aquellos árboles que hacía un sol que parecía que íbamos caminando por entre llamas de fuego y mucho polvo que los pies de las cabalgaduras levantaban, todo causaba pena y calor, echamos de ver que íbamos perdidos porque nos habían dicho que a la entrada del valle estaba el pueblo, y habíamos caminado más de dos leguas y le dejábamos ya atrás. Viendo esto, dije que llegásemos adelante a ver dónde iba aquel camino que llevábamos; y yo iba algo enfermo y muerto de hambre y lleno de sol. Y al medio día dije al mozo que ya no podía pasar adelante, que pasásemos la siesta debajo de un árbol, aunque son de manera que hacen poca sombra por tener la hoja menuda y picada.

Y tendiendo la vista a una parte y a otra, acertamos a ver entre aquellos árboles y espesura un pedazo de pared y sospechando que era casa, como lo era, fuimos allá y apeámonos. Y me parecía que todo aquello era encantamento entre aquella espesura y que era alguna fictión como la de don Belianís [51] de Grecia[106]. Y llamando a una portezuela que allí había, dije:

—No es posible según aquí hallé la apariencia, sino que ha de salir a recebirnos alguna sierpe o fiera con quien ha de ser fuerza pelear para entrar a gozar deste encantado lugar.

Pensando, pues, que llamaba el marido de una señora que allí había, al cual estaba esperando para comer, salió [a] abrir la puerta una dama, tan hermosa y con tanto copete y tocado, y el vestido con tan-

<hr>

106 *Belianís de Grecia* es uno de los libros de caballería más leídos en la segunda mitad del siglo XVI. No es extraño que los viajeros de Indias hagan referencia a que sus aventuras parecen cosas de encantamientos, como en los libros de caballería.

to franjón[107] de oro, como si estuviera en la ciudad. Y cuando yo la vi acabé de persuadirme que aquello era encantamento, y ella espantada de verme y yo de vella a ella nos quedamos los dos embelesados mirándonos el uno al otro, y pensando yo cómo la trataría, que no sabía si decilla diosa o ninfa del Parnaso porque según su compostura y hermosura todo cuanto le dijera le convenía muy bien. Estando en esto, comenzó mi mozo a santiguarse y a hacer cruces sobre sí sin hablar palabra. Yo, que entendí que como a mí me parecía diosa, que a él le parecía alguna mala visión según [51v] se daba la prisa a hacer cruces; y con esto yo me turbaba más y me daba más cobardía y no me atrevía a hablar. Y como la dama vido que el mozo hacía tantas cruces, dijo:

—Jesús sea conmigo.

—Señor, ¿qué tiene que tanto se santigua?

Y como yo oí decir Jesús, me sosegué y dije:

—Ese sea con vuestra merced y con todos, que Ese nos ha guiado a este lugar, que venimos perdidos; pero esto no ha sido sino grandísima ganancia, pues gozamos de la vista de vuestra merced, tan buena y tan linda.

Y otras cosas ansí a lo frailesco que entonces se me ofrecieron, que como estaba muerto de hambre, estaba el ingenio agudo. Y al fin se holgó, como todas, de que había dicho que era hermosa y me mandó apear; y mientras nos apeamos, ella entró allá dentro y yo me asenté en una silla allí en el zaguán, que estaba regado y limpio; en lo cual se echaba de ver sello ella mucho en todo el aseo de su casa y persona. Y enviome de allá[108] dentro dos niñas que la señora tenía de cuatro años, como dos angelitos; la una con un paño de manos y un jarro de agua y la [52] otra con una fuente de plata. Y me lavé y refresqué del polvo y sol grande que traía; y díjome el mozo:

—Padre, alguna buena ventura nos está aquí guardada.

—Aunque no haya más de lo que habemos visto —respondí—, ha sido muy grande la que habemos tenido.

---

[107] Franja muy ancha «tejida de hilo de oro, plata, seda, lino o lana, que sirve para adornar y guarnecer los vestidos u otras cosas» (*Diccionario de la Real Academia Española*, 2001).

[108] La utilización de deícticos espaciales, propios del habla coloquial, acerca al receptor al lugar y al proceso de la enunciación.

Y luego que me acabé de limpiar, salió ella con un brinquiño[109] de agua de azahar y echómelo sobre la cabeza y rostro, que tenía del sol muy encendido, de suerte que quedó mi cabeza oliendo a muy linda agua de azahar. Pero no puedo dejar aquí de decir que me olía mucho más a mí la olla que estaba apartada y la mesa puesta y con muchas flores, de manera que con sólo el olor me consolaba; y con la esperanza que tenía de comer della, me sustentaba.

Al fin la señora, en su estrado sentada, comenzó, como era criolla, amiga de saber y de cosas nuevas, a preguntar qué hábito era el mío, que le desconocía y que en Lima, de donde ella era, no le había visto; si era trinitario o carmelita o qué orden, que le estrañaba mucho. Y diciéndole que era de San Hierónimo se holgó mucho, que deseaba velle. [52v] A cabo de un poco que habíamos estado en buena conversación, contando el caso y suceso del camino y cómo nos habíamos perdido, llegó a mí una negra y púsome en las faldas una servilleta y un plato con los higadillos de un capón que había hecho matar para comer, y díjome la dama:

—Coma vuestra paternidad ese bocado para que pueda esperar a que venga mi marido, que ha ido a ver unos molinos que hay aquí abajo y no sé cuándo vendrá, porque no esté en ayunas.

Yo lo agradecí mucho y los comí, y bebí un trago de vino y tomé un poco de una cajeta y repartí con las niñas, y comencé a olvidarme del sol y del polvo; y comenzó a parecerme bien el sitio, que era muy ameno y muy fresco, con mucha arboleda y muchas acequias de agua. Y paseándonos un rato por un pedazo de güerta y jardín que allí había, dijo el mozo:

—Padre, todo aquesto me parece lugar encantado y que han puesto aquí esta dama para guarda dél, si hay por aquí algún tesoro y que tengamos aquí alguna buena ventura.

Yo dije que harto buena había sido, pues nos habíamos refrescado y comido y no sentíamos el trabajo pasado [53] con el regalo presente de que gozábamos. Y aquella señora nos había recebido con tan buena gracia, que mostraba bien ser mujer principal y de mucha suerte.

---

[109] *Brinquiño* es un diminutivo para salto y es también una joya pequeña o un juguete para mujeres que tiene movimiento. La frase parece indicar que la dama apareció inesperadamente con un perfumero que contenía agua de azahar.

Y desde este día cobraron conmigo las criollas mucho crédito y las tuve siempre por grandes regaladoras, y muy limpias y aseadas en sus personas y casas; y son lo mucho en todo, y amigables y tratables y sin melindres, y por extremo muy determinadas para poner por obra lo que quieren y desean. Y estando mirando la güerta con el mozo, la dama desde un corredorcillo pequeño nos avisó que venía su marido y nos llamó que fuésemos allá. Y cuando yo vi al marido sobre un caballo y con una lanza en la mano, dije al mozo:

—Plega a Dios que nuestra buena ventura no se nos vuelva en alguna vuelta de palos, no sea el hombre el diablo, que sin saludar a la persona entre hablando con las manos y le parezca mal vernos a solas con su mujer. Más vale —dije al mozo—, que nos halle aquí en la güerta que no allá con ella.

Y en esto, cierto yo no me engañaba mucho, por lo que después en el Pirú experimenté[110].

[53v]Volviendo, pues, al caso que iba diciendo, llegó el marido, que era un caballero de Lima, y recibiome con cara y rostro alegre, que es en lo que yo reparaba. Y fuimos a comer de la olla, que cual ella estaba, tal me suceda siempre que me pierda; pues de tal pérdida resultó tanta ganancia de regalo. Y después que cayó el sol, quise que nos fuésemos al pueblo [54] y de ninguna suerte lo pude acabar con ellos que me dejasen ir; y así nos quedamos allí aquella noche. Y el alcalde de Corte, que era el doctor Ortiz, cuando vido mi ropa y criados y preguntó por mí y le dijeron que me había venido delante, entendió que me había perdido por aquellos arenales y que había perecido de sed y que yo quedaba para carne momia; y hizo a los indios alcaldes que fuesen a buscarme por todos aquellos campos y no quedó indio en el pueblo que no saliese. Y por el rastro de las mulas que trujimos o dejamos el mozo y yo por el valle entre aquellos árboles, vinieron allá a la tarde a dar con nosotros en la chácara; y cuando yo me vi cercado de tantos indios y alguaciles con sus varas, entendí que nos venían a llevar presos. Y porque el alcalde de Corte Ortiz no estuviese con pena, le escribí una letra agradeciéndole el cuidado que había tenido de mi persona, diciendo también que a todos los que se perdiesen les sucediese tan bien como a mí.

---

[110] Al iniciar la 53v del manuscrito se encuentra un pasaje de diecisiete líneas tachado.

Aquella noche le di unas reliquias que traía y una [54v] medida[111] de nuestra Señora [a] aquella dama güéspeda mía. Dile también, para que cogiese el cabello para andar por entre aquellos árboles, unos tocadores muy curiosos que me habían dado unas monjas; y ella a la mañana me dio de almorzar un cabrito y dos capones para el camino. Y el marido para enseñármele y por hacerme merced, vino conmigo hasta el pueblo de los indios que estaba dos leguas de allí, el cual se quedó y yo, muy agradecido a la merced que me había hecho, proseguí mi camino para la ciudad de Lima.

[111] «Cinta que se corta igual a la altura de la imagen o estatua de un santo, en que se suele estampar su figura y las letras de su nombre con plata u oro. Se usa por devoción» (*Diccionario de la Real Academia Española*, 2001). Álvarez anota que «las medidas de la Virgen de Guadalupe eran estrechas cintas, con la longitud de la imagen, a veces bordadas con primor. En el santuario extremeño […] era frecuente regalarlas a los peregrinos. Y las viejas crónicas guadalupenses cuentan sonadas curaciones que el cielo obró por su medio, entre las que figura la salud del mal de gota del archiduque Alberto de Austria» (Álvarez, 1987, p. 85, en nota).

En todo este camino desde Paita hasta aquí, no hay por los llanos y algunos montes que hay, una rama verde, si no es en los valles por donde pasan los ríos. En los montes son tan pelados y tan secos que no nace en ellos yerba ninguna, hasta que llegamos a un lugar que se llama Las Perdices. No es pueblo sino estancia de ganado, que hay mucho vacuno. En estos cerros alcanzan algunas garúas[112] y hay mucha yerba, y están los campos muy frescos y, como el deseo que se trae de ver cosas verdes es grande, hace que parezca aquello mejor y más apacible que ello es.

[55] En este sitio de Las Perdices recibieron al vicario general los maestros y presentados[113] y el provincial y prior del convento de Sancto Domingo. Y cuando yo vi en aquel campo tantos frailes, que había más de cincuenta sin los que venían con el vicario general, me holgué mucho. Y dieron una comida en aquel campo tan cumplida y con tantos regalos, cuanto se puede encarecer; porque en esto hay por acá mucho más cuidado y más cumplidas las cosas que en España, porque al fin no hay la miseria y pobreza de allá; y los frailes tienen un poco de más libertad para estas cosas y tienen con qué podello hacer mejor que no allá. Había tantas tiendas y pabellones plantados en aquel campo, que parecía que había llegado allí un ejército de soldados; y aquella noche cayó mucha garúa y nos mojamos muy bien. A la mañana se fueron los frailes con el vicario general a una chácara que tienen allí cerca, y yo me partí para Lima. Llegamos al cerro del arena una hora antes que amaneciese y comenzamos a subir, y en lo alto dél nos amaneció. Este cerro es todo de arena y tan menuda que las mulas meten las manos y pies hasta la media pierna. [55v] Está apar-

---

[112] Es un americanismo: lloviznas. *Diccionario de Autoridades*.

[113] Presentado, «se dice en algunas órdenes religiosas del teólogo que ha seguido su carrera y, acabadas sus lecturas, está esperando el grado de maestro» (*Diccionario de la Real Academia Española*, 2001).

tado y distante de Lima 6 leguas y él tiene dos leguas largas de subida y bajada; y si no se pasa muy de mañana o de noche, es tanto el calor que los caballos perecen. Y así está todo aquel camino, a cada paso cabalgaduras muertas y reses y ganado cuando se trae, que forzosamente ha de pasar por allí, que no hay otra parte más cómoda que aquélla, porque de la una parte está la mar, que bate en el mismo cerro, y por parte de la tierra hay otros cerros muy más altos que él y todos de arena muy menuda, que la lleva el viento; que admira ver cerros tan altos y todos de aquella arena menuda, que un día están allí y otro día los pasa el viento a otras partes, que es una de las cosas notables que hay en estos llanos: que a la noche está un cerro de arena junto a donde nos alojamos y a la mañana no parece aquel cerro, que el viento poco a poco se le llevó aquella noche y no está allí, y si parece es en otra parte. Y así no hay tomar tiento en este camino, porque la señal que hoy tiene, mañana falta; y así se camina siempre con el viento que vaya dando en el rostro a los que vienen de abajo. Y desta suerte guían los indios de noche a los españoles que caminan, por el viento.

Al fin, pasados todos estos trabajos de caminos, entramos en Lima a los 23 de otubre de 1599. Fui a posar al convento de Sancto Domingo, donde me recibieron.

[56] De cómo puse la demanda y cofadría
de nuestra Señora, en Lima[114]

Después de dos días de como llegué, fui luego a presentarme al virrey don Luis de Velasco[115] y le besé las manos y me recibió muy bien. Y luego visité al señor arzobispo don Toribio Alfonso Mogrovejo[116] y a los inquisidores y a los oidores y a otras dignidades, en que gasté cuatro días, después de los cuales aguardé que hubiese acuerdo, en el cual presenté las letras y cédulas reales y el poder de mi convento que traía para todas las cosas que fuesen necesarias, con una petición mía, cuyo tenor es el siguiente:

Muy poderoso señor.

Fray Diego de Ocaña, presbítero y profeso de la sancta casa de nuestra Señora sancta María de Guadalupe del orden del glorioso san Hierónimo, procurador general de la dicha Casa en estos reinos del Pirú, digo que por cuanto el Rey nuestro señor hizo merced a la dicha Casa de Guadalupe de que en estos reinos se guardáse el orden [56v] que se tiene en España, en pedir la limosna y asentar por cofadres de nuestra Señora de Guadalupe a todos los que quisieren serlo, como consta por su

[114] Lima era el asiento del virreinato, Poma la llama «Ciudad de los Reyes de Lima, corte real, adonde reside su magestad y su corona real, pricedentes y oydores, alcaldes de corte y justicias, dotores, lecenciados, y los exelentísimos señores bisorreyes, da donde gobiernan todas las Yndias orentales, osedentales» (Poma de ayala, *El Primer Nueva corónica*, 1992, p. 951). Por tal motivo es que posteriormente Ocaña narra cómo invierte cuatro días en presentarse a los principales miembros de los dos poderes.

[115] Luis de Velasco hijo, marqués de Salinas, fue el octavo virrey de México (1590-1595), el noveno virrey del Perú (1596-1604) y, de nuevo, el undécimo virrey de México (1607-1611).

[116] Fue nombrado obispo de Lima en 1579, ciudad a la que llegó en 1581. Murió en 1606, posteriormente fue beatificado en 1697 y canonizado en 1726 por Benedicto XIII.

real cédula, de la cual hago presentación con el poder que de que mi convento traigo para el dicho efecto.

Pido y suplico a vuestra alteza que, conforme al tenor de la dicha cédula, haga el nombramiento de la persona que tiene de pedir la tal limosna y la mande poner en cabeza del libro donde los tales cofadres se tienen de asentar; y, puesta, se me vuelva el original con el dicho poder que presento. Para lo cual pido justicia, etc.

Fray Diego de Ocaña.

Esta petición se proveyó en el real acuerdo y salió nombrado por mayordomo de nuestra Señora de Guadalupe Blasco Fernández de Toro, hidalgo conocido, natural de la ciudad de Trujillo de Estremadura, muy rico. El cual acudió a esto y me ayudó con mucho cuidado y puntualidad, dando él primero, de limosna, docientos ducados de Castilla, en lo cual mostró la mucha devoción que con nuestra Señora tenía; pues acudió a todo con [57] todo el cuidado posible, andando conmigo toda la ciudad de casa en casa, asentándolos a todos por cofadres. Que fue esto una cosa que si no fuera con mucha devoción, no se pudiera hacer, por el mucho calor y grandísimos soles que hacía en aquel tiempo[117], que era por Navidad; y con el ayuda de tan honrado hidalgo se asentó la demanda por toda la ciudad.

Por semejante manera que la petición pasada, di otra en el consejo del señor arzobispo, el cual mandó que en todo su arzobispado se pidiese la limosna de nuestra Señora de Guadalupe; y el comisario general de la Sancta Cruzada hizo lo mismo, que mandó que no se impidiese. Y todo esto fue por peticiones mías, y los decretos se pusieron todos en el principio del libro donde se habían de asentar. Y puesto todo por buen orden, tomé el libro con el mayordomo nombrado y fuime al Virrey, y pedíle que se asentase por cofadre de Nuestra Señora para que los demás miembros fuesen siguiendo a la cabeza, como lo hicieron. Y luego por su orden y antigüedad fui asentando a todos los oidores, y todos [57v] lo fueron firmando y rubricando; y lo mismo hizo el arzobispo y los inquisidores. Y por este orden fui asentando a toda la ciudad, con tan buen orden que a todos les pareció bien el

---

[117] Ocaña destaca, siempre que la ocasión lo amerita, las diferencias climáticas entre el hemisferio norte y el hemisferio sur. El extremeño no está acostumbrado a que las Navidades se celebren en época de verano.

modo cómo lo iba disponiendo y ordenando; padeciendo en esto grandísimas afrentas, que trae consigo el pedir limosna a gente conocida y no conocida.

Acabada de asentar toda la ciudad por cofadres, por el orden dicho, traté luego de hacer una imagen de nuestra Señora de Guadalupe para que lo comenzado fuese adelante de contino con la devoción de nuestra Señora de Guadalupe, y se olvidase con la que había en la ciudad de Lima, con la imagen que dije atrás, que había en los valles de Trujillo. Y para que del todo tuviese efecto mi pensamiento, movió nuestra Señora los ánimos de dos personas, marido y mujer[118], de hacerme en su heredad, a su costa, una iglesia, en que gastaron diez mil pesos en una heredad suya, fuera de la ciudad; de la cual hicieron donación a nuestra Señora de Guadalupe de los reinos de España. De la cual yo tomé posesión en nombre del convento, y con esto se quitó a la otra casa [58] toda la devoción y casi ha perdido ya el nombre; y con la presencia desta, no se acuerdan de ir a la otra de los valles, que son unos caminos tan penosos de arena, como queda dicho atrás.

Hízose una imagen muy linda y rica, del mismo tamaño de la de España, pintada en lienzo; y allí puestas muchas perlas y piedras de esmeraldas, y con tanta curiosidad, que toda la ciudad acude a velar. Y le han ofrecido 6 lámparas de plata, y hace muchos favores a toda la ciudad, con quien todos tienen grandísima devoción y con ella son las limosnas. Mas dejo puesto en Lima un hombre que todos los días pide por las calles para nuestra Señora de Guadalupe, y toda esta limosna es para España; y de la que dan en la iglesia donde está la imagen se hace 3 partes: y la una se envía a Castilla y con las dos se sustenta de lo necesario. Y es tanta la cera que se ofrece, que en todo el año no se compra libra de cera. Y con la presencia, al fin, desta imagen se recoge en la ciudad mucha limosna, la cual no se cogiera sino hubiera la imagen que hay en Lima y en las demás partes.

[118] Álvarez anota que fray Diego de Ocaña se refiere al matrimonio de Alonso Ramos Cervantes y Elvira de la Serna, extremeños de Medellín, los cuales condicionaron la donación de la capilla y heredad anexa a que los monjes jerónimos levantaran ahí un monasterio; al no cumplirse este requisito, los donantes mudaron su voluntad y en 1611 dieron la ermita de Guadalupe y los terrenos a los religiosos franciscanos, quienes ahí construyeron un colegio. Comenta también que en un inventario de 1774 se informa de que en el templo de este colegio de Guadalupe recibía culto la imagen de fray Diego, hoy desaparecida. Álvarez, 1987, p. 89, en nota.

Y el día de la fiesta, cuan[58v]do se puso, prediqué yo un sermón de las grandezas de nuestra gran Reina, y el día octavo otro; y con estos dos sermones se animó toda la ciudad y encendió en devoción, con muchos milagros que me oyeron. Y si no quedara esto desta manera con esta imagen, luego como yo volviera las espaldas se olvidara todo, como se olvidó lo que el padre fray Diego de Losal hizo en estos reinos; pues en tantos años no hallé un real que hubiese caído de limosna. Y con este orden que yo dejo agora queda una renta perpetua para la casa de Guadalupe; pues poco o mucho todos los años irá alguna cosa a España para el sustento de los pobres, lo cual antes no iba. Y así entiendo que en esto he acertado mucho, según lo que hasta aquí ha sucedido y lo que será adelante. Y en aquesto he servido a nuestra Señora, pues por ella he tomado y pasado tantos trabajos; y juntamente he aprovechado a la casa y se aprovechará adelante, porque cada día las cosas van a más en estos reinos y se va aumentando la ciudad de manera que ya hay pocas partes por edificar. Y lo que hasta agora está edificado desde el cercado de los indios [59] hasta el río debajo del arco de la ciudad y hasta los molinos que están junto a Monserrate, es una legua, pues se tarda una hora y más en pasar. Esto que he dicho, de una parte a otra en una mula, que es lo más largo de la ciudad, que para haber solos sesenta años que se pobló es mucho haber crecido tanto.

Hay gente muy rica y muchos caballeros y gente noble; y todos me hicieron merced. Y en particular la recebí en una casa muy honrada y principal, de una señora viuda llamada doña Hierónima de Horozco; la cual acudió a las cosas de mi regalo y de lavarme la ropa con tanta larguez a y cuidado, como si fuera su propio hijo, de suerte que todo cuanto había menester con mucha voluntad me acudían con muchas veras y muestras de afición al hábito de san Hierónimo. Dios se lo pague y a mí me dé vida para que desde España pueda servir la mucha merced y tan cumplida como en esta casa tan principal recebí; la cual tengo y llevo muy en la memoria para que se ponga entre las muchas devotas personas que en Guadalupe hay. Esta señora da todos [59v] los sábados del año limosna para que se reparta entre los clérigos que van a decir la salve a la iglesia de nuestra Señora de Guadalupe; y con estar en el campo, unos por devoción, otros por lo que se les da, acuden de ordinario ocho clérigos a cantar la salve a canto de órgano, la cual se dice con mucha devoción. Esta misma señora doña Hierónima de Horozco, pocos días antes que yo me partiese, hizo de limosna a nuestra Señora de Guadalupe mil pesos de a 9 reales el peso, de una deuda que le debían en Potosí. Envié los recaudos a los mayordomos; yo entiendo que se cobraron, de suerte que por muchas razones estoy obligado desta señora, ansí por haber servido a nuestra Señora con tanta largueza de limosna, como por haberme hecho a mí tanta merced y tan cumplida. Dios me dé vida para que lo sepa agradecer como ella merece.

En esta ciudad asiste de contino el virrey, los oidores y Audiencia real, el arzobispo con su cabildo, porque esta iglesia de Lima es la metrópoli; aquí está el tribunal de Inquisición y el juzgado de la Sancta Cruzada. Hay uni[60]versidad con muchos doctores que la ilustran mucho, con las mismas constituciones de Salamanca. Hay cátredas de todas sciencias; provéense por oposición; tiénenlas muy buenos supuestos. Florecen mucho los criollos de la tierra en letras, que tienen muy buenos ingenios. Y en particular los conventos, donde también se lee artes y teología, y cada semana hay conclusiones en los conventos, que son muchos y muy buenos, con muy curiosas iglesias. En particular la de Sancto Domingo, hay docientos frailes; en San Francisco hay más de doscientos; en San Augustín hay otra iglesia de tres naves muy buena y muchos frailes; en nuestra Señora de las Mercedes muy buen claustro y muchos frailes; en la Compañía de Jesús, mucha riqueza y curiosidad de reliquias, muchos religiosos y muy doctos que lucen mucho en las conclusiones. Conventos de monjas, la Encarnación, donde hay docientas monjas de lindas voces, mucha música y muy diestras; y que en toda España no se celebran con más solemnidad las fiestas como en este convento, en particular la fiesta del Tránsito de nuestra Señora, con tanto adorno y curiosidad de iglesia que hace grandísimas ventajas a las fiestas de España. [60v]

El convento de la Concepción tiene otras tantas monjas y muy lindas voces y música; y corren parejas en las fiestas con las de la Encarnación, en la fiesta particularmente de la Degollación de san Juan Baptista. El convento de Sancta Clara, que agora comienza a recebir monjas, tiene muy buena casa. El convento de las descalzas de San Josef y el convento de la Sanctísima Trinidad. Todos éstos son de monjas, que son cinco. Hay también casas de mujeres recogidas, como es la Caridad, San Diego y los Niños güérfanos.

Y fuera de la ciudad está el convento de los frailes descalzos. Es una casa muy devota y hay en ella sanctísimos hombres; está de la otra parte del río, donde acude mucha gente a consolarse con la conversación de aquellos religiosos. Hay también otros lugares píos y de devoción, como es nuestra Señora de Copacabana, la Peña de Francia, nuestra Señora del Prado, Monserrate. Y nuestra Señora de Guadalupe, camino de la mar, por donde van a Surco[119], es buena iglesia. Tiene tres puertas grandes y casa donde vive el capellán; está en sola esta casa de los lugares píos el Sanctísimo Sacramento y así es muy frecuentada de mucha gente. Y todas las fiestas de las iglesias se celebran con solemnidad.

[61] Hay en esta ciudad cuatro colegios muy principales que ilustran mucho esta ciudad, como es el colegio Real, el de San Martín, el del Arzobispo y el seminario de los padres de la Compañía; y sólo éste tiene ciento y veinte colegiales. Destos colegios se gradúan muchos en todas facultades, con que la universidad se va aumentando y la ciudad de Lima ilustrando mucho. Hay hospitales para españoles y para indios, muy buenos y bien proveídos, con muchas rentas, como es el hospital de San Andrés, que es de los españoles; y el de Sancta Ana, que es de los naturales; y el hospital de San Pedro, que es para curar clérigos pobres. Hay otro fuera de la ciudad, de la otra parte del río, que es el de San Lázaro, donde se curan llagas[120]; y a todos éstos se acude con mucha limosna que para ellos se pide. Hay muchas cofadrías en todos los conventos, y todas hacen sus fiestas y con mucha abundancia de cera que gastan; y las noches de las vísperas ponen en las iglesias luminarias y arrojan cohetes y hacen muchas invenciones de fuegos, con que en esta tierra nueva celebran las fiestas.

[119] Hoy día, Surco es un distrito de Lima. Durante la colonia fue un pueblo de pescadores y agricultores.

[120] El hospital de San Lázaro fue fundado en 1563, gracias a un donativo del español Antón Sánchez. Se recibían enfermos de lepra, muchos de los cuales eran esclavos. Ver Neyra Ramírez, 2006, pp. 149-150.

Está esta ciudad situada orilla de un río caudaloso el cual en tiempo de aguas no se puede vadear; y así se entra en la ciudad por aquella parte por la puente, la cual es muy buena y fuerte, tiene 8 ojos grandes de piedra muy bien obrada. Deste río salen muchas acequias, las cuales van por las cuadras y calles de la ciudad, sirven de limpieza de las casas y de la ciudad; aunque algunas veces se azolvan y revienta el agua, y están las calles llenas de lodo y de malos pasos. Y con otras acequias grandes que sacan deste mesmo río, que van corriendo todo el valle abajo que es muy ancho y bueno, riegan todas las tierras de pan, que se da mucho y bueno; y los alfalfales, que es una yerba con que se sustentan todas las cabalgaduras todo el año. Riegan las chacras y plantanares y los olivares, y ya comienzan a hacer aceite; llevan mucha aceituna y muy buena y gruesa, y para adobar son buenas y gustosas. Y con la mu[62]cha humedad que hay en las chácaras y güertas que hay alrededor de la ciudad, hay tantos moxquitos y tan ponzoñosos cuando pican, que si alguna vez se van a holgar a alguna güerta es tan aguada la huelga con la porfía de los moxquitos, que se tiene por mejor estarse en casa. Y desto de holguras carece mucho esta ciudad, de causa que el río no tiene alameda ni prados como tienen los ríos en Castilla; todo es piedras. El temple de la ciudad es bueno, no muy frío pero en el verano muy caliente. Está en altura de 12 grados y medio, pero tiene una cosa notable y es que, aunque hace mucho calor el verano, en quitándose del sol y puniéndose a la sombra, no se siente el calor; lo cual en España no es ansí, sino que en el verano aunque las personas están a la sombra y desnudas, están sudando. Y aquí no, sino que por la calle si se va por el sol se abrasa la persona y en esa mesma calle si va por la sombra que hacen las paredes no se siente el calor, en particular desde que entra y corre la marea. Está dos leguas la tierra adentro, desviada de la mar.

Los edificios de los templos son buenos, en particular el de la iglesia mayor. [62v] Los de las casas son todos de adobes de barro, secos al sol, no cocidos. Y las casas que están dentro de la ciudad son do-bladas[121], tienen cuartos altos y bajos y buenos balcones de madera de cedro, la cual cuesta muy cara; tráese de Panamá y de Guyaquil. Hay unas cañas tan gruesas que con tres palmos se abarcan, las cuales sirven de vigas para cubrir los techos, los cuales no tienen tejados ni están cubiertos de tejas, sino con unas esteras que hacen de cañas hendidas; y sobre [e]llas echan mucho estiércol de las caballerizas y con esto se cubren las casas, lo cual es causa de que haya mucho polvo en las casas. Cúbrenlas deste estiércol porque dicen que nunca llueve sino una agua muy menudita a la cual la llaman garúa; y algunas veces es tanta, que todas las calles están llenas de lodo y muchas goteras en las casas, con que algunas veces se echan a perder las ropas y colgaduras. El invierno en esta ciudad es un tiempo muy triste, no frío sino templado; pero tiempo que causa mucha melancolía porque acontece no ver el sol en todo el mes y en toda la semana, y está de contino el cielo como con un toldo de niebla que entristece mucho y causa enfermedades.

[63] Es la ciudad, según yo experimenté en dos años que estuve en ella, muy falta de fiestas de plaza, que entristece más la gente; pues en estos dos años no hubo juegos de cañas ni toros, ni otras fiestas semejantes con que la gente se suele alegrar. Pero lo que falta destas fiestas, sobran de iglesias; pues no hay domingo ni día de fiesta en que en alguna iglesia no haya fiesta, adonde la gente acude a rezar y con ese achaque a pasear, porque andan muchas mujeres tapadas por las calles. Y en sólo esto parece Corte esta ciudad, que en lo demás es como una aldea, en lo que es saberse cosas muy menudas que pasan en una calle, dentro de una hora se sabe por toda la ciudad. El mujeriego de Lima es muy bueno. Hay mujeres muy hermosas, de buenas teces de rostros y buenas manos y cabellos, y buenos vestidos y aderezos; y se tocan y componen muy bien, particularmente las criollas, que son muy graciosas y desenfadadas. Hay, como en Castilla en las ciudades grandes, de bueno y de malo; la mucha necesidad que en algunas mujeres hay y la sobra que otras tienen es causa de que haya alguna libertad en mujeres, como en los demás pueblos de las Indias, que es ordinaria. [63v] El traje de los hombres es bueno y galán, porque todo cuanto gastan es seda y todos andan bien vestidos y galanes.

---

[121] *Dobladas*, en este contexto, tiene significado de dos niveles.

Hay muchos caballeros y caballos, de suerte que cuando hay carrera se juntan más de cien hombres de a caballo. Hay falta de caballos buenos en esta ciudad; pero los que los tienen salen muy bien aderezados y con ricos jaeces, que parecen Grandes de España. Los lacayos son negros porque en esta tierra no hay otro servicio sino negros y negras. Y se pasa mucho trabajo con ellos porque se huyen de sus amos y las mujeres no tienen de quién confiarse sino de negras para sus cosas secretas; y así les suceden mil pesadumbres y desgracias. Hay en Lima más de docientos mil negros y muchas más negras, porque el español que más tiene mejor lo pasa, porque ellos son los que andan en el campo y chácaras, y los que dan de comer a los amos con los jornales que ganan. Hay en Lima algunos caballeros de señal conocidos, con hábitos de Santiago, de Calatrava y de Alcántara, y muchos vecinos que son encomenderos de indios y otra mucha gente lustrosa que cada uno se sustenta y pasan la vida como pueden, unos con sus rentas y todos con tratos y contratos[122]. [64] Y por una vía y por otra todos emplean y todos son mercaderes, porque acá en las Indias cada uno vive como puede, conforme a la hacienda que tiene, la cual con empleos procura aumentar porque de otra suerte, como no hay cosas permanecientes, ansí también las haciendas no lo son, particularmente en jugadores que juegan con largueza más de lo que sus rentas son y pueden llevar. Y así hay muchos hombres antiguos que tuvieron mucha plata y hacienda, y por ser tan largos en el gastar están hoy día en mucha necesidad. Y ésta ha sido causa de algunos alzamientos, por donde ha estado esta tierra en puntos de perderse, como parece por las muchas cabezas[123] de traidores al rey que están por las plazas del Cuzco y Chuquisaca, y otras partes destos reinos. Y la causa es verse nietos de conquistadores y sin tener qué gastar, y como los indios son de por vidas, vanse muriendo y los indios volviendo a la corona real, y quedando sin rentas y con necesidad los caballeros antiguos que conquistaron la tierra. Y los virreyes que vienen acomodan a sus criados y los demás padecen. [64v] Desta materia se pudiera ha-

---

[122] El narrador juega con la doble significación de *trato*, que es al mismo tiempo pacto o convenio y la acción de relacionarse con otros individuos.

[123] El autor está haciendo alusión a las constantes guerras civiles del virreinato del Perú y a la práctica de exhibir en las plazas las cabezas de los decapitados por traición.

cer un largo libro; pero no es mi intento sino decir lo que hay en esta ciudad de Lima.

Los tiempos son al contrario de España, de suerte que cuando allá hace frío es acá el calor y al contrario. Esto experimenté yo en el convento de Sancto Domingo, pues estando la noche de Navidad en los maitines era tanto el calor que hacía, que nos hacíamos viento al rostro con los pañuelos de narices; y en este tiempo estamos en Guadalupe con braseros y con esteras y no nos podemos calentar. Y como acá son las cosas al revés de España[124] en los tiempos, también lo es en las demás cosas, particularmente en los tratos y contratos y en el faltar de las escripturas y pagos, y en levantarse los unos con las haciendas de los otros. Al fin muchas mentiras y poca justicia en todo; particularmente en Potosí, que matan a los hombres y después los matadores en los demás pueblos se pasean. Y al fin con la plata todo se negocia y el que la tiene es honrado principal, noble y caballero; y el que no la tiene, aunque tenga todo lo dicho, no es nadie ni es estimado, ni hay quien se acuerde del. Y desta manera van procediendo en todas las demás cosas.

---

[124] Esta frase se encuentra subrayada en el manuscrito.

Hay en esta ciudad, en particular, dos compañías de gantileshombres muy honrados, la una es de alcabuces y la otra de lanzas. La compañía de alcabuces tiene cincuenta hombres, los cuales tienen de sueldo cuatrocientos pesos ensayados[125]; la compañía de las lanzas tiene cien hombres y cada uno tiene 800 pesos ensayados. Están situadas estas rentas en Indias y son todos ochenta y seis mil pesos los que tienen de renta, y por la mala orden que hay en cobrar estas rentas o por el mucho descuido de los corregidores que tienen en enviallas a las cajas, no se pagan bien. Y ansí tienen mucha necesidad algunos, y lo cual se da por gratificación a hombres que han servido al rey, danle una lanza, que es dalle ochocientos pesos ensayados y no le dan más de el título porque nunca los pagan; y las compañías son muy lucidas y de gente muy honrada y mal pagada. Estas dos compañías son para guarda del reino y de la ciudad, [65v] como lo son los hombres de armas de Castilla la Vieja, los cuales sustentan de contino armas y caballos. Y los Jueves Santos y cuando hay acto[126] de Inquisición guardan la ciudad y las bocas de las calles de la plaza para más seguridad de la ciudad, por amor[127] de los alzamientos que en otros tiempos [ha] habido en esta tierra. Y cuando el virrey entra en la ciudad le salen a recebir las dos compañías, y cuando hay algunas fiestas reales salen de noche con hachas y de máxcara las compañías con sus capitanes, que ilustran mucho la ciudad porque tienen buenos morriones[128] y gra-

---

[125] «Pesos ensayados, moneda imaginaria que se tomaba como unidad en las casas de moneda de América para apreciar las barras de plata, y que excedía el peso fuerte en el importe de los gastos de braceaje y señoreaje» (*Diccionario de la Real Academia Española*, 2001).

[126] Por *auto*, de fe.

[127] Seguramente se trata de una errata por *temor*.

[128] «Armadura de la parte superior de la cabeza, hecha en forma de casco, y que en lo alto suele tener un plumaje o adorno» (*Diccionario de la Real Academia Española*, 2001).

bados y muchos penachos. Y salen de contino muy galanes y bien ade-rezados con sus trompetas y estandartes que lucen mucho todas las veces que salen, particularmente en una entrada de un virrey; como yo vi cuando entró el conde de Monterrey[129], que lo que más lució fueron estas dos compañías de alcabuces y lanzas.

En el año de 1605 se celebró en Lima un acto de Inquisición[130], al cual yo me hallé, y se celebra con mucha más majestad que en España porque [66] se hace en la plaza un teatro y cadahalso muy grande y alto, donde cabe la mayor parte de la ciudad. Asiste a él el virrey y oidores, la universidad y los dos cabildos, eclesiástico y seglar, y todas las órdenes; que es mucho de ver donde agora sesenta años no se conocía al verdadero Dios y que estén las cosas de la fee cató-lica tan adelante que se celebren con tanta majestad y autoridad sus actos, con mucha más gravedad que en España. Pues allá, donde no se halla la persona real, se hace no con tanta majestad como acá. Salieron en este último acto 23 judíos, todos portugueses, de los cua-les quemaron a los tres vivos que no se quisieron convertir y todos los demás judaizantes con sambenitos[131] reconciliados. Hay también por acá muchas hechiceras, particularmente indias y negras, que en-gañan con sus embustes a otras mujeres que fácilmente y de ligero se creen dellas; y se tuvo por buen orden no sacallas al acto a estas mu-jeres, sino allá en la capilla las penitenciaron, porque cuando les leen los procesos aprenden otras aquellos embustes, y por esto no las saca-ron en público ni las sacarán ya más. [66v] Duró este acto de Inquisición desde las 7 de la mañana hasta las 8 de la noche, 3ª do-minica de cuaresma. Yo me holgué mucho de ver la autoridad y gra-vedad con que se celebró. Y todo este tiempo anduvieron las compa-ñías de lanzas y alcabuces por las calles cercando y guardando la ciudad con la guarda del virrey, que son cincuenta alabarderos; los cuales siem-

---

[129] Gaspar de Zúñiga y Acevedo, conde de Monterrey, noveno virrey de la Nueva España (1595-1603) y décimo virrey del Perú (1604-1606).

[130] Ocaña está hablando de un auto de Inquisición que se celebró durante su se-gunda estancia en Lima. A partir de los datos que nos proporciona el manuscrito sa-bemos que el narrador llegó a Lima el 23 de octubre de 1599 y que permaneció en esta ciudad por dos años. El 6 de febrero de 1600 continúa su viaje por el cono sur del que regresa a Lima en diciembre de 1603.

[131] «Capotillo o escapulario que se ponía a los penitentes reconciliados por el Tribunal eclesiástico de la Inquisición» (*Diccionario de la Real Academia Española*, 2001).

pre salen con la persona del virrey siempre que sale de casa a cualquiera parte, aunque sea a la iglesia, a misa[132].

Hay en esta ciudad muchos temblores. Y después que pasó uno muy grande que derribó mucha parte de las casas, no [ha] habido después acá otro ninguno que haya hecho semejante daño; pero temblores pequeños, muchos, particularmente a la entrada del verano. Y cuando comienzan las aguas también hay muchos porque es muy porosa esta tierra y con las aguas se cierran las venas y no pueden expeler ni exhalar el viento, y así tiembla en este tiempo más que en otros. Y como las casas son de adobes secos al sol, aunque es buen edificio y fuerte, pero en temblando con fuerza, no la tiene para tenerse.

[67] Sucedió en esta ciudad después de Pascua de Navidad el mesmo año de 1605, que estando con algún temor de haber sabido cómo la mar había salido de sus límites y había anegado todo el pueblo y puerto de Arica, y puesto por tierra el temblor a la ciudad de Ariquipa[133], predicó en la plaza un fraile descalzo de San Francisco; y en el discurso del sermón dijo que temiesen semejante daño como aquél y que según eran muchos los pecados desta ciudad, que les podría venir semejante castigo aquella noche, antes de llegar al día. Y los oyentes no percibieron bien, sino que había dicho el fraile que se había de hundir toda la ciudad, y con esto pasó la palabra por toda ella y fueron añadiendo que había dicho que Dios se lo había revelado que lo dijese para que no los cogiese descuidados el castigo del cielo. Y con esta nueva se alborotó tanto la ciudad, que después que soy hombre no he visto ni espero ver semejantes cosas como aquella noche pasaron, porque en todos los conventos se abrieron los sagrarios y se [67v] encendieron muchas luces y cirios, y el Sanctísimo Sacramento estuvo descubierto en todas las parroquias y conventos. Y todos los frailes en las iglesias y clérigos arrimados por las paredes confesando a la gente, las cuales se confesaban algunos a voces y de en dos en dos; aquella noche por las calles, muchos penitentes azotándose como noche de Jueves Santo. Hiciéronse muchas restituciones, diéronse muchas limosnas, muchos que estaban amancebados se casaron

---

[132] Esta práctica común en los virreinatos de la Nueva España y del Perú se encuentra documentada en «La Plaza Mayor» de Cristóbal de Villalpando, cuadro de 1695 en el que se representa la llegada del virrey a la catedral de México.

[133] Es hoy la tercera ciudad del Perú en número de habitantes. Se fundó en 1540.

y hubo muchos desposorios; y toda la gente de la ciudad por las calles y en las iglesias todos llorando y dando gritos, todos gimiendo y suspirando, diciendo que aquella noche habían todos de ser hundidos. Y para mí fue aquella noche un retrato del día del Juicio y toda la ciudad haciendo verdadera penitencia, pidiendo a Dios misericordia, y haciendo los religiosos muchas plegarias.

Al fin de todo esto llamaron al fraile descalzo, el arzobispo y el virrey y sus perlados [68], y le preguntaron si le había revelado Dios que se había de hundir aquesta ciudad aquella noche. El cual respondió que no había tenido revelación ninguna y que él no había dicho que se había de hundir, sino que temiesen no les viniese el castigo semejante al de Ariquipa, y que según eran grandes los pecados de la ciudad, que le podían esperar aquella noche antes que mañana; y que esto había dicho porque se enmendasen y no por que hubiese tenido revelación dello. Y cuando se vino a hacer aquesta declaración eran las diez de la noche, porque el convento de los descalzos está fuera de la ciudad, de la otra parte del río; y primero que trujeron al fraile y se hizo esta declaración, era ya media noche y en los conventos todos estaban predicando en los púlpitos que hiciesen penitencia. Y después fue toda [68v] la Justicia por las calles y por las iglesias, mandando que las cerrasen y a la gente que se fuese a recoger, que no era ansí lo que había dicho y predicado el fraile. Y la gente quedó y estaba tan temerosa, que no hubo quien reposase aquella noche, que fue la más confusa que debe de haber sucedido en el mundo porque no había madre que se acordase de hijo, ni hijo de padre, ni amigo de pariente; todo era llorar cada uno sus pecados, entendiendo todos aquella noche ser hundidos en las entrañas de la tierra para siempre jamás.

Y porque no es posible poder significar por escrito lo que aquella noche sucedió, todo por extenso, lo dejo a la consideración del que sabe qué cosa es temor de muerte y infierno. Sólo digo que como yo estaba en mi ermita en el campo y no sabía nada de lo que en la ciudad pasaba y vi venir penitentes azotándose y era tiempo de Pascua, sospeché que eran algunos ladrones que me querían [69] robar con traje de penitentes, como ha sucedido muchas veces en España, con túnicas de deciplinantes entrar en algunas casas y llevar cuanto hay. Y como en la ermita hay lámparas de plata y otras muchas cosas de plata para el servicio del altar, y está en el campo, entendí cierto que me querían hacer algún agravio porque no sabía lo que pasaba. Y aunque me pedían que los confesase no quería hacello, antes me certificaba más que me querían robar con aquel achaque de que me ocupase con uno para que entretanto los demás entrasen más a su salvo. Y así no quise confesar a nadie hasta después que vino mucha gente y me certifiqué de lo que había. Y como me vi solo en el campo tuve algún temor, particularmente de un penitente que se llegaba mucho a mí, y pensando que quería embestir conmigo y quitarme las llaves quíseme ayudar de una perra muy brava que tenía como una leona y soltéla; [69v] y como era una hora de noche y la hacía muy tenebrosa, que parece que amenazaba con su obscuridad el daño que se temía, luego que la perra salió y vido al penitente blanquear, embistió con él, diole tantos bocados que le hizo pedazos la túnica, y daba voces que le mataba, de suerte que hizo más penitencia con la perra y le dolió más que la que él venía haciendo. Y como yo entendía que era ladrón, estábame quedo, guardando la puerta de la casa y no se me daba nada que le mordiese; y la perra era tan brava que, si no viniera gente como vino, luego le hiciera mil pedazos. Al fin yo, enterado de lo que había, abrí las puertas de la iglesia y encendí dos hachas a nuestra Señora y seis velas en el altar, y con los clérigos que acudieron dijimos una salve a nuestra Señora con la letanía suya. Y después nos pusimos a confesar a la gente y hasta las dos de la noche no me levanté de una silla, yo ni los demás; que en la cuaresma toda [70] no se cogió más fructo que aquella noche.

La cuaresma de Lima es muy regalada porque tiene abundancia de pescados y buenos, como son cabrillas y pejerreyes y chitas y tollos que traen de Panamá, y bonitos, que es un pescado como atún; y grandísima abundancia de anchovetas, que son como sardinas pequeñas y muy sabrosas. Hay también muchas corvinas y algunos otros pescados en abundancia; y muchas legumbres y buenas, y algunos camarones con que se hacen unos locros[134] muy gustosos y apetitosos. Hace también que la cuaresma sea regalada la mucha abundancia que hay de fructas; en aqueste tiempo de cuaresma hay muchas uvas y grandísima abundancia de higos, peras, bembrillos[135], camuesas[136], y muchos

[134] En Perú se llama así a un plato combinado de vegetales, en el que se usan papas, zapallo (calabaza), choclo (maíz) y otros ingredientes. *Diccionario de la Real Academia Española*, 2001.

[135] Por *membrillos*.

[136] Variedad de manzana.

melones y otras muchas fructas de la tierra, de diversos nombres, como son: albacates[137], palpas[138], maméis, guayabas, granadillas, pepinos de la tierra, que es una fructa muy regalada, y muchos plántanos y maní, y otras muchas fructas que no digo, [70v] por no enfadar.

Con la cuaresma andan por las calles muchas negras vendiendo conservas y muchas cosas de dulces, turrones y melcochas, leche y natas, rosquetes y bizcochos, aceitunas y otras mil cosas apetitosas, que aunque no haya gana dellas, como pasan por las calles convidando con ello, da gana de comprar dello. Y los muchachos meten a las negras a las madres para que les compren de merendar de aquello; y al fin todo es ganar plata, todo es granjería y cada uno procura sustentarse lo mejor que puede.

Y esto es lo que hay en Lima, que es el mejor pueblo en temple y en todo lo demás, de todas las Indias. Y fuera desta ciudad[139] no hay pueblo de consideración, si no es Potosí. Habrá tres años que se hizo minuta en Lima de las mujeres que había y se hallaron de doce años par[a] arriba; treinta y siete mil mujeres, las mejores y más hermosas de todo el Pirú.

---

[137] *Albacates*, seguramente por abacate que es una variedad del aguacate.

[138] La *palpa* también es una variedad del aguacate.

[139] Esta frase se encuentra subrayada en el manuscrito.

[71] Después que acabé de asentar por cofadres a toda la ciudad de Lima, por el orden que dije, me pareció convenía, pues había de andar toda la tierra firme, comenzar desde lo más apartado, para después ir bajando, y llegándome a España por el Nuevo Reino de Granada y venir a salir a Cartagena, adonde había comenzado. Aunque después mudé de parecer de ir por México, por ser de más interés que no bajar por el Reino, como lo hice por ser toda aquella tierra pobre de plata, aunque es muy abundante de comidas. Y fuera mayor el gasto de mi persona que lo que podían dar en mil y tantas leguas[140] que había de caminar por tierra desde Lima a Cartagena; y así me embarqué en el puerto del Callao[141] en la nave que se llamaba La Galizabra[142], en la cual fue el socorro para la ciudad de la Concepción. Esta nave se perdió después, a la vuelta de Chile, y se hundió en la mar con toda la gente. Luego como salimos del puerto, nos hicimos a la mar hasta que nos pusimos en cincuenta grados y de otro bordo [71v] que dimos a la tierra, venimos a dar al puerto de la Herradura donde está la ciudad de Coquimbo[143], la primera de toda la gober-

---

[140] Esta frase se encuentra subrayada en el manuscrito.

[141] El Callao, como puerto de Lima, era el lugar obligado para embarcar pasajeros y mercancías que se dirigían hacia el sur del continente o hacia Panamá para posteriormente continuar a Castilla. Guaman Poma dice del puerto: «De las Yndias la plata allí para, de Castilla la ropa allí para; todo barato y la comida barata […] siempre tiene nuevas de todo el mundo. Allí se despachan riquezas…» (Poma de Ayala, *El Primer Nueva corónica*, 1992, p. 953).

[142] *Galizabra* es el nombre genérico de una «embarcación de vela latina, que era común en los mares de Levante, de porte de unas 100 t.» (*Diccionario de la Real Academia Española*, 2001).

[143] La bahía de Coquimbo, situada al centro norte de Chile, fue habitada desde la época precolombina por diferentes grupos indígenas, que la utilizaron por su abundante pesca. Tenemos noticias de este poblado desde la expedición de Pedro de Valdivia en el año 1550.

nación; y allí desembarqué con algunas otras personas, y la nave subió con la demás gente a la Concepción[144].

Y desde aquí comencé a caminar por tierra de un pueblo a otro por el orden que después iré puniendo, con la montea y mapa de toda la gobernación. Por ser esto lo mejor de todo el Pirú y tierra firme, iré por el camino con el papel en la mano, marcando y pintando toda la tierra, con intento que llevo de volver a embarcarme al puerto de Arica[145], y desde allí a Potosí. Embarqueme en el puerto del Callao de Lima, a seis de febrero de 1600 y tomamos el puerto de Coquimbo demediado abril del mesmo año, que fue un viaje muy breve y con mucha prosperidad y bonanza de tiempo, con ser de ordinario muy peligroso, porque se va siempre contra el viento sur, que es el que siempre corre en este mar. Y con brevedad, lo que hay en Chile es lo siguiente:

[72] En blanco.

[72v][73] Desde Coquimbo hasta Santiago.

144 La Concepción es una municipalidad que se encuentra al centro sur de Chile.

145 Arica, ciudad al norte de Chile que era el puerto de embarque para la plata del Potosí.

[74v] Pie del dibujo: «Este indio mató a la gente que fue con Villagrán, del gobernador Valdivia. Este es el traje de los indios de guerra de Chile, esta coraza es de cuero de vaca crudio[146]. Esta arma se llama macana».

[75] Pie del dibujo: «La bella Guacolda. Traje de las chilenas, desde Coquimbo hasta el valle de Arauco».

[75v] En blanco.

[76] El traje de los indios de guerra es este de atrás. Aquella coraza es de cuero de vaca, crudio y tan fuerte que resiste una lanzada. Son los indios muy sueltos y ligeros y muy alentados para subir una cuesta por áspera que sea con mucha presteza. Son indios de mucha razón, sustentan la guerra por no servir a los españoles diciendo que la naturaleza los hizo libres como a ellos, sus costumbres son buenas porque de ordinario se ocupan en ejercicio de guerra. Tienen grandes astucias para hacer emboscadas y ardides de acometer de noche.

---

[146] Crudio, lo que no tiene en sí suavidad; como el cuero áspero que está mal aderezado (*Diccionario de Autoridades*).

Tienen las casas cubiertas de paja.

[76v] Ocúpanse los viejos y las mujeres en las sementeras. Los mozos en la guerra ejercítanse desde niños con el arma que más se amañan, arco y flecha, lanza y macana[147], a pie y a caballo, como mejor cada uno se halla. Este indio Lautaro que está aquí pintado fue el que mató a toda la gente de Villagrán que fueron casi 300 hombres los muertos. Era indio muy valiente y por eso le eligieron por su capitán, era natural del valle de Arauco; y como ellos andan ansí, los he pintado para llevarlo todo.

[77] Las indias, mujeres destos indios, traen el mesmo traje desta, con el cabello engomado y le revuelven a la cabeza, y las dos puntas de los cabellos las sacan por encima después como dos cuernos de cabra. Traen el aju que así se llama una ropa como tunicela[148] ceñida al cuerpo por debajo de la rodilla, toda la pierna y brazos descubiertos, el pecho del lado izquierdo descubierto; van de contino por los caminos hilando algodón y lana de los carneros de la tierra[149], y son muy ligeras en el correr y diestras en tirar la flecha del arco.

[77v] En blanco.

[147] «Arma ofensiva, a manera de machete o de porra, hecha con madera dura y a veces con filo de pedernal, que usaban los indios americanos» (*Diccionario de la Real Academia Española*, 2001).

[148] Tunicela, «vestidura episcopal, a modo de dalmática, con mangas cortas que se aseguran a los brazos por medio de cordones, usada en los pontificales debajo de la casulla y de su mismo color» (*Diccionario de la Real Academia Española*, 2001).

[149] Ocaña habla constantemente de los «carneros de la tierra». Es un término con el que se refiere a los camélidos americanos: llamas, alpacas, vicuñas y guanacos.

Subiendo desde Lima por la mar con el primer puerto que se toma es el valle Copiapó[150], el cual está poblado de indios y de aquí comienza la gobernación. Está este valle en 27° grados. De aquí se va a la ciudad de Coquimbo, está 50 leguas de Copiapó[151], que es el primer pueblo de españoles. Está este pueblo sobre la mar y el puerto está dos leguas de allí, el cual está en 29 grados. Tiene este pueblo hasta cien vecinos. Hay en él frailes de San Francisco y de la Merced y San Augustín. Tiene en su distrito muchas minas de oro, que son las de Andacollo y las de nuestra Señora y las del Espíritu Sancto y las de Chualoco. Tiene otras minas de cobre junto al pueblo y el oro no es de veta sino suelto, que lo lavan. Tiene minas de plomo. Es abundante de trigo y vino y maíz y frutas de Castilla y de la tierra, como son pacaes[152], lúcumas[153], guayabas, pepinos, y camotes. Carnes y pescado lo que ha menester para su gasto. Es gente pobre la deste pueblo, por la falta de indios que labren y laven el oro.

[78v] Desde aquí se va por tierra, por la costa arriba, a la ciudad de Santiago, que está setenta leguas; tierra llana y escombrada de árboles, si no es en los valles por donde pasan ríos. Esta ciudad es cabeza de la gobernación. En estos valles que hay en este camino están los indios poblados, que son el valle de Limarí, el valle de Chuapa, el valle de Longotoma, el valle de La Ligua, el valle de Quillota y luego, a diez leguas, está la ciudad. Todos estos valles son fértiles de todos géneros de mantenimientos y un paraíso en frescura. Esta ciudad

---

[150] El valle de Copiapó se encuentra al sureste de la ciudad de Copiapó, en el centro-norte de Chile.

[151] Esta frase en el manuscrito se encuentra al margen, como una nota aclaratoria.

[152] Fruto de un árbol americano de la familia de las Mimosáceas. *Diccionario de la Real Academia Española*, 2001.

[153] Son las frutas del árbol lúcumo, el mismo que crece en Chile y Perú. *Diccionario de la Real Academia Española*, 1925.

está situada al pie de la cordillera general. Está diez leguas de la mar y del puerto diez y ocho leguas. Más arriba[154] está la ciudad y el puerto en 32° grados. Hay en esta ciudad la catedral, que es el obispo de Santiago, que es fraile de San Francisco. Hay cinco conventos de frailes: franciscos, dominicos, augustinos y mercenarios y padres de la Compañía. Aquí hay gente [79]rica porque es todo el trato de Chile es abundante de oro, aunque no tiene más de 20 quilates y 21 el que más. Es oro lavado suelto, que se lava en las quebradas. Tiene todas las fructas de España y algunas de la tierra que dijimos arriba, y abundante de carnes y pescados[155]. Está situada orilla de un río, del cual se sacan muchas acequias que riegan la tierra, tiene este pueblo quinientos vecinos.

De Santiago se va subiendo derecho al polo antártico, porque está toda esta costa de norte a sur, a la ciudad de Chillán, que está sesenta leguas de Santiago; toda tierra llana y muy poblada de indios, los cuales se llaman indios promaucaes[156]. Es tierra fertilísima. Están poblados estos indios riberas de grandes ríos, los cuales se llaman: el primero, que está tres leguas de Santiago, se llama Maipo; más arriba Cachapoal y adelante el río Claro, Tinguiririca, Peteroa, Maule, Ñuble, el cual está cinco leguas de Chillán. Los más destos se pasan con balsas, y no se vadean.

Los nombres [79v] de los pueblos de los indios promaucaes, que están riberas destos ríos, son: Tango, Lampa, Yupeo, Pico, Pomaire, Talagante, Melipilla, Aculeo, Rencagua, Peteroa, Mataquito. Y hasta este pueblo y río de Mataquito llegaron los capitanes del Inga, conquistando la tierra antes que los españoles llegasen; y desde aquí los resistieron y los hicieron volver. Está adelante de Mataquito, Malloa y Copequen y otros muchos, que por ser tantos, se dejan, hasta llegar a Chillán.

---

[154] «Más arriba» se encuentra tachado en el manuscrito.

[155] En la *Nueva corónica y Buen gobierno*, Guaman Poma informa que esta «tierra cría buen pan y uino y frutas, arboledas, cosa santa y carne, todo gordura y salud de los hombres y multiplica la xente, rica de comida y de oro y falto de plata y los hombres sanos y fuertes aunque sea biejo de ochenta años, fuerte [...] yndios belicosos, yndios bravísimos. No se dejan uenzer...» (Poma de Ayala, *El Primer Nueva corónica*, 1992, p. 987).

[156] *Promaucaes*, es un nombre genérico para poblaciones rebeldes al imperio del Tawantinsuyo.

Toda esta tierra destos indios promaucaes es de regadío, la cual se riega toda con las acequias que salen destos ríos; aunque llueve en el invierno, pero es con templanza. Lo que produce esta tierra son todas las cosas que se han traído de España, ansí de semillas como fructas. Es tierra rasa de montaña, si no es ribera de los ríos. Está esta ciudad de Chillán en 34° grados, diez leguas de la mar y diez de la cordillera. Esta ciudad es pequeña, no tiene más de cincuenta vecinos; no sirve más de para albergue de los pasajeros que van a las ciudades de arriba. De aquí comienzan los

[80] En blanco.

[80v] [81] Pie del dibujo: «Desde Santiago a la ciudad de Chillán, tiene este mapa y hay 60 leguas por la costa arriba».

[81v] En blanco.

[82] indios de guerra, porque toda la tierra que hasta aquí se ha nombrado, ha estado de paz de contino y lo está al presente. Hay dos conventos en este pueblo, que son San Francisco y la Merced. Tiene

este pueblo algunas viñas con que se sustentan, y la comida que han menester. Hay naranjos hasta aquí y los aceitunos; y en adelante no los hay por ser ya la tierra más fría y de más pluvias. De aquí se parten dos caminos, uno a la ciudad de Angol, a mano izquierda hacia el sur, el cual va por tierra llana y algunas partes montuosa por llegarse a la cordillera. Pásanse en este camino algunos ríos caudalosos, como es el río de la Laja. Y llámase así porque por la parte que se vadea viene tendido sobre una peña, que da el agua a la barriga de la cabalgadura, de ordinario. Y más abajo, como un tiro de alcabuz, cae todo el río desta laja en una parte muy honda y se oye el ruido del agua dos leguas de allí. Pásase otro río, el más caudaloso que tiene Chile, que se llama Bíobío, y este se pasa por balsa de contino, y luego se llega al río que se llama Michilemo[157], dos leguas de Angol, y hay otros [82v] tres o cuatro ríos que por no ser tan caudalosos, no se nombran.

Tiene esta ciudad cien vecinos; pero hay aquí de contino presidio de soldados, por estar en tierra de guerra. Está esta ciudad en 36 grados y veinte leguas de Chillán. Es tierra fría y de grandes vientos. El sustento son buenas viñas, carnes y trigos; algunas fructas hay de manzanas y bembrillos[158]. El trato que aquí hay es de vino, porque se saca para las ciudades de arriba; y ropa de la tierra, que son vestidos de indios. Hay en Angol San Francisco, Sancto Domingo y la Merced, conventos de pocos frailes. Este pueblo está el día de hoy despoblado, porque por muerte del gobernador Loyola[159], se despobló, no pudiendo sufrir la fuerza de indios que cada día le acometían; y toda la gente del se recogió a la ciudad de la Concepción, adonde se va desde Chillán por el otro camino de mano derecha a la mar, que hay catorce leguas de Chillán y 25 de Angol. No hay en este camino de Chillán a la Concepción cosa notable, más de que se pasan algunos ríos de los que habemos nombrado. Está esta ciudad situada [83] en

[157] Se refiere a Pichilemu.

[158] Por *membrillo*.

[159] Álvarez anota que se trata de Martín García Oñez de Loyola, quien nació en Guipúzcoa en 1548. En 1568 pasó al Perú con el virrey Francisco de Toledo. Obtuvo una gran victoria contra Tupac Amaru en Cuzco. Fue nombrado gobernador de Paraguay pero cuando disponía el viaje en 1592 recibió de Felipe II el mando de Chile adonde llegó a fines de año. Murió víctima de los araucanos en la batalla del 23 de noviembre de 1598 en el valle de Curalava, cerca de Angol. Álvarez, 1987, nota.

una hoya, orilla de la mar, por el buen puerto que tiene. Está en 35 grados y medio. Hay todos conventos: mercenarios, dominicos y franciscos. Cógese mucho vino y todo lo demás que es menester para el sustento; en particular es abundantísimo de pescado, que suele pasar detrimento la salud por lo mucho que da en la costa y se corrompen. Aquí asiste de ordinario el gobernador, por ser puerto de mar y por ser frontera de la guerra de los indios del valle de Arauco, que son los que sustentan la guerra. Aquí está toda la gente de ordinario para la guerra.

Desde esta ciudad de la Concepción se va a la Imperial, que está tres leguas de la mar, ribera de un río caudaloso que se llama Cautén, toda la costa arriba, la cual está 20 leguas de la Concepción. Estas 20 leguas son toda la fuerza de Chile, porque aquí está la cuesta de Villagrán, a tres leguas de la Concepción. Llámase de Villagrán porque cuando los araucanos mataron al gobernador Valdivia, salió Francisco de Villagrán, nombrado por el [83v] cabildo de la Concepción por gobernador, el cual fue al castigo de la muerte de Valdivia con trecientos hombres. Y Caupolicán, que era cacique principal del valle de Arauco y el que había muerto al Valdivia, nombró por su tiniente a Lautaro, que fue criado y yanacona[160] del mismo Valdivia, que se había pasado a los indios de guerra. Y decir que era criado y yanacona es decir que era también indio, al cual entregó su ejército y que le saliese al encuentro al Villagrán; los cuales se encontraron en lo alto desta cuesta, que tendrá de subida legua y media. Aquí se trabó una muy reñida batalla. Los españoles en ella llevaron lo peor porque mataron a los más dellos, de suerte, que de 300 que eran no quedaron 20: los cuales con el dicho Villagrán se retiraron a la Concepción, dejando los muertos bien vengadas sus vidas. Y desta pérdida quedó esta cuesta con este nombre, y el Lautaro siguió el alcance hasta la ciudad de la Concepción, a la cual saqueó y destruyó; y la gente della se retiró a la ciudad de Santiago.

[84] En blanco.

---

[160] «Se dice del indio que estaba al servicio personal de los españoles en algunos países de la América Meridional» (*Diccionario de la Real Academia Española*, 2001).

[84v] [85] Pie del dibujo: «Desde la ciudad de la Imperial a la Concepción que es lo que está en este mapa con 33 leguas por costa».

[85v] En blanco.

[86] Este es el traje de los indios del valle de Arauco que son más corpulentos y más fornidos que los demás, que son como manchegos de España; los cuales están en los mesmos grados destotra parte de la línea que son en 37° grados, que es el puerto de Carnero del fuerte de Arauco, y vienen a andar los pies con el costado de los manchegos. El arma que más usan es lanza y macana del arco, usan para la caza y cuando pelean con otros indios todas las espadas que pueden haber de los españoles las cortan y las enjieren[161] en unas astas y quedan como chuces[162] o lanzas, y pasan de un bote[163] un caballo; duran

---

[161] De *injerir*, que es lo mismo que insertar una cosa en otra (*Diccionario de la Real Academia Española*, 2001).

[162] Por *chuzo*, palo con pincho de hierro (*Diccionario de Autoridades*, 1726-1739).

[163] Un salto.

mucho sin cansarse en la batalla y a pie desafían hombre a hombre a todos los españoles.

[86v] Pie del dibujo: «Indio del valle de Arauco. Caupolicán, éste mató al gobernador Valdivia».

[87] Pie del dibujo: «India araucana del mesmo valle».

[87v] Las indias son también más dobladas que las demás y traen con el azu ceñido lliquida[164] que es una manta sobre los hombros cuadrada, cogida en el pecho con un topo[165] de oro o de plata. Usan las cacicas, que son las mujeres de los capitanes, de ñañaca sobre la cabeza que es otra manta pequeñita cuadrada muy labrada con muchas colores. Tienen las que no son casadas la facilidad que en todas las de-

---

[164] Seguramente se refiere a las prendas propias de la mujer araucana: la *ñañaca* es una mantilla de cabeza que usaban las mujeres principales, la *lliclla* es un manto que se pone sobre los hombros y el *acso* es una especie de falda.

[165] «Prendedor tradicional indígena, en forma de alfiler grande, rematado en una cuchara o disco con grabados regionales» (*Diccionario de la Real Academia Española*, 2001).

más partes en darse a todos y en casándose son más castas porque no admiten más que al marido. Usan ellas de arco para cazar por el campo.

[88] Más adelante está el valle de Peteguelen, la costa arriba, y luego el valle de Longonabal y luego el valle de Arauco[166], el mejor que tiene toda esta tierra de guerra, porque es muy ancho y muy poblado. Y un río muy caudaloso, de mucho pescado y muy apacible en su corriente, y cuando entra en la mar, hace un puerto muy grande y muy seguro; y aquí, a la lengua del agua del puerto y del río, hay un fuerte donde están docientos hombres de presidio[167]. A este fuerte le sustentan por la mar de la ciudad de la Concepción. Deste valle fue el más valeroso indio que [ha] habido en Chile, que fue Caupolicán[168]. De aquí fue también natural Lautaro[169], los cuales vencieron al gobernador Valdivia y le mataron [a] él y a toda su gente en el dicho valle. El cual valle el gobernador Valdivia había encomendado en sí, y era suyo y había tantos indios en aquel tiempo y tanto oro en el dicho valle, que le pagaban cada día de tributo 40 marcos de oro, los cuales sacaban de los lavaderos[170] y se los traían a la noche.

[88v] Más adelante está el valle de Lavapié, donde hay grandes minas de oro, y más adelante el valle de Tucapel, valle muy grande y de mucha población; y más adelante está el valle Paicavi y luego el valle de Tirúa, donde hay gran suma de oro; y frontero de aquí está la isla de la Mocha, cuatro leguas de tierra, la cual tiene muchos indios que de contino han estado de guerra. Es isla muy fértil. Y luego está la ciudad de la Imperial, tres leguas de la mar, como dicho queda; de

---

[166] En 1552, Pedro de Valdivia fundó el fuerte San Felipe de Araucan en el valle de Arauco. Fue atacado y destruido en numerosas ocasiones por los mapuches, durante la Guerra del Arauco. Se encuentran al sur de La Concepción.

[167] «Guarnición de soldados que se ponía en las plazas, castillos y fortalezas para su custodia y defensa. Ciudad o fortaleza que se podía guarnecer de soldados» (*Diccionario de la Real Academia Española*, 2001).

[168] Cacique de los araucanos que se distinguió por la fiereza con la que luchó en contra de la dominación de los españoles. Murió en 1558.

[169] Líder de los indios mapuche contra la dominación española. Durante su juventud fue tomado prisionero y puesto al servicio de Pedro de Valdivia, posteriormente escapó y se convirtió en uno de sus principales oponentes.

[170] «Paraje del lecho de un río o arroyo donde se recogen arenas auríferas y se lavan allí mismo agitándolas en una batea» (*Diccionario de la Real Academia Española*, 2001).

suerte que estos valles nombrados, que son los más principales, y otros muchos que no se nombran, están en 20 leguas que hay de la Concepción a la Imperial, donde es toda la fuerza de la guerra de Chile. Está este valle de Arauco en 39 grados, que viene a ser derechamente antípodas por un costado de los manchegos de España y así simbolizan los indios en las fuerzas con los manchegos. Y el temple de la tierra es el mesmo y los mantenimientos de mucha fortaleza. [89]Toda la gente de indios que viven en estos valles que habemos dicho, y en los demás desde Chillán hasta la ciudad de Chiloé, que son 120 leguas, habitan en las montañas, sin tener pueblo formado sino en sus chácaras y sementeras. Y ésta es la causa por qué es esta tierra tan difícil de conquistar: por las muchas emboscadas que hacen, porque ellos nunca se juntan en escuadrón formado, y cuando se juntan es para dar de noche. Y como andan por los campos y espesuras, anda el campo de los españoles muchos días hasta que se les acaban las comidas y así se vuelven muchas veces sin coger indios; y si les talan las simenteras en una parte, siembran en otra, que la tierra es tan fértil que a doquiera que siembran, nacen los maíces. Y los indios no tienen más alhajas de casa que las armas; y así se pasan de una parte a otra con la ropa que tienen vestida, y están un tiempo en una parte y otro tiempo en otra, conforme las partes por donde los españoles andan haciendo malucas.

[89v] Son todos estos valles fertilísimos de mantenimientos de la tierra, como maíz, papas y porotos[171], trigo y cebada y ganado ovejuno de Castilla y de la tierra. Y han puesto muchos parronales de uva mollar, que desde el día que los pusieron hasta el día de hoy no se han podado y van trepando por grandísimos árboles y llevan tanto fructo que es cosa de espanto, porque hay parra destas que cogen della 20 y 30 botijas de arroba, de mosto; y así se lo beben sin aguardar a que se haga. Nácese por estos campos mucha frutilla, que es como madroños, un poco más larga, en prados, en unas matas pequeñas a raíz del suelo. Tienen otras chácaras desta frutilla que cultivan, de la cual hacen mucha pasa y chicha para beber, con lo cual se sustentan.

[90] Lo que queda dicho atrás desde la ciudad de la Concepción hasta la ciudad de la Imperial, es todo lo que está sobre la costa. Entre la costa y la cordillera general, que es la grande, hay un ramo de cor-

---

[171] Judías.

dillera pequeña montuosa, que divide la tierra en dos partes, una a la banda de la mar y otra a la cordillera, como lo muestra la pintura del mapa. Entre esta cordillera pequeña y la grande, está la ciudad de Angol, que dista de la ciudad de la Concepción 15 leguas y de la Imperial 20 leguas (en cuyos términos está la ciénaga de Purén, diez leguas adelante). En la ciudad de Angol no hay cosa notable de que poder escribir, mas de que se coge en ella lo que es menester para el sustento della con abundancia. En particular tiene mucho vino y bueno, de que se provee la ciudad de la Imperial y la Villa Rica y el ejército que parte para la guerra cada verano; y así sirve esta ciudad de refugio para la gente de guerra, porque de contino andan cerca desta ciudad en los 6 meses de verano, [90v] que andan campeando.

La ciénaga de Purén, que dijimos, es la mayor fuerza que tienen en este reino, porque es una laguna grande, muy hondable y con muchas islas dentro, en las cuales habitan los indios y con canoas se sirven, porque las sementeras las hacen alrededor de la laguna y el ganado ovejuno y porcuno y alguno cabruno, que estos indios tienen, repasta en tierra alrededor de la laguna. Y está tan hecho este ganado a embarcarse y desembarcarse en las canoas cada noche para ir a las islas de la laguna, y a la mañana para volver a tierra, que cada día el mesmo ganado a la noche y a la mañana, él mesmo se entra en las canoas y los indios no tienen más trabajo que llevallo y traello. Y si alguno reparare en cómo esta laguna no se ha conquistado, es la causa que un cuarto de legua alrededor della es todo de pantanos lodo hasta la cinta y grandes carrizales y totorales[172]. [91] Y una vez que han probado los españoles a entrar por estos lodazales, llegaron a las islas; los indios se fueron con sus canoas a la otra parte y se metieron por las montañas, y como no tienen más de lo que comen y el vestido que traen, no hallaron más de las casas solas. Y cuando los buscan por las montañas se vuelven a la laguna, y desta suerte no se pueden dar alcance y no se pueden conquistar. Tiene otra cosa esta laguna, que como los indios son muchos y las islas pocas, no caben en ellas, y la necesidad les ha hecho en algunos bajíos que tiene esta laguna,

---

[172] «Paraje poblado de totoras». Totora, del quechua *tutura*, «planta perenne, común en esteros y pantanos, cuyo tallo erguido mide entre uno y tres metros, según las especies. Tiene uso en la construcción de techos y paredes para cobertizos y ranchos» (*Diccionario de la Real Academia Española*, 2001).

donde hay grandes arrayanes, entre las ramas dellos, hacen unas bar-bacoas[173], adonde hacen sus casas y aquí habitan los que no pueden en las islas; y así son estos indios muy belicosos por esta ocasión que tienen desta fortaleza desta laguna, que la naturaleza parece que puso allí para defensa suya.

[91v] También más adelante, desde esta laguna hacia la cordillera grande, en el camino real que hay de Angol a la Imperial, hay una quebrada que se llama la Quebrada Honda, y es fuerza a los pasajeros pasar por ella porque no hay otro camino mejor, porque más arriba o más abajo es muy áspero y montuoso; y ansí han sucedido a los pa-sajeros muchas desgracias por respecto de que la abajada y la subida son cuestas ásperas. Y por lo hondo desta quebrada va un arroyo con algún montecillo, donde los indios se emboscan, y cuando los espa-ñoles están abajo, salen los indios a ellos de emboscada, y por ser el sitio estrecho y fragoso, que no se pueden aprovechar de los caballos, han muerto a muchos españoles.

Pasado esto se llega a la Imperial, tres leguas de la mar. Está esta ciudad de Angol 20 leguas y en altura de 38 grados; y frontero desta ciudad está la isla de la Mocha, cuatro leguas de tierra. Tiene esta isla tres mil indios que de contino han estado de guerra. Aquí, en la Imperial, está la catredal[174] y el obispo, porque en toda la gobernación hay dos obispados; el otro es [92] el de Santiago.

Tiene buen temple porque participa de la tierra de abajo, que es templada, y de la de arriba que es fría y húmeda, de muchas pluvias, que lo más del año llueve. Es proveída de comidas; fáltale vino, na-ranjas y aceitunas, porque esto se da en las tierras de abajo por ser más calientes. Hay dos conventos, San Francisco y la Merced.

Más adelante, por la mesma costa, está la ciudad de Valdivia, 24 le-guas y en altura de 39 grados y medio. Está situada orilla de un río caudaloso que entran navíos por él hasta el mismo pueblo, dos leguas adentro en la tierra. Hay en este río mucho pescado. Aquí hay falta de comida porque no tiene tierras para ello y así se trae todo de aca-rreto en canoas, por un río de los términos de Osorno. El trato es madera, y algún oro que se coge de 24 quilates. Este pueblo se pobló

---

[173] Americanismo, «casa pequeña construida en alto sobre árboles o estacas» (*Diccionario de la Real Academia Española*, 2001).

[174] Por *catedral*.

aquí por sólo el puerto, porque desde él se va a Osorno y a la Imperial y a la Villa Rica y a Chiloé. No hay aquí cosa notable [92v] si no es grandísima montaña, muy espesa y muy alta.

Desde aquí se va a la ciudad de Osorno, que son 14 leguas más adentro de la tierra, hacia la cordillera. Está en altura de 40 grados. Es esta ciudad la segunda de la gobernación, porque es casi tan grande como Santiago, en gente y en lo demás; y en los términos desta ciudad, hay gran suma de indios, más que en las demás, porque es tierra más aparejada para ello por las buenas tierras que alcanza de sementeras. Hay mucha abundancia de lino y así tienen mucho lienzo. Es proveída de todos mantenimientos, salvo el vino, que se lleva de Santiago para todas las demás ciudades de arriba. Hay conventos de Sancto Domingo y de San Francisco y de la Merced. Cógese aquí mucha miel, la cual se saca debajo de tierra, que las abejas tienen güecos grandes donde labran[175]. El temple es frío y de muchas pluvias, aunque no tanto como en Valdivia.

[93] En blanco.

[93v] Pie del dibujo: «Anganamón, *yanacona* del Gobernador Martín García de Loyola, el cual mató al dicho gobernador. Este indio vive hoy año de 1607 [*sic*] y es el que ha destruido a todo el reino».

---

[175] Álvarez anota que todavía hoy existen y son una especie de abejas grandes o abejorros de ruidoso zumbido que, a diferencia de los enjambres, forman colinas poco

[94] Pie del dibujo: «El Gobernador Martín García de Loyola».

[94v] En blanco.

[95] Este indio Anganamón[176] fue el que mató y cortó la cabeza al gobernador Martín de Loyola y a los demás que con él iban, y entre [e]llos al provincial de San Francisco y a dos compañeros suyos, y el gobernador murió alanceado deste indio; acometiole con docientos indios que llevaba todos de caballo y con esta victoria le hicieron general de todo el campo el cual destruyó las demás ciudades de Chile. Vive hoy día, año de 1605 [*sic*], es indio robusto, doblado y fuerte y no grande de cuerpo[177].

[98] Desde estas ciudades, que quedan nombradas, está a 30 leguas

numerosas y hacen en el suelo la miel, cubriendo sus celdillas con musgo o situándolas en la abandonada cueva de algún roedor. Álvarez, 1987, p. 111, en nota.

[176] Anganamón fue un líder mapuche de la vecindad de Angol. Asumió en 1599 el puesto de *toki* general y participó durante la guerra de expulsión de los españoles al norte de Bío-Bío.

[177] En este punto se encuentra un error de paginación; a la 95v que se encuentra en blanco sigue la 98 y faltan la 96 y la 97, con sus vueltas.

dellas, arrimada a la cordillera, al pie de un volcán y orilla de una gran laguna, la Villa Rica, pueblo grande y de muchos indios; está en altura de 39° grados. La laguna tiene grandísima abundancia de pescado, de que se provee todo el pueblo. El trato deste pueblo es oro, que lavan los indios. Y el volcán todo el año está echando fuego y algunas veces arroja tanta ceniza y piedra pómez, que hace daño en el pueblo. Hay muchas piedras bezares[178] que los indios de la sierra traen. No hay cosa notable más que en los demás pueblos. Hay tres conventos de la mesma orden de Sancto Domingo y San Francisco y la Merced. El temple es más frío por estar arrimado a la cordillera. Es tierra toda esta que he dicho, destas cuatro ciudades, muy doblada y montuosa y de muchas ciénagas y pantanos, de manera que por cualquier parte que se vaya, es de contino agua y lodazales.

De la ciudad de Osorno, por el otro camino, se va [98v] a la ciudad de Chiloé, que es la última de la gobernación, la cual está en una isla de 40 leguas de largo y seis de ancho; y para ir a ella se pasan dos brazos de mar, cada uno de dos leguas de ancho. Está en distancia de 40 leguas de la ciudad de Osorno. Y a esta isla vienen los navíos de los ingleses cuando salen del estrecho, porque ésta es la primera tierra que se ve de Chile. Esta isla tiene lo que ha menester para su sustento, en particular carne y maíz y pescado. Y trigo se da poco por estar en altura de 44° grados, y hace mucho frío. No se coge en ella vino.

Tiene un arcipiélago de islas a la redonda muy grande, muy pobladas de indios de paz, porque es la gente muy cobarde. El trato desta isla es todo ropa de la tierra, de lana de carneros de la tierra, la cual abajan a las ciudades de abajo y a trueco della llevan las mercaderías que han menester[179]. Lo que hay de aquí para delante son islas todas hasta el estrecho de Magallanes, donde el día de hoy hay algunos gigantes, como los han [99] visto los navíos que han pasado el estre-

---

[178] «Concreción calculosa que suele encontrarse en las vías digestivas de algunos mamíferos, y a la que se atribuyeron propiedades curativas» (*Diccionario de la Real Academia Española*, 2001). «Piedra que se cría en las entrañas de cierta cabra montés en las Indias» y, se dice, es un remedio eficaz contra el veneno. *Diccionario de Autoridades*.

[179] Álvarez anota que Chiloé es la isla mayor del archipiélago de su nombre, era lo último poblado en Chile en 1600. Álvarez, 1987, p. 112, en nota.

cho[180]. Tiénese noticia en Chile de unos españoles que se perdieron en el estrecho de Magallanes del armada del obispo de Plasencia[181], a los cuales llaman los césares[182].

Están de la otra banda de la cordillera, poblados, en derecho de la Villa Rica, que viene a ser entre la cordillera y el río de la Plata. No han ido de Chile al descubrimiento desta gente por haber estado siempre ocupados con guerras; y tantas que desde el año de 600 se han perdido cinco ciudades, que son Valdivia, la cual tomaron los indios el año de 600, y mataron a todos los españoles que había dentro y llevaron presas y captivas 400 mujeres, sin los niños y niñas, de las cuales se sirven hasta el día de hoy; buen mujeriego de buenos rostros y hermosas. Y después la quemaron y la saquearon y la echaron toda por tierra. Dieron sobre [e]lla de noche seis mil indios, y no perdonaron a nadie; y en particular llevaron las cabezas de los sacerdotes para beber con los cascos, que para eso los quieren. [99v] Con esta victoria los indios soberbios fueron luego y pusieron cerco a la Imperial, la cual tuvieron cercada muchos meses, y murieron muchos españoles, ansí peleando como de hambre, hasta que les fue socorro. Y la despoblaron por no haber gente que la pudiese sustentar; y la gente de-

[180] Es común, en los relatos de viaje del Medievo y de los siglos XVI y XVII, encontrar referencias a seres fabulosos, que forman parte del imaginario colectivo, de los que otros viajeros han asegurado su existencia. Álvarez anota que «los gigantes a que se refiere Ocaña sin duda eran los patagónicos los cuales, en el siglo XVI, poblaban todo el sur de Argentina formando una curiosa raza: de cabeza grande, rostro cuadrado, ancha espalda, pelo corto y ojos menudos; indios poco amigos del trabajo» (Álvarez, 1987, p. 112, en nota).

[181] Se refiere a tres o cuatro naves de la armada del obispo de Plasencia que se perdieron en el Atlántico. Habían salido de Sevilla en el verano de 1539, al mando del comendador Francisco de Ribera. Se sabe que abandonaron el Guadalquivir a principios de septiembre y que navegaron hasta la costa patagónica, a donde arribaron en enero de 1540, antes de ingresar al estrecho de Magallanes. Ver Dermit Martínez 2003.

[182] Dada la oscura construcción del pasaje no queda claro en el texto de Ocaña a quién llaman césares: a los gigantes o a los españoles de la armada del obispo de Plasencia. Álvarez anota que se trata de un lugar mítico que flotaba como lugar de fabulosas riquezas. Se creía que la ciudad de los Césares estaba formada por tres poblaciones con nombre de los Hoyos, el Muelle y los Sauces, habitadas por mil españoles y por indios enanos, defendida por murallas de artillería, con suntuosos edificios de piedra, y tan abundante en plata, que las hoyas y arados de labranza estaban hechos de ese metal. Álvarez, 1987, p. 113, en nota.

lla se recogió a la ciudad de Santiago, que bien poca había quedado. Y después los indios la echaron toda por el suelo.

Luego el año siguiente de 601 pusieron cerco a la ciudad de Angol, y cada día en los asaltos había muertes de ambas partes; y se fueron apocando los españoles. Y no habiendo socorro que les fuese, acordaron de dejalla, y se recogieron a la ciudad de la Conceptión, y los indios la quemaron como a las demás y la pusieron por tierra.

Después pusieron cerco a la ciudad de Chillán, adonde dieron una noche asalto, y cogieron seis mujeres españolas, y avergonzados los españoles de que se las llevaban, salieron todos y se las quitaron. Están hasta hoy recogidos los españoles en [100] un fuerte, sustentándose con mucho trabajo por los asaltos que ca[da] día tienen con los indios. Y dejaron la ciudad, y lo que está fuera del fuerte está quemado y derribado. Sustenta este fuerte, porque es pasaje para lo de arriba.

Luego el año de 602 fueron sobre la Villa Rica y los cogieron descuidados de noche y mataron a todos los españoles, ansí soldados como clérigos y frailes, y lleváronse casi otras 400 mujeres como en Valdivia. Y la ciudad la quemaron y pusieron por el suelo.

Luego el año siguiente, que fue de 603, fueron los indios sobre la ciudad de Osorno, a la cual acometieron y cercaron muchas veces; y no pudiendo los españoles sufrir porque morían ya de hambre, determinaron dejalla y se recogieron a la isla de Chiloé, a donde todos se embarcaron y vinieron a Santiago. Los indios hicieron desta ciudad lo que de las otras. Todas estas pérdidas de ciudades y de todo el reino, y el alzamiento de los indios, resultó de la muerte del gobernador Martín García de Loyola.

[100v] Este desdichado gobernador, que era más mercader que soldado, había ido a la ciudad de Valdivia, personalmente a cobrar cierto oro que le debían de mercaderías que tenía allá, y también a levantar y apercebir la gente para la guerra. Y volviéndose a la ciudad de Angol, donde se junta el ejército para entrar en la guerra, adelantose con cincuenta hombres; y viniendo de la Imperial para Angol, hizo dormida y alojose sobre un río llamado Curarava. Y aquel día un indio llamado Anganamón, el cual iba con docientos indios a dar un asalto o maloca[183] a otros indios de paz de los términos de la Imperial,

---

[183] *Maloca*, del mapuche *malocán*, «ataque inesperado de indígenas contra poblaciones de españoles o de otros indígenas» (*Diccionario de la Real Academia Española*).

y como vieron los cincuenta españoles, dejaron la jornada adonde iban y emboscáronse. Y al amanecer dieron de repente sobre el dicho gobernador y los demás, por venir todos los indios a caballo; que cuando las centinelas los vieron y tocaron a arma, ya estaban sobre [e]llos, por haber venido a rienda suelta y haber salido de allí cerca. No les dieron lugar a tomar sus caballos, [101] y así los alancearon a todos sin escapar hombre. Murió el gobernador alanceado y algunos otros; y los demás, huyendo, se arrojaron al río y se ahogaron. Eran todos capitanes y gente valerosa, sino que no pudieron más; mataron en esta maluca al provincial de San Francisco y a dos compañeros suyos que venían de visitar su provincia. Y de aquí quedaron los indios soberbios de haber muerto al gobernador, y luego se alzó toda la tierra y hicieron todo lo que he dicho atrás, de las demás ciudades.

Y el indio llamado Anganamón, como quedó tan victorioso y arrogante, que llevó la cabeza del gobernador, le nombraron por capitán general de toda la tierra y así juntó muchos ejércitos en diversos tiempos y en diversas partes, y fue el que destruyó las ciudades que habemos dicho; el cual vive hoy día, año de 604. Esto es lo que hay que decir de toda esta tierra de Chile. Agora diremos de algunas costumbres generales que tienen todos estos indios.

[101v] Todos los indios de Chile generalmente son indios de razón y de traza, en particular para las cosas de la guerra; y aunque son bárbaros, no tienen las costumbres barbáricas y bestiales que tienen los del Paraguay. Estos tienen por dios al sol y a la luna y al demonio, el cual se les aparece todas las veces que ellos quieren, y hablan con él y les dice muchas veces lo que los españoles quieren hacer; y otras veces los engaña de manera que los españoles vienen a dar en ellos y los matan. En sus casamientos tienen una ceremonia: que compran la mujer y algunas veces en los pechos de la madre; y de que tiene edad se la entriegan, y el precio, que es ropa o ganado o comida, les dan a los padres. Y tienen las que ellos quieren y pueden sustentar; y en esto son muy celosos, que no le han de tocar en la mujer, porque, en sabiéndolo, luego los mata el mesmo indio a ambos. Aunque con sus [102] mismas hermanas tienen algunas veces ayuntamiento, pero no las reciben por mujeres. Y estos indios son carnales demasiadamente, de manera que algunos dellos tocan en el pecado contra naturaleza.

Acuden al beneficio y labor de las sementeras y chácaras solas las mujeres, con algunos indios viejos y muchachos, porque los varones no se ocupan más de en hacer armas y en ejercitallas. Tienen juntas y bailes y grandes borracheras, adonde tratan las cosas contra los españoles. Son indios corpulentos y espaldudos; son muy ligeros para correr y de mucho aliento para subir una cuesta; y de mucho ánimo, tanto que cuando los prenden en la guerra y quieren dar muerte [a] algunos o hacer castigo, se convidan a ser primeros.

Las mujeres son hermosas, aunque las unas son más blancas que otros de otras partes; y son [102v] fáciles en tratar con otros indios, aunque esto es más en las solteras que no en las casadas. No son tan grandes como los varones; pero son dobladas y fuertes y se hallan muchas veces indias peleando en traje de indios. Las armas que comúnmente usan los indios son arco y flechas, lanza y macana, coselete[184] y celada de cuero de vaca crudio; y aunque para la bala no tiene resistencia para otras armas, como es lanza y espada, la resiste. Su pelear es a pie y a caballo, cada uno como mejor se halla y con el arma que más se ha ejercitado.

Lo que estos indios cogen es trigo, cebada, maíz, papas, frijoles, porotos o pallares[185], quinua[186] y otras muchas semillas. No hay lo que en Tucumán, de malas sabandijas, de víboras ni otros animales ponzoñosos. Toda es tierra limpia y abundante de caza, en particular guanacos[187], que son como carneros de cuellos largos.

[103] En blanco.

[184] Del francés *corselet*. «Coraza ligera, generalmente de cuero, que usaban ciertos soldados de infantería» (*Diccionario de la Real Academia Española*, 2001).

[185] «Judía del Perú, gruesa como un haba, casi redonda y muy blanca» (*Diccionario de la Real Academia Española*, 2001).

[186] Voz del quechua *kinúwa* o *kínua* para designar una planta que crece en América Meridional (*Diccionario de la Real Academia Española*, 2001), cuyas hojas tiernas se comen como espinacas, y cuyas semillas se usa en sopas y bebidas.

[187] «Del quechua *wanaku*. Mamífero rumiante de unos trece decímetros de altura hasta la cruz, y poco más de longitud desde el pecho hasta el extremo de la grupa [...] Es animal salvaje que habita en los Andes meridionales» (*Diccionario de la Real Academia Española*, 2001).

[103v] Pie del dibujo: «Indio de la ciénega de Purén».

[104] Pie del dibujo: «El gobernador don Alonso de Sotomayor».

[104v] En blanco.

[105] Pie del dibujo: «Carneros del Pirú, del Collao y de Chile y de toda la tierra de arriba».

[105v] Este ganado es el que sustenta todo el Pirú, porque con él se llevan los mantenimientos de harinas y de todo lo demás a las ciudades. Carga cada carnero de ordinario seis arrobas y los que bajan los metales de Potosí, bajan dos quintales, pero para camino largo de docientas leguas y de cien leguas no le echan sino cinco arrobas y media y seis arrobas cuando más, estos bajan las barras del rey desde el Potosí hasta Arica. Es ganado que no come de noche y después vuelven a Potosí con los azogues y con vino; lleva cada carnero dos botijas.

[106] Es[te] indio peleó con don Alonso de Sotomayor[188] y le hirió el caballo mal, de suerte que si no le acudieran le matara porque en estando a pie el español le tiene ventaja el indio y es tanta la soberbia del indio que espera al español aunque venga a caballo. El dicho don Alonso quiso conquistar esta ciénega de Purén y no pudo

---

[188] Alonso de Sotomayor (1545-1610), fue gobernador del reino de Chile en 1581.

por la dificultad que tiene la entrada y así se volvió porque los indios daban sobre [e]llos de noche y siempre recebían daño los españoles y así se volvió con la gente sin hacer nada.

[106v] En blanco.

[107] Toda esta tierra, pueblos, valles y ciudades que he nombrado, caminé el año de 1600, de suerte que desde que salí de España, que fue el de 1599, no dejé de caminar por tierra y navegar por la mar, hasta llegar a lo último de la tierra de Chile, que es la ciudad de Osorno, y a la isla de Chiloé, que es junto al estrecho de Magallanes. Y en todos estos dos años, no estuve de asiento en parte ninguna, ni descansé en los dos años, dos meses, sino siempre caminando. Y comencé desde el principio de la gobernación a asentar por cofadres de nuestra Señora a todos, los cuales iban mandando sus limosnas para después dallas cuando volviesen. Y al tiempo que quise volver a recoger todo lo que habían mandado, que fuera muy grande la limosna por ser tierra de mucho oro, se levantaron los indios como acabo de decir; y no sólo perdí la limosna, pero toda la costa y gasto que hice por la mar hasta el puerto de Coquimbo, donde desembarqué. Y doy muchas gracias a Dios, por haber quedado con vida y no habella perdido con todo lo demás, como la perdieron otros muchos; pues milagrosamente nos libramos de los indios, cinco compañeros y yo, los cuales salimos del reino de Chile, por la [107v] cordillera, a la gobernación de Tucumán, por la manera que agora digo y conforme lo escribí a España.

Fue el caso, que volviendo de la Isla de Chiloé a la ciudad de Osorno, para ir recogiendo todas las limosnas, de la suerte y por los mesmos pasos que las había ido pidiendo, la hallamos cercada de indios; y cuatro leguas antes que llegásemos, como tuvimos nueva desto, torcimos el camino y nos apartamos para la ciudad de Valdivia. Y los indios, que tenían puesto cerco a Osorno, no hicieron nada entonces y se levantaron y fueron a la ciudad de Valdivia y dieron de noche sobre [e]lla y la tomaron; y después volvieron a Osorno, a cabo de tres años, como queda dicho atrás, y fueron señores de todo. Y todo lo que nos apartamos del camino real que fueron dos jornadas y dos después, de vuelta, que fueron cuatro días. En esos los indios tomaron a Valdivia; y sin perdonar mas que a las mujeres, los mataron a todos como está dicho. Y cuando vimos desde lenjos todas las casas por el suelo, sospechamos lo que era y nos emboscamos en una espesura de un monte, donde dimos con dos hombres desnudos, españoles que tanbién se habían escondido y dos días antes habían salido de la ciudad huyendo de la furia de los indios, los cuales nos contaron lo que había pasado y cómo se habían [108] llevado 400 mujeres. Y con esta nueva nos turbamos más y no sabíamos adónde, ir, porque estábamos en medio de la tierra de guerra y en la mayor furia della, porque era del valle de Arauco.

Y después de haber conferido entre nosotros adónde iríamos, nos determinamos a pasar la cordillera, porque no era posible poder de otra manera librarnos; y deparonos Dios aquellos dos hombres, que eran prácticos de aquella tierra y sabían el camino, porque de otra suerte pereciéramos, de causa que los cinco compañeros míos no sabían más del camino real. Y con este acuerdo nos encomendamos a nuestra Señora de Guadalupe, la cual yo siempre llevaba conmigo. Y todos ocho que éramos, comenzamos a caminar con unas taleguillas de maíz tostado; y los muchos indios que andaban por aquellos campos en busca de algunos españoles que se habían huido, dieron con otros españoles que no sé cuántos eran, porque la turbación hacía que no advirtiésemos a más que a librarnos, por no tener armas con qué defendernos, más que las espadas. Y como los vimos andar peleando, quisimos ir [a] ayudallos, y como no había escopetas y los indios eran muchos, nos descubrieron a nosotros, y porque no nos juntásemos con los otros, vinieron a nosotros muchos indios; y los dos hombres dijeron que nos matarían si los esperábamos, porque traían lanzas y nosotros no teníamos [108v] más que las espadas, y que como a puercos nos alancearían.

Fuimos huyendo a mucha prisa y dimos sobre unos pantanos y totorales; en unas partes mucha agua y mucho lodo que se metían los caballos hasta los pechos. Y los indios ya con nosotros, nos cogió la noche, tan obscura y tan cerrada que, en un cuarto de hora, con una grande niebla que vino, quedó el pantano tan obscuro que no nos veíamos. Y juntámosnos todos ocho en el pantano, muy juntos para escuchar a los indios, y aquellos que sabían la lengua les oyeron decir:

—Estos españoles han de dar agora la vuelta con esta obscurana y se tienen de volver al monte; esperemos a que salga la luna y luego daremos con ellos; volvamos al monte porque no se nos vayan.

Y como vimos esto, parecionos hacer lo contrario, y así fuimos más metiéndonos en el pantano, de suerte que algunas veces era tanta el agua, que nadaban los caballos. Y decía yo que valiera más morir peleando que no morir ahogados. Y así, llenos de agua y puestos del lodo y cargados de miedo y de mala ventura, que esto es más para llorar que no para escribir, caminamos hasta que salió la luna y salimos de aquellos espadañales, de suerte que a nuestro parecer estaríamos dos leguas de los indios. Y como era agua, no quedó rastro, porque de otra manera a la mañana nos siguieran diez días hasta que dieran con nosotros, porque son muy temáticos[189].

[109] En blanco.

[109v y 110] Pie del dibujo: «De la Imperial a Valdivia son 24 leguas, y de Valdivia a Osorno 14 leguas, de Osorno a Chiloé 40 leguas que es lo que contiene este mapa[190]».

[189] De temoso, voz en desuso. «Tenaz y porfiado en sostener un propósito o una idea» (*Diccionario de la Real Academia Española*, 2001).

[190] En el punto en el que se inserta el mapa o papel 4 aparece un error de paginación. El mapa aparece en páginas que llevan los números 96 y 97 y existen dos páginas marcadas con el número 109.

[110v] En blanco.

[109] Después que salimos de aquellos pantanos, dimos con un montecillo, y allí nos apeamos para que los caballos comiesen y descansasen un poco, hasta que subiese la luna, que salió a más de la una de la noche. Y nosotros nos andábamos todos juntos con los caballos, comiendo del maíz tostado que llevábamos, y de una frutilla como madroños, que hay mucha por aquellos campos; y no nos apartábamos un punto de los caballos, temiendo siempre no diesen sobre nosotros algunos indios de los muchos que andan por aquellos campos, que no tienen pueblos formados. Y así, con la luna volvimos a caminar hasta la mañana, toda la noche, por llegarnos a la falda de la cordillera; y antes del día, dimos en una agua rebalsada[191], que tenía más de un cuarto de legua. Aquí fue necesario apearnos porque los caballos no se podían ya llevar a sí mismos, por haber caminado dos días y toda aquella noche, sin comer. Y así fuimos alijando[192] la ropa, y yo dejé el manto, y el hábito puse sobre el caballo; y nos metimos por el agua llevando los caballos por delante, porque no se nos quedase alguno.

[109v] El trabajo deste paso déjolo a la consideración del que esto leyere, porque pensar que se puede escribir de la suerte que ello se sintió, no se puede decir; porque si fue malo el paso del totoral, pasámosle caballeros, y éste fue a pie y el agua de ordinario por encima de los pechos y de suerte que si no supiéramos nadar, nos quedáramos allí; y si lo quisiéramos pasar a caballo, perdiéramos los caballos porque aún vacíos apenas los pudimos sacar de allí.

Y ansí, a pie, con ellos delante, caminamos toda aquella mañana, hasta las dos de la tarde, por llegar a la falda de la cordillera, porque allí teníamos ya más seguridad, por los pocos indios que hay. Y así nos metimos en un guayco[193] hondo, donde había buen pasto para los ca-

---

[191] Rebalsar, «detener y recoger el agua u otro líquido, de suerte que haga balsa» (*Diccionario de la Real Academia Española*, 2001).

[192] Alijar, «voz náutica. Lo mismo que aligerar el navío sacando de a bordo las cosas pesadas y llevándolas a tierra o [...] echándolas al mar» (*Diccionario de Autoridades*). En su huida, Ocaña y sus compañeros se ven en la necesidad de aligerarse deshaciéndose hasta de la ropa que llevan puesta.

[193] «Quebrada de montes u hondura entre cerros» (*Diccionario de la Real Academia Española*, 1803).

ballos y mucho monte y muy espeso; y estuvimos allí el resto de aquel día y toda la noche y el día siguiente, descansando nosotros y los caballos, y apercibiendo algunas cosas para pasar la cordillera, para el reparo de la mucha nieve que tuvimos en 12 días que tardamos en lo más áspero della, comiendo con tanto tiento de los granos de maíz, que de contino quedábamos muertos de hambre; y cuando tantos trabajos y duelos fueran, con pan pudiéranse llevar mejor y no sentirse tanto los malos pasos, las cuestas, los montes, los ríos, la nieve; y el frío que sufrimos, no digo por no cansar. Y al fin dimos en tierra del Tucumán y Paraguay.

El primer puerto es el de Perico; está en 9 grados de la parte del norte. Las islas de las Perlas, en ocho grados.

El Puerto Quemado, en 6 grados.

Cabo de Corrientes, en 5 grados.

La Buena Ventura, en 4 grados.

El puerto de Los Ángeles, en 2 grados.

La Bahía de San Mateo, grado y medio.

El Cabo de San Francisco, un grado.

El Puerto de Manta está debajo de la misma línea y no tiene graduación ninguna.

Desde aquí adelante, a la parte del sur, están los puertos siguientes:

El Cabo de San Vicente 1 grado

La Punta de Guyaquil 2 grados

La Puna 2 grados y medio

Cabo Blanco 4 grados

El Puerto de Paita 5 grados

La Punta de Aguja 6 grados

Mal Abrigo 8 grados

El Puerto de Trujillo 9 grados

[110v] La isla de Sancta en 10 grados

La Barranca en 11 grados y medio

El Puerto del Callao, de Lima 12 grados y medio

El Puerto de Chincha 14 grados

El Puerto de Pisco 14 grados y medio

El Puerto de Nasca 15 grados y medio

Puerto de Sancta Julia 16 grados

El Puerto de Ilo 18 grados y medio

El Puerto de Arica 19 grados y medio

Morro Moreno 23 grados y medio

Puerto de Velas 26 grados
Copiapó 27 grados y medio
Desde aquí comienza la tierra de Chile:
Coquimbo 29 grados y medio
Badía[194] de Tingoy 30 grados
Puerto de Quintero o de Chile 32 grados
Puerto de Valparaíso (el principal de Chile) en 32 grados y medio
La Concepción 35 y medio
Puerto de Carnero 37 grados
Río de la Imperial 38 grados
Valdivia en 40 grados
Osorno en 42 grados
[111] Chiloé en 44 grados, aquí acaba la gobernación de Chile
Los Coronados en 47 grados
La Punta de San Lucas en 50 grados
La Punta de Sancta Dorotea, a la entrada del Estricho de Magallanes
en 52 grados
La Isla de Sancta Inés en 53 grados
La Isla Nevada en 55 grados

No se ha descubierto más tierra de hasta 58 grados de la otra parte del estrecho de Magallanes, ni hasta agora se sabe lo que hay ni de qué está poblada aquella tierra que es año de mil y seiscientos años.

[111v] En esta graduación que se sigue es la mesma que la pasada, salvo que se apuntan algunas cosas que hay en los puertos, ansí como es el embarcaje del vino y de los azogues; pero la pasada es más copiosa en lo que toca desde Panamá al Paita.

[112] Los puertos que hay en toda la costa de los reinos del Pirú, subiendo desde Panamá hasta el estrecho de Magallanes, son los siguientes:

El primer puerto que se toma es Manta. Está docientas leguas de Panamá. Este puerto está debajo de la Lima, que no tiene graduación ninguna. Desde Panamá al Pirú es éste el primero que se toma, y si se pierden, dan en el puerto de la Buena Ventura, que es más abajo. Desde la Buena Ventura al puerto de Guayaquil, está en 2 grados.

Desde aquí se viene al puerto de Paita. Está en 5 grados.

---

[194] Es lo mismo que bahía (*Diccionario de Autoridades*, 1726-1739).

De aquí se va al puerto de Chérrepe, que es puerto de Saña. Está en 6 grados y medio.

Desde aquí, al puerto de Malabrigo. Está en 8 grados.

De aquí al puerto de Guanchaco, puerto de Trujillo. Está en 9 grados.

Desde aquí al puerto de Santa. Está en 10 grados.

[112v] Desde aquí al puerto de la Barranca. Está en 11 grados y medio.

Desde aquí a Chancay. Está en 12 grados.

Desde aquí al puerto del Callao, que es el de la Ciudad de los Reyes. Está en 12 grados y medio. Hay desde Panamá aquí quinientas leguas, por mar.

Desde aquí se sube al puerto de Chincha, donde se embarcan los azogues de Guancavelica para Potosí.

De aquí al puerto de Pisco, donde se embarca el vino de todos los valles de Ica, Chunchanga, Humay y los demás. Está en 14 grados y medio.

De aquí al puerto de la Nazca. Está en 15 grados y medio. También aquí se embarca el vino de aquel valle.

De aquí al puerto de San Juan, que está en 16 grados.

Desde aquí al puerto de Chule. Es puerto de Ariquipa, que se perdió por la ceniza[195]. Está en 17 grados.

Desde aquí al puerto de Ilo, donde hay muy buenos higos. Está en 18 grados.

[113] Desde aquí al puerto de Arica, donde se desembarca tod[a] la ropa para Potosí. Hay desde el puerto del Callao hasta este de Arica ducientas y cincuenta leguas. Está Arica en 19 grados y medio.

Desde aquí se va a Chile, al puerto de Copiapó, que es el primero de aquella gobernación. Y así se van prosiguiendo hasta el estrecho de Magallanes, conforme queda escrito en la dicriptión[196] que queda atrás, de toda la tierra de Chile.

Está Copiapó en 27 grados y medio. Desde aquí comienza Chile.

El puerto de Coquimbo 29 grados y medio.

---

[195] Álvarez anota que se refiere a la erupción del volcán Huaynaputina, que reventó cerca de Arequipa, según más adelante detallará fray Diego. Álvarez, 1987, p. 122, en nota.

[196] Por *descripción*.

Badía de Tingoy, en 30 grados.

Puerto de Quintero o de Chile, 32 grados.

Puerto de Valparaíso, el principal de Chile, 32 grados.

La Concepción en 35 grados y medio.

Puerto de Carnero 37 grados.

Río de la Imperial, 38 grados.

Valdivia, en 40 grados.

[113v] La ciudad de Osorno, en 42 grados.

La Isla de Chiloé, en 44 grados. Hasta aquí llegué.

Los Coronados, en 47 grados.

La Punta de San Lucas, en 50 grados.

La Punta de Sancta Dorotea, a la entrada del estrecho de Magallanes, en 52 grados.

Más arriba del estrecho se ha descubierto la isla de Sancta Inés, en 53 grados.

La isla Nevada en 55 grados.

No se ha descubierto más tierra de hasta cincuenta y ocho grados de la otra parte del estrecho de Magallanes, ni hasta agora se sabe lo que hay ni de qué está poblada aquella tierra, aunque agora van tres navíos al descubrimiento della. Dios les dé buen viaje, qué han de dar vuelta al mundo; pero hasta agora no hay más descubierto de hasta donde tengo dicho, que es [el] año de 1600 años.

[114] Después que pasamos la cordillera por caminos nunca andados, subiendo y bajando cuestas por las quebradas de los ríos, íbamos bojeando[197] los cerros. Por algunas partes era tanta la nieve y el frío, que perecíamos; y cuando veníamos bajando ya a lo llano, veníamos todos a pie, porque la mitad de los caballos se nos habían muerto y despeñado y los que quedaron traían nuestra ropa y sin sillas; de suerte que pude sufrir tanto trabajo con la mocedad. Traía solamente el escapulario como capotillo de dos faldas; y un criado mío, que truje desde Sevilla, no hacía sino decirme:

—Diferentemente anda el hábito de San Hierónimo en Sevilla.

Yo respondía:

—Allí como allí y aquí como aquí.

Que callase y no me diese pena, que bastaba la que yo traía, acordándome, por aquellos desiertos y campos, de las granjas de Mirabel[198]; aunque en frescura mucha más había por acá, porque perecíamos de frío y de hambre.

Y así, cuando llegamos a los llanos del Paraguay y Tucumán, nos tendíamos como caimanes [114v] y comenzamos a pescar unos pescadillos pequeños; y con fuego, que sacábamos con unos palos, los cocíamos en unas conchas y comíamos con aquel maíz; que en cinco meses no comí cinco panes. Luego comenzamos dentro de cuatro días a hallar algunos ranchos de indios, y pocos indios por los campos, desnudos como sus madres los parieron, ansí mujeres como hombres, y

---

[197] Voz náutica, «navegar a lo largo de una costa» (*Diccionario de la Real Academia Española*, 2001). En el texto significa bordear los cerros.

[198] Álvarez anota que «Mirabel era una pintoresca granja sita a cinco kilómetros del monasterio de Guadalupe, que los monjes heredaron, en el siglo XIV, del alcalde de Sevilla, Martín Cerón y en 1492 ofrendaron a los Reyes Católicos para lugar de reposo» (Álvarez, 1987, p. 123, en nota).

todos embijados[199] y feos, que no parecen sino diablos. Y allí dejamos aquellos caballos y tomamos otros, que cogíamos por aquellos campos, que hay muchos. Y como no teníamos sillas ni frenos, que todo lo dejamos en la cordillera, poníamos la ropa sobre el lomo y subíamos encima; y daban a correr con nosotros por aquellos campos y aquí caía uno y acullá otro, que no parecía sino disfraz, y yo decía a los compañeros:

—Bendito sea Dios que vamos jugando cañas[200] sin querer.

Porque algunas veces corrían una legua [115] sin podellos detener, porque como no teníamos frenos, no los podíamos tener hasta que ellos se cansaban de correr y paraban. Y así, unas veces reyendo unos de otros de las caídas que dábamos, y otras veces regañando, pasábamos nuestra mala ventura, con aquellos indios desnudos que nos guiaban, hasta que llegamos un domingo a una ramada donde estaba un clérigo aguardando para decir misa a todos los indios que se juntaban allí de todas aquellas rancherías. Y cuando yo vi al clérigo, comencé a llorar y él conmigo de verme, que no parecía con el escapulario de dos faldas y el sayo saco, sino dominguejo[201]; y así me pidió que le confesase, que había tres meses que no se había confesado porque el clérigo de otro pueblo que estaba seis leguas de allí, había muerto; las cuales iba todas las veces que tenía necesidad de reconciliarse.

Y fuimos a la iglesia, la cual estaba llena de indios [115v] y indias, todos desnudos en cueros, y tan grandotes ellos y tan feos y tan deshonestos, que me causó grandísimo enfado, porque no traen cosa ninguna en las partes vergonzosas sino todo al aire. Y lo que más me enfadaba era cuando servían a la mesa, que se sirven dellos los españoles, cuando llegaban con tanta deshonestidad a quitar alguna cosa de la mesa; y las mujeres están ya tan hechas a vellos ansí las españolas, que no se les da nada y se reían mucho de lo que yo me enfadaba. Y al fin se me representó allí la primera edad; pero con mucha malicia, porque ansí españolas mujeres como indias, como la tierra es tan caliente, son todas muy viciosas. Y supe cosas tantas desta gente, que no

---

[199] *Embijados*, pintados con bija o bermellón.

[200] «Juego o fiesta de acaballo que introdujeron en España los moros» (*Diccionario de Autoridades*).

[201] Americanismo, «persona insignificante, pobre diablo» (*Diccionario de la Real Academia Española*, 2001).

veía la hora que salir desta tierra del diablo, que no hay más cristiandad que en Ginebra, porque cada uno sigue su apetito. Y así diré con brevedad lo que hay en el Paraguay y Tucumán, por no enfadar, tocando de paso en todo.

[116] Y cuando el clérigo quiere confesar a esta gen[te], la cuaresma, tiene una manta de algodón en la iglesia, de comunidad, y pónese el indio aquella manta por los hombros y cúbrese todo; y cuando aquél se levanta, toma otro la manta, y así sirve una manta a todos. Y cuando van a confesar, dicen que van a ponerse la manta y no dicen voy a confesar; y así es verdad que ellos no confiesan; ansí éstos como todos los demás del Pirú, porque así como les pregunta el confesor, si a la primera pregunta responden por una vez o por dos, por allí va toda la confesión, de suerte que por el número que comienzan, por allí acaban; si una vez dicen que no oyeron misa, una vez mataron y una vez fornicaron y una vez hurtaron, y todo el año y toda la vida no hacen otra cosa; y así no van a confesar sino a ponerse la manta. Y no los [116v] sacarán de aquello todo el mundo; y si comienzan a decir la primera vez no, a todo cuanto se les pregunta responden no; de suerte que lo que yo hallo en estos indios de provecho es los niños que mueren baptizados *in fide Ecclesia*[202]. Y los padrinos se procura sean españoles; pero los adultos no sé cómo les sucede, porque yo veo que el día de hoy se están en sus borracheras y en sus idolatrías, y hablan muy de ordinario con el demonio, que les aparece en los bailes que ellos hacen. Y acá en el Pirú se hallan en las guacas dellos, que son sus entierros, cada día, sacrificados y acabados de degollar unos cuines, que son unos animalillos que se crían como conejos de Castilla en los campos, pero de diferente forma, que tienen las pernecitas pequeñas y son como ratones[203]. Aunque por otra parte son muy ceremoniáticos y abrazan bien lo que es [117] procesiones y diciplinas y estas cosas de cofadrías y santos y imágines, porque son como monos que hacen lo que ven. Aunque los padres de la Compañía en Lima y en el Cuzco y en Potosí y en Juli, que es una doctrina que ellos tienen, dicen que hay muchos indios que son buenos cristianos, y les dan la comunión del Sanctísimo Sacramento de la Eucaristía, dicien-

---

[202] Tr., En la fe de la Iglesia.

[203] Abundan en Argentina y otros países de América. En Bolivia se comen como bocado exquisito.

do que son indios y indias de mucha razón. Al fin ellos lo hacen, algunas causas deben de tener para ello; pero ninguna de todas las religiones en sus dotrinas les concede eso, ni a los caciques principales, que son los capitanes dellos y los que parecen de más razón, porque ésos son los que primero se emborrachan en los bailes y fiestas. Y es contento de ver los alcaldes y alguaciles con la vara del rey en la mano, desnudos y descalzos. Y en tardándose de dar al español lo que pide, le coge de los ca [117v] bellos y le da cuatro bofetones, y el alcalde va trompicando por una parte y la vara del rey por otra.

Y ansí anda todo cual Dios lo remedia. Ansí que anda esta gente del Paraguay como bestias, porque cuando mucho trae un indio, es una cuerdecita atada a la cinta y allí sus vergüenzas dad[a]s dos vueltas. Y así pinté el indio embijado, por las espaldas y con pañetes, por no pintalle con la deshonestidad con que ellos andan. Y en algunas lunas, cuando a ellos les parece, toman unas púas muy agudas de unos cardones que hay por el campo y se pasan con ellas el miembro de una parte a otra y se les encona y hincha. Y esto hacen los indios más feroces y luego con unos zumos de hierbas sanan. Y a las viejas, cuando se le muere algún hijo o nieto, luego le cortan una coyuntura de un dedo de la mano, y por allí echan de ver los que se le han muerto. Lo demás que hay en esta tierra diré agora.

[118] Estos indios del Paraguay traen cogidos los cabellos y por entre [e]llos metidas las flechas y el aljaba que traen a las espaldas, tiene al cabo unas plumas de guacamaya de muchas colores con una rueda grande arriba de las mesmas plumas y como les cae entre las piernas por la parte de detrás no parece sino rabo y cola de diablo y como ellos están desnudos y embijados y son tan grandotes con las flechas en la cabeza con aquella cola del aljaba no parecen sino figuras de diablos muy feos.

[118v] Pie del dibujo: «Indio del Paraguay, de los calchaquíes. Come carne humana todas las veces que la puede haber. Sirven en la guerra y son muy valientes».

El puerto de Buenos Aires está en el mar del norte, cincuenta leguas la tierra adentro. Dícese éste el puerto porque desde aquí se va por agua dulce, un río abajo, estas cincuenta leguas; el cual río se llama de la Plata y por otro nombre el Paranaguacu en lengua de aquella tierra, que quiere decir río grande; y tan grande, que tiene de boca, cuando entra en la mar, cuarenta leguas de traviesa, de una orilla a otra. Y así es este el río más caudaloso de toda la tierra firme y de más pescado.

Este río es tan grande porque recoge todos los ríos que corren de la parte del norte, más de seiscientas leguas, que son sin número y todos caudalosos, que en tiempo de aguas no se vadean. Y por la parte del sur coge todos los que bajan del Paraguay, desde la cordillera, que son otras quinientas leguas y más. Y navégase en este río con bergantines, de ordinario, y algunas barcas.

Una de las mayores curiosidades que en este río hay es que, orilla del, se crían muchos árboles, [119v] y algunos dellos de cierta especie, que es como madera de encina. Caen las ramas dentro del agua y por tiempo viene el agua a convertir aquella madera en pedernal, tan fino que se saca del fuego; y por ser tan fino, no usan otros en las escopetas; de manera que la rama que está fuera del agua es madera, y lo que está en el agua pedernal. Y desto vi yo en casa del obispo un gran pedazo, que por curiosidad se lo trujeron y el medio era de madera y el otro medio, estando contino, era pedernal. Y en el Nuevo Reino, en el río del Marañól, hay los mesmos árboles y el agua hace el mesmo efecto, que convierte la madera en piedra. Esta es una cosa que me admiró mucho cuando la vi.

Navégase en este río con mucho cuidado, por los muchos indios de guerra que andan por él con canoas. Y de noche, como se duerme de ordinario en tierra, a la orilla, matan a los españoles, como mataron a los generales Juan de Garay[204] con toda su gente, que fue el que [120] pobló a Buenos Aires y a Sancta Fee. Llámase Buenos Aires, no tanto por ser buen temple como por los grandísimos vientos que de ordinario hace, por estar en tierra llana y escombrada. La muerte deste general fue junto a la fortaleza de Gauoto[205], y tres leguas adelante estaba don Alonso de Sotomayor, invernando con su gente, que eran cuatrocientos hombres. Mataron también al general Bartolomé de Sandoval[206], y al general don Iñigo de Velasco con toda su gente. Fue la muerte de ésos entre Sancta Fee y los Remolinos.

En el Paraguay se cogen todas las fructas de Castilla en abundancia, y mucha caza de todas maneras. Hay aquí, por los campos, tanta abundancia de yeguas y caballos cimarrones, que es decir sin dueño, en más de sesenta leguas hasta llegar a la mar por la costa abajo, que no se pueden numerar, sino que cubren el sol y la tierra, de manera que parecen montañas. Estos caballos trujeron aquí los conquistadores, que fue Cabeza de Vaca y sus compañeros; y los soltaron por los campos, y han multipli [120v] cado tanto como está dicho. Y para coger los potros van en otros caballos muy ligeros, y corren los que van encima sin silla, de causa que el caballo que llevan para coger los potros, lleva atada al cuerpo, por detrás de los brazuelos, una guasca, que es una soga de cerdas; y el que va encima, lleva en la mano el cabo de la soga hecho lazo en una caña larga, y cuando llega a dar alcance al potro, échale aquel lazo por la cabeza y el caballo que va tras el potro, siente luego cuándo está asido, y para y hace piernas y tiene hacia atrás como si fuera una persona. Y algunos potros tiran tanto y están tan furiosos, que muchos potros se quiebran las piernas y los que van encima se apean porque no les suceda desgracia con el forcejar del uno y del otro; y llegan al potro y poco a poco le traen la mano por los pechos y el pescuezo, y aunque bufan mucho, como son cas-

---

[204] Juan de Garay (1528-1583), explorador y colonizador español, segundo fundador de Buenos Aires. Embarcó en 1543 hacia Perú en la flota del virrey Blasco Núñez de Vela, con su tío, el oidor Pedro de Zárate.

[205] Tal vez Cavoto. Juan de Garay murió a cuatro leguas de la fortaleza de Cavoto en 1583.

[206] Bartolomé Sandoval, caballero notable de la ciudad de Mérida, entró a Tucumán con el gobernador Gonzalo de Abreu y Figueroa.

tellanos luego se amansan y les echan unas jáquimas[207] y los atan a los pescuezos de otros caballos que llevan para este efecto, y luego caminan con ellos.

[121] Deste puerto de Buenos Aires hay dos caminos, el uno para el Paraguay y el otro para Tucumán, y también para Chile y para el Pirú. El río arriba es el camino de la ciudad de Sancta Fee, que es el primer pueblo del Paraguay, pueblo donde hay dos conventos, de San Francisco y de la Merced. Es pueblo muy proveído y abundante de todas fructas, ansí de Castilla como de la tierra; mucho pescado y mucho algodón, y carnes, en particular de caza de venados, avestruces[208], liebres y ciervos grandes. Y los indios andan vestidos de las pieles destos animales, y las mujeres también; pero los indios de los pueblos de los españoles, usan de algodón. Hay desde el puerto de Buenos Aires hasta esta ciudad 80 leguas, todo el río arriba, que tiene muchas islas, que es menester buen piloto para no perderse.

Desde aquí se va a otro pueblo que se llama Las Corrientes, por el mesmo río, que hay sesenta leguas. Este es pueblo nuevo, que habrá 14 años que se pobló. Fue el poblador el licenciado Torres de Vera[209], para refugio de los caminantes y para tener título de vecino, que es ser señor de indios. En este pueblo hay la mesma abundancia que en el pasado, y en él mucha madera y muy buena. Dos jorna[da]s de aquí son los Remolinos, donde fue la muerte de los generales que atrás dijimos. A la una banda deste río y de la otra, son todos los indios de guerra y así se ca [121v] mina todo por el río. Hay, también, muchos tigres[210] y muy grandes y muy bravos, y matan muchos indios cuando están durmiendo; y son tan grandes los mayores como un ternero de cuatro meses, y tan fuertes que matan un caballo y le arrastran, y se comen un indio de una comida; el pellejo muy pintado y muy galano.

---

[207] «La cabeza del cordel con que se hace el cabestro para atar las bestias» (*Diccionario de la Real Academia Española*, 1817).

[208] En América se les conoce como ñandú, del guaraní *ñandú*. Ave corredora americana, muy veloz, que habita las grandes llanuras, se alimenta de plantas e insectos y anida, como el avestruz, en depresiones del terreno.

[209] Juan Torres de Vera y Aragón (1535-1610). Conquistador español, fue oidor de la audiencia Chilena de Concepción y gobernador militar de Chile. Fue también adelantado del Río de la Plata.

[210] Felino americano también conocido como puma.

Desde aquí se aparta un camino por tierra, por el cual se va a otro pueblo que se llama el Río Bermejo y los españoles le llaman la Concepción. Hay 42 leguas, todo de tierra llana y de mucha arboleda. Este le pobló Alonso de Vera[211], sobrino del licenciado Torres de Vera. Lo que hay notable es que para pasar deste pueblo a nuestra Señora de Talavera de Esteco, hay un pantano de más de dos leguas, el cual hacen los indios cada año. Cuando vienen de avenida los ríos del Pirú, abren por algunas partes las orillas que tienen como diques de Flandes, y sale el agua de la madre y tiéndese por todo el campo; y con ella sale mucha abundancia de pescado, y para tenello allí, hacen esto los indios; que dura estar este agua sin enjugarse, cuatro meses. Y todos estos cuatro meses se camina por esta agua, que da de ordinario a la barriga y algunas veces a los arzones de las sillas; y así, los que caminan van con calcetas y zaragüelles de lienzo; y los caballos están tan diestros, que andan bien, aunque en todo el día no se caminan más de solas estas dos leguas. Y está [122] todo este pantano lleno de palmas muy altas, pero no llevan fructo de dátiles, del mucho vicio; y en ellas y en otros muchos árboles que hay, se crían las garzas, de donde se cogen los airones[212] y plumas para las gorras, que son muy curiosos.

Toda esta tierra es tan fuerte que, con ser todo lodazal, no caen los caballos; y el agua está sosegada y quieta y muy clara, que se ve el pescado y el camino debajo della. Y en pasando el tiempo de las aguas, vuelve luego a enjugarse el agua y los ríos van por su madre. Esta provincia se llama de los frentones, que es una gente muy altos de cuerpo y desnudos y son muy feroces y fuertes; y bestiales porque aunque entran en los pueblos de los españoles, no cubren sus vergüenzas. Andan embijados, como lo muestra la pintura del indio que queda atrás, pintado de espaldas por no pintalle con la desvergüenza que ellos andan. Traen las cejas y el cabello de la mollera y las pestañas, traen de contino rapado, que no parecen sino figuras de diablos; y las mujeres, de la mesma suerte, salvo que lo que los hombres traen de co-

---

[211] Alonso de Vera y Aragón. Teniente de gobernador del Río de la Plata entre 1587 y 1591.

[212] «Cierta cantidad de plumas negras de diferentes aves con las que se formaba un penacho, llamado antes Martinete», y usado para decorar sombreros o prendas. *Diccionario de Autoridades*.

lores embijado el cuerpo, ellas se labran el rostro y las carnes con fuego, desde que comienzan a tener su costumbre[213], cada mes; y en cada luna se van labrando, comenzando desde el rostro y luego los pechos, y por este orden todo el cuerpo.

[122v] Hay notable en esta provincia de los frentones mucha miel, sin que los indios tengan cuidado de colmenas, sino que las abejas son muchas y muchos enjambres que buscan los güecos de los árboles, y allí ponen sus panares[214]; y los indios rajan el árbol y sacan la miel y la cera, en tanta abundancia, que llevan a vender a Potosí. Y es miel blanca y muy dulce. Las abejas son pequeñas y no pican ni tienen aquel aguijón que las de Castilla. Hay también mucho magno, que es la cochinilla[215], y mucha yerba azul[216] que se llama añil, y otras raíces de que hacen verde y amarillo muy fino, con que tiñen todas las ropas y algodones de que usan los españoles. Hay muchas perdices de tres o cuatro maneras, y las unas son tan grandes como gallinas.

Y en pasando aquel pantano de aquellas dos leguas que dijimos, para ir a Esteco hay noventa leguas y en ellas no hay río ninguno sino algunas aguadas, a manera de pozos, a 6 leguas y a 8, que son las jornadas de carretas. Hay por el camino muchos algarrobos y otros árboles; y se llama el algarrobo, en la tierra de los llanos del Pirú, guarango; y con la fruta destos se sustentan los caballos; y los puercos engordan mucho, y es también el sustento de los indios y hacen della azua[217], que es chicha o vino, y algunas harinas de que los indios usan.

[123] En blanco.

[213] Tener su costumbre equivale a tener la menstruación.

[214] Por *panales*.

[215] Cochinilla o *Dactylopius coccus costa*, insecto que se cría en el nopal. Durante la Colonia fue muy apreciada, pues de ella se extrae la grana cochinilla, un tinte de encendido color rojo carmín.

[216] También conocida como índigo o añil, planta con cualidades tintóreas muy asociada al algodón, desde épocas prehispánicas.

[217] O chicha, «bebida alcohólica que resulta de la fermentación del maíz» (*Diccionario de la Real Academia Española*, 2001).

[123v] Pie del dibujo: «India del Paraguay, de las charrúas[218] de guerra».

[124] Pie del dibujo: «Indio del Paraguay, de los Promaucaes de guerra».

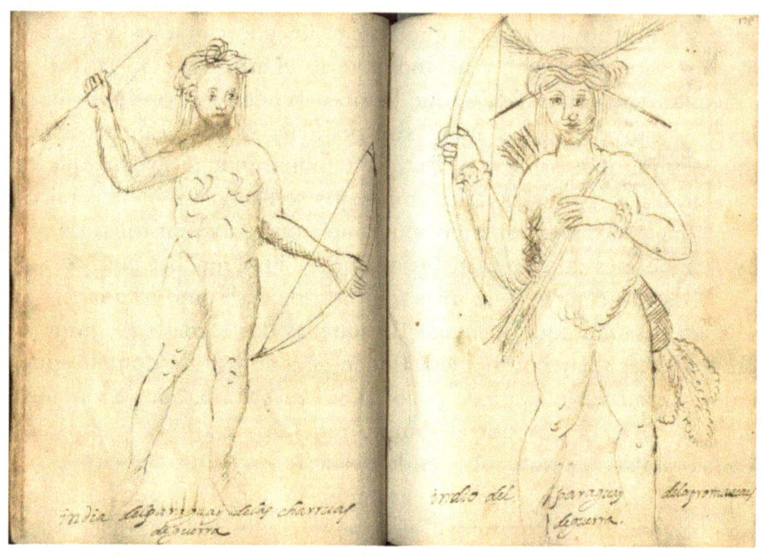

[124v] En blanco.

[125] Volviendo agora al otro camino del río arriba de las Corrientes que dijimos, se va a la ciudad de la Asumpción, cabeza de la tierra del Paraguay. Hay desde las Corrientes a esta ciudad 50 leguas, por el mesmo río por donde van los bergantines y barcas. Aquí está la catredal y el obispo. Tendrá esta ciudad casi tres mil hombres, y mujeres más de siete mil, y buen mujeriego, hermosas. Aquí también está el gobernador. Hay frailes de San Francisco y de la Merced y padres de la Compañía de Jesús. Aquí se hacen los bergantines y las barcas para bajar al puerto de Buenos Aires; y en ellas bajan todo género de mantenimientos para llevar a vender al Brasil. Aquí se coge

[218] «Se dice del individuo de los pueblos amerindios que habitaban la costa septentrional del Río de la Plata» (*Diccionario de la Real Academia Española*, 2001).

mucho vino y bueno, mucha caña dulce y mucha azúcar; y las güertas están cercadas de limas y naranjas muy espesas y es buena cerca, y de cidras y toronjas, porque tienen muchas púas y se enredan unas con otras y no se puede romper por ellas.

Desde aquí se va al Guaira, que está 60 leguas de la Asumptión; no el río arriba porque ya no hay más pueblos en él, sino a un lado a mano izquierda, al sur. En este camino de Guaira, está aquel salto [125v] de aquel río tan famoso y nombrado por toda esta tierra: que va el río por tierra llana y luego, todo junto de golpe, cae en una parte muy honda y es tanto el ruido que hace cuando cae, que se oye mucho espacio, porque el río es muy caudaloso y lleva mucha agua y este río se atraviesa de una parte a otra, y es menester tomar más de dos leguas arriba, porque la corriente no lleve las canoas al salto del agua, como ha acaecido alguna vez. Aquí en Guaira hay unos cocos, se crían debajo de la tierra y por tiempo revientan, y con tanto ruido como si dispararan una escopeta; y dentro dellos hay unas puntas de cristal de todos colores y tan labradas y vistosas, que es maravilla de ver[219]. Son como medios calabazos, que sirven de vasos para beber. Aquí también se han descubierto minas de yerro, que han sido de mucho provecho para la tierra. Desde aquí se va a otro pueblo que se llama Corasidera, que en lengua castellana quiere decir lucero del día, 40 leguas de Guaira. Aquí hay mucha multitud de indios. Desde aquí se va a Santiago, pueblo nuevo, otras 40 leguas; [126] y desde aquí se va por tierra hasta el Brasil, que serán 70 leguas. Y aquí acaba la tierra del Paraguay.

---

[219] Tal vez se refiere a las drusas de cuarzo, una drusa es un mineral de puntas que comparte una misma base.

En toda esta tierra que habemos dicho, desde Buenos Aires hasta este último pueblo de Santiago del Paraguay, hay muchas naciones de indios en gran multitud y de diferentes costumbres; pero todos andan desnudos, y algunos, aunque pocos, usan de una manta cuadrada que traen sobre los hombros, de pellejos de nutria, que tiene un pelo muy blando; y en tiempo de calor traen el pelo afuera y en tiempo de algún fresco, el pelo adentro. La nación más principal es la de los guaraníes[220], que por otro nombre los llamamos los españoles chiriguanaes. Estos tienen a todos los demás indios por esclavos, y éstos son de más razón y más belicosos; y su lengua es como general, porque se habla en más de dos mil leguas, que hay desde el Brasil a Sancta Marta. Hay otra nación que se llama guaicuros y guatataes, que también no se han sujetado a nadie. Sirven solamente cuando hay guerras de ayudar a los españoles, y esto sin que los llamen, sino que ellos se convidan por solo el vicio que tienen de matar y comer a los que matan, sin per[126v]donar a ninguno; y de contino están de noche apartados, que no se juntan con los españoles; y los demás indios los temen mucho, porque son crueles y no dan vida a ninguno de los que vienen a sus manos, mientras dura el pelear.

Después destos, hay otras naciones de diferentes costumbres, que los que captivan, españoles o indios, los tienen guardados, y se sirven dellos como de esclavos; y de los indios de su parte, que quedaron heridos, si muere alguno de las heridas, matan luego otro por él de los que tienen presos, indios o españoles. Y este que matan se le comen

---

[220] Del guaraní *abá guariní*, hombre de guerra. «Se dice del individuo de un pueblo que, dividido en muchas parcialidades, se extendía desde el Amazonas hasta el Río de la Plata. Lengua hablada hoy en el Paraguay y en regiones limítrofes, sobre todo en la provincia argentina de Corrientes» (*Diccionario de la Real Academia Española*, 2001). El guaraní era, como consigna Ocaña, la lengua franca en Sudamérica.

en sus borracheras. Hay otras naciones tan bestiales en sus costumbres, que por curiosidad no se pueden dejar de decir aunque de suyo no son honestas, por ser costumbres entre [e]llos muy usadas y en muchas partes y tierras. Una es, que se llaman los charrúas[221], que cuando cautivan a algunos españoles, los llevan a sus casas; y estos indios son muy feroces y valientes; y pelean con unas bolas atadas en unas cuerdas de niervos[222] de guanacos y de avestruz, que dan con un caballo en tierra; y estas bolas son de piedra. Y salen a las playas a llamar a los españoles que vengan a pelear con ellos. Son las bolas como naranjas grandes. [127] A estos españoles que llevan presos a sus casas, como los tienen por gente que les resiste, los tratan bien y no los matan, antes les dan sus hijas para que duerman con ellos y todas las que ellos quieren, porque queden preñadas y tengan casta de gente valiente; y cuando algún español no quiere admitir a las indias que le dan, por no morir en aquel pecado mortal sin confesión, les escupen a la cara y los tienen por gente vil y les hacen trabajar en las pescas y cazas.

Las casas de todos estos indios son como balcones largos, con muchas puertas, de suerte que todo un pueblo es un balcón; y esto hacen porque se hallen todos juntos cuando hay algún rebato, para estar prestos para pelear. Y son tantos estos indios, que de los que captivan dan a un español, por una bacinita de azófar[223] o una hacha de yerro, dos muchachas; y dan antes las muchachas que no los muchachos. Y los que hacen esto son los indios de los pueblos de Guaira, y Coracivera y otro que se llama Santiago. Hay otras naciones de chanaes y quirandíes, que tienen por costumbre venirse a ver unos a otros, y pasan en canoas de una parte a otra del río; y los de la otra parte, cuando los ven venir, los salen a recebir y los llevan [127v] a sus casas y les dan de comer o cenar, conforme a la hora que llegan. Y al tiempo del dormir, se va el dueño de la casa fuera y le entrega la mesma mujer suya o alguna hija o hermana con las cuales duerme el güésped todos los días que allí está; y el otro no vuelve a su casa hasta que se va

---

[221] Los charrúas eran una tribu que habitaba la banda oriental del río Uruguay, en la actual República de Uruguay y parte del estado brasileño de Rio Grande do Sul.

[222] Lo mismo que nervios (*Diccionario de Autoridades*, 1726-1739).

[223] «Latón» (*Diccionario de la Real Academia Española*, 2001).

el güésped, ni a dormir ni a comer, sino que queda el güésped señor de toda la casa. Y lo mesmo hacen los del otro pueblo cuando estotros van a vellos, y les pagan en la mesma moneda el hospedaje.

Hay otra costumbre entre esta mesma gente, más bestial que ésta: y es, que cuando algún cacique o algún indio principal y valiente que ellos llaman capitanes, cuando quiere casar alguna hija con otro indio principal, da aviso por todos aquellos pueblos cómo la hija de tal cacique se quiere casar, que para tal luna acudan allá; y a ella la ponen en una casa hecha de esteras, con indias que la sirven, y no sale de allí; y mientras vienen los indios de los pueblos de alrededor, los padres cogen mucho pescado y caza, y hacen mucha chicha de maíz para celebrar la boda y dalles de comer. [128] Y el estar la hija en aquella casa de esteras, es para que cuantos indios vienen de los pueblos, gocen della como de una mujer pública de las mancebías de España, la cual admite a todos y no ha de desechar a ninguno, y los ha de recibir una vez a cada uno, y todos le van ofreciendo de lo que llevan, que son: unos, pellejos de nutrias y otros arcos y flechas, y sartas de cascabeles, que son unas conchillas del río, y otros llautos[224] de lana colorada, que son como listones para la cabeza. Y dura el estar allí todo el tiempo que [es] menester, para que cada uno llegue a ella una vez. Y estas tales hijas de caciques no se casan sino ya grandes, de 20 años para [a]rriba; y el último de todos que entra es el que está concertado para ser marido, el cual no la conoce antes ni le consienten que llegue a ella hasta entonces; y aquello que los otros indios le han dado, recoge todo para él, que [e]s el ajuar que le dan con la señora. Y con esto queda muy honrado y rico, que tal sea su salud como es su costumbre. [128v]

Hay otra nación que se llaman calchaquíes. Son muy valientes. Estos comen carne humana todas las veces que la alcanzan, y son muy caribes[225]. Y los muertos no los entierran, sino se los comen; y no solamente los que matan en la guerra, sino sus mesmos hijos cuando mueren, diciendo que lo que [e]llos parieron no se tiene de enterrar sino que ha de volver a sus vientres. Y los güesos los ponen en unas es-

---

[224] El *llauto* era una especie de turbante que usaban los incas principales.

[225] «Hombres crueles e inhumanos», por alusión a los indios que habitaban el Caribe. (*Diccionario de la Real Academia Española*, 2001).

portillas[226] y los untan por de fuera con un barro colorado como almagre, y los cuelgan en las casas y los tienen delante de los ojos. Y siempre están llorando las indias, ansí por los muertos, como cuando el marido falta de casa o hijos o hermanos, por el cansancio que llevan por el camino. Otras muchas costumbres hay de que poder escribir, pero por no ser largo las dejo, y solo he puesto éstas por ser tan notorias y tan usadas entre esta gente. Y así queda dicho todo lo que hay en el Paraguay; y agora volveremos al otro camino que va del fuerte de Gauoto para Tucumán, que [e]s tierra firme a la parte del norte.

[129] Estos indios que agora se siguen son de Buenos Aires y del Tucumán, y aunque andan desnudos como los del Paraguay, muchos dellos y todos los de los pueblos de los españoles traen unos pellejos de tigres y de nutrias, de que se visten. Su habitación destos es debajo de tierra, en unas cuevas. Vive toda una parentela en una cueva destas; y el verano traen el pellejo, el pelo afuera y el invierno que hace buen frío traen el pelo adentro. Por el mes de junio y julio y agosto es el frío y el invierno en todo el Pirú, y nieva en las punas[227] en estos meses mucho.

El sustento [129v] ordinario de todos estos indios de Buenos Aires y del Paraguay es pescado, que hay mucho, y caza. Particularmente hay muchos tigres; y las perdices son tan bobas, que cuando los hombres van caminando, van cazando desde las mulas perdices, porque llevan unas cañas en las manos y al cabo de la caña un lazo hecho de cerdas; y en viendo la perdiz, lléganse con la mula y écha[n]le el lazo al cuello, y traen la caza a la mano como quien pesca. Y así decía yo que [e]n todas las cosas era esta tierra al revés de Castilla, porque en la tierra se pesca, y en la mar se cazan unos lobos marinos, que salen a tierra y aúllan, propiamente como lobos. [130]

No son indios éstos muy belicosos, aunque los de guerra han desafiado muchas veces a los españoles, que van con las canoas por el río arriba y si no se alojan con cuidado, los matan de noche. Son todos

---

[226] Canasta de dos asas. Se usa también para una bolsa estrecha de cuero o de piel.

[227] Voz quechua, usada en América Meridional para designar un páramo, soroche o «tierra alta, próxima a la cordillera de los Andes» (*Diccionario de la Real Academia Española*, 2001).

de ordinario indios muy ligeros, que cogen un potro; y mucha de la caza la cogen por pies, corriendo; y corren dos leguas por toda la tierra, que [e]s muy llana, sin cansarse. Son en todas sus cosas como bestias, ansí en costumbres como en todas las demás cosas, porque no hay entre [e]llos pulicía ninguna ni discurren en nada. Las mujeres tienen la facilidad de las demás. Usan los varones de llauto en la cabeza.

[130v] Pie del dibujo: «Indio del Tucumán y de Buenos Aires».

[131] Pie del dibujo: «Traje de las indias de Buenos Aires y Tucumán».

[131v] En blanco.

[132] Agora habemos de decir del Tucumán, al cual se va por el otro camino, que dijimos que se apartaba en el fuerte de Gauoto; todo por tierra llana, camino de carretas, sobre la mano derecha, hacia el norte.

Al primer pueblo que se llega es San Hierónimo de Córdoba, 80 leguas y más del fuerte de Gauoto. Habrá 30 años que se pobló este pueblo. Fue su poblador don Hierónimo Luis de Cabrera[228], gobernador que fue del Tucumán. Aquí, en este pueblo, es toda la contratación del Paraguay, y de Chile y del Brasil y de Buenos Aires, porque está en el paso de todas estas partes; y de aquí llevan los pasajeros carretas con bueyes para todas estas partes, donde llevan matalotaje para todo el camino, de lo que es menester, y las mercaderías que los navíos traen. Este pueblo es grande, de mucha gente de [e]spañoles. Hay en él tres conventos, de San Francisco, de la Merced y de la Compañía. El temple es bueno, con buenas aguas. Es más frío que caliente; buena cosecha de pan y vino, y gran cantidad de ganado vacuno, que se lleva hasta Potosí a vender. Mucha caza por aquellas pampas, de avestruces, de guirguinchos[229], que son como puercos pequeños, y al[132v]gunos guanacos y liebres y muchas perdices y francolines[230], pero diferentes de las de España en el color y en lo demás, que son como gallinas. Aquí se hace mucha ropa de algodón y lana que sirve

[228] Jerónimo Luis de Cabrera (1528-1574). Conquistador español que nació Sevilla y murió en Santiago del Estero, Argentina. Fue gobernador de Tucumán (1572-1574) y fundó la ciudad de Córdoba.

[229] Del quechua *quirquinchu*. «Mamífero, especie de armadillo, aproximadamente de 48 centímetros, de cuyo carapacho se sirven los indios para hacer charangos» (*Diccionario de la Real Academia Española*, 2001).

[230] «Ave del orden de las Galliformes, del tamaño y forma de la perdiz, de la cual se distingue por el plumaje, que es negro en la cabeza, pecho y vientre, y gris con pintas blancas en la espalda. Tiene un collar castaño muy señalado» (*Diccionario de la Real Academia Española*, 2001).

de tejer el algodón. Este es de muchos colores, de que hacen sobre-camas. Y las indias, enseñadas de las españolas, son grandes labrande-ras; y así tiene cada española treinta y cuarenta muchachas indias, que las ocupan en labrar y amasar y cocinar y lavar; y sírvense dellas con sola la comida y vestido que les dan.

Esta provincia se llama de los comechingones[231]. Las costumbres de los indios es muy diferente de los del Paraguay, porque es gente más política y anda vestida, aunque aquí en esta provincia andan algunos desnudos y cubiertos con sola una manta de pellejo de venado; pero en pasando de aquí, todos andan vestidos.

En todo el Tucumán, las viviendas y moradas son en cuevas, debajo de tierra; y toda una parentela vive en una cueva destas. Y por ser esta tierra de Tucumán tan caliente y estar [133] todo el día sentadas, y ser ellas demasiadamente viciosas en vicio de carne, y descuidadas en lavarse, les da enfermedad de cáncer en las partes secretas; y si las amas no tienen cuidado de mirallas, se les mueren muchas.

Desde esta ciudad hay dos caminos, uno para Chile y otro para Santiago del Estero, el que va a Chile. Es también camino llano, hasta llegar a la cordillera general. Van a un pueblo que se llama la Punta de los Venados, 45 leguas de Córdoba. Aquí no hay cosa nueva, por ser el pueblo nuevo, para refu[g]io de los pasajeros que pasan a Chile, en los seis meses del año que se abre la cordillera. Desde aquí se va a San Juan de Cuyo, y a otro pueblo que se llama Mendoza, que están al propio pie de la cordillera. Y todos estos pueblos, aunque están de estotra parte de la cordillera, son de la gobernación de Chile, porque los poblaron gente de allá para abrir camino y tener comunicación con los de Tucumán. Está San Juan de Cuyo 25 leguas de Mendoza, a un lado. Estos pueblos proveen al Tucumán de vino y pasa y higo y camuesa y manzana; [133v] y ellos llevan del Tucumán lienzo de algodón y cordobán y madera y sayales y cordellates[232] y miel; y en esto tratan los unos con los otros.

---

[231] «Se dice del individuo de un pueblo amerindio, perteneciente a los grupos que, en la época de la conquista española, habitaban en las sierras de Córdoba y San Luis, en la Argentina» (*Diccionario de la Real Academia Española*, 2001).

[232] «Cierto género de paño delgado como estameña. Llamado así por el cordoncillo que hace la trama» (*Diccionario de Autoridades*).

Volviendo al otro camino real, que va desde Córdoba a Santiago del Estero, hay 80 leguas. Esta ciudad es la cabeza de la gobernación de Tucumán. Aquí está de ordinario el gobernador, y el obispo con su catedral, y tres conventos, San Francisco, la Merced y la Compañía. Desta ciudad salieron los pobladores de todos los demás pueblos. El temple es bueno, como el de Castilla, invierno y verano; y así se dan en él todas las fructas de Castilla y mucha cantidad de algodón, que [e]s toda la riqueza de la tierra. Aquí hay dos ríos grandes y caudalosos, el uno se llama el río Salado porque es el agua gruesa, y el otro el río Dulce. Tienen mucha suma de pescado, que es el mantenimiento ordinario de los indios, aunque de la caza se sustentan más. Orillas destos ríos están todos los pueblos de los indios, [134] todos de paz y cristianos, y con sus iglesias y doctrinantes de clérigos y frailes. Y estos pueblos son todas las rentas de los encomenderos, porque les labran toda la ropa de algodón que se saca para Potosí y para los Charcas; y así todas sus haciendas y rentas son en ropa, aunque tienen también muchas estancias de ganados de yeguas y mulas, que todo se vende en Potosí.

De aquí se va a otro pueblo que se llama San Miguel de Tucumán, 25 leguas a un lado. Está junto a la sierra. Es pueblo muy fresco porque en todas las casas hay güertas de todas fructas de Castilla. Hay tres conventos, aunque es pueblo pequeño, de San Francisco, la Merced y la Compañía. Aquí no se coge algodón sino muy poco; pero cógese mucho lino de Castilla, de que se sustentan para lo necesario de sus personas. Sus tratos son de ganados; y por la mucha madera que tienen, se hacen aquí todas las carretas que se gastan en el servicio desta gobernación; y de aquí también se proveen de sillas y ventanas, y todo [134v] lo demás que es menester de madera. Pásanse cuatro ríos en este camino, muy caudalosos, de mucho pescado y tanto, que cuando echan el agua a las chácaras, quedan los campos en aquel cieno llenos de anguilas. Este pueblo quemaron los indios de guerra que bajaron de la sierra, porque las casas eran de paja; pero la gente se libró, ansí mujeres como hombres, que no se quemó sino sola una persona. Comidas tiene este pueblo todo lo que ha menester, con abundancia.

A un lado de la mesma sierra está otro pueblo que se llama La Rioja, 40 leguas de San Miguel; pueblo nuevo que le pobló Juan

Ramírez de Velasco[233], gobernador que fue del Tucumán. Es buen temple; hay grandes higuerales y mucha caza para los indios; pescado poco, porque el río que tiene es pequeño. No hay cosa notable en este pueblo.

Por el otro camino de Santiago del Estero, que es el real, se va a nuestra Señora de Talavera de Esteco, que está cincuenta leguas de Santiago. Hay dos ríos caudalosos en el camino, muy [135] grandes que se ha ahogado mucha gente; y por estos ríos entran de la mar muchos dorados, que [e]s un pescado muy regalado; y de otros pescados son muy abundantes. Alrededor desta ciudad de Esteco, hay muchos pueblos de indios de paz, y por todos los campos hay grandísima suma de pollitos de avestruces en el verano, los cuales crían las indias para comer en sus fiestas; y los avestruces grandes son tantos, que cubren los campos, y son muy vistosos y muy pintados, con muy galanas plumas; y destas hacen los indios muchos plumeros para cubrir sus carnes, que aquí andan muchos dellos en cueros. Hay dos conventos, de San Francisco y mercinarios. Es el temple deste pueblo bueno, donde se coge vino y fructas en abundancia, muchas palomas y patos de monte. El trato de la gente es en algodón; y aquí hay mucha miel, de que hacen gran suma de turrón, que se lleva a Potosí, y en lugar de almendras echan pepitas [135v] de zapallos, que son como almendras muy blancas y sabrosas. Tiene mucho servicio de indios y indias, que de contino labran cosas de algodón; y por el río arriba hay muchas poblaciones de indios. Y adelante está la villa de las juntas pueblo pequeño aunque muy rico de estancias de ganados; y si los tigres no matasen mucho, no cabrían por los campos, porque multiplican mucho. Aquí no se da algodón y vino poco. No hay cosa notable que decir deste pueblo mas de que se saca mucho ganado. Desde Esteco a las Juntas hay 25 leguas.

Desde aquí se va a la ciudad de San Bernardo de Lerma, valle de Salta, que [e]s otras 25 leguas. Está a la falda de la cordillera. Habrá 20 años que se pobló este pueblo. El temple es bueno y el trato es todo de ganados, y de mulas que llevan a Potosí. No hay cosa notable en este pueblo más de que se pasa un río muy caudaloso que se llama el río de Ciancas; llámase ansí porque mataron aquí los indios

---

[233] Fundador de la ciudad argentina de La Rioja, nació en 1535 en La Rioja, España y murió en la ciudad de Santa Fe, Argentina en 1597.

de guerra al licenciado Ciancas, con muchos españoles. Pobló este [136] pueblo el licenciado Hernando de Lerma[234], gobernador que fue de Tucumán.

Desde aquí se va a San Francisco de Álava de Jujuy[235]. Hay 14 leguas, todo sierra y pantanos y ciénagas y ríos; y desde aquí hasta el Paraguay es todo de tierra llana, que se anda todo con carretas; aunque hay algunos montecillos, pero el camino va siempre por llano, que son más de 400 leguas. Este es el último pueblo del Tucumán, saliendo al Pirú. Aquí hay lo que en los demás pueblos que es buen temple y mucho ganado, y mucha arboleda en un río muy grande y caudaloso, de mucho pescado. Sirven aquí, en este pueblo, indios ya vestidos a uso del Pirú. En este pueblo hay grandes noticias de minas de plata y oro, aunque no hay vetas descubiertas porque los indios no las quieren descubrir porque no les hagan trabajar en ellas. Y por los in[s]trumentos de guairas que hay, del tiempo del Inga, se entiende haber mucho oro y plata, aunque no se labra agora de presente. [136v]

Pobló este pueblo don Fernando de Zárate, gobernador que fue del Tucumán; y poblaron estos pueblos los gobernadores porque les da el rey por cada pueblo 4.000 pesos en la caja de Potosí, fuera de 3.000[236] que les da de salario por su oficio de gobernador. Y este pueblo de Jujuy fue primero poblado dos veces por el general Pedro de Zárate; y ambas a dos le destruyeron los indios de guerra, que son belicosos; y la última vez fue lo peor porque mataron a todos los españoles y quemaron la iglesia y llevaron los ornamentos. Y la razón por qué agora no le destruyen, es por estar tan cerca el otro pueblo de Salta, que en un día y una noche le socorren cuando hay juntas de indios. Alrededor destos pueblos de españoles, hay una nación de indios que se llaman lules, que quiere decir ladrones; los cuales nunca siembran, son belicosos y valientes, y al tiempo de las cosechas, cuando los otros in[137]dios tienen cogidas sus chácaras, vienen gran número destos, ansí varones como mujeres, y todos traen cornetillas de calabaza y de cuerno y vienen por los montes tocando todos, y los

---

[234] Fundó en 1582 la ciudad de Lerma en Salta.

[235] Álvarez anota que Jujuy se halla a 1230 sobre el nivel del mar. Fue fundado por Francisco de Argañaras, en 1592, por orden del gobernador Zárate. Álvarez, 1987, p. 139, en nota.

[236] En el texto aparece «3000 mil», con los ceros tachados con una raya muy tenue.

otros cuando los oyen les dejan la ropa y las comidas y huyen porque no los maten; y ellos cargan cuanto pueden llevar a cuestas, ellos y sus mujeres, del maíz que los otros tienen y de las demás cosas. Y como ellos vienen desnudos y no les pesa la ropa, cargan mucho; y con esto y pescado que ellos tienen y mucha caza, no vuelven hasta otro año.

En este pueblo de Jujuy no hay conventos ni hay cosa notable que escribir del mas de que sirve de abrigo para los caminantes que pasan a Buenos Aires, del Pirú. Y hay desde aquí a Potosí cien leguas, que ya es Pirú en toda esta tierra del Tucumán, que habemos dicho. Hay en todas partes y en todos los pueblos generalmente lo siguiente: [137v] mucha miel en los montes y cera; mucha yerba azul de que se hace añir[237], mucha grana en los cardones; raíces que se crían en los campos de árboles pequeños, de que se hace verde famoso y amarillo, con que tiñen el algodón y las lanas; hay todas las frutas de Castilla, como son granadas y bembrillos, higos y uvas y peras y camuesas, y manzanas, albarcoques y tunas; ésta es fruta de la tierra muy regalada. Mucho agrio de naranjas, cidras, limones y limas. No hay en todo el Tucumán ni el Paraguay olivos, porque no se han puesto. Mucha caza de palomas, tórtolas, patos de cresta, muy grandes; muchas perdices de tres maneras, y tan bobas que las van cogiendo los caminantes desde los caballos con unos lazos que ponen en una caña, y son tan bobas que aguardan a que se los echen al cuello: muchos guanacos, que son como carneros de la tierra, de cuello largo, como camello. Hay también ciervos [138] con cuernos como los de Castilla; venados más pequeños, que están de contino en las pampas, y otros venadillos de monte más pequeños que [é]stos; grandes manadas de avestruces; guirguinchos, que son como puerquecillos, y en recogiéndose se esconden todos en una concha que tienen, sin que se parezca nada del y quedan como bolas redondas; y la concha es tan fuerte que no se les puede ofender. Y éstos matan a los venados por un modo que naturaleza les dio, admirable: y es que cuando llueve se vuelven de espaldas y recogen en la concha el agua; y ellos no se menean; y llegan los venados a beber y cierran de repente con presteza la concha, y con gran fortaleza que tienen le aprietan la boca, y como no le dejan resollar, no le sueltan hasta que mueren los venados; y no los comen sino las zorras.

---

[237] Lo mismo que añil (*Diccionario de Autoridades*, 1726-1739).

Hay muchos puercos de monte[238], muy grandes y bravos, que tienen el ombligo en el espinazo y, en matando alguno, si no [138v] le cortan luego aquel ombligo, se corrompe y hiede dentro de un cuarto de hora. Hay muchos cuyes[239], que son como ratones grandes de Castilla; destos animalillos usan los indios para sus sacrificios. Muchas liebres en abundancia, y vizcachas[240], que son como liebres, salvo que tienen las colas más largas. Y algunos otros animales, ansí como son tigres y leones[241], aunque los leones no son tan feroces como los tigres, porque nunca el león mata a indio ninguno y los tigres sí, cada día. Y la causa de haber tantos tigres, es ser la tierra tan caliente y tan montuosa y de tanto ganado, que con ellos se sustentan.

Hay también, con todas estas cosas, otras muy penosas que son generales en toda la tierra de Tucumán, como son víboras de tres maneras, unas grandes como culebras y éstas no son tan ponzoñosas; otras menores que éstas, muy pintadas y ponzoñosas que le puso la naturaleza en la cola unos zurroncillos[242] [139] con unos güesecillos dentro, que suenan como caxcabeles, y cada año les nace uno; y llámanse víboras de caxcabel porque van de contino sonando por donde van, que se oyen más de 20 pasos antes que lleguen, para que huigan dellas, porque en picando, no duran cuatro horas, si no es que se corten pie o mano o dedo o cualquier cosa donde pican, porque luego se van hinchando muy aprisa. Hay otras muy peores que éstas y son más pequeñas, de palmo y medio, las cuales se llaman voladoras, porque saltan del suelo a picar a un hombre que va a caballo; y saltan de los árboles como se ha visto muchas veces; son pintadas de colorado, negro y blanco; y éstas, en picando, si no llevan solimán[243] y sajan[244] la pi-

---

[238] *Puerco de monte*: pécari o jabalí de las tierras cálidas.

[239] Del quechua, «conejillo de Indias, mamífero roedor» (*Diccionario de la Real Academia Española*, 2001).

[240] Tipo de liebre americana, de mayor tamaño que las de España. *Diccionario de Autoridades*.

[241] Los felinos americanos de mayor tamaño son el puma, aproximadamente de 2,3 metros y el yaguarundi, aproximadamente de 1,2 metros, a este último se le conoce también como leoncillo.

[242] Bolsa formada por una membrana.

[243] «Cosmético hecho a base de preparados de mercurio» (*Diccionario de la Real Academia Española*, 2001).

[244] Hacer cortaduras en la carne (*Diccionario de la Real Academia Española*, 2001).

cadura, o alguna raíz de contrayerba[245], no tiene remedio sino morir rabiando de dolor. Hay también otras culebras bobas, que no hacen mal ninguno, y tan grandes como vigas de quince pies y tan gruesas [139v] como cuerpo de hombre de buen grueso; son todas verdes como los árboles, y se sientan los indios, como las conocen, sobre [e]llas; y como son tan pesadas que no pueden correr, les dio la naturaleza una virtud y es, que con su mesmo anhélito[246] traen a sí la caza que está alrededor dellas, hasta entrárseles en la boca. Y si no viera esto, como las demás cosas, no me atreviera a escribillo.

Hay gran cantidad de sapos, grandes como copas de sombreros, con los ojos grandes, de los cuales hacen los indios ponzoña para las flechas; y éstos entiendo que son de especie de escuerzos[247]. Hay otros más pequeños, en tanta cantidad que se entran en los aposentos, y estos pequeños no hacen daño y se sustentan de comer moxcas. Y las moxcas son peores que los sapos porque son muchas y tan malas que, si en la comida acierta el hombre a comer alguna cosa destas moxcas, le revuelve el estómago, de manera que vuelve a vomitar lo que ha comido. Hay muchas chinches, que vuelan como escarabajos y pican con comenzón [140] y mucho dolor; llámanlas chinches porque tienen el olor de chinches. Muchos mosquitos de dos o tres maneras, y mientras más pequeños, más ponzoñosos; que cuando van caminando, pican en las orejas y en el rostro y en las manos, y duele la picadura mucho; y otro día, aquella hora que picaron, después de haber pasado 24 horas, come tanto la picadura, que no se puede sufrir, y si se rascan, se encona y se hincha. Hay también otros moxquitos para de noche, que se llaman zancudos y zumbadores, que pican mucho y también ponzoñosos que no dejan dormir a la gente ni comer a los caballos; y así se tiene por partido caminar de noche. Muchas pulgas; y otras desta especie de pulgas que se llaman niguas, las cuales no solamente pican, pero se meten en los dedos de los pies y allí van creciendo hasta que se hacen como cañamones; y enconan todo el pie

---

[245] «Planta de América meridional, de la familia de las moráceas, con tallo nudoso, de cinco a seis decímetros de altura […] y raíz fusiforme, blanca, amarga y de olor aromático, que se ha usado en medicina como contraveneno» (*Diccionario de la Real Academia Española*, 2001).

[246] «Respiración, principalmente corta y fatigosa» (*Diccionario de la Real Academia Española*, 2001).

[247] Especie de sapo. *Diccionario de la Real Academia Española*, 2001.

de manera que, si no la sacan con tiempo, es menester cortar los dedos, como yo vi muchos negros cortados los dedos de los pies. [140v] Y algunas, si se descuidan, se hacen como garbanzos gruesos y paren dentro de la carne muchas liendres; y si no se remedia con tiempo, es menester cortar todo el pie.

Así que tiene tantas cosas malas esta tierra, y tantas plagas, que se olvidan las buenas della. Y, al fin, es pobre de plata y oro, que no corre moneda en ella por no habella. Y de toda ella no hay que hacer caso, porque todo fue pesadumbre y trabajo cuanto en ella pasé. Recíbalo Dios en descuento de mis culpas, porque no sé qué penitencia del desierto se puede comparar con caminar cinco meses, de día y de noche, sin dormir y comiendo bollos de maíz, y cada hora con la muerte al ojo por los muchos indios de guerra que hay, en más de quinientas y casi 600 leguas que hay en todo aquesto que he dicho, desde el Paraguay hasta Potosí, donde hice asiento por descansar de tan prolijo y penoso camino.

[141] Viniendo caminando para Potosí, entre Córdoba y Santiago del Estero, a la mano izquierda hacia la cordillera, en unas guacas grandes, apartadas dos leguas del camino (tiniéndome por curioso, y que venía advirtiendo todas las cosas notables que había y veía por los caminos por donde pasaba), me llevaron a ver unos sepulcros de gigantes, donde vi unos güesos muy grandes de hombres y unas calaveras de tanta grandeza, que si estuviera cerca de donde pudiera embarcar alguna, lo hiciera; porque en solo una, que era como una tinajuela el caxco, cupieron carga y media de maíz; que allí, delante de todos, lo hice echar para podello escribir; que es más de una hanega de España la carga y media. Y acordándome que en la portería de nuestra casa de Guada[141v]lupe está un güeso de un gigante que pesa sesenta libras, tomamos allí algunos a peso desde la rodilla a la cadera, güesos del muslo que pesaron a tres arrobas, de suerte que los que yo vi en aquellos sepulcros son muy mayores que el que está en nuestra casa, y de tanta grandeza que, venido a sacar por la notomía[248] según la proporción de los demás miembros, conforme a la que aquéllos tienen, venía a tener cada hombre de aquellos cinco varas de alto. Y cuando yo vi estos güesos, acabé de persuadirme que en esta tierra hubo gigantes; y que los hay el día de hoy junto al estrecho de Magallanes, porque algunos navíos que han pasado, dice la gente dellos que han visto unos hombres muy grandes; y así lo que escribió Cabeza de Vaca, de los gigantes, es verdad, porque muy cerca de aquí estuvo [142] el Cabeza de Vaca, que entró por el río de La Plata, al puerto de Buenos Aires.

Y los caballos que allí hay por aquellos campos, son de la casta de los que dejó allí Cabeza de Vaca; y así, en lo que dice su historia que tiniendo un barco varado y no pudiéndole echar al agua todos los que

---

[248] *Anatomía*, esqueleto (*Diccionario de Autoridades*, 1726-1739).

estaban con él, llegó una mujer destos gigantes con un niño en los brazos que era tamaño como uno dellos, y con la fuerza que hizo, tiniendo un pie en el suelo y el otro en el barco, se le echó al agua con mucha facilidad. Esto fue ansí sin dubda, porque estos sepulcros son de aquellos gigantes; pues están tan cerca de donde estuvo Cabeza de Vaca.

Toda esta tierra desde el puerto de Buenos Aires, del Paraguay y Tucumán, y todo el reino de Chile, caminé y anduve en cinco meses y medio, sin detenerme en todo el Paraguay y Tucumán en pueblo ninguno más de cuanto habíamos menester pa[142v]ra hacer matalotaje para pasar adelante, el cual yo pedía por amor de Dios, porque no tenía un real con que comprallo. Y lo que es comida, hay en esta tierra en mucha abundancia; pero otras cosas de plata y oro no hay cosa ninguna, y así la gente que vive aquí en esta tierra, conténtanse con tener muy bien qué comer y vístense de algodón. Trabajan poco; son muy viciosos, en particular las mujeres, y esto es general en todas las Indias, tener las mujeres mucha libertad; y así viven como dicen, en el paraíso de Mahoma, comiendo mucho y durmiendo sin cuidado de trabajar. Y como no tienen plata, no tenían qué poderme dar para nuestra Señora; y así pasé por toda esta tierra sin detenerme y sin provecho ninguno, porque en toda ella no hay sino algodón y alpargates. Y desto me dieron lo que hube menester para llegar a Potosí, donde deseaba llegar por despachar los [143] veinte mil ducados, los cuales despaché dentro de dos meses como llegué, con una grandísima y importante diligencia que hice: y fue tomar todos los libros que había de cincuenta años a esta parte, donde estaba el resumen de las cuentas del medio por ciento que se pagaba en Potosí de todos los mantenimientos que entraban en aquella villa. Y así vine con mucho trabajo y cuidado a hacer y sacar en limpio lo que había líquido que poderme dar; lo cual se libró luego para la puente del río de Cachimayo. Y así saqué un testimonio desto y lo envié al virrey don Luis de Velasco, y con él le constó de lo que había; y así dio luego en conformidad de la cédula real, conforme al tenor della, una provisión y libranza para los oficiales reales de Potosí, para que se me diese aquella plata de oficios vendidos, por cuenta de su majestad, que en aquella sazón había cien mil pesos en la caja.

[143v] Ya que llegaba cerca de Potosí, seis jornadas antes, un día de San Juan, ni hubo dónde poder decir misa, ni oílla, porque era des-

poblado y no hay en todas aquellas seis jornadas sino estancias de ganados. Fue para mí este día tan malo, por las muchas desgracias que me sucedieron, que me persuadí a que me alcanzaba alguna maldición de mala Pascua y mal san Juan te dé Dios, según fue de aciago este día, que no pensé llegar a Potosí; y fue el caso, que el indio que traíamos de guía se nos huyó con unos carneros, y la ropa que llevaba en ellos nos la dejó en medio del camino, de suerte que nos forzó a que nos apeásemos de las mulas y cargásemos la ropa y la comida, y nosotros en conversación, arreando detrás, a pie como arrieros de España. No veníamos más de mi criado y un indio muchacho que yo traía conmigo, porque los demás compañeros, como eran soldados, habíanse que[144]dado en el Paraguay a descansar, como vieron que aquella tierra era holgada y que había mucho qué comer y con quién entretenerse.

Y fue tanta la nieve que aquel día cayó, que no era posible podernos rodear; y así nos quedamos en aquel campo sin abrigo ninguno, que sabe Dios cuán en la memoria tenía yo las roscas que ofrece el pueblo de Guadalupe el día antes y las comen en el refectorio con muy buena comida, y la frescura del claustro, los ramos, la juncia[249], la procesión y contento y alegría de aquel día, pisando los frailes en la procesión sobre flores, y yo a pie y con unos alpargates y sobre nieve; que si con la consideración de que se pasaba en cumplimiento de la obediencia y en servicio de nuestra Señora, no se templara el sentimiento, no fuera posible pasar tantos trabajos juntos en un camino. [144v]

Después de mediodía, a las dos de la tarde, cesó la nieve del cielo y por no perecer en aquel campo, fuimos caminando como pudimos, poco a poco, buscando algún abrigo; y como los alpargates que llevaba se mojaron, levantaban tanta nieve en las cuerdas, que traía quebrados los pies, porque hasta la media pierna entraba el pie en la nieve; y así estuve medio tullido. Al fin llegamos dos leguas de allí, ya que cerraba la noche, a unos paredones de una estancia de ganado, y allí nos arrimamos y con alguna paja y leña que por allí cogimos, hicimos un poco de lumbre; y desta suerte se pasó el día de San Juan del año de 1600, que tendré en la memoria para toda mi vida.

---

[249] Juncos, planta que abunda en los sitios húmedos.

Diome aquella noche una calentura muy grande, que no se me quitó en 20 días, y apurome tanto, que no podía cami[145]nar ni a pie ni a caballo; y no podía comer ni tenía qué, sino un poco de maíz; y estaba tan traspasado, del frío grande que pasé, que no me podía tener en las piernas y estaba como gafo[250] y como un hombre cargado de bubas. Y viendo que me moría, dije a mi criado que me pusiesen entre los lazos de la carga como costal de paja y que caminásemos para llegar a morir entre gentes; y si de mi parte no me animara tanto, y me dejara caer con la mucha enfermedad que traía, allí me quedara para manjar de cóndores[251]. Y así, como mejor pudimos, llegamos a una chácara, tres jornadas de Potosí, donde había gente; y estaba ya tan fatigado, que no fue posible aquellas tres jornadas que faltaban podellas caminar. Y así, con el abrigo que allí había, aunque sin regalo porque no había otro sino unas mazamorras[252] de harina de maíz (puches o gachas[253] que allí llaman) [145v], me acosté en la cama sobre una barbacoa; y con la quietud que tuve ocho días y lo mucho que yo me animaba a comer, aunque sin gana, me reparé un poco. Las mazamorras hacían con leche del ganado que allí había; y así reparé algún tanto la mucha flaqueza en que había quedado. Reparose también mi criado, que venía poco menos que yo, y permitió Dios que a él no le diese calentura para que pudiese servirme. Al fin de tantas malas venturas, la tuve por muy buena cuando me levanté de la cama con mucha mejoría de las piernas, porque temí quedar tullido.

Y partimos para Potosí, jueves. Y entramos sábado en la noche, 18 de julio del año de 1600, cantando victoria de los trabajos, agradeciendo mucho a nuestra Señora de Guadalupe los muchos favores que de su mano recebí en este camino.

---

[250] «El que tiene contraídos los nervios, de suerte que no puede mover las manos o pies» (*Diccionario de Autoridades*).

[251] «Ave rapaz del orden de las catartiformes [...] de poco más de tres metros de envergadura» (*Diccionario de la Real Academia Española*, 2001).

[252] Comida compuesta de harina de maíz con azúcar o miel, usada en el Reino del Perú para el abasto de la gente pobre. *Diccionario de Autoridades*.

[253] Puches o gachas, «comida compuesta de harina cocida con agua y sal» (*Diccionario de la Real Academia Española*, 2001).

[Llegada a la Villa Rica del Potosí,
y sobre lo que allí sucedió]

[146] Apeeme en la portería del convento de Sancto Domingo, donde me dieron una celda y aquellos padres me hicieron mucha caridad por verme tan enfermo. Era prior del convento el muy reverendo padre fray Tomás Blanes[254], lector que había sido de teología en la ciudad de Lima, del cual yo después oí toda la materia de *gracia*, que es muy curiosa. Este era un hombre muy docto y así me aprovechó mucho; el cual se fue a España, después que era del colegio de San Gregorio de Valladolid. Aquí, en este convento, convalecí con brevedad de mi enfermedad, con el regalo del convento y en particular con el que tuve de en casa de Miguel Juárez, que estaba a ésta sazón en esta villa con su mujer Francisca de Ulloa, naturales del pueblo de Guadalupe; la cual me enviaba todos los días de su casa de comer como a enfermo y a la noche unas [146v] mazamorras de mucha sustancia, bien diferentes de las de la chácara, porque ya aquí había azúcar y gran voluntad de hacerme merced esta señora. Dios se lo pague, que yo le tengo mucha obligación, pues es cierto que por su mucho regalo cobré salud y hallé en su casa padre y madre en el cuidado que con mi persona se tuvo; lo cual estimé en lo que era razón, por no conocer en esta villa otra ninguna persona ni tener a quién poder volver el rostro para que me hiciera semejante merced y tan cumplida como me la hizo. Dios me dé vida para que se lo pueda servir en el camino de España, que dicen se han de ir conmigo cuando yo me vaya, lo cual tendré a buena suerte, porque demás de ser de un pueblo, es gente honrada y de quien puedo confiar lo que lleva-

---

[254] Dominico español de Valencia, estuvo en el Perú muchos años.

re, por si me muriere en la mar o en otra parte. Nuestra Señora sea servida de llevarnos con bien a todos, y a ellos pagalles la caridad.

[147] Dentro de dos meses, como llegué a esta villa y me levanté, procuré luego el despacho de los veinte mil ducados, el cual saqué y envié a la ciudad de Lima por el orden que dije atrás. Tardó el chasqui[255] que llevó estos recados, desde Potosí a Lima un mes; y el mayordomo que yo dejé allí con mis poderes, que es Blasco Fernández de Toro, lo solicitó de manera que dentro de dos meses lo negoció con el virrey, para que diese provisión y libranza para la caja de Potosí; y otro mes que tardó el despacho en volver a Potosí, fue todo el tiempo, seis meses. Y a esta sazón que recebí los recaudos del virrey, bajó a Potosí el señor licenciado Alonso Maldonado de Torres[256], presidente de la real audiencia de los Charcas, a despachar la plata de su majestad; y como es tan devoto de nuestra Señora de Guadalupe, acudió al despacho de su limosna con tanto cuidado, que le es en obligación la casa de Guadalupe por la diligencia grande que puso porque [147v] se despachasen en aquella flota; los cuales hasta otro año no se pudieran enviar por haberse despachado ya los cien mil pesos que estaban en la caja y enviádolos a Lima en los cuatro meses que tardó el despacho. Quedaron rezagados 16 mil pesos de plata ensayada, de un oficio que se vendió; y aquéllos me dio luego, y al tiempo que se iba la flota, porque fuese cumplida la plata, hizo una cosa digna de su mucha devoción: que fue tomar de otra parte prestados los cuatro mil pesos y darme los que faltaban para cumplir el número de los veinte mil; lo cual yo le agradecí mucho en la mejor forma que pude, y le hice una imagen de nuestra Señora de Guadalupe, muy curiosa, la cual su señoría guarneció como quien es y la estima en lo que representa, de quien es devotísimo, como lo ha mostrado con tantas muestras de servir a nuestra Señora en el despacho de su plata; la cual yo luego deposité [148] en la mesma caja de su majestad y pedí que viniese a Sevilla por su cuenta y riesgo, conforme al tenor de su real cédula; y asistí de contino al hacer el registro y al poner en la carta-cuenta [de] la partida, y en la margen para el convento de nuestra Señora de Guadalupe. Y hasta que dejé entregadas las barras al arriero; que fue-

---

[255] Del quechua. «En el imperio incaico, mensajero que transmitía órdenes y noticias» (*Diccionario de la Real Academia Española*, 2001).

[256] Nació en 1520 fue oidor en Charcas y familiar del Santo Oficio.

ron cuarenta y cuatro barras de a ochocientos pesos corrientes, unas a más y otras algo menos, las que se le entregaron para el convento de nuestra Señora de Guadalupe en 17 de marzo de mil y 601; que el alma se me iba tras ellas en pensar que iban a Guadalupe y que yo no podía ir con ellas allá por entonces. La mesma Virgen para quien van, las lleve con bien y a toda la demás hacienda de su majestad, y de particulares; y a mí me dé vida para que acabe de servilla en lo demás que tengo comenzado; y al fin, cuando lleguen a Guadalupe estas 44 barras, echarán de ver que mi venida fue de importancia para el despacho dellas; pues tengo por cierto que si no pusiera la diligencia dicha, nunca se enviaran.

[148v] Luego como despaché esta plata, por el orden dicho, comencé a hacer una imagen y retrato de nuestra Señora de Guadalupe, porque había comenzado a asentar por cofadres a la gente de la villa de Potosí y veía a la gente con mucha tibieza, y que mandaban limosnas muy cortas; entendiendo que yo era como otros frailes que han pasado, de otras órdenes, a pedir limosna, y luego la juegan. Viendo esto y que me aconsejaban todos con quien tomaba parecer, que convenía se hiciese la imagen, ansí para lo de presente como para lo de adelante, lo puse luego por obra; y ayudome con todo el gasto della el 24[257] Juan Díaz de Talavera, regidor de Potosí, al cual yo había nombrado por mayordomo. Este, y otro 24 que se llama Diego de Albiz, a quien el cabildo también nombró por mayordomo conforme al tenor de la cédula del rey, que manda que las Justicias hagan el tal nombramiento, comenzaron a juntar muchas perlas entre las mujeres de Potosí, y esmeraldas y otras piedras.

Y yo, con buen celo y ánimo, tomé [149] los pinceles del óleo; cosa que en toda mi vida había hecho, solo con la noticia que yo tenía de la iluminación. Y guiándolos la Virgen Sanctísima, hice una imagen con tanta perfectión, del mesmo alto y tamaño de la d[e] España, que toda la villa se movió a mucha devoción. Y en el entretanto que esto se hacia, envié al señor obispo de los Charcas, que estaba en Chuquisaca diez y ocho leguas de Potosí, un tanto de la cédula del rey nuestro señor, con una petición mía en que pedía me diese li-

---

[257] «Lo mismo que regidor en los ayuntamientos de algunas ciudades de Andalucía» (*Diccionario de la Real Academia Española*, 1817). Llamáronse así por constar de veinticuatro sujetos el ayuntamiento.

cencia para poder pedir limosna y asentar por cofadres de nuestra Señora de Guadalupe a todos, ansí en aquella villa como en todo su obispado; la cual licencia me despachó luego, porque era de Estremadura y muy devoto de nuestra Señora. Y con ella comencé luego a tratar de la fiesta y colocación de la imagen, la cual acabé para el mesmo día de setiembre; y por ser ese día ocupado con la fiesta de los padres de la Merced, se difirió para el domingo adelante de la infraoctava[258].

Determíneme a ponella en el convento de San Francisco por muchas razones: porque me dieron el lugar de la capilla mayor sobre el sagrario, [149v] y porque en este convento hay más devoción que en los demás, y porque estos frailes no pueden tener rentas; y porque si yo hiciera capilla particular, gastara toda la limosna, y para ser servida había menester capellán; lo cual todo se escusa porque los frailes la sirven con mucha devoción, y los mayordomos de nuestra Señora de Guadalupe son señores de todas las limosnas, para enviallas a España, y de todo cuanto se manda; de suerte que el convento ni los frailes, no tienen sino la limosna de algunas misas que mandan decir algunas personas devotas, las cuales ansí como ansí nunca iban a España; y cuando alguno mande en testamento que se le digan en España, se enviará todo con mucha cuenta y razón. Yo hice con el convento una escriptura para que en ningún tiempo pudiesen quitar la imagen de allí ni tomar limosna ninguna, sino que todo cuanto se diese y mandase, y los mayordomos pidiesen entre año, todo fuese para Castilla, salvo si mandasen y diesen algunas cosas como son velos y corporales para servicio del altar mayor. Y desta suerte queda perpetua la memoria de nuestra Señora de Guadalupe y sus limosnas.

[150] Los mayordomos, que son tres regidores, piden para nuestra Señora de Guadalupe el sábado de cada semana, y cada vez que piden juntan diez ducados, de suerte que toda esta limosna que se junta entre año, todo es para España. Y con la imagen no se gasta nada porque la hice pintada con esa consideración, con tantas perlas y piezas de oro sobrepuestas, que es más curiosa que si fuese de bulto; porque no tuviesen achaque de mandar para mantos ni para sayas. Destas limosnas les queda orden que puedan gastar lo que fuere menester

---

[258] «Los seis días que se contienen entre el de alguna fiesta y el de su octava. Es voz latina» (*Diccionario de Autoridades*).

para cera y para pagar los cantores el día de la fiesta y para que acudan todo el octavario a decir la misa y salve a canto de órgano. Y son tantas las limosnas que estos días se dan a la puerta de la iglesia, donde tienen puesto un bute[259] y están pidiendo, que hay muy bien para pagar eso de cera y cantores, y sobra mucha limosna para enviar a Castilla. Y al fin todo lo que se pide entre año, todo se junta y se guarda en depósito, y las Justicias quedan encargadas para hacer que les tomen cuentas a los tales mayordomos, para que despachen a España todo lo que tuvieren, conforme al tenor de la cédula real, de la cual queda un tanto en todos los cabildos, para este efecto.

[259] En lugar de *bote*.

[DE CÓMO SE CELEBRÓ LA FIESTA Y COLOCACIÓN DE LA IMAGEN DE
NUESTRA SEÑORA DE GUADALUPE EN LA VILLA DEL POTOSÍ]

[150v] Acabada, pues, la imagen, con mucha devoción de toda la villa, se determinó que el recebilla fuese con solemnidad y que todo el districto lo supiese; y así se pr[e]gonó la fiesta para el domingo infraoctavas de la Natividad de nuestra Señora, que fue el mes de setiembre de 1601. Mandose por el pregón, que compusiesen y adornasen las calles de colgaduras y tapicerías y altares, para lo cual se apercibió la villa como si fuera día del Corpus, y se hizo con mucha más solemnidad. El discurso de todo lo que sucedió, fue lo siguiente:

El sábado en la tarde se llevó la imagen al convento de Sancto Domingo, para desde allí llevalla otro día en procesión a San Francisco; y allí se puso el lienzo con mucha curiosidad en unas andas; y, puesta en medio de la capilla mayor con ocho cirios gruesos en sus blandones, se dijo una salve con su letanía, con gran solemnidad de música de canto de órgano, a la cual acudió todo el pueblo; y aquella noche, hasta la media noche no se cerró la iglesia, porque la gente que acudió era tanta, que no daba lugar a cerrar. Luego como anocheció, comenzó la iglesia mayor a repicar y luego todas las demás parroquias. [151] Y encendieron las luminarias de las torres, y las del cabildo y plaza, que eran muchas; y comenzó la gente a regocijarse y venían todos a Sancto Domingo como a dar el parabién de su venida a la Virgen Sanctísima, y toda parece que brotaba regocijo y mostraban mucho contento de ver la imagen tan linda y con tanta riqueza. Y así, después de medianoche, quedó la imagen con dos hachas encendidas en sus blandones, y nos fuimos todos a recoger con mucho gusto, ansí religiosos como seglares.

El domingo por la mañana, que se contaron once de setiembre, acudieron por devoción muchos clérigos y frailes de todas órdenes a decir misa delante de la sancta imagen hasta la hora de misa mayor; la cual llegada, el prior de Sancto Domingo, por la bula apostólica que tienen para bendecir imágines, salió vestido de alba y capa, estando presente el cabildo de Potosí y todo el pueblo. Y bendijo la imagen de la suerte que dispone el pontifical, y entre tanto se cantó en el coro, a canto de órgano, un motete [151v] cuya letra era el antíf[on]a *regina coeli letare*[260]. Y, acabada la bendición, se comenzó el oficio de la misa, con el *introito salve sancta parens*[261], con tanta música y contrapunto, que en cualquiera parte de España pareciera bien, porque a esta sazón había buenos músicos y ministriles y buena corneta. La misa dijo el licenciado Palomares, vicario de la villa de Potosí. Predicó aquel día el muy reverendo padre fray Tomás Blanes, prior del mismo convento, un sermón todo en lores[262] de la Virgen de Guadalupe y de las grandezas de su casa, con cosas tan curiosas como de hombre tan docto, como su paternidad es maestro de sancta teología y que la ha leído en la universidad de Lima muchos años; en el cual contó algunos milagros de la imagen, los cuales sacó del libro del padre fray Gabriel de Talavera[263], con que movió a mucha devoción al pueblo y les persuadió a que recibiesen a la Virgen Sanctísima con muchas muestras de alegría, y que pues los pueblos se alegraban con la entrada del rey y de [152] la reina cuando venían a sus ciudades, que pues la Reina de los ángeles venía a quedarse con ellos en su villa desde Guadalupe a Potosí, que la recibiesen con mucho contento y que se tuviesen por muy dichosos; pues habían merecido tener tan gran tesoro; y otras cosas semejantes, dignas de su gran ingenio, con que todo el pueblo se movió a mucha devoción. Y salieron luego los dueños de las casas por donde había de pasar la procesión, a componer las calles y adornarlas con tantas sedas y arcos y altares, que hubo muchas cosas y muy curiosas.

Acabada la misa, convidaron los frailes de Sancto Domingo a comer a todos los de San Francisco y a muchos otros de San Augustín y de la Merced. Dio la comida aquel día uno de los mayordomos, que fue el 24 Juan Díaz de Talavera. Yo gasté aquel día en el refectorio los

[260] Tr., Alégrate, Reina del cielo.

[261] Tr., Introito «Salve, Madre santa» (Introito es el canto de entrada en la celebración de la misa).

[262] Por *loores*.

[263] Es autor de un libro sobre la historia del convento de Extremadura y sobre Nuestra Señora de Guadalupe y sus milagros. Véase Talavera, *Historia de Nuestra Señora de Guadalupe*. El autor era un religioso del Monasterio, donde ocupó dos veces el priorato.

postres de fructa y de colación y dulces de cajetas, para los cantores y los demás que me hacían merced de venir a celebrar la fiesta de nuestra Señora de Guadalupe, que movía a todos.

[152v] Después de comer, a las dos de la tarde, comenzaron a repicar en la iglesia mayor, y vino la cruz de la matriz[264] a Sancto Domingo; vinieron todas las demás de todas las parroquias y todas las cofadrías, ansí de indios como de españoles, con los santos en las andas, y con su cera porque ansí lo había mandado el vicario la tarde antes, debajo de pena de excomunión. Las parroquias de Potosí son catorce, sin los conventos; y ansí vinieron tantas andas y con tantas danzas, porque cada cofadría traía una danza, que no cabían en la iglesia de Sancto Domingo. Y luego como vino el corregidor y cabildo, comenzó a salir la procesión por el mismo orden que el día del Corpus, llevando cada cofadría su antigüedad; y casi llegaba la procesión dando vuelta a la plaza a San Francisco, y no había salido la imagen de Sancto Domingo, porque fue muy larga la procesión, de tanta gente que la feria de Guadalupe no es de más[265], porque de solos indios varones, sin las mujeres, hay más de cien mil; y a estas cosas no falta nadie; pues querer decir de la gente española, sería [153] no acabar.

Al fin la imagen llegó a la plaza, que la alegraba toda; y puesta a la puerta de la iglesia mayor, se detuvo allí, y fueron llegando las danzas; y danzando delante de la imagen, entretuvieron la procesión hasta que llegó la otra procesión que venía de San Francisco, en la cual venían cinco cofadrías de españoles y traían quinientos cirios de a cinco libras (y a esta sazón valía un quintal de cera trecientos pesos), con la mayor largueza en el gasto de la cera, que me admiro de vello. Venía delante de la procesión una compañía de soldados, todos gente de Estremadura, tan galanes y con tanta bizarría, que alegraban a cuantos ponían los ojos en ellos. Venía en esta procesión, adelante, san Francisco, como quien había de recebir en su casa a la Virgen y hizo

---

[264] «En su riguroso sentido vale lo mismo que madre: y así se dice iglesia matriz, la principal entre otras» (*Diccionario de Autoridades*).

[265] Álvarez anota que se calcula que Potosí tenía 120.000 habitantes en 1573, 160.000 a fines del siglo XVII y 24.000 en 1780. Era lógico, por lo tanto, que las fiestas de la Virgen, encabezadas por las autoridades reales, revistieran un esplendor más vistoso que en Extremadura, donde Guadalupe tenía escasamente 5.000 habitantes. Álvarez, 1987, p. 154, en nota.

tres inclinaciones a la imagen, y fue pasando; y por este orden llegaron los demás santos, inclinándose todos a la imagen, como dándole el parabién de la venida a su villa; y cuando los santos [153v] se humillaban a la imagen, a vista de toda la gente de la plaza, no había persona que no estuviese enternecida. Los santos que llegaron después de san Francisco, fueron san Diego, san Antonio de Padua, san Buenaventura, san Bernardino, y sancta Clara; todos frailes de la orden; y el postrero que llegó fue san Josef. Y, acabados de pasar los santos que salieron de San Francisco, que son lo que acabo de decir, prosiguió la procesión, que la casa y las calles no se parecía de gente. Al tiempo que llegó la imagen al cimenterio de San Francisco, los soldados, que estaban por buen orden, hicieron salva con la escopetería muy bien. Y al tiempo que la imagen entró en la iglesia, abrieron el sagrario y los frailes cantaron el verso de *monstrate esse Matrem*[266], y la imagen hizo al Sanctísimo Sacramento tres humillaciones, una luego como entró, y otra en medio de la iglesia, y otra en la capilla mayor.

Y, luego como se puso en el tabernáculo, subió un estudiante al púlpito y oró aquestas canciones, con buena gracia.

[154] Canción mayor

¿Quién spíritu digno y lengua aguda,
hallará en tal subjeto, y quién hallara
pluma subtil, ingenio osado, y alto?
pero ningún spíritu bastara,
y la parlera lengua fuera muda,
y el más sobrado ingenio, pobre y falto,
porque alcanzar de un salto
del suelo hasta el cielo inaccesible,
sin alas, no es posible.
Soy el hijo de Dédalo, que osado
volaba; y fue en el mar precipitado.
No; que el intento justo que me esfuerza,
alas me prestará, valor y fuerza.

---

[266] Tr., Muestra que tú eres madre.

Salve, divina y sancta forastera
aunque en districto propio, y en distrito
menesteroso de tan gran matrona
vengáis oh madre de Jesús bendito,
en hora tan felice como espera
aqueste pueblo de quien sois corona.
Que ya en él se pregona
vuestra fuerza, poder, milagros, gloria:
y la sancta memoria
que tenéis de los vuestros, bien se sabe;
[154v] pues del peligro más estraño y grave
cualquier devoto vuestro hacéis que salga,
como de vuestro nombre en él se valga.

Están en Fez y Argel, pobres captivos
en cárceles, cadenas y prisiones,
en pena horrible y en mazmorra obscura,
y afligen los cristianos corazones
los perros mahométicos esquivos;
pues del cielo no ven la lumbre pura
y el que de allí procura
que vos, le socorráis en tanta pena
y en áspera cadena,
sois tan agradecida, que al que os llama
si en la dura mazmorra hizo cama,
antes que el vago sol el mundo ocupe,
se halla en vuestra casa en Guadalupe.

No es uno, ni son mil, que son millares
los que del afligido captiverio
libertáis, a pesar del fiero moro;
y muchos, viendo aquesto, ¡oh gran misterio!
han dado bien eterno a sus pesares,
y adoran, convertidos, lo que adoro,
y aquese grato tesoro
conocen, reverencian y le estiman.
[155] Y cuantos hoy se animan
en el bélico son de Marte airado,

por victorias insignes que habéis dado.
Y cuantos estandartes que os invocan,
los victoriosos instrumentos tocan.

¿Cuántos muertos, Señora, cuántos muertos
habrán resucitado? ¿Y mancos, cojos
por vos andan? Y, ¿cuántos ciegos visto?
dejando en vuestra casa mil despojos.
¿Cuántas armadas hallan por vos puerto?
Y, ¿cuántos convertís como otro Cristo?
Negocio es claro, y visto
que los mármoles, claustros y capillas
de vuestras maravillas
llenos están; y llenas las paredes
de grandezas, milagros y mercedes
que habéis de los devotos vuestros hecho.
con este santo, humilde y justo pecho.

No caben ya en el templo los despojos
y no es mucho no quepan en el templo
que están, Señora, mil provincias llenas
de vuestra sanctidad y vuestro ejemplo
hay brazos, piernas, pies, cabezas y ojos,
esposas, grillos, cepos y cadenas,
[155v] caimanes, y ballenas
de quien han escapado mil devotos.
Hay estandartes rotos,
cajas, trompetas, lanzas, morriones,
y lo que piden los marciales sones;
que fue ganado todo en vuestro nombre,
porque el infiel rebelde más se asombre.

Y porque el indio bárbaro remoto
salga de su confuso engaño y dolo
quisistes que os conozca el más inculto
y así venistes desde el diestro polo
porque el desconocido sea devoto
y emprendan todos vuestro sancto culto

y salga de su insulto
el que tener osadamente entiende
y a vuestro hijo ofende.
Y tú dichosa villa de hoy apoya
el culto sancto de tan sancta joya
que es la mejor que dios enviarte pudo
porque de su castigo te sea escudo.

Ofrece de ese cerro plata fina
De Tíbar oro, perlas del oriente
y sacrifica olores de Pancaya:
[156] den agradables humos dulcemente
tributo santo, y arda en su divina
devoción del Arabia cuanto haya
y de la ajena playa
del chino y berberisco infiel tirano
el ámbar soberano.
Sacrifiquen riquezas y altos dones
con limpios y sencillos corazones:
y veréis la ganancia y sancto fructo
que tenéis de ofrecelle tal tributo.

Y tú, fuerte nación, brava y osada,
poderosa, gallarda y estremeña,
a quien el cielo ha sido tan amigo,
mira que habla contigo aquesta seña;
que tú estás sobre todas obligada,
y que mi exhortación habla contigo
y más a ti te obligo
que a las demás naciones pues tal suerte
ha venido a caberte,
en que esta virgen bella, limpia y pura
la tenga tu dichosa Estremadura,
y que dichoso asiento allí tomase,
do con tantos milagros se extremase.

[156v] Por esa santidad, oh pura madre
de Cristo vivo, sed el norte y guía

de aquesta villa, y casa que os hospeda.
Haced que aquí se os haga cofadría
y tal que a vos os cuadre y a Dios cuadre,
y que tener alguna fuerza pueda;
y que la instable rueda
más no, sino el favor divino vuestro
aqueste pueblo nuestro
le vuelva en sí con nueva fuerza y brío,
y dél ahuyentad el desvarío
de la perdida gente, Virgen santa,
y acábese por vos perdición tanta.

Estremeña señora y virgen pía:
ya que con mi canción humilde y pobre
alabaros propuse, y no lo he hecho:
lo que ella pierde, aquí el intento cobre,
que el spíritu, pluma y lengua mía
fuera en impresa tal todo deshecho,
y nunca el menor hecho vuestro
decir con propiedad pudiera.
¡Oh sagrada y bendita forastera!
En su districto y gran libertadora
de cautivos y al fin remediadora
[157] de la victoria ya casi perdida;
salud de enfermos y de muertos vida.

Dad [a] aquesta república favores;
y a los frailes menores
que ya serviros toman a su cargo,
remunerad con vuestro favor largo;
y quien le tuvo de tan sancta imagen
nunca vuestros favores se le atajen.

Después de oradas estas canciones en el púlpito (que debieran de ser las cinco de la tarde), con mucha gracia, que la tenía el niño que las oró, y con mucha devoción de la gente que las oía, estando allí todo el pueblo, entraron a la capilla mayor, por la puerta de la sacristía, doce españoles de máxcara, con hachas[267] de cera encendidas, danzando la hacha[268]; los cuales hicieron un sarao que loaron mucho, por ser todos tan diestros danzantes, en particular un Jimeno, que era tan ligero, que en el aire hacía tres y cuatro cabriolas antes de volver [157v] al suelo. Entraron los seis de ninfas y los seis de galanes, con trajes tan ricos y costosos, con tantas galas y joyas, que había mucho en qué reparar; y ellos todos eran muy diestros tañedores y lo que tañían iban danzando de cuenta, con tanta gracia que duró el sarao hora y media, sin cansarse ni cansar a los que miraban. Estos mismos en el octavario, de parte de tarde, hicieron otros dos saraos, movidos de devoción; y todos se convidaban a servir a la Virgen Sanctísima. Todos los ocho días siguientes se dijo misa mayor a canto de órgano, a la cual acudía todo el pueblo; y entre día se quedaban en la iglesia muchas señoras principales del pueblo, de suerte que a todas horas había mucha gente; y a la tarde decía una salve, a la cual ansimesmo acudía todo el pueblo, y la iglesia se quedaba abierta hasta las diez de la noche, y por aquellas calles tanta gente, con colaciones que compraban de las confiturías, que todo era regucijo y alegría, provocando todo a contento, con la presencia de la Virgen.

[158] En este tiempo pusimos un bufete a la puerta de la iglesia y allí conmigo los mayordomos en unas sillas, que son los veinte y cuatros Diego de Albiz, Juan Díaz de Talavera, a cuya costa se hizo la imagen, y Martín Pérez de Gallate, todos tres regidores. Y allí comencé a asentar por cofadres a todos los que me lo iban pidiendo: y desta manera junté de limosna, en aquellos ocho días cuatro mil pesos de plata corriente. Y si no hiciera esta imagen, no juntara cuatro mil reales; y así fue de importancia para entonces y lo será más de aquí adelante; pues quedará perpetua la devoción y las limosnas con la presencia de la imagen; y los mayordomos acudirán con más cuidado a pedir cada semana una vez. Y si no hubiera imagen, en volviendo yo las espaldas, todo se olvidara y se acabara como me enseñó la experiencia de la [158v] venida del padre fray Diego de Losal, que no hallé más memoria dél ni limosna para nuestra Señora, de «un por aquí pasó, aquí estuvo y no más». Hacía diligencia para saber de las personas a

---

[267] Un hacha es una «vela grande de cera compuesta por cuatro velas largas juntas y cubiertas de cera gruesa cuadrada con cuatro pabilos» (*Diccionario de Autoridades*).
[268] «Baile antiguo español» (*Diccionario de la Real Academia Española*, 2001).

quien dejó poder, si tenían algunas limosnas y no hallaba nada; y viendo esto, me pareció convenía hacer lo que hasta aquí he contado. Y en esta ocasión no puedo dejar de quejarme del descuido de la casa de Guadalupe, que tuvieron en enviarme algunas cosas que yo envié a pedir, en particular las estampas; que si a esta sazón tuviera yo en Potosí, sobre la mesa donde estaba, veinte mil a treinta mil estampas, todas las gastara, porque cada uno la llevara para tenella en su aposento; y por cada una lo menos que podían dar era un peso de plata, que son ocho reales; ya lo envié a pedir muchas veces y no me lo enviaron, y en tres años primeros no recebí una carta de mi convento, que me [159] causaba desesperación, por entender que no se acordaban de mí o no hacían caso de lo que yo trabajaba y del cuidado que ponía en servicio de la casa. Y los indios que no se asentaban por cofadres, porque me lo defendían los obispos, llevaran a lo menos la estampa, porque tomaron mucha devoción con la imagen y la llamaban la gran chapetona[269], que quiere decir Señora nueva en la tierra. Y esto es cierto, que aqueste día del domingo cuando se llevó la imagen a san Francisco, que fueron todos con sus cofadrías, que iban en la procesión de solos indios más de cien mil indios; y no entienda quien esto leyere, que me alargo, porque hay catorce parroquias de indios, y la que menos tiene pasa de 900 indios de mita, sin las mujeres y niños sino solos los varones. Y si, como la cédula del rey decía que el asentar cofadres se entendiese solo con los españoles, no tratara dello sino que lo callara, fuera más la [159v] limosna de los naturales que la de los españoles. Y así los obispos no me daban licencia para que asentase indios, tiniéndose al tenor de la cédula del rey.

Y así se celebró la fiesta y colocación desta imagen, con tanto concurso de gente como está dicho. Diose fin [a] aquel día con repicar un poco antes de la oración, que fue cuando se acabó el sarao de los doce españoles que dije: y la gente que estaba en la iglesia, viendo que repicaban a la salve, se estuvo queda, y la demás que estaba por las calles, vino; y fue tanta, que las puertas andaban por el suelo. Y de la misma manera que en Guadalupe por tiempo de feria, díjose la salve con mucha música, y todo el convento de los frailes de San Francisco y otros muchos de los demás conventos que habían venido con la pro-

---

[269] «Dicho de un español o un europeo recién llegado a América» (*Diccionario de la Real Academia Española*, 2001).

cesión. Y después de la salve se cantó esta ledanía[270] que se sigue, con que se dio fin [a] aquel día. A la noche hubo muchas luminarias.

[160] Esta ledanía se cantaba todo el octavario después de la salve y todos los sábados del año

Sancta Maria, ora pro nobis.
Sancta Dei genitrix, ora
Sancta Virgo Virginum, ora
Sancta Mater Christi, ora
Quem tu peperisti, ora
Mater charitatis, ora
Mater pietatis, ora
Mater sanctae spes, ora
Atrium Sanctum Dei, ora
Mater misericordiae, ora
Regina divinae gloriae, ora
Mater dilectionis, ora
Vas consolationis, ora
Virgo fidelis, ora
Dulcior favo melis, ora
Virgo prudentissima, ora
Virgo clementíssima, ora
Virgo singularis, ora
Clara stela maris, ora
Virgo Sancta, ora
Fructifera planta, ora
Virgo speciosa, ora
Pulcra velut rossa, ora
Sta. Maria, ora
Virgo Deo digna, ora
Suavis et benigna, ora
Lilium conuallius, ora
Virtutum sacrarium, ora
Salve sancta parens, ora
Porta claussa manens, ora
Aula Virginalis, ora

[270] Lo mismo que letanía (*Diccionario de Autoridades*, 1726-1739).

Progenies regalis, ora
Ave gratia plena, ora
Virgo serena, ora
Organum letitiae, ora
Speculum justitiae, ora
Terra promissionis, ora
Exordium redemcionis, ora
Flos vernans rosarum, ora
Hortus deliciarum, ora
Vas consolationis, ora
Tronus salomonis, ora
Sta. María, ora pro
Pulcra ut luna, ora
Inter omnes una, ora
Vellus Gedeonis, ora
Favus Sansonis, ora
[160v] *Ut sol electa, ora*
Deo dilecta, ora
Stela matutina, ora
Coelorum Regina, ora
Rutilans Aurora, ora
Valde decora, ora
Flos Virginitatis, ora
Lilium Castitatis, ora
Via Errantium, ora
Lux in te sperantium, ora
Rosa puritatis, ora
Vena Sanctitatis, ora
Splendor sanctae ecclesiae, ora
Flumen sapientiae, ora
Sancta Maria, ora pro
Oliva speciossa, ora
Columba Formosa, ora
Vittis frutificans, ora
Balssamum distilans, ora
Navis inconbustus, ora
Mater salvatoris, ora
Rubus inconbustus, ora
Ortus conclussus, ora
Refugium peccatorum, ora
Consolatrix aflictorum, ora
Levamen molestiarum, ora

Solatium animarum, ora
Puteus aquarium viventium, ora
Spes unica penitentium, ora
Salus infirmorum, ora
Advocata peccatorum, ora
Sancta Maria, ora
Mater Veritatis, ora
Mater Pulcritudinis, ora
Mater vivintium, ora
Filia patris luminum, ora
Dei Santuarium, ora
Gloria Hierusalem, ora
Civitas Dei, ora
Luminare coeli, ora
Radix gratiarum, ora
Aegreis Medicina, ora
Lux Meridiana, ora
Mediatrix hominum, ora
Cedrus fragrans, ora
Mirra conservans, ora
Terevintus gloriae, ora
Palma Virens, ora
Virga Florens, ora
Gemma refulgens, ora
Navis abundans, ora
Porta paradisi, ora
Arca salutis, ora
Gloria seculi, ora
Sancta Maria, ora
[161] *Regina cherubin, ora pronobis*
Regina Seraphin, ora
Regina arcangelorum, ora
Regina Patriarcharum, ora
Regina Prophetarum, ora
Regina Apostolorum, ora
Regina Martirum, ora
Regina Pontificum, ora
Regina sacerdotum, ora
Regina eremitarum, ora
Regina confessorum ora
Regina Virginum, ora
Regina Sanctorum omnium, ora

Mater Pia monacorum, ora

Ab omni malo et peccato liveranos domina

A cunctis periculis, liberanos

Nunc et in ora mortis nostre, liberanos

Per inmaculatam conceptionem tuam, liberanos

[161v] *Per sanctam nativitatem tuam, liberanos*

Per presentationem tuam, liberanos

Per celestem vitam tuam, liberanos

Per admirabilem salutationem tuam, liberanos

Per vissitationem tuam, liberanos

Per felicem partum tuum, liberanos

Per purificationem tuam, liberanos

Per gloriossam asumptionem tuam, liberanos

Per coronationem tuam, liberanos.

Peccatores te rogamus audinos

Ut illos tuos misericorde oculos ad nos convertere digneris, te rogamus.

Ut veram penitentiam nobis impertrare digneris, te [rogamus]

Ut cumto populo christiano pacem et salutem impetrare digneris, te roga-

mus.

Mater Dei, te rogamus, genitrix Dei, te rogamus.

Verso

Ave Maria gratia plena dominus tecum Venedicta tu in mulieribus.

Ave María, gratia plena, Dominus tecum.

Oratio: Omnipotens sempiterne deus qui gloriosae Virgnis matris Mariae

etc.

[162] Esta ledanía se decía con grandísima devoción de toda la gente que estaba de rodillas y como la imagen tenía tantos blandones[271] delante de sí, ardiendo y tantas velas, ansí en su altar como por todo el tabernáculo en que estaba, que era su sábado, estaban seis basas[272] grandes, sobre que estribaban seis columnas, las cuales sustentaban una media naranja, adornado todo con tantas sedas que estaba curiosísimo. Y también en los altares colaterales y en las lámparas había muchas velas encendidas que todo estaba provocando la devoción. Decíase la ledanía por este orden: todos los versos que están en consonante, decía uno todo el convento a canto llano[273], y el otro epíte-

---

[271] «Hachas de cera para alumbrar» (*Diccionario de Autoridades*).

[272] «Asiento sobre el que se pone la columna o la estatua» (*Diccionario de la Real Academia Española*, 2001).

to decía la capilla de los cantores; y así se iban diciendo de dos en dos y a la repetición del verso Sancta María respondían todos en fabordón[274], *ora pro nobis*. Y los versos que están sueltos, que no están en consonancia, decía los cantores a canto llano, y respondía la capilla del canto de órgano[275], *ora pro nobis*[276] hasta el fin que todo causaba grandísima devoción.

[162v] Dejando, pues, muchos favores que hizo nuestra Señora en estos días, diré para remate desta fiesta solos dos milagros, porque destos se hizo información por el ordinario, conforme lo dispone el Concilio.

El primero fue que un niño de en casa del mayordomo Juan Díaz de Talavera, estuvo nueve días sin habla, sin comer y sin proveerse, como una cosa muerta, y como tal con la mortaja encima. Le trujo a San Francisco una tía suya que se llama Ana de Salas y otra mujer que se decía María de Saldivia y le pusieron en la peana del altar, a vista de cuantos estaban en la iglesia, y suplicaron a nuestra Señora que le diese salud. Y de allí a un poco se levantó el niño, y habló y comió y se proveyó y fue cobrando mejoría, de suerte que después de dos días estaba del todo sano y solamente le quedó la flaqueza que tenía, la cual fue dejando con presteza. Esto aumentó más la devoción de la gente, para que tratasen con más veneración la imagen de nuestra Señora de Guadalupe.

[163] El otro segundo milagro fue con unos indios: que estando trabajando en el cerro, se cayó un pedazo de mina, y cogió debajo a seis indios; y fue tanta la tierra y piedras que cayó sobre [e]llos, que en cinco días no los pudieron descubrir. Luego como cayó la mina, vino el minero a San Francisco y mandó decir una misa a nuestra Señora de Guadalupe, para que le guardase aquellos indios, porque si mueren los tiene de pagar el minero y da un tanto por cada indio, a

---

[273] Canto llano es el «propio de la liturgia cristiana latina, cuyos puntos o notas son de igual y uniforme figura y proceden con la misma medida de tiempo» (*Diccionario de la Real Academia Española*, 2001).

[274] Término musical. «La composición en que algunas voces cantan con total igualdad en el número y valor de los puntos y sin espera de pausas» (*Diccionario de Autoridades*).

[275] «El que se compone de notas diferentes en forma y duración» (*Diccionario de la Real Academia Española*, 2001).

[276] Tr., Ruega por nosotros.

la mujer cuyo marido murió. Y al cabo de los cinco días, dejándolos por muertos, vinieron las indias, mujeres de aquellos que estaban encerrados, con otras muchas indias, todas llorando y dando gritos a nuestra Señora de Guadalupe, pidiéndole que les guardase y diese vivos a sus maridos; y el corregidor movido por nuestra Señora, mandó que volviesen al cerro y que cavasen de nuevo. El minero estaba retraído en San Francisco y no quiso ir porque no le prendiesen. Yo le dije que fuese y que, pues los había encomendado a nuestra Señora [163v] desde el día que cayeron, que ella los guardaría; y al fin fue otro amigo suyo. Y luego como llegaron al lugar donde los indios estaban, comenzaron los que estaban enterrados a dar grandes voces desde allá dentro de la mina, a sus mujeres, lo cual en todos los cinco días antes habían hecho ni habían hablado; y así los tenían ya por muertos. Y lo que decían en su lengua a las mujeres fue esto:

—Id a San Francisco y rogad [a] aquella Señora chapetona que nos saque de aquí, que ella ha estado con nosotros y nos dio a beber de un porongo[277] de agua.

Llamábanla los indios chapetona, que quiere decir imagen nueva en la tierra; y como yo la pinté un poquito morena, y los indios lo son, decían que aquella Señora era más linda que las otras imágines, y la querían mucho porque era de su color. Con esto, y como sacaron los indios luego sanos y buenos, fue tanto lo que los indios se movieron, que no podíamos estar en San Francisco. Y si entonces tuviera estampas de nuestra Señora, cincuenta mil gastara; y otros [164] tantos ducados perdió la casa, por no habérmelas enviado como yo las pedí; que en cinco años no hice otra cosa en todas las flotas, sino pedir esto.

Y al fin, como yo no podía asentallos por cofadres, se quedó esto desta manera. Y el milagro le predicó a todos los indios en su lengua el muy reverendo padre fray Luis de Oree[278], predicador del orden de San Francisco, el cual todos los domingos que predicaba a los indios, les contaba algún milagro de los que estaban en el libro de nuestra

---

[277] «Vasija de arcilla para guardar agua o chicha» (*Diccionario de la Real Academia Española*, 2001).

[278] Puede tratarse de fray Luis Jerónimo de Oré, franciscano, autor de *Tratado sobre las indulgencias*, 1606 y *Corona de la Sacratíssima Virgen María madre de Dios, nuestra señora*, 1619, a él se atribuye una letanía mariana. Dominaba el quechua, y el aimara desde su más temprana edad.

Señora de Guadalupe. Y con esto se dio fin al octavario, y se colocó en el altar mayor la imagen, sobre el sagrario adonde agora está, con mucha veneración; con quien toda la villa tiene tanta devoción, que en tiniendo alguna necesidad, luego acuden a ella a pedir remedio della; y ofrecen sus limosnas, las cuales recogen los mayordomos y con esto quedan perpetuas en esta villa.

[164v] Después de algunos días me partí para el pueblo de Porco, que está 7 leguas de Potosí. Llevaba solamente conmigo un muchacho indio que me servía. Iba el indio sobre el almofrej[279], en un caballo que compré en Potosí para llevar la cama; y el muchacho costome 20 pesos de plata corriente. El cual caballo, dos leguas de Potosí, bajando por una ladera de un cerro, había una grande laja y se me despeñó, y fue dando golpes de una peña en otra; y cuando llegó abajo a lo hondo, que era un grande guayco[280], llevaba las piernas hechas pedazos. El muchacho indio que iba encima, al primer golpe que dio el caballo se quedó asido a unas matas de icho[281], que es una yerba como esparto de España; y fue favor que nuestra Señora le hizo, porque yo se le encomendé muy de veras como vi ir dando golpes al caballo. El almofrej se hizo pedazos y unos indios que iban a Porco me le sacaron de [165] allí, y por ocho reales que les di, me le llevaron hasta Porco, donde fuimos [a] dormir.

Bájase para entrar en el pueblo una cuesta muy larga y por algunas partes áspera y de malos pasos. Fuime a apear en casa del vicario, que era amigo mío y le había conocido en Potosí. Aquí en este pueblo fue la primera vez que hice plática[282] asentado en una silla, en la peana del altar mayor, exhortando a la gente a que se asentase por cofadres de nuestra Señora, después que les había explicado el texto del

---

[279] *Almofrej*, «funda de jerga o vaqueta por fuera, y por dentro de anjeo u otro lienzo basto, en que se llevaba la cama de camino» (*Diccionario de la Real Academia Española*, 2001).

[280] «Quebrada de montes u hondura de cerros» (*Diccionario de Autoridades*, 1803).

[281] Voz quechua. *Icho*, «planta gramínea que crece en la puna» (*Diccionario de la Real Academia Española*, 2001).

[282] «Discurso en que se enseña la doctrina cristiana, se elogian los actos de virtud o se reprenden los vicios o faltas de los fieles» (*Diccionario de la Real Academia Española*, 2001).

evangelio. Habrá en este pueblo de Porco, hasta treinta vecinos españoles, señores de minas; y éstos mandaron de limosna 300 pesos, los 111 dieron luego y lo demás quedó a cobrallo la persona que yo dejé allí por mayordomo; que este título les daba a los que dejaba los poderes que yo traía del convento.

Aquí labraba el Inga las minas antes que Potosí se descubriese, y de aquí sacaba toda la plata que había menester, porque tienen estas minas unas bolsas que tienen la plata machacada, que es decir [165v] que no tiene necesidad de fundición, porque es toda plata limpia, sino que dan luego las minas en agua y así no se pueden labrar. Este lugar está entre dos cerros pequeños; a la parte del oriente tiene uno, y a la de occidente otro; a la parte del mediodía tiene un cerro muy alto y muy bien hecho, muy semejante al de Potosí, del cual se sigue una cordillera de tierra más baja donde están las minas de plata, tan ricas que en todo este reino no [ha] habido cosa semejante, las cuales duran poco por la razón dicha, que dan luego en agua, respecto de que están en tierra baja. Desta plata, que es de toda ley y más blanca que la de Potosí hacía el Inga el carro y andas[283] en que andaba y todas las demás cosas de su servicio, que todo era plata y oro. A las cuales minas yo subí y entré en ellas por ver todo lo que había, y vi un cerro muy grande cavado a tajo, abierto y partido por en medio de una parte a otra, porque la veta corría de norte a sur, derecha, y el tajo me pareció que tendría de ancho como doce varas desde una orilla a la otra; y tan profundo que, mirando hacia [a]bajo, no tiene dónde reparar la vista según está hondo. Y dijéronme que todo lo que de allí faltaba, había sido plata.

[166] En busca destas minas vino don Francisco Pizarro[284]; habiendo primero, para llegar aquí, pasado muchos trabajos en las batallas que tuvo con los indios, porque como eran tan pocos españoles y los indios en tanta multitud que cubrían la tierra; y la distancia del camino que anduvieron, tanta, que hay seiscientas y treinta leguas desde el puerto de Manta hasta aquí; las cuales anduvieron por tierra de

---

[283] «Tablero que, sostenido por dos varas paralelas y horizontales, sirve para conducir efigies, personas o cosas» (*Diccionario de la Real Academia Española*, 2001).

[284] Nació en Trujillo, España, 1478 y murió en Lima, 1541. Conquistador español. Decidió participar en la expedición de Alonso de Ojeda que exploró América Central (1510) y luego en la de Vasco Núñez de Balboa que descubrió el océano Pacífico (1513).

contino con las armas a cuestas, porque en muchas partes del camino les hicieron resistencia, aunque luego como los indios oían las escopetas huían diciendo que eran dioses y que tiraban rayos, y como veían el fuego de la escopeta desde lenjos y veían caer tantos indios muertos entre [e]llos, luego iban huyendo. Luego como llegó a este pueblo el don Francisco y vido tan grande riqueza de plata, que el mundo entonces no tenía cosa semejante, maravillado por una parte y por otra contentísimo, comenzó a labrar estas minas por su cuenta; y de aquí fue de donde envió la plata al Emperador, que a esta sazón estaba en Alemaña; y de solos quintos[285] que pagó de la plata que había sacado, le envió al Emperador la gran suma de plata que todo el mundo sabe. Y dicen los antiguos [166v] destos reinos, que todas las semanas sacaba ochenta mil pesos de plata ensayada, sin beneficio de azogue sino por guaira, que son unos edificios a manera de hornos sino que son anchos por abajo, y arriba acaban como una chimenea muy angosta; y todo lo ancho de abajo llenaban de aquellos metales, y de carbón y leña entre los mismos metales, y luego les daban fuego por la parte de abajo; y la plata que corría, salía por un agujero, y corría el arroyo de plata como si fuera agua. Y después que se helaba, cortaban las láminas con una hacha a pedazos pequeños, de donde sacaba cada semana la cantidad de plata que dije. Yo subí a ver los socavones de don Francisco Pizarro, y es grandísima la profundidad que tienen; y la consideración que yo tenía de que todo aquel vacío había sido plata, me causaba más admiración.

Agora se beneficia por azogue la tierra de que no hacían caso en aquel tiempo; y la van pasando toda. Y fue tanta la leña que se gastó en aquellos tiempos, ansí del Inga como de don Francisco Pizarro, que con ser todo aquello de alrededor montes en que había mucha madera de quina[286], no hay el día de hoy en todo aquello, doce leguas alrededor de Potosí, ni un árbol; y como cosa [167] notable lo escribo. La plata que de aquí se saca el día de hoy es de más ley, más fina y más blanca que la de Potosí.

---

[285] «Cierta especie de derecho que se pagaba al rey, de las presas, tesoros y otras cosas semejantes, que siempre era la quinta parte de lo hallado, descubierto o aprehendido» (*Diccionario de la Real Academia Española*, 2001).

[286] «Corteza del quino, de aspecto variable según la especie de árbol de que procede, muy usada en medicina por sus propiedades febrífugas» (*Diccionario de la Real Academia Española*, 2001).

Los indios antiguos dicen que el cerro de Potosí que le había descubierto el Inga; pero que no le quería labrar ni tocar en él, porque le tenía ofrecido y consagrado al sol, y como cosa de los dioses no quería tocar en tanta riqueza. Y así es de creer, porque estando tan cerca de Porco que no hay sino siete leguas, no se le había de esconder al monarca de todos estos reinos aquello, sino que realmente sabia dello y no quería tocar en ello por la razón dicha. Pero la verdad de cómo se descubrió el cerro de Potosí fue, que andando un indio buscando un poco de ganado, llegó allí y vido las vetas de plata ricas; y vino a un español y díjole:

—Deste metal que estáis aquí sacando, hay mucho cerca de aquí y mucho más rico que éste.

Y el español diole al indio una manta y camiseta, que es un vestido que ellos usan, y díjole que le llevase allá. Y el indio lo hizo ansí y desta suerte se descubrió el cerro de Potosí, que es la octava maravilla del mundo, y de todas la mayor.

[167v] Después de quince días que gasté en este viaje, y en andar por estas minas, me volví a la villa de Potosí, de quien trataré agora y pintaré aquí el cerro como él está, y con los socavones y vetas principales que tienen, en las cuales yo entré y anduve todas; y de todas ellas llevo a España, de cada labor[287] una piedra de metal, con particular relación de cuya es la mina, y de los indios que andan trabajando y sacando los metales, y los gastos que con ellos tienen; los ingenios que hay y el orden del moler los metales, y el trato de los indios y los mantenimientos y bebida de que usan. El traje es el que tienen los indios collas, porque los que más sirven a la mita[288] del cerro son indios del Collao[289]. De todo trataré un poco, tocando de paso en todo, porque decir por entero lo que en cada cosa hay, sería nunca acabar. Y para podello hacer con más puntualidad, me fui al cerro y me estuve allá ocho días informándome de unas cosas y viendo otras. Y así diré con puntualidad lo que hay en Potosí, que es lo siguiente.

[168] Agora[290] será justo tratar del cerro de Potosí y del lugar y de los indios, y de las cosas que hay y gastos que se hacen; que en todo el universo pienso que no hay cosa más grandiosa porque ver un cerro mayor que Cabeza Aguda[291] y todo de plata que no hay puñado

---

[287] «Excavación» (*Diccionario de la Real Academia Española*, 2001).

[288] Del quechua *mit'a*, turno, semana de trabajo. «Repartimiento que en América se hacía por sorteo en los pueblos de indios, para sacar el número correspondiente de vecinos que debían emplearse en los trabajos públicos» (*Diccionario de la Real Academia Española*, 2001).

[289] Llamado por los incas Colla Suyo, es una región en el Alto Perú, cerca del lago Titicaca.

[290] A partir de este punto se puede apreciar un cambio de letra.

[291] Cabeza Aguda, en el corazón de Sierra Morena, provincia de Córdoba, cerca de Villaviciosa. Álvarez anota que tal vez no se trate de Cabeza Aguda sino de Pico Agudo que es un monte alto en la Sierra de las Villuercas, cerca de Guadalupe.

de tierra en él que no sea plata; de donde tantos millones se llevan a España cada año[292]. Y así como cosa tan notable le pintaré con todas las vetas que tiene, tratando en todo verdad, porque no escribo sino lo que he visto y experimentado, con apercibimiento que nadie se admire de lo que oyere; pues trato verdad que si no, no me atreviera a escribirlo.

[168v] Sobre el dibujo del cerro: «Cerro de Potosí. Octava maravilla del mundo».

Esta es la octava maravilla del mundo y la mayor de todas; pues es todo este cerro de plata. Tiene por la parte de abajo en circuito y en redondo medido con cordel, once mil y treinta y tres varas. Trabajan dentro deste cerro, todos los días, ocho mil indios, todos con velas de sebo, sin los que [169] sacan los metales, que son otros cuatro mil; de manera que son los indios que sirven a la mina del cerro, sin los de los ingenios, doce mil indios. Gástanse de velas de sebo, que cuestan cuatro un real, ciento y cincuenta mil pesos de plata corriente, cada año. Y esto saqué de las cuentas que los mineros dan del gasto de las velas, que con curiosidad yo averigüé.

Tiene este cerro, de la parte del mediodía hacia la parte del sur, cuatro vetas principales, que corren desde la punta del cerro hacia [a]bajo: que la primera se llama de Mendieta, y la segunda de Centeno, y la 3ª se llama la Veta Rica, y la 4ª del Estaño. Estas cuatro vetas están labradas a tajo abierto, hasta las entrañas de la tierra, tan hondas que en todo un día no hace un indio más de dos caminos con el metal que puede sacar a cuestas, de manera que hasta mediodía hace un camino y hasta la noche otro. Y hase de notar que no cava éste el metal, que otro está abajo cavando, de manera que no se detiene abajo más de cuanto tarda en henchir un pellejo a manera de zurrón, que trae atado a las espaldas. Y todo el demás [169v] tiempo gasta en bajar abajo y subir arriba por unas escaleras de palo y sogas, que si se le van los pies, se hace pedazos. Todas las demás minas, fuera de estas cuatro, no están a tajo abierto, sino como están pintadas. Tienen unas

---

[292] Sobre la Villa Rica del Potosí, Guaman Poma nos informa que: «…tiene muchos caballeros y bezinos y soldados, yndios, negros muy ricos [...] Y tiene muchos monasterios, yglecias y religiosos y policía, plata como piedra, oro como polbo cin millares que no tienen qüento los indios…» (Poma de Ayala, *El Primer Nueva corónica*, 1992, p. 977).

bocas por las cuales se entra, y después allá dentro van culebreando unas por una parte y otras por otra, de manera que allá se encuentran unas con otras, y entran por una y pueden salir por otra. Y tiene algunas partes tan estrechas, que si no es tendido a la larga, no se puede entrar dentro, y muchas veces se quedan los pedazos del sayo en las piedras; de manera que pasan como culebras cuando van mudando el cuero, por una parte muy estrecha; y si se desmorona alguna tierra o piedras que caen y tapan aquella boca, quedan los indios enterrados, sin remedio de podellos sacar, y desta suerte perecen muchos.

Este cerro es muy alto y muy bien hecho. Solamente tiene a la parte de occidente un poquito de corcova[293]. Ha menester la mula que hubiere de subir hasta arriba, donde está una cruz, ser muy buena; y gástase medio día en subir arriba, y con el calor de los metales falta el aliento, ansí a las [170] cabalgaduras como a las personas, y muchas se quedan muertas entre las piernas, como yo vi un caballo, que subía su dueño con alguna prisa y se le quedó muerto allí[294]. Sustenta Dios esta máquina deste cerro milagrosamente, porque todo él desde abajo hasta arriba alrededor, por todas partes está lleno de bocas, y por la parte de adentro está todo güero, que no se puede saber sobre qué estriba ni se sustenta. Es un retrato del infierno entrar dentro, porque ver tantas cuevas y tan hondas, y tantas luces por tan diversas partes, y oír tantos golpes de los que están barreteando, es cosa que pierde el hombre el tino y aun el sentido. Hay unos socavones[295] grandes por donde se comunican y labran las vetas; y dentro, en los cruceros, hay unas plazas tan anchas y después unas partes tan estrechas, unas veces derechas y otras veces hacia [a]bajo, que si acierta a morirse la vela al indio, se despeña.

Yo entré por el socavón de [170v] Juan Ortiz[296] a ver estas minas, para poder escribir esto que escribo, hasta que no pude pasar adelan-

---

[293] «Corvadura de cualquier cosa, o bulto que altera su forma normal exterior» (*Diccionario de la Real Academia Española*, 2001).

[294] Seguramente se debe al esfuerzo necesario para subir al Potosí, cuya cima está a 4.739 metros sobre el nivel del mar.

[295] «Cueva que se excava en la ladera de un cerro o monte y a veces se prolonga formando galería subterránea» (*Diccionario de la Real Academia Española*, 2001).

[296] Juan Ortiz de Zárate (1511-1576), conquistador español. Nacido en Vizcaya, marchó a las Indias junto con Francisco Pizarro. El 20 de febrero de 1567 fue nombrado adelantado de la provincia del Paraguay y Río de la Plata.

te por la estrecheza del lugar y por los hábitos que llevaba; donde miraba a una parte y a otra y veía tantas luces y oía tantos golpes, que me pareció que estaba en el infierno. Y pregunté al minero que iba conmigo, cuánto habría desde donde estábamos a la puerta del socavón, y me respondió que dos cuartos de legua largos. Y ansí no quise pasar más adelante, y nos volvimos a salir, y di vuelta por de fuera a todo el cerro, y vi todas las labores y minas que había y saqué de allá dentro dos piedras de metal, las cuales traigo conmigo a Guadalupe, por curiosidad.

Este día que subí al cerro se celebraba la fiesta de San Francisco, cuya advocación es la iglesia que está en el cerro, donde se les dice misa a los mineros. Y fuimos a celebrar la fiesta diez frailes del convento de San Francisco: y nos dieron una comida que en Madrid no pudiera ser más abundante; porque en todo Potosí y en doce leguas alrededor, no hay un árbol, y había en la iglesia tantos ramos [171] y yerbas olorosas, y claveles, que por grandeza lo mandé a la memoria para escribillo. Hubo al principio, para comenzar a comer, pasas y almendras de Castilla, que costaba cada libra de almendras doce pesos que son cien reales. El vino que se bebió era de Castilla; con tanta abundancia como se podía beber en Guadalcanal[297]; valía cada botija, que tendrá media arroba, poco más de cincuenta pesos de plata corriente, que son cuatrocientos reales. Con miedo escribo esto; pero cuento verdad en ley de sacerdote y póngolo por grandeza, que lo es muy grande, donde no son menos grandes los ánimos de los hombres. De lo demás de la comida no cuento porque sería una cosa muy larga y enfadosa, solo digo que sobraban tantas tortas de mazapán y de azúcar, que todos los indios andaban cargados de comida.

Los metales de este cerro los bajan en carneros, que son como terneras de un año, altos de pies [171v] y más delgados en todos los miembros que las terneras. Tendrán los carneros de alto, desde los pies hasta el lomo, cinco cuartas largas, que casi son vara y media; el cuello es muy alto, sin cuernos; la cabeza, ansí los machos como las hembras, con las orejas un poco largas; y las facciones de la cabeza son las mesmas que de carnero; el cuello tiene de alto casi una vara no cabal, poco menos; la cola es pequeña; de manera que en el cuello y en

---

297 Guadalcanal está situada al norte de la provincia de Sevilla, Andalucía, y pertenece a la comarca de la «Sierra Norte de Sevilla».

echarse y levantarse, parecen [e]specie de camellos. La natura de los machos la tienen debajo de la barriga como los carneros de Castilla; pero no la tienen derecha sino que da una vuelta hacia [a]trás como medio cayado de manera que cuando orinan dan fuera de las piernas traseras con la orina, como si el vergajo le tuvieran fuera, porque es grande la vuelta que da; y para tomarse, se echa la hembra en el suelo y se pone de rodillas. De la carne destos, comen los indios y los españoles también; y es como de vaca; vale cada carnero destos en Potosí ochenta reales, y en otras tierras de donde ellos se traen, valen menos. La mita ordinaria que hay para el servicio del cerro, son doce mil carneros destos, los cuales están repartidos en tres partes, de manera que cada dos meses sirven cuatro mil, y en estando cansados estos cuatro mil, traen del pasto otros cuatro mil; de manera que en seis meses sirven los doce mil carneros. Lo que comen es una hierba que llaman [172] hicho, que es como el esparto de España.

Bajan los metales del cerro en unos costales pequeños que harán una hanega de trigo. En estos carneros se traen todos los más de los mantenimientos, como es el vino y las harinas y fructas, porque cada carnero, como dije atrás, lleva seis arrobas de peso las leguas que son menester. Y lo ordinario de donde traen el vino a Potosí es de Ariquipa, que hay ciento y ochenta leguas. Y estos mesmos carneros llevan las barras del rey y las de los particulares que bajan de Potosí; y las llevan ochenta leguas que hay hasta el puerto de Arica en ocho días, porque tienen puestos carneros de refresco a cada cuatro leguas. Y caminan de día y de noche, sin que la plata se detenga. Y en estos carneros bajaron las barras de plata para nuestra Señora de Guadalupe, a 17 de marzo del año de 1601, las cuales yo hice con los oficiales reales que las fretasen en estos carneros, porque van con más brevedad que las recuas de mulas; que todo es menester por la mucha cantidad de plata que baja de Potosí al tiempo de la Armadilla[298], que es a los primeros de marzo. Y la que bajó aquel año que yo estuve allí, que fue el de 1601, en un mes, del rey y de particulares, de sólo Potosí cinco millones, [172v] como yo vi y me constó por el registro, por-

---

[298] Es el tiempo en el que se envía a Castilla la plata destinada a la Corona. Ocaña tiene un apartado dedicado al transporte de la plata en el capítulo sobre Panamá, en él describe el recorrido de la plata del Perú hacia Portobelo. La plata solía ir protegida por la Armada de los Mares del Sur a la que también se le conocía como Armadilla.

que como dije atrás, no escribo sino las cosas que veo y experimento.

Está el asiento del cerro en 20 grados y medio por el altura del sol hacia la parte del sur, no debajo del mesmo polo sino en derecho del; pero no tan apartado que el crucero[299], que son cuatro estrellas en cruz, que son las que más cerca del polo se parecen, dan vuelta alrededor del cerro como la bucina[300] del norte la da alrededor del mesmo norte, salvo que estotra vuelta que dan estas cuatro estrellas es mucho mayor, que a nuestra prespectiva y conforme de acá parece será media legua; no digo que en el cielo será media legua, sino lo que acá nos parece que es esta distancia allá será más. Sobre el cerro de Potosí hay dos señales, en el cielo, blancas, a manera de nubes, pequeñas a nuestro parecer de acá, como una manta, una un poco mayor que la otra; y éstas son una cosa maravillosa, que andan con los cielos y dan vuelta al cerro en veinte y cuatro horas[301]. Dicen que son influencia del cielo, como lo son; porque si fueran nubes, lleváralas el aire a una parte y a otra, lo cual no sucede, sino que en cualquier tiempo están siempre fijas, ora haga viento o no. Y en otras dos partes destos reinos que hay [173] estas mesmas señales en el cielo, hay minas de plata muy ricas, como lo son las de Porco y las de Chocolococha[302].

Del medio cerro para arriba nunca jamás llueve, sino siempre nieva, de manera que todo lo que es agua en el pueblo, es nieve en el cerro. Los miércoles y los viernes, suben las indias a llevar comidas a sus maridos, y son tantas que cubren el cerro, que no parecen sino procesiones; y si son doce mil indios, como dije arriba, los que están trabajando, y todos o los más son casados, por aquí se puede sacar pocas más o menos las mujeres que pueden ser las que suben con comidas estos días por las mañanas; a mi parecer serán diez mil o once

[299] Se refiere a una constelación conocida como la Cruz del Sur. Hernando de Magallanes, en su viaje en el año 1505, le dio este nombre.

[300] Se refiere a la Bocina, nombre que los pastores dan a una constelación boreal también denominada Osa Menor.

[301] Tal vez se refiere a las Nubes de Magallanes, galaxias enanas, que son visibles a simple vista.

[302] Choclococha, pueblo del departamento de Huancavelica, Perú. A Choclococha se le pueda homologar como el lugar de origen de la civilización del centro-sur andino.

mil, pocas más o menos. Y el sábado en la noche, desde que tocan a la oración, comienzan a abajar los indios todos del cerro y con velas encendidas todos, que no parecen sino procesiones de deciplinantes; y dura el bajar indios al pueblo toda la noche hasta el domingo por la mañana, según son de hondas las minas en que trabajan, que se les va toda la noche en subir arriba y en [173v] salir fuera.

Y a estos indios se les pagan sus jornales el domingo en la noche, que son cada semana dos o tres ducados. Y desde el sábado en la noche hasta el lunes a mediodía, no se les queda real de todo esto, ansí a estos que trabajan en el cerro, como los que están en el pueblo; que son por todos, conforme la matrícula de las parroquias que hay, que son catorce parroquias de indios, pasan de cien mil indios. Y todo cuanto éstos ganan en toda la semana, se lo beben en un día y una noche. Porque en comida gastan muy poco; todo es beber, ansí los hombres varones como las mujeres, de suerte que todos se emborrachan. Y se han hallado por la cuenta de los pulperos que son unos hombres que tienen tiendas donde venden vino y cántaros de chicha, que es una bebida que hacen de la harina del maíz que comen, que son esas mazorcas que allá hay en España que llaman trigo de las Indias, véndese de sólo vino y chicha trecientos mil pesos de plata corriente, que es ocho reales cada peso, cada domingo. Esto es la cosa más notable que puedo decir de Potosí y por tal la pongo; y prevengo por si alguno dijere o le pareciere que me adelanto, que doy por testigos a todos cuantos han estado en este lugar, para comproballo ser así.

[174] El asiento del pueblo de los españoles está por cuadras las calles; y las casas de los indios, que llaman rancherías, están alrededor de las casas de los españoles, de manera que por todas partes le tienen cercado los indios de manera que las casas llegan hasta las faldas del cerro. Son las casas de los indios como pocilgas o zaburdas[303] de puercos; unas piedras puestas, por la mayor parte en redondo con un poco de barro, y por la parte de arriba con paja, y tan baja que apenas se puede estar en pie. No tienen camas ni duermen sino sobre el suelo, cuando mucho un pellejo debajo. Andan de ordinario muy puercas las manos y las caras muy sucias, que en todo el año no se lavan; el cabello suelto sobre los hombros y muy negro; los hombres le traen más corto, que no les pasa del cuello. Las indias usan de afeite y lo que se ponen es una tierra colorada como almagre[304] y embadúrnanse toda la cara y narices y frente, de manera que parece que tienen una máscara colorada puesta. Otras usan de un color un poco amarillo y no untan más de los carrillos y las narices, que me parecían demonios; y con todo esto no les faltan españoles que duerman con ellas. Son muy lujuriosas, de causa que, de ordinario, están borrachas y comen mucho ají, que allá llamamos pimiento de las Indias; andan descalzas todas y muy pocas son las que andan calzadas las putanas [174v] solamente y las pallas[305] ricas, que son indias de mejores rostros por ser hijas de español y de india; pero las que son de padres indios, de ordinario son mal agestadas todas y muy feas, ansí los varo-

---

[303] *Zahúrda*, que es también una especie de pocilga. *Diccionario de la Real Academia Española*, 2001.

[304] «Óxido rojo de hierro, más o menos arcilloso, abundante en la naturaleza, y que suele emplearse en la pintura» (*Diccionario de la Real Academia Española*, 2001).

[305] Ocaña llama *pallas* a las mestizas, hijas de español e india, pero más adelante en la descripción de los pobladores de Cuzco también informa que las *pallas*: «son para los españoles como las mujeres públicas, aunque no viven de eso». Otra acepción del término *palla* en el Perú es el de mujer indígena, noble y casada. En todo caso se trata de un término que adquiere diferentes significados a lo largo del texto.

nes como las mujeres. Y duermen como puercos unos junto a otros; y como de ordinario están borrachos y están todos revu[e]ltos, el padre conoce algunas veces a la hija y el hijo a la madre; y no se puede remediar esto, de causa que todos duermen juntos y revueltos, unos con otros. El vestido es una camiseta de algodón o de la lana de los carneros de la tierra, sin mangas, con los brazos y las piernas de fuera de contino, sin otra ropa ninguna. No gastan en el vestido nada, porque lo que cada uno trae, lo tejen en sus casas, de manera que cuanto ganan y granjean, todo lo gastan en beber y en comer. Y antes que se casen suelen estar dos y tres años amancebados; y ellos dicen que es aquello para prueba si pueden vivir juntos, y en estos dos años echa de ver la mujer si el marido es buen trabajador y si tiene buena condición o mala; y acontece muy de ordinario quedar la india con dos o tres hijos y después decir que no quiere al indio y casarse con otro. Y esto tampoco se puede remediar, porque cuando lo viene a saber el doctrinante, es cuando se casan; de causa que los indios no tienen por deshonra hallar a sus mujeres con otros; y a doquiera que se encuentran, se echan unos con otros y no sabe el doctrinante si son casados o solteros; y como es un hombre solo, no puede tener cuenta con pueblos tan grandes de indios como hay. Pero esto es cierto, que ninguna india se casa sin haber primero dormido y tratado [175] mucho tiempo con el indio con quien se casa.

Y suelen las mujeres írseles a los maridos, y luego ellos dicen misas a san Antonio por que parezca la mujer. Y en 27 días del mes de abril de 1601, estando yo en la sacristía de San Francisco, después de Pascua de Resurrección, se llegó a mí un indio y me puso en la mano dos reales de a 8 (que ésta es la limosna ordinaria que se da en Potosí por una misa) y me dijo:

—Padre, dime una misa a nuestra Señora de Guadalupe.

Y preguntándole yo si era por algún enfermo, me respondió que no era, sino por su mujer que había ocho días que no la podía hallar, y que ya había dicho dos misas a san Antonio y no parecía, y no le quería decir más sino a nuestra Señora de Guadalupe. Yo le dije la misa, y aínas[306] no la acabara, de risa que me causaba el indio todas

---

[306] *Aína* es lo mismo que «pronto, en breve plazo», pero aquí significa «por poco, casi». Esta última forma aparece más en plural y se conoce la variante *aínas* (Real Academia Española, *Diccionario Histórico de la Lengua Española*. Madrid, 1970 *s. v.*).

las veces que me volvía al pueblo, de velle con cuánta devoción estaba puestas las manos pidiendo a nuestra Señora que pareciese su mujer. No sé si pareció, pero esto acontece muchas veces irse las indias
con otros indios y estarse ocho días; y a poder de misas que por ellas
dicen, piensan volvellas a casa y cuando ellas vuelven, dan los indios
muchas gracias al sancto a quien mandaron decir la misa, y quedan
muy gozosos y a la mujer la acarician y piensan que se les fue por algún desgusto que ellos le dieron, y procuran de allí adelante no dalle
pena, por no gastar más pesos en misas. Y ellas no se van sino porque
son muy lujuriosas y grandísimas bellacas. [175v] Y juntamente con
esto son grandísimas hechiceras, ansí las indias como las mestizas y
criollas, que van a buscar a un hombre a doquiera que está aunque
sean muchas leguas. Y ansí le aconteció a Simón de Torres, boticario
natural de Guadalupe, estando en Panamá el año de 97: durmiendo
una noche en su cama que cayó como de arriba del techo un golpe
y echó las manos para ver lo que había caído y palpó una mujer, la
cual se acostó con él; y preguntándole quién era, dijo que fulana, con
quién él había tratado en Nombre de Dios, diciendo que por sólo velle había venido; y diciendo el Simón de Torres que se estuviese en
Panamá holgando algunos días, respondió que no podía porque había
dejado el pan para echar en el horno y que había de volver a coce-
llo. Y está Nombre de Dios de Panamá diez y ocho o veinte leguas,
de manera que en media hora debiera de volver a cocer el pan después que estuvo con él. Esto me contó el Simón de Torres, que le había acontecido, avisándome que me guardase de las mujeres desta tierra; y ansí no visité a ninguna aunque fui muy molestado de mujeres
muy principales; pero éstas son las peores y cuanta más hacienda tienen, tanto más vicio procuran ellas. Y ansí, en esta tierra, como todas
las cosas son en ella al revés, también esto es al revés; que las mujeres
son las que solicitan a los hombres, y la que más tiene, ésa se tiene
por más honrada, como parece por lo que diré:

Que en la ciudad de Chuquisaca, pasando a mula por una calle,
reñían dos [176] mujeres en una casa, y entre otras palabras que yo
oí, fue que dijo la una a la otra:

—Sois una puerca que no tenéis más de dos que os quieren.

Y dije yo al que iba conmigo:

—Según aquello, más debe aquella de tener de cuatro.

Y respondiome a quien yo decía esto:

—Ansí es, padre, que la mujer que no tiene cuatro o cinco, la tienen por puerca y en menos estima.

Y los hombres casados desta tierra son tan buenos que pasan por todo sin que haya pesadumbre más de en la cabeza, que no les falta sino decir misas por ellas para que vuelvan a casa, como lo hacen los indios.

Ansí que éste es el trato desta tierra. El traje es el que tengo dicho de las indias que viven en la sierra. El traje de las de los llanos, es diferente, porque no traen sino una ropa cerrada como capuz, con unas colas rastrando, como los que tienen luto en Castilla; en cueros, sin otra ropa alguna, echado aquel capuz negro; y los cabellos negros, sueltos y tendidos por las espaldas y por los pechos, y ellas negras y tostadas del sol. Y cuando van andando les va saliendo el polvo por el abertura del capuz, que tiene por los pechos para meter la cabeza cuando le visten, de manera que no parecen, en la suciedad grande suya y en lo demás, sino brujas, o una cosa de allá del infierno, porque criaturas del mundo no lo parecen. Y es aquella tierra tan caliente y aquella arena, que los cuerpos de los que murieron, agora trecientos años, se están enteros, [176v] de causa que nunca llueve en aquellos arenales ni en toda la vida se acuerdan haber visto llover; y así, como no hay humedad no se pudren los cuerpos. Y todos los campos están llenos de aquellos cuerpos y de carne momia, que como los entierran y todo es arena, dentro de cuatro o seis meses los descubre el aire, porque pasa el arena de una parte a otra, de manera que adonde anocheció llano, amanece a la mañana un cerro de arena junta, muy grande. Y esto esprimenté yo desde Paita a Olmos: que antes de llegar a la ciudad de Piura, tres leguas, nos apeamos a puesta de sol junto a un montón muy grande de arena, como un cerro pequeño, que apenas con dos tiros de piedra del peso de dos onzas pudiera yo llegar a la cumbre dél; amaneciendo, a la mañana, estaba todo llano como si allí no hubiera habido cosa alguna. Y preguntando yo a los indios qué se había hecho aquel cerro de arena, me le enseñaron más acullá medio cuarto de legua, que le había pasado el aire aquella noche; y así fue verdad que aquello que me enseñaron, a la mañana no lo vi yo allí de parte de tarde, que con grandísimo cuidado iba mirando el campo y la dispusición de la tierra.

Esta arena es muy menuda, como cernida a manera de arena de reloj y muy subtil; y por eso la lleva con tanta facilidad el aire, y la más gruesa queda entresacada. Y así caminan las cabalgaduras con mucho trabajo, metiéndose los pies de ordinario por encima de los bajos. Y sobre esta arena duermen los indios de [177] los Llanos, sin quitarse los capuces de encima en toda la vida; y con los mesmos los entierran, que no tienen otra mortaja. Y éste es el traje destos.

El traje de los indios de Quito y del Nuevo Reino de Granada y de Sancta Fee es muy diferente, y las indias son muy blancas y muy hermosas, más que las españolas. Y como hace tanto calor que está Quito debajo de la quinocial[307] y no tiene grado ninguno, solamente traen unas mantas de algodón muy delgadas de manera que las carnes se les parecen trasparentes y si hace un poco de aire que coge y lleva la manta de algodón a una parte por la otra, quedan todas las facciones de los miembros del cuerpo tan señaladas, que se echa de ver la que tiene buenas piernas y buen talle.

Todas estas cosas notaba para escribillas, aunque parezca demasiada curiosidad; mas pues la tengo en lo demás, no es malo esto mientras el alma con pecado no se ensucia. Ansí que me pareció este traje más lascivo que el de las moriscas de Granada, que pintan hasta la media pierna; que al fin aquéllas están cubiertas con ropa y estotras andan desnudas con unas carnes como un alabastro; y cuando van andando, con un paso tan menudito que parece que van bailando la zarabanda. Que es menester mucho espíritu de Dios y hacerse fuerza para recoger el pensamiento el religioso en pensar en otras cosas buenas, para no divertirse en tanta lascivia, para que no se ofenda a la majestad de Dios con el pensamiento, para no codiciar lo que los ojos ven en aquellas indias, por mortificados que se lleven. [177v] Esto es cuanto a los trajes de las indias serranas, de quien dije antes hay en Potosí matriculadas en las parroquias docientas mil ánimas de solos indios y indias sin los españoles; porque son las iglesias y parroquias de los indios, catorce. Y preguntando con cuidado a los beneficiados cuántos indios tenía cada uno en su matrícula, vine a hallar éstos: la parroquia de San Martín, 700; la de San Francisco, 900; la de San Pedro, 1200. Decillas todas es una cosa cansada; pero con curiosidad están sacadas que son más de los que tengo dichos, porque no cuento sino solos los casados, sin los hijos destos que son muchos en gran número, que si se pudiera averiguar con alguna verificación, lo pusiera aquí.

---

[307] Por *equinoccial*.

En medio de las catorce parroquias de los indios, está el pueblo de los españoles, donde está la iglesia mayor en la plaza. Y alrededor della, dos cuadras apartadas, están los conventos de Sancto Domingo y de San Francisco y de la Merced y de San Agustín y los padres de la Compañía de Jesús. La gente española que en Potosí hay, es mucha, casi tanta como los indios; y muchos soldados que pasean sin oficio ninguno. Y éstos se sustentan del juego y de estar amancebados con negras ricas y con indias ricas, las cuales los sustentan de comidas y de vestido; y ellos no entienden más que en pasear todo el día en el empedradillo de la plaza, donde no se pasea ninguno que no sea muy valiente, y son tantas las pendencias, que apenas se pasa día en que no haya dos y tres muertes de hombres pasados de estocadas. Y esto es en tanto extremo, que en 14 [178] meses que yo estuve en Potosí, no hubo semana en que no hubiese cinco y seis muertes de hombres, y los más dellos sin confisión; y días de tres muertos que yo quedaba maravillado de tantas pendencias. La gente es mucha y todos soldados y sin oficios; no entienden sino en pasear, y con muy poquita ocasión, luego meten mano a las espadas, y lo ordinario es por el juego y por mujeres; y las más veces por cobrar los hombres sus haciendas, que en pidiéndole a uno lo que le prestaron, si no le aguardan todo lo que él quiere, luego desafía al otro para que se mate con él sobre cobrar su hacienda. Y así se levantan los unos con las haciendas de los otros y se las niegan y no temen a justicia ni a nadie. Y es tierra muy libre porque cada uno vive como quiere, sin que ninguno les pida cuenta de nada. Y hacen muchos agravios a los indios. Y ansí, las haciendas desta tierra nunca se gozan, porque aunque uno tenga cien mil pesos, en muriendo no parece ninguna cosa dellos y no saben qué se hace toda aquella hacienda, sino que el demonio se la lleva, como es mal ganada.

Todas las cosas que se compran en Potosí es todo a peso de plata: una libra de uvas, cuando son las primeras, vale cuatro pesos y luego van bajando a peso; y cuatro [178v] higos, un real; un pescado que llaman dorado, que será como dos veces un besugo, llega un oficial y da por él treinta pesos, de manera que no reparan en la plata; una perdiz, un peso; una gallina, dos pesos; un cabrito, dos y tres pesos; un par de zapatos, tres pesos; unos borceguíes[308], ocho pesos; y una docena de camuesas, doce reales si hay muchas, y si no, valen mucho más. Y desta manera valen todas las demás cosas: la carne no vale cara, porque un carnero vale dos pesos, y un cuarto de vaca vale otros dos; el pan, valen dos libras un real. Y ésta es la más baja moneda que hay, aunque para dar limosna la Semana Sancta, hacen por la cuaresma algunos medios reales.

Hay en la ribera de Potosí y Tarapaya 97 ingenios que muelen los metales. Y llámase ribera, no porque hay árboles, que en doce leguas alrededor de Potosí no los hay, sino porque pasa un arroyo de agua con que muelen estos ingenios, de manera que en cada ingenio sacan cada día dos piñas de plata[309], de suerte que cada día se sacan en Potosí 194 piñas de plata, de lo que los ingenios muelen; que ésta es la cosecha desta tierra. Y es tanta la plata, que por el libro de los quintos del Rey nuestro señor, hallé que desde primero de enero hasta fin de abril, que son cuatro meses, se habían fundido cuatro mil y trecientas barras [179] de plata de más de a ochocientos pesos cada una. Y por aquí se puede echar de ver poco más o menos las barras que cada año se sacan, que vienen a ser más de catorce mil. Esta es la mayor grandeza que el mundo tiene y yo no sé otra mayor.

Cada ingenio destos tiene una rueda grande que la mueve el agua; y ésta, con su movimiento, que tiene un eje grande que pasa por medio della como rueda de aceña[310], levanta ocho mazos de una parte y otros ocho de la otra parte, de manera que cada rueda mueve diez y seis mazos que muelen el metal. Y con cada ocho mazos hay cuatro indios que los van cebando, unos de día y otros de noche, de suerte que en todo tiempo nunca cesan. Y otros cuatro indios ciernen los metales, y otra docena los llevan a los cajones para beneficiallos y echalles el azogue. Y en aquellos cajones les dan cada noche fuego hasta que les parece que ya el azogue ha recogido toda la plata. En este be

[308] «Borceguí, calzado que llegaba hasta más arriba del tobillo, abierto por delante y que se ajustaba por medio de correas o cordones» (*Diccionario de la Real Academia Española*, 2001).

[309] *Piña de plata*, «masa esponjosa de plata, de forma cónica, que queda en los moldes, donde se destila en los hornos la pella sacada de minerales argentíferos» (*Diccionario de la Real Academia Española*, 2001).

[310] «Molino harinero de agua situado dentro del cauce de un río» (*Diccionario de la Real Academia Española*, 2001).

neficio le echan también sal y luego sacan aquello que está, de la propia manera que el barro, de que hacen teja o ladrillos en España; y
échanlo en unos cubos como tinas redondas, donde otra rueda mueve unos como tornos que lo va[n] lavando y el agua se lleva la tierra
y queda el azogue con la plata asentado abajo, en el suelo de la tina;
y aquello queda hecho una pella[311] y luego con fuego de carbón se
va el azogue abajo y queda la piña de plata, limpia como un pan de
azúcar pequeño.

[179v] Hay también ingenios de caballos para cuando falta el agua
del arroyo, que no dura todo el año porque no es de manantial, sino
recogida de lo que llueve en el invierno. Y los caballos traen la rueda como quien trae una rueda de molino; y de aquella manera levanta
los mazos la rueda, como los levanta con el movimiento del agua. Y
esto es de mucha costa, porque para sustentar a un caballo cada día,
se gasta un peso, que son ocho reales; y esto no para que se arte sino
para que no se muera de hambre; y esto gastaba yo con una mula que
tenía, ocho reales cada día con sola la mula. El agua con que muelen
los ingenios viene de unas lagunas grandes que están encima del pueblo, a una media legua dél; la cual agua se recoge de la nieve de unas
sierras que hay allí junto; y si estas lagunas reventasen, se llevarían todo
el pueblo. Y por esto dan salario a un maestro que las ande de contino reparando y para que por unas compuertas que tiene, tengan cuidado de echar el agua que fuere necesaria para que las ruedas mue-
lan, porque no se gaste demasiada agua porque dure más; y éste tiene
cuidado de echarla después de las fiestas y de quitalla los sábados a
medianoche. Las lagunas son seis, tres en un valle y tres en otro, y vanse comunicando las unas con las otras, de manera que se hinche la
una con el agua de la otra.

[180] Hay en Potosí indios muy ricos, en particular uno que se
llama Mondragón[312]. Un día fui a la casa deste indio, que es fiel eje-
cutor perpetuo, a solo velle a él y a su casa; y desde España se puede
venir a ver la casa deste. Y le hallé comiendo en el suelo, en una mesa
baja, como comen los indios de ordinario en el suelo sin mesa nin-

---

[311] «Masa de los metales fundidos o sin labrar» (*Diccionario de la Real Academia
Española*, 2001).

[312] Hoy día a 36 kilómetros de Potosí, sobre el río de la Ribera y siguiendo la
misma ruta del balneario de Miraflores, se encuentra la Hacienda de Mondragón.

guna, ni usan della ni de asiento, sino en cluquillas se ponen siempre. Y éste, por ser españolado en el vestido, tenía mesa, pero muy baja como una banquetilla. Y tiene toda su hacienda siempre en casa, delante de los ojos. Tiene una sala llena de plata, en una parte las barras, a otra las piñas y en otra parte, en unas botijas, los reales. Yo me holgué mucho de ver tanta plata junta y le pregunté cuánto había allí en aquello que yo veía, y me respondió:

—Hay trecientos mil pesos de plata ensayada.

Éste presta al rey todos los años cien mil y docientos mil pesos para que se despache la armada; y luego se va esquitando[313] de los quintos que él tiene de dar al rey de las barras que hace, porque el trato que tiene es [180v] comprar piñas y hacer barras y batillas moneda. Y en cada cosa destas, de contino gana en todo a tanto por ciento, de suerte que de contino va a más porque no se mete en otros tratos donde arriesgue la hacienda, sino en éste que la tiene de contino en casa. Es hombre que debe de hacer muchas limosnas secretas; pero públicas no, y así está en opinión de que no las hace. Hay otro que se llama Hernán Carrillo, mestizo, hijo de india y de español, que es hombre de mucha máquina de haciendas de ingenios; pero a éste no le tengo yo por tan rico, porque si beneficia muchos metales, tiene grandísimo gasto. Y para poder escribir esto me fui a su casa un domingo después de comer, para velle pagar a los indios; y pagó aquella tarde, de jornales que debía de sola aquella semana, seis mil y tantos pesos de plata corriente; de suerte que cada semana pagaba y gastaba esta cantidad de plata con solos los indios que traía barreteando en el cerro y en los ingenios, sin los salarios de los mayordomos españoles que tienen en estas haciendas.

[181] Hay también indias y pallas muy ricas, con quien los soldados están amancebados porque los sustenten. Y destas tienen los padres de la Compañía una cofadría del Niño Jesús, tan rica que en el mundo no hay cosa semejante. Y la mañana de Pascua de Resurrectión hacen alrededor de la plaza una procesión digna de ver y de mandar a la memoria lo que en ella llevan; lo cual diré aquí como se me fuere acordando:

Delante iba un estandarte bordado, tan rico que costó doce mil pesos; el indio que le llevaba iba muy bien vestido, llevaba camiseta

---

313 Por *desquitando*.

de brocado de tres altos con cintillo en el sombrero, de oro y esmeraldas, que le costó trecientos pesos. Llevaba banda con muchas perlas y manta de terciopelo carmesí con franjón de oro; y todo el más adorno de que ellos usan, muy rico. Luego pasó otro estandarte también muy costoso; luego una cruz con manga[314], la mejor de todo Potosí; luego un guión[315] todo bordado de perlas y oro, que no sabré ponelle precio, sino que todo era plata y oro y perlas. Iban por los lados, en dos hileras, muchas indias, todas en procesión, sin ir varón ninguno en medio, vestidas de muy finas sedas de terciopelos labrados, y debajo del azú un faldellín mejor que las españolas. [181v] Las llíquidas que son las que llevan sobre los hombros como mantos de terciopelos y de damascos; y la ñañaca, que es la ropa que llevan sobre la cabeza, de lo mismo; los chumbes[316], que son con que se ciñen el cuerpo, eran de sus lanas de muchos colores, como ellas las usan, muy curiosos. Llevaban todas velas y cirios gruesos encendidos, y como era antes del amanecer, al romper del día, parecían tantas luces en la plaza que la tenían clara como si fuera salido el sol. Y púseme en parte donde fui contando los cirios gruesos de a cinco libras que fueron pasando y conté por un lado casi trecientos cirios, de suerte que iban en la procesión más de quinientos cirios de a cinco libras, sin las indias que llevaban velas, que eran muchas. Y a esta sazón, como tengo repetido otras veces, valía un quintal de cera trescientos pesos de plata corriente. Detrás de todo iban unas andas de plata, todas maravillosamente labradas y dentro el niño Jesús vestido con el traje de indio con yacolla, que es una camiseta sin mangas, y una manta cuadrada sobre los hombros, tan rica de perlas y piedras de esmeraldas y tan bien obrada, que vale una gran suma de plata. Y al fin tienen los indios desta cofadría, que son los más ricos de Potosí, lo mejor de todo el pueblo.

---

[314] «Adorno de tela que, sobre unos aros y con forma de cilindro acabado en cono, cubre parte de la vara de la cruz de algunas parroquias» (*Diccionario de la Real Academia Española*, 2001).

[315] «Pendón pequeño o bandera arrollada que se lleva delante de algunas procesiones» (*Diccionario de la Real Academia Española*, 2001).

[316] Del quechua, *chumpi*. Ceñidor, «faja, cinta correa o cordel con se ciñe el cuerpo por la cintura» (*Diccionario de la Real Academia Española*, 2001).

[182] Es la plaza de Potosí abundantísima de todas cosas, y la mejor plaza de todo el Pirú en provisión. En los seis meses del año nunca faltan uvas. Hay muchas camuesas que se traen del Cuzco, 160 leguas; vale una docena de camuesas un peso de plata corriente. Higos verdes, cuatro higos un real; higos pasados y pasas, todo el año; limas y naranjas todo el año; peras que traen de Chuquisaca; fructas de la tierra, muchas todo el año; hortaliza y verdura en abundancia, que se trae de 20 leguas de allí; en particular las lechugas son muy lindas y muy blancas, y apretadas las hojas como repollos; rábanos y cardos y legumbres de berzas[317] y otras muchas yerbas de la tierra, que se comen en las ollas y guisados. Hay muchos cántaros de leche y por las calles venden requesones y natas; hay mucho pescado salado y fresco del río de Pilcomayo; todos los viernes muchos sábalos. Los pescados salados de la mar son todos regalados. Hay mucha caza siempre de perdices, que son tan grandes como gallinas; y vizcachas[318] que son como liebres de Castilla. En todo tiempo, gallinas de la plaza, a dos pesos cada una; y cuando se quiere comer, entonces se ha de matar, y si se mata antes [182v] de parte de noche, no se puede comer porque en lugar de manirse, las empedernece el frío; y así acabada de pelar y puesta en el asador, todo es uno; y desta suerte se puede comer. Está la plaza siempre muy proveída de tocino del pueblo de Tarija, que [es] la mejor cecina de todo el Pirú; y esto es más barato que en todos los demás pueblos, porque no vale un tocino más de cinco pesos; y un jamón que pesa 16 libras, vale doce reales y algunas veces menos, que por un peso se compra. El más tiempo del año es muy abundante de carne porque vale una arroba de vaca tres reales y un carnero dos pesos; y como hace el tiempo fresco, nunca se daña, y

---

[317] «Coles» (*Diccionario de la Real Academia Española*, 2001).
[318] Roedor de hábitos nocturnos propio de las grandes llanuras, mide aproximadamente 65 cm. Vive en el Perú, Bolivia, Chile y la Argentina.

dura un cuarto de vaca quince días en la despensa, y está la carne tan manida y tierna, que es la más regalada de todo el Pirú. Las ollas, para que se puedan comer a mediodía, se ponen a cocer la noche antes, de suerte que, en anocheciendo, se enciende el carbón y se pone la olla y cuando se acuestan queda espumada y echadas las verduras; y dejan carbón encendido y poco a poco se cuece. Y esto es causa del temple de la tierra, que es frío; y si no es ansí, no se puede comer la olla otro día.

[183] Una arroba de carbón vale cuatro reales, que se tiene por barato por el mucho gasto que hay dél, porque alrededor de Potosí, en aquellos lugares altos donde hace de ordinario mucho viento, hay mucha cantidad de guairas[319], que son unos hornillos largos como un corcho de una colmena, donde las indias con carbón guairan los metales ricos y sacan la plata derretida, que echan allí las piedras de metal y entre [e]llas carbón, y tiene muchas ventanillas por donde le entra el viento y enciende el carbón y va derritiendo la plata y corriendo abajo. Estos metales que estas indias funden, son piedras muy ricas de plata; que el indio que está barreteando en la mina, cuando encuentra con una piedra rica y que tiene mucha plata, la esconde, y cuando sale a la boca de la mina a recebir la comida que le lleva la mujer el miércoles, saca las piedras que tiene escondidas y dalas a la mujer; y aunque los mineros los miran mucho, con todo eso hurtan lo que pueden. Y luego como come allí a la boca de la mina el miércoles y está [183v] sentado allí un rato con la mujer, luego vuelve a entrar a la mina y hasta el sábado no vuelve a salir. Y lleva una taleguilla de maíz tostado y agua y un poco de ají o pimientos; y allá duerme y allá se provee de las necesidades corporales; y desta causa, en el cerro allá dentro, en muchas partes, hay mal olor.

Y los mineros hacen trabajar demasiado a los indios, y no los dejan dormir de noche las horas que les tienen ordenados; y como los miserables están de contino allá dentro barreteando, ni saben cuándo amanece ni cuándo anochece. Y así pasa esta gente gran trabajo y mueren muchos indios de enfermedad, otros despeñados, otros ahogados, y otros descalabrados de las piedras, que caen; y otros se quedan allá

---

[319] Del quechua *guaira*, viento. «Horno pequeño de barro en que los indios del Perú fundían los minerales de plata aprovechando la fuerza del viento» (*Diccionario de la Real Academia Española*, 2001).

dentro enterrados, de suerte que apenas hay día sin que haya alguna cosa destas. Y como son tantos, que pasan de doce mil como dije los que están encerrados en las entrañas de aquel cerro, los que barretean y los que sacan los metales, en una parte o en otra hay de contino alguna desgracia. A mí me quebraba el corazón de ver cuando los indios salían los miércoles a comer a las bocas de las minas, a recebir la comida que les llevan las mujeres, [184] los lloros y las lágrimas dellas, de ver a sus maridos salir llenos de polvo y flacos y amarillos y enfermos y cansados; y sobre todo esto azotados de los mineros y aporreados porque no cumplieron los montones de metal que está tasado que ha de sacar cada día; y no hay consideración a que la veta es dura, que suele el pobre del indio encontrar con una piedra dura, que está medio día haciéndose pedazos y no puede quebralla, sino que sea dura la veta, que sea blanda, le hacen que saque cinco montoncillos de metal cada día, que tendrán ocho o diez arrobas los cinco montones.

Y al fin, de aquellas piedras ricas que tienen más plata que tienen escondidas, les dan a las mujeres, y destos metales son los que guairan las indias y otros muchos que se rescatan en la plaza; y aquel rescate es permitido en Potosí por el demasiado trabajo que los indios tienen. Y al fin no hay libra de plata que no cuesta otra tanta sangre y sudor a los miserables de los indios; pues a costa de su sangre se saca lo que se beneficia. Y aunque se sabe, como digo, que aquellos metales que rescatan son hurtados, con [184v] todo eso se permite por la razón que dije. Sobre lo cual [ha] habido muchos pareceres entre los teólogos, si se puede hacer o no; y al fin los mineros hacen grandes diligencias, búscandoles la ropa a los indios cuando salen; y al fin saben que lo llevan y que lo han de sacar y pasan por ello y lo disimulan, y así dicen que no es *invito domino*[320].

Y las indias buscan también de las piedras que hay desechadas a las bocas de las minas, que llaman pallar, quebrallas y escoger lo bueno y apartar lo que no es tal. Y esto con lo otro se vende todo a las doce del día en Potosí. Y antes de esta hora no puede ningún español comprar nada de los indios; y esto se hace para que los indios tengan lugar de comprar estos metales, que hay muchos indios que los compran para las guairas. Y desta causa vale la leña cara. La que gastan los

---

[320] Tr., Habiendo obrado el señor contra su voluntad.

hornos, traen los carneros y cada carga de carnero vale cuatro reales, que en un puño, al menos con una mano, se llevara toda la carga del carnero. El mesmo estiércol de los carneros vale plata en Potosí, y andan indias por los campos cogiendo las cagarrutas del ganado y por cada [185] costalillo dellas les dan los señores de los ingenios un peso. Y para encarecimiento de todo lo que se puede decir acerca desto, digo que los mesmos excrementos de las personas valen plata y se venden, y tienen para este propósito en Potosí hechos unos corrales grandes donde se entran a proveer los indios que andan por las calles; y aquellos excrementos los enjugan y los secan con el sol y luego los juntan y amontonan y por cada costal de aquello dan ocho reales, para quemar el metal negrillo, para poder beneficiarle y revolverle con el metal paco[321]. Aunque agora un hombre criollo de México ha hallado el beneficio deste metal que se hace con echar plomo en el azogue y con sal, y que se saca gran golpe de plata, de manera que escriben por cosa muy cierta a su majestad que le irán el año que viene dos millones más de solos quintos, porque es este metal la mayor riqueza que se puede imaginar. Y resucitará con esto no sólo estos reinos del Pirú sino todo el mundo, porque hay mucho deste metal en todas partes.

[185v] La bebida ordinaria de que todos los indios, ansí de Potosí como de todo el Pirú usan, se llama chicha, la cual se hace de harina de maíz; échanla en agua y hierve; y en cinco días la beben. Es tan fuerte, que embriaga y emborracha mucho y desde el sábado en la noche hasta el lunes a mediodía, no dejan de beber. Los indios todo este tiempo gastan desta manera: compran mucha[s] botijas de chicha, que les cuesta cada botija un peso; y júntanse en un corral todo un aíllo[322], que es decir todos los de una parentela; y con un tamboril en medio de todos, que están hechos una rueda, dados de las manos unos con otros, andan danzando indios y indias toda la noche en peso, sin cesar, ni cesa el baile, hasta que se acaba la chicha y toda cuanta plata tienen. Y a cualquiera hora de la noche se oyen los tamborinos de las rancherías; y como van dando vueltas bailando, van bebiendo todos, ansí varones como mujeres, hasta que se acaban las botijas [186]

---

[321] Por *opaco*.

[322] Del quechua *ayllu*, parcialidad, parentesco, linaje. *Diccionario de la Real Academia Española*, 2001.

de la chicha; y quedan tan borrachos ellos y ellas, que como puercos quedan por aquellos suelos. Y el domingo muy de mañana acudían a San Francisco a oír misa y luego volvían a su baile, de manera que hasta que gastan todo cuanto han ganado aquella semana, beben. Y en el comer gastan muy poco porque no comen sino de aquel maíz tostado o cocido; y con una hanega, que les cuesta cinco o seis pesos, tienen para muchos días. En el vestido también gastan poco, ni en calzado, porque andan desnudos y descalzos. Ansí que todo es beber; y si se les dice que por qué no guardan plata para sus hijos, dicen que no tienen cuenta con eso, que trabajen sus hijos como ellos; que pues ellos lo ganan, que ellos se lo quieren beber y comer. Y así cuando vuelven al cerro otra semana, no llevan un real, ni de qué hacer testamento si murieren.

Estos indios andan con los carneros de la tierra, que son criados con su flema; y tienen tanta, que si un carnero de aquéllos se echa con la carga, y no se quiere levantar aunque el indio le dé mil palos ni aunque le maten; y por mucho que le tuerzan la cola y le apriete los compañones[323], no se levanta. Y [186v] el indio se asienta en el camino junto al carnero, y así se le está mirando dos y tres horas hasta que el mismo carnero se levanta. Y los demás indios van caminando adelante con los demás; y por esto no andan españoles con ellos, sino indios, porque [ha] acontecido, viniendo algunos españoles con estos carneros, y echarse en el camino de cansados, que es muy ordinario, y querer levantallos el español y matallos a palos y dejárselos por aquellos caminos muertos; y por esto no andan con ellos sino indios, que son flemáticos.

Este es un ganado para mucho trabajo, y no come de noche, y se muere con mucha facilidad porque es muy delicado, particularmente en tierra caliente, que le hace mucho daño el calor y les da luego mucho carache[324], el cual se cura con manteca de puerco y con piedra zufre. Y en estos carneros se traen a Potosí todos los mantenimientos y todas las harinas ansí de trigo como de maíz y el vino y las fructas y todo lo demás que en todo el año no hacen sino entrar cargados de harinas de maíz, la cual se gasta toda en chicha, porque no la co-

[323] «Testículos» (*Diccionario de la Real Academia Española*, 2001).
[324] Enfermedad semejante a la sarna o a la roña que padecen los pacos o carneros del Perú (*Diccionario de Autoridades*).

men. [187] Y todo el maíz que se coge en el valle de Cochabamba y en el de Pitantora y en las fronteras de Tomina, que es en mucha cantidad, y en todos los demás valles, toda esta harina se gasta en beber los indios de Potosí. De las fronteras de Tomina puedo escribir que en el tiempo que yo allí estuve, hallé por lo que se había dezmado, que se habían cogido seiscientas mil cargas de maíz; y todo se sacó para Potosí, y lo pagan de un año para otro. Según esto, se puede colegir, poco más o menos, cuánto sea el gasto de Potosí; y de cada carga de maíz se hacen diez y siete botijas de chicha.

Goza Potosí de un viento que llaman Tomahavi, y llámanle ansí porque viene de hacia un pueblo que tiene este nombre. Corre particularmente en junio, julio y agosto; es viento grande y levanta mucho polvo de la tierra que hay en los ingenios de los metales. Este deseca mucho y los celebros y cabezas sienten esto mucho el tiempo que dura. Hay de ordinario muchas pendencias y muertes. Y toda la ropa que se trae anda muy sucia, y desta causa no se visten los hombres de negro sino de paño pardo. En estos tres meses suele nevar mucho. Y todo el año, que [187v] haya nieve, que no la haya, tiene Potosí un grandísimo regalo en el agua, que en todo tiempo está tan fresca y tan fría, que no se puede un hombre hartar de agua ni se puede satisfacer de una vez, porque duelen las sienes de la frialdad grande; y así es menester descansar, porque parece que derriba los dientes; y esto es todo el año y en todo tiempo. De noche hace muy linda luna, y muy clara. Hace un airecito delgado que traspasa los güesos; y así sabe de contino bien la ropa, y la cama y la comida. Y viven los hombres muy sanos porque tienen buenos mantenimientos de pan y vino y carnes; y todo lo bueno va buscando a Potosí.

La gente es de buenos entendimientos; y de quinientos hombres que entran a oír un sermón, con capas pardas y unos llenos de polvo de los metales, el que menos sabe es gramática. Y así, con aquellas capas pardas arguyen en las conclusiones, porque uno es licenciado por Salamanca, y otro bachiller, uno artista y otro teólogo, uno legista y otro canonista, y médicos. Y todos juntos, todos son diablos en los tratos, malos de alzarse con las haciendas unos de otros. Esto es lo que hay en Potosí, etc.

El año siguiente, que fue el de 601, se llegó la fiesta de nuestra Señora que fue a ocho de setiembre; y la primera que se hizo después que se puso la imagen en San Francisco, con la solemnidad que atrás dijimos. Se comenzó a juntar el pueblo para celebralle conforme a su devoción y hecha primero en el convento de la Merced, que se celebra el día octavo de setiembre, el domingo después que es el infraoctavo de la Natividad, se celebró en el convento de San Francisco desta manera:

Dijéronse las vísperas solemnes a que acudieron al coro todas las religiones y cantores de la iglesia mayor y ministriles[325], y a la iglesia el corregidor don Pedro de Córdoba Mesía, caballero del hábito de Santiago, con todo el cabildo y todo el pueblo. Y acabadas las vísperas se dijo una salve muy solemne con la ledanía que atrás queda puesta, estando la imagen en andas en la capilla [188v] mayor, con mucha majestad de hachas y velas que en las lámparas había. Y desde la iglesia fue el corregidor a caballo con todo el cabildo y la demás gente de la villa en casa del capellán Alonso de Villalobos, que fue el mantenedor[326] de la sortija;[327] y salieron acompañándole con trompetas y

[325] «Hombre que en funciones de iglesia y otras solemnidades tocaba algún instrumento de viento» (*Diccionario de la Real Academia Española*, 2001).

[326] Se usa regularmente para nombrar «el que mantiene alguna justa, torneo u otro juego público, es la persona más principal de la fiesta» (*Diccionario de Autoridades*).

[327] Correr la sortija, «fiesta de acaballo que se executa poniendo una sortija de hierro del tamaño de un ochavo segoviano, la que está encaxada en otro hierro, de donde se puede sacar con facilidad, y este pende de una cuerda o palo tres o cuatro varas alto del suelo: y los caballeros o personas que la corren, tomando la debida distancia, a carrera, se encaminan a ella, y el que con la lanza se la lleva, en caxándola en la sortija, se lleva la gloria del más diestro, y afortunado» (*Diccionario de Autoridades*).

chirimías y le pasearon por las calles de la villa; y delante del mantenedor, que iba entre el corregidor y los dos alcaldes ordinarios, iba un mozo de buen cuerpo sobre un caballo bien aderezado a la brida, el cual iba armado de peto y espaldar y celada, y en la mano derecha una espada desnuda, y en la izquierda embrazado un escudo y en él puestos los tercetos del desafío que se siguen. Y con este orden llegaron a la plaza después de haber paseado las calles; y fijaron el cartel en un dosel que estaba colgado en las casas del cabildo; y luego corrieron los caballeros y volvieron al mantenedor a su casa; y se encendieron luminarias y repicaron las campanas de San Francisco y arrojaron muchos cohetes; y acudió todo el pueblo a rezar, hasta la media noche los versos del cartel:

[189] Cartel del desafío en la fiesta de nuestra Señora de Guadalupe

Entre cuajada nieve y blanca escarcha,
en el temperie más helado y frío
que mira el sol, por cuantas zonas marcha,

su fuerza brava y orgulloso brío
quiere mostrar el fuerte Celinardo
en público y honroso desafío.

No excluye con el ánimo gallardo,
cuantos gozan del norte a nuestro polo,
verano alegre y el invierno pardo.

Sólo sustenta, que merece solo
servir la excelsa y excelente dama
cuya luz escurece al claro Apolo.

A tal impresa solicita y llama
cuantos en las antárticas regiones
quieren ganar por sí gloriosa fama.

Y a los que entre los fieros orejones — *a la ciudad del*
y el Inga respetado, su monarca,   *Cuzco*
plantaron los hispánicos pendones.

Y a cuantos con la paz benigna marca — *a la ciudad de*
el Pirú rico cuya eterna gloria   *Chuquiabo*
no contrastó la inexorable parca.

Y a los que habitan donde la memoria
del metal fértil que este cerro cría — *A Chuquisaca y a*
da nombre a la ciudad y así victoria.   *Potosí*

A todos en la plaza desafía,
a tres lanzas francesas o españolas
en honor de la angélica María.

[189v] No teme el mar de sus hinchadas olas,
pues para conquistar el premio honroso
bastan, con tal favor, sus fuerzas solas.

No pretende en el trance peligroso
defender desta Virgen excelente
lo que por claro, no es dificultoso.

Que si corona el Padre Omnipotente
con doce estrellas su imperial cabeza,
¿qué gloria le dará la inútil gente?

Es más que el sol su celestial belleza,
más que la blanca luna su hermosura,
y más que el sol y luna su pureza.

Si es línea que entre Dios y la criatura
tiene su sancto asiento, mal pretende
quien defender su sanctidad procura.

No es racional el hombre que no entiende
que siendo madre de su eterno hijo
él la escogió y él mesmo la defiende.

Y así por alegría y regucijo,
de visitarnos esta virgen bella,

la imperial villa para campo elijo.

Aquí podrá quien es devoto della
por festejar su sancto nacimiento
venir guiado de tan clara estrella.

Y si en la rica Plata fue su intento
mostrar la gallardía, donde tiene
Apolo y Marte su divino asiento.

[190] Quien para tales fiestas se previene,
venga a la villa sola en todo el mundo,
que Apolo y Marte hallará, si viene.

Que yo defiendo sólo y sin segundo,
que merezco servilla, y que se debe
esto, sólo a mi brazo furibundo.

Aquí podrá venir el que se atreve
a mandar precio a damas, que su diestra
es quien hará lo pierda, o que lo lleve.

Y el que entendió hacer curiosa muestra
de su valor, y galas en la Plata
pues faltó la ocasión, venga a la nuestra.

Que sólo esta sortija se dilata
al día que a Francisco, humilde y sancto,
le dan la silla que a Luzbel maltrata.

Qué damas tiene, que merecen tanto,
Potosí que en su prado son las flores
como cuantas cubija el claro manto
a quien dar joyas y pedir favores.

Premios de la sortija
Al que mejor invención, con más subtileza y propiedad sacare, se
le dará en precio una fuente rica de plata.

Al más galán en cuerpo y librea, se le dará en precio una limeta[328] de plata dorada muy rica.

[190v] Al que trujere mejor letra, conforme la invención, más subtil y conceptuosa, se le dará en premio una taza dorada muy rica.

Al que corriere mejor lanza, francesa o castellana, con todos sus requisitos, se le dará por premio un corte de tela rico.

Leyes de la sortija

El aventurero[329] que no firmare no tendrá hora señalada, y buscará la que la fortuna le diere sin ocupación.

Ningún aventurero entrará sin máscara ni menos que a fuero de hombre de armas.

Los aventureros no podrán pasar por la tela si no fuere corriendo.

Al que se le cayere pieza o perdiere estribo, pierde el precio.

Las lanzas caladas y engargantado pierden también el precio.

Ningún aventurero entrará en la plaza, con invención o sin ella, sin pedir licencia a los jueces.

El que encordare[330] la lanza, no podrá tornar a correr, sin que los jueces le den licencia para que se la pida alguna dama.

Los colores escusados son blanco y negro.

Los jueces desta sortija fueron don Pedro de Córdoba Mesía, caballero del hábito de Santiago, corregidor de Potosí, el tiniente y los dos alcaldes ordinarios.

[191] Otro día por la mañana se comenzaron temprano a decir misas y era tanta la gente de indios y españoles que la iglesia de San Francisco se me representaba la nuestra en tiempo de feria, y la imagen estaba en medio de la capilla en un tabernáculo seisavado[331] el cual cubría una media naranja que estribaba sobre seis columnas todo tan adornado y con tanta cera que estaba con más autoridad que no en nuestra casa en cuanto a la cera, porque allá está la imagen en la reja sobre un altar pequeño sin tabernáculo y sin cera, y en Potosí tenía todo el octavario doce blandones con doce hachas y muchas velas, y éstos ardían desde la mañana hasta las diez de la noche, que por

---

[328] «Botella de vientre ancho y corto, y cuello bastante largo» (*Diccionario de la Real Academia Española*, 2001).

[329] Equivale a voluntario. *Diccionario de la Real Academia Española*, 2001.

[330] Poner cuerdas o ceñir algo con una cuerda. *Diccionario de la Real Academia Española*, 2001.

[331] De seis ángulos iguales y seis lados iguales.

fuerza echábamos a la gente de la iglesia. Llegó la hora de la misa mayor la cual celebró, por hallarse a esta sazón en Potosí, el ilustrísimo señor el maestro don Alonso Ramírez de Vergara, obispo de los Charcas[332], la cual se celebró de pontifical con la autoridad y majestad que se puede encarecer porque era de Estremadura y muy devoto de nuestra Señora de Guadalupe, y así me pidió que hiciese otra imagen para su ciudad de Chuquisaca a la [191v] cual el señor obispo hizo una capilla que le costó más de treinta mil pesos que no hay mejor cosa en estos reinos, como pueden afirmar cuantos de acá van.

Este día que hubo misa de pontifical no hubo sermón pero húbole luego otro día siguiente el cual yo prediqué y en él agradecí al pueblo la mucha devoción que con nuestra Señora tenían, y lo bien que la servían, y las esperanzas que podían tener de su favor y pues he llegado a este punto como he puesto otras cosas notables por una dellas y la mayor consideradas algunas circunstancias de mis pocos estudios pondré también aquí el sermón para gloria de nuestra Señora y para consuelo de los que me conocieron en España, sin caudal para tan alto ministerio, no puniéndole aquí como cosa propia sino como cosa recebida por gracia de la virgen sanctísima en cuyo servicio me ocupaba.

Acabada pues la misa de pontifical entraron en la iglesia más de sesenta hombres de Estremadura con un disfraz que entretuvieron mucho al pueblo, vestidos todos de judíos con martingalas[333] [192] coloradas y trujeron una novia judía y para esto buscaron el más alto mozo que hallaron en todo Potosí, y sobre unos chapines altos, parecíase la novia desde dos cuadras. Venían cuatro músicos con sus guitarras delante de la novia, cantaron un par de tonadas con mucha gracia, y después bailaron los judíos, de suerte que cuando acabaron, la gente tenían los cuerpos quebrados de risa. Y luego salieron al cimenterio y corrieron una vaquilla y fueron por aquellas calles rodando y llevan-

---

[332] Álvarez anota que «la capital de Bolivia ha tenido cuatro nombres: con el título de ciudad de los Charcas la fundó en 1538 Peranzúrez. Después llamósele Chuquisaca, tomando el nombre del departamento; y se dijo La Plata por la abundancia en sus cerros. Finalmente, en 1839, se le dio el nombre de Sucre en homenaje al general Antonio José de Sucre» (Álvarez, 1987, p. 171, en nota).

[333] «Cada una de las calzas que llevaban los hombres de armas debajo de los quijotes» (*Diccionario de la Real Academia Española*, 2001).

do tras sí mucha gente, en particular de indios que nunca habían visto aquel disfraz.

Con esto se fue a comer la gente y a la tarde, a las dos, se comenzó a repicar y vinieron todas las cofadrías con sus cruces y cirios, y los santos en andas, ansí de indios como de españoles, que son muchas, de suerte que salió una procesión tan solemne como en día del corpus. Las calles colgadas y muy ricos altares. Llevose la imagen a la plaza donde estaba un teatro y allí se representó una comedia de la misma historia [192v] de Nuestra Señora y de sus milagros; la cual representaron unos faranduleros y muy bien representada, con que la gente quedó con más devoción, esta comedia también fue propio trabajo mío, está puesta adelante en las fiestas que se hicieron después en Chuquisaca porque también la volvieron a representar allá otra vez de la mesma suerte que en Potosí, el que tuviere gusto de verso la podrá leer.

Acabada la comedia prosiguió la procesión y volvimos con la imagen a San Francisco. Ya puesto el sol díjose una salve con la solemnidad que siempre, la cual se dijo todos los ocho días acudiendo a ella todo el pueblo con mucha devoción, mandando decir muchas misas y así todo el tiempo que estuve en Potosí nunca me faltó limosna de misa con la cual me sustentara, porque la limosna de cada misa son dos pesos de plata corriente, que son diez y seis reales, luego el día siguiente se comenzó el octavario, acudió a la misa mayor todo el pueblo, el señor obispo y los dos cabildos, seglar y eclesiástico, y el sermón que les prediqué aquél día fue el que se sigue, dejando otros que les prediqué después.

[193] Por este orden se fue diciendo el octavario, con grandísima solemnidad, habiendo todos los días sermón, los cuales se repartieron a los predicadores mejores que de las órdenes había, a los cuales yo después a cada uno de por sí, les daba las gracias por haberse ocupado en servicio de Nuestra Señora y cada uno procuraba aventajarse de manera que todos los sermones fueron extremados de buenos, porque todos eran supuestos muy doctos y yo, como dicípulo de todos, aprendía dellos para predicar el último día del octavario, de suerte que le comencé y acabé. Y nuestra Señora de Guadalupe me ayudaba en ese acto de manera que la gente quedaba gustosa y encendida en devoción suya. A ella las gracias de todo pues con el caudal de su gracia obraba en los corazones devoción de su imagen.

En todos estos ocho días hubo fiestas de plaza por la tarde, muy buenas, de toros y juegos de cañas y un don peroleño[334] con que la gente de a caballo disfrazada [193v] se entretenía. Hubo buenas suertes de lanzadas y de rejones, y suertes de la gente de a pie porque para cada uno había premio para el que mejor lo hiciese los cuales se repartían después de corridos los toros. Hubo también justa literaria en la cual celebraron a la Virgen Sanctísima de Guadalupe con muchos y muy curiosos versos, y a los dos mejores poetas se les dieron los premios, que si aquí hubiera de poner todos los versos, ansí latinos como castellanos que hubo, fuera menester nuevo libro.

Desta suerte se fue celebrando este octavario con mucha devoción de la gente. Y los tablados de la plaza se quedaron hechos, y se fueron haciendo otros muchos de nuevo y en un lado de la plaza arrimado al lienzo y ventanas del cabildo se hizo una tela[335] y contratela[336] para el juego de la sortija. Y en medio de la plaza se plantó una tienda toda de Damasco carmesí donde el mantenedor estuviese mientras los aventureros iban entrando en la plaza y llegado el día señalado que fue el de nuestro padre san Hierónimo cuando se comenzaron las fiestas de la sortija. [194] Ese día me mandaron que predicase yo como fiesta propia de Nuestro glorioso padre y así lo admití y prediqué el evangelio *vos estis sal terræ*, y la que a mí me faltó de gracia suplió la devoción y gusto con que me oían en Potosí; pues el día que yo predicaba estaba la Iglesia muy autorizada de toda la gente noble de la imperial Villa, que es mucha la que hay, y de muy buenos entendimientos; y así con su comunicación iba yo poco a poco desbastando el mío. Duraron las fiestas hasta el día del seráfico padre San Francisco patriarca de los pobres. El orden que en estas fiestas hubo fue el siguiente y pondrelas todas porque, cierto, hubo aquellos días

---

[334] El *peroleño* es un juego festivo que consistente en un muñeco giratorio con maza en una mano y escudo en la otra que al ser golpeado en el escudo con una lanza, gira y golpea al jinete con la maza.

[335] «Es la plaza o recinto formado por lienzos para encerrar la caza […] Se toma asimismo por el sitio cerrado y dispuesto para las fiestas, lides públicas y otros espectáculos. Llamase así porque solía cerrarse con telas y en algunas partes ha quedado a este nombre a los sitios en que se armaba la tela» (*Diccionario de Autoridades*).

[336] «Es una muralla de lienzos que cierra la primera, llamada Tela, que en conjunto forman una plaza para lidiar los jabalíes a caballo» (*Diccionario de Autoridades*).

cosas dignas de mandar a la memoria y que en cualquiera parte de España parecerían bien.

Luego como dio las dos el mesmo día de nuestro Padre Sanctísimo subieron a su tablado los jueces de la sortija que fueron don Pedro de Córdoba Mesía, caballero del hábito de Santiago, corregidor de Potosí, el general don Juan de Mendoza, el tiniente y los dos alcaldes ordinarios entre los cuales tuve yo aquél día [194v] asiento, por estar cerca de la imagen, y aparador que allí estaba para el cual había juntado todas las piezas de plata y oro que había curiosas en Potosí, y de las tiendas de los mercaderes se sacaron, todas las sedas, telas y cortes ricos que había. Pusiéronse coletos de ámbar[337], muchas barras de plata y muchas piñas, de suerte que se avalió lo que en el aparador había aquél día en docientos mil ducados, porque esta villa es la grandeza del mundo. Luego el señor Obispo se puso en un balcón donde tenía puesto su sitial, y con él estaban todos los perlados de las órdenes y los clérigos y frailes sentados por buen orden en unos escaños en la plaza. Y desde el tablado de los jueces se seguía otro grande donde estuvieron todas las damas y mujeres principales de Potosí.

Y luego que la gente se quietó, se tocó un clarín a la boca de una calle y entró el mantenedor en la plaza con su padrino, entraron delante dos caballos encobertados[338] con caídas de damasco blanco y azul que fue el color que sacó el mantenedor tras destos dos caballos que los llevaban de diestro entraron doce lacayos con la mesma librea[339] de damasco [195] blanco y azul y luego el mantenedor con su padrino en caballos blancos que de propósito se buscaron con manchas azules que los pintores les dieron para que viniesen[340] con la librea el mantenedor sacó un vaquero[341] de terciopelo azul ajironado de blanco y en los campos azules de chapetería de plata el nombre de María,

---

[337] Se dice de una «vestidura hecha de piel, por lo común de ante», que cubre el cuerpo ciñéndolo hasta la cintura y adobada con ámbar gris (*Diccionario de la Real Academia Española*, 1780).

[338] Cubiertos.

[339] Librea se llama «por semejanza con el uniforme de los guardias y pajes, al vestido que sacan las cuadrillas de caballeros en los festejos públicos» y juegos de cañas. *Diccionario de Autoridades*.

[340] Combinaran.

[341] «Aplícase regularmente al sayo o vestidura de faldas largas por ser parecido a los que los pastores usan» (*Diccionario de la Real Academia Española*, 1780).

las letras blancas, y en los campos blancos, las letras azules. En medio del pecho por divisa la imagen de nuestra Señora de Guadalupe pintada, el sombrero azul y la medalla un[a] María las letras con una corona encima y las plumas y penacho del caballo y del sombrero blancas y azules, y después veinte y cuatro pajes con la mesma librea de damasco blanco y azul de suerte que alegró toda la plaza y fue dando vuelta por toda ella sin quitar el sombrero a nadie hasta que llegó a donde estaba la imagen y se corrió una cortina y tocaron las chirimías y quitó el sombrero a su dama y pasó a su tienda donde se apeó a esperar los aventureros que entrasen, la letra que trujo decía [195v]

En mi dama, aunque morena,

tal hermosura se encierra,

que suspende a cielo y tierra

Estos versos fueron desta manera por que lo que el mantenedor defendía era que la Virgen Sanctísima era la dama más bella más hermosa más linda, y la criatura más perfecta fuera de su hijo y la que causó mayores efectos de todas cuantas había en los cielos y tierra; y contra esto hubo galanísimos pensamientos como se verán en el discurso de las fiestas que iré puniendo por el orden que fueron entrando.

Luego como el mantenedor se apeó en su tienda y se fijó el escudo a un lado de la tienda (en el cual estaba pintada la imagen de Guadalupe en un campo azul a manera de cielo la mitad, y la otra mitad a manera de un mar y fijada en el campo azul que parecía cielo una estrella y por letra abajo en el mar *stela maris*[342] y alrededor del escudo por orla una letra que decía *Regina omnius qual culmina coelli benet)* comenzaron a tocar los clarines y llamar a la batalla y luego respondieron a la boca de [196] una calle con una copla de chirimías que venían en un carro triunfal el cual tiraban cuatro caballos a los cuales venía azotando un salvaje, el carro era todo de verdura y arboleda con muchos arcos de hiedra, y es de advertir que en doce leguas alrededor de Potosí no hay una rama verde. Entre los arcos venían doce hombres y muchachos vestidos de damas y de salvajes con todas las mejores galas que se pudieron hallar, todos con instrumentos

---

[342] Tr., Estrella del mar.

en las manos de violones, guitarras, cítaras, arpas y rabelejo[343] y otros instrumentos, los cuales cantaron a las cuatro esquinas de la plaza, como iban dando vuelta, cuatro tonadas admirables con mucha destreza y gallardía de voces que las tenían buenas. Lo que se cantó fueron letras de amor a lo divino, porque el aventurero que entraba se intituló el Caballero del amor divino. Entraron luego tras el carro de música cuatro damas en cuatro palafrenes[344] con gualdrapas[345] de terciopelo y sillones de plata, y sentadas, vestidas de diferentes colores conforme lo que cada una significaba con sayas ente[196v]ras tan ricas, con tantas joyas de oro y piedras, y tantas galas de extraordinarios tocados que fuera no acabar si hubiera de especificar en particular lo que cada una destas damas traía. Llevaban de las riendas a los palafrenes unos sátiros medios cuerpos de caballos y de salientes las cabezas y pecho, lo que representaban estas cuatro damas fue la misericordia, y la justicia, la paz y la verdad, trayendo cada una en mano la insignia de lo que representaba y por letra que las abrazaba en unos listones blancos que venían atados de los brazos y en ellos escrito aquél verso del psalmo *misericordia et veritas ovia verunt sibi justiticia et pax osculatae sunt*[346]. Luego entró el Caballero del amor divino con su padrino, el cual trujo por divisa, pintado en el pecho, un pelícano abriéndose el pecho y sustentando a sus hijuelos con su propia sangre, que [e]s símbolo del amor y por letra decía:

Primero el divino amor
que en el mismo Dios se anida
fue causa de nuestra vida [197]

Esta letra fue desta manera contra la del mantenedor que defendía que la Virgen había causado mayores efectos en Dios que otra cosa alguna, y el Caballero del amor divino dijo que ese divino atributo fue el que movió a Dios para la redempción del linaje humano, y que fue

---

[343] *Rabelejo*: diminutivo de *rabel*, «un instrumento músico pastoril» (*Diccionario de Autoridades*).

[344] El caballo manso que solían montar las damas en las funciones públicas (*Diccionario de Autoridades*, 1737).

[345] La *gualdrapa* es «la cobertura de seda o lana que cubre y adorna las ancas de la caballería hasta cerca de los pies» (*Diccionario de Autoridades*).

[346] Tr., La misericordia y la verdad se encontraron, la justicia y la paz se besaron.

causa primaria, y la Virgen secundaria y que así se le debía dar al divino amor la gloria de la redempción primero que a la Virgen, que fue muy galano pensamiento. El traje con que entró en la plaza fue admirable de bueno porque entró vestido a lo romano, los brazos desnudos y las piernas, los pies con unas ojotas[347] de perlas muy ricas, las corazas con todos aquellos faldones eran de tela de plata tejida con labor de seda morada, [en] las calzas[348] eran las cuchilladas[349] y caídas de oro batido[350], de suerte que cuando este caballero corría despedían las cuchilladas de las calzas[351], y pasando la carrera quedaba la gente cogiendo el oro que estaba batido en hoja y esto hizo para mayor grandeza. Salió coronado de laurel, y con un bastón en la mano, y el padrino sacó un vaquero de terciopelo azul con franjón de oro y plata que [197v] lucía mucho. Entraron los lacayos y pajes del Caballero del amor divino con librea morada para que dijese con el pensamiento de amor. Lució tanto esto, y alegró el carro de música la plaza, de manera que decían que esta sola entrada deste caballero bastaba para fiesta aquél día cuando no hubiera otras muchas que hubo. Luego salió el mantenedor de su tienda y tomó caballo y el padrino la lanza y vino al puesto de la tela, y lo mismo el Caballero del amor divino, después que los jueces le dieron licencia para que corriese, y esto con tanta música de chirimías y clarines que entraban con los caballeros, que toda la plaza se alegraba con tanto regocijo que parecía que Nuestra Señora lo movía todo, y en particular hizo el día y la tarde parda y sin sol, de manera que parecía que teníamos un toldo puesto, y es cierto que Nuestra Señora le puso en el cielo. Porque de ordinario, por aquél tiempo, hace grandísima destemplanza. Al fin corrieron sus tres lanzas, cada uno y bien llenó el precio del [198]

---

[347] «Especie de calzado que usaban las Indias, el cual era a modo de los alpargates de España» (*Diccionario de Autoridades*).

[348] Vestidura que cubría la pierna y el muslo (*Diccionario de Autoridades*).

[349] «Se llamaban una aberturas a lo largo, que se solían hacer para adorno en los vestidos, de suerte que por ellas se viese el aforro de otro color» (*Diccionario de Autoridades*).

[350] «El adelgazado y reducido a hojas sutilísimas, que sirve para dorar» (*Diccionario de la Real Academia Española*, 2001).

[351] Tal parece que el forro que se veía a través de las cuchilladas de las calzas estaba cubierto de hoja de oro o, como dice el autor, de oro batido, es por esto que al correr el caballero el oro se desprendía del vestido y quedaba esparcido por el suelo, como se verá más adelante.

mantenedor que fue un corte rico que costó 70 pesos y dos cojines de terciopelo azul que valían cien pesos, de suerte que perdió el Caballero del amor divino en aquellas tres lanzas ciento y setenta pesos, los cuales pagó luego con una prenda de oro que dejó a los jueces este Caballero del amor divino. Se le dio el premio de la gala, que fue una limeta[352] de plata dorada muy rica porque lució el traje romano mucho, y fue la gala extremada de buena porque traía la coraza del cuerpo de tela de plata y las calzas de oro batido en que gastó dos libras de oro en polvo que compró para hacer las cuchilladas que le costaron cuatrocientos pesos. Este fue el veinte y cuatro Juan Díaz de Talavera, y el capitán Merlo su padrino, hombres de más de cien mil ducados de hacienda.

Luego como acabó ese aventurero del amor divino de correr, se oyó gran música a la puerta de la Iglesia Mayor y entraron por el cimenterio gran golpe de gente todos vestidos con hábitos de clérigos, y vinieron bajando del cimenterio a la plaza hasta sesenta mulas todas con gualdrapas [198v] y los que venían encima, todos con sobrepellices[353], de suerte que no quedó vestido de clérigo ni mula que no se sacara, y si más hubiera más vinieran, los cuales acompañaban a un caballero que se intituló el Caballero de la Iglesia, y ese llevó el premio de la letra que fue un taza dorada de plata muy rica que costó el marco a veinte y cinco pesos de labrar porque el pensamiento fue muy subtil y en que se reparó mucho. Trujo por divisa a la iglesia que fue un cuerpo pintado: las piernas hacen las vírgenes y confesores, el cuerpo los mártires, los hombros los apóstoles, profetas y patriarcas, el cuello la Virgen y la cabeza, Cristo; y la letra decía:

Es mi dama en la cabeza,
mucho más hermosa y bella,
que la que es madre y doncella.

Ese pensamiento desta letra fue altísimo, y así se le dio el premio luego porque la ventaja que hace Cristo a su madre es conocida; y

---

[352] «Cierta vasija de vidrio a modo de redoma, que sirve para poner en ella vino u otro licor» (*Diccionario de Autoridades*).

[353] Vestidura blanca de lienzo fino que cubre desde el hombro hasta la cintura, con mangas muy anchas, que llevan sobre la sotana los eclesiásticos (*Diccionario de la Real Academia Española*, 2001).

como la cabeza de la Iglesia es Cristo no tuvo dubda en que se le diese el premio y así se juzgó ser su dama en aquél miembro de más perfectión que la Virgen Sanctísima. [199] Tras todos los que entraron a mula con gualdrapas, entraron los cuatro evangelistas en cuatro caballos y ellos vestidos al traje apostólico con diademas en las cabezas y en medio de los cuatro evangelistas, un niño muy hermoso vestido de mujer con el cabello suelto sobre un palafren con gualdrapa de terciopelo carmesí y sillón de plata. Las galas, las joyas, las perlas, la[s] piedras preciosas, vestido y adorno que el niño que representaba a la iglesia llevaba era[n] en tanta suma que no la hay para poder apreciar lo que llevaba puesto en esta ocasión porque se buscaron todas las cosas que había de consideración entre todas las damas de Potosí, de los cuatro brazos del sillón sobre que iba el niño salían unos listones de seda los cuales llevaban en las manos los cuatro evangelistas que llevaban a la Iglesia en medio, y detrás de los evangelistas entraron los cuatro doctores de la Iglesia vestido cada uno conforme a la dignidad que tuvo, los obispos con mitras y los papas con tiaras y el que representaba a nuestro padre San Jerónimo con capelo de cardenal y la gualdrapa de la mula de grana, la cual los lacayos llevaban [199v] al hombro con tantos lacayos y pajes como pueden traer en Roma, detrás de los cuatro doctores entró el caballero de la Iglesia con su padrino vestido de colorado con las caídas del caballo encobertado de brocadete y carmesí terciopelo tan lucidas con tantos pajes y lacayos que sólo este caballero de lo iglesia trujo docientas personas de a pie y de a caballo con tan buen orden y concierto que muchos hombres que se habían hallado en muchas partes del mundo y grandes fiestas, afirmaban que cosa semejante no habían visto. Al tiempo que quisieron correr las lanzas entró por otra calle de la plaza un demonio en un caballo tan ligero que parecía que le traía en el cuerpo con una carta en la mano tocando una cornetilla como correo. El señor obispo mandó que se suspendiese el correr las lanzas el caballero de la Iglesia hasta que se supiese qué traía aquél demonio de nueva y qué era lo que contenía la carta, el cual llegó a los jueces y se la dio y esperó respuesta y el tenor de la carta es el siguiente, la cual se leyó en voz alta para que el obispo y todos los demás perlados y teólogos la oyesen, para responder a ella

[200] Carta que trujo el demonio

«Al obscuro calabozo destas cavernas infernales (donde tengo mi real silla de tormento, con la nobleza de la naturaleza angélica que conmigo decindió, en medio del lago Estigio, ardiendo en vivas llamas de azufre, encendido con mayor fuego de invidia), llegó agora una nueva de tanta novedad, que me obliga a dejar el fogoso caverno[354]: y es, que un caballero que se intitula de la Iglesia está en esa plaza para correr lanzas en competencia de María. Y pues la iglesia corre contra la joya y miembro más principal de su cuerpo, bien podrá un príncipe como yo defender en esta ocasión a Proserpina[355]; pues a ella sola se debe dar el vasallaje de hermosura y belleza. Por fuerza de armas será este manifiesto al mundo, dándome licencia como jueces, para que parezca en esta plaza con mi gente. —Fecha en este instante de la barca de Aqueronte[356], último de setiembre, día del barbudo Hierónimo, de 1[6]01 años.— El Príncipe Tartáreo»[357].

Luego como se leyó, tomaron los jueces parecer con el obispo y los teólogos de lo que se había [200v] de responder; y comparecer de todos, tomaron los jueces tinta y papel y respondieron las razones siguientes:

—Vuestra carta recebimos, príncipe de tinieblas, en la cual habemos echado de ver vuestra antigua soberbia y como vos y los de vuestro reino sois autores de mentira. Os mintieron en la relación del caballero de la Iglesia, porque aunque es verdad que está en la plaza para correr lanzas, el intento y pensamiento que trae, según su divisa, no es en competencia de María ni contra ella, sino para honra y gloria suya, y para más regucijo de su fiesta a que se reduce aqueste acto. Este será mayor quedando quebrantada vuestra soberbia, con la humildad de nuestra gran Reina, con cuyo favor no tememos vuestra arrogancia. Y así os damos licencia para que entréis en la plaza a la cinco y media de la tarde, con requirimiento que os hacemos, en nom-

---

[354] Es un juego de palabras, por Averno.

[355] Proserpina era una ninfa de la que se enamoró Plutón en su única salida de los infiernos y decidió raptarla.

[356] Se traduce como 'río de la tragedia' y en la mitología griega se creía que era un río del inframundo por el cual Caronte porteaba las almas de los recién fallecidos hasta el Hades.

[357] El príncipe de Tártaro, el príncipe del infierno. Tartáreo es algo «perteneciente al infierno» (*Diccionario de Autoridades*).

bre de Jesucristo y su Madre, que no habéis de hacer daño en la plaza; y de suerte que todos os conozcan y no vengáis transformado en ángel de luz.— Fechada en Potosí, en 30 de setiembre de 1601 años.— Los Jueces. [201]

Esta respuesta tomó el demonio y partió luego con la misma ligereza que entró; y al tiempo que iba saliendo de la plaza, iba arrojando a la gente muchas cédulas con esta letra:

El príncipe Tartáreo, que de azufre
en la caverna obscura se sustenta,
para las cinco y media se presenta
y agradecelde que hasta allá se sufre.

Después que el demonio salió de la plaza y llevó la respuesta, se comenzó a dificultar si podía correr el caballero de la Iglesia, reparando en las palabras de la carta del príncipe Tartáreo, que decía:

—Contra la joya y miembro más principal de su cuerpo.

El señor obispo dijo que si el mantenedor defendía que la imagen de Guadalupe era más perfecta imagen que las demás, que bien podía correr, porque la imagen de la iglesia era más perfecta y que servía a Cristo con más copia de merecimientos que no la Virgen, dejando aparte las prerrogativas de la Virgen como en persona singular. Yo respondí a esto que no defendía [201v] el mantenedor sino que la reina de los ángeles, representada en la imagen de Guadalupe, era la criatura de más perfectión que había; y que en cuanto criatura, Cristo siempre era exceptado, y que así no se tratase de la cabeza de la Iglesia, sino que se tomasen los demás miembros, dejado el principal que es la cabeza; pues con el tal no podía haber competencia, y que los demás no era justo que fuesen contra el miembro mejor de todo su cuerpo que es el cuello, cuyo lugar tiene la Virgen. Los jueces remitieron este negocio a lo que el señor obispo y los demás teólogos dijesen. Y así se determinó que corriesen un precio a quien tres mejores lanzas corriese, quitada toda competencia, y dejado aparte el pensamiento que trajo; pues se le había dado el premio de la letra que fue altísimo pensamiento. Y así corrieron unos cortes de tela muy ricos y un coleto de ámbar. Ganó las lanzas el mantenedor y diéronse a las damas los premios. [202] Como acabó de correr el caballero de la Iglesia, se fue, y el mantenedor se retiró a su tienda a tomar colación. Y porque la gente de la plaza y la de las ventanas hiciese lo mismo, luego comenzaron a salir de la tienda del mantenedor las chirimías[358] tocando y tras ellas el padrino del mantenedor a pie, que fue el capitán Martín de Garnica; y detrás dél diez y ocho pajes, todos de librea, con diez y ocho fuentes de plata grandes, llenas de colación, y tras éstas, otras 36 fuentes, las cuales llevaban pajes y lacayos, todos de librea, llenas de colación muy buena, de confitura, rajadillo[359], mazapanes y costras de calabaza y de cidra. De las 18 fuentes que iban delante, se dieron las 6 fuentes a los jueces, que estaban solos en un tablado, y las 12 fuentes se subieron a la ventana del obispo, donde estaba con los perlados de las religiones; y tomó colación, y lo demás envió a sus clérigos, que estaban abajo. [202v] Las 36 fuentes se dieron a las damas, que estaban todas en un tablado que tomaba todo un lienzo de la plaza, a donde estaban todas las señoras y gente principal de Potosí; y a cada dos damas se daba una fuente, de suerte que quedaron satisfechas las mangas[360] y trujeron a casa premios y colación y dijeron que de aquellas fiestas había de haber cada día. De suerte que fue mucho el regucijo y contento que la gente mostraba. Ansí como se acabó la colación, en una boca de una calle se dispararon dos piezas de artillería y muchos cohetes de piedra zufre, que no pareció sino que había temblado la tierra. Y luego de repente entraron en la plaza muchos demonios en caballos muy ligeros, todos con ropas negras y llamas de fuego los cuales venían acompañados y traían en medio un caballero vestido con traje turquesco de marlota[361] y capillo el cual se decía ser Mahoma, a quien trajo [203] por padrino el príncipe Tartáreo porque la capilluda de Guadalupe, que así la llamaban los demonios, les sacaba los captivos de su tierra[362], y por eso le traía por su padri-

---

[358] «Instrumento musical de viento, hecho de madera, a modo de clarinete, de unos siete decímetros de largo, con diez agujeros y boquilla con lengüeta de caña» (*Diccionario de la Real Academia Española*, 2001).

[359] «Confitura que se hace de almendras rajadas y bañadas de azúcar» (*Diccionario de Autoridades*).

[360] «Destacamento de gente armada» (*Diccionario de la Real Academia Española*, 2001).

[361] «Cierta especie de vestidura morisca, a modo de sayo vaquero con que se ciñe y aprieta el cuerpo» (*Diccionario de Autoridades*).

[362] Álvarez anota que este pasaje alude a la creencia sobre «la especial protección que la Virgen de Guadalupe ha mostrado con los cautivos de los turcos» (Álvarez, 1987, p. 340, en nota).

no. Salió luego de [e]ntre aquél humo de la artillería un carro triunfal, el cual tiraban cuatro sierpes, a las cuales iba un demonio azotando, y por encima de la silla donde venía asentado este demonio que azotaba las sierpes, venía una boca de infierno por la cual de cuando en cuando salía gran llama de fuego. Encima del carro, a las cuatro esquinas, venían cuatro estatuas, de cuatro famosos herejes que escribieron contra la virginidad de Nuestra señora, Justino y Sabelio y los demás[363]. En medio del carro, un espaldar cubierto de luto; y, arrimadas, dos sillas: en la de la mano derecha venía sentada Proserpina, el rostro y manos muy blanco y hermoso, el cabello negro, y el velo de la cabeza negro vareteado de oro y del medio cuerpo [203v] para [a]bajo de sierpe y con la cola rodeaba el carro y llevaba asidos a las estatuas de los herejes. En la silla de la mano izquierda venía sentado el príncipe Tartáreo, vestido como galápago[364]; con alas y cola, rodeadas en la cabeza a una cabellera negra unas sierpes; las barbas largas y negras, y en la mano derecha una maza con tantos cohetes voladores que mientras fue dando vuelta a la plaza, fue de contino despidiendo de sí cohetes, que se iban al cielo. Y así como llegó a la imagen, se corrió una cortina y se cubrió, y él pasó sin humillarse a ella, y pasó adelante hasta que pasó de la contra tela. Trujo por divisa, en el escudo, pintada la imagen de Nuestra Señora de Guadalupe, y debajo, a sus pies, pintada una sierpe que representaba a Proserpina; y por en medio pasaba un rótulo que decía *inimicitias ponam inter te et mulierem*[365] y por orla del escudo, una letra [204] en campo negro, con letras blancas grandes, que tomaban todo el escudo alrededor, que decía:

---

[363] Las estatuas representan cuatro de los opositores de María, que formaron parte de un círculo herético que floreció entre el siglo I y el siglo IV de nuestra era, en el que se negaban la virginidad perpetua de María, y se afirmaba que Jesús había tenido varios hermanos. Los primeros antimarianos difundieron sus ideas en Siria y en Judea en la segunda mitad del siglo primero. Ocaña no parece tener certeza de los nombres de estos cuatro herejes, ya que ni Justino, ni Saveleo [*sic*] forman parte del grupo de antimarianos, que estaba formado por tres religiosos del siglo IV: Giovano di Roma, Elvidio di Milano y Bonoso di Sardica. Con todo este montaje se hace, una vez más, evidente la función didáctica y doctrinal de la fiesta.

[364] «Animal anfibio, especie de tortuga», muy parecido al lagarto. *Diccionario de Autoridades*.

[365] Tr., Pondré enemistades entre ti y la mujer.

El abc está al revés;
pues la M está delante
y la L está después.

Quiso dar a entender con esta letra, que pues se celebraba el nombre de María, contra el parecer de Lucifer, que aquella fiesta contradecía, y que salía solo de las cavernas infernales a resucitar las antiguas enemistades que había entre la sierpe y la mujer, y por eso trujo a los pies de la imagen de Guadalupe la letra latina que puse atrás. Este escudo se izo en la tienda del mantenedor; y luego se tocó un clarín en la mesma tienda, y le respondieron las chirimías, y salió el mantenedor, y se corrió el velo a la imagen. Y luego llegó el padrino del príncipe Tartáreo, con todos aquellos demonios, y vinieron echando esta letra:

Lo que a María en el cielo
levanta, encumbra y empina[366],
no llega a mi Porserpina
cubierta de negro velo [204v].

Y, puesto el padrino Mahoma delante de los jueces, pidió campo y fuele respondido que se le concedía, y que señalase el precio que el príncipe Tartáreo quería correr. Respondió que todo el mundo. Replicaron los jueces que el mundo no era suyo y que no podía poner aquél precio porque no era señor dél; que señalase otro. Respondió el príncipe desde su carro, que pues el mantenedor defendía que María era la dama más linda, más bella, y más hermosa, discreta y perfecta que había entre las criaturas, y que él defendía lo contrario, que todo aquello que tenía en el cielo no llegaba a la belleza de su Proserpina, que el precio y interés fuese que el que quedase por vencido, quedase por prisionero de la dama del contrario. Respondió el padrino del mantenedor y los jueces que aquél partido se admitía. Y luego fueron los demonios y bajaron al príncipe Tartáreo del carro y le subieron a caballo. Y luego tocaron las chirimías y corría el mantenedor y se llevó la sortija, lo que en toda la tarde no había hecho; y su[205]cedió

---

[366] Subir en alto, levantar en alto y elevar alguna cosa; se compone de *en* y *pino* (árbol que crece mucho) (*Diccionario de la Real Academia Española*, 1925).

una cosa que al parecer de todos fue milagrosa, que lo mismo hizo la segunda y tercera vez, de suerte que todas tres veces llevó la sortija en la lanza; y así mandó el señor obispo que se pusiese por auto de escribano en forma que hiciese fe la sentencia que se pronunciase por los jueces. Como por fuerza de armas y por derecho, la Virgen Sanctísima quedaba por victoriosa, porque parece que permitió aún en aquellas cosas de burlas, que el mantenedor todos tres lances llevase la sortija, lo cual en toda la tarde no había podido llevar.

Las lanzas que corrió el príncipe Tartáreo fueron todas tres artificiosas de fuego, de manera que la lanza era güeca y llena de pólvora y cohetes; y de tal suerte el fuego medido, que cuando partía, comenzaba a echar fuego, y cuando llegaba a la sortija disparaba tres o cuatro cohetes troneros y se convertía toda en fuego, con tanta presteza que causaba admiración a la gente. [205v] Y en todas las tres lanzas que corrió hizo eso mismo, porque para cada vez llevó una lanza aderezada, desta suerte que en llegando a la sortija, se convertía en fuego. Llegaron luego ambos los padrinos a esperar la sentencia, y como el mantenedor había llevado la sortija tres veces, y las lanzas del príncipe Tartáreo habían sido perdidas, juzgose quedar por prisionero de la Virgen el príncipe Tartáreo; y la sentencia que se dio fue la siguiente:

«En la Villa imperial de Potosí, de los reinos del Pirú, en 30 días del mes de setiembre de 1601 años, fallamos según los fueros de la sortija, que debemos declarar y declaramos al príncipe Tartáreo por prisionero de la serenísima reina de los ángeles, la Virgen María señora Nuestra, en cuya imagen de Guadalupe es representada; por no haber corrido el príncipe Tartáreo con todos los requisitos a fuero de hombre de armas; y las lanzas ansí francesas como castellanas que ha corrido, han sido caladas, sin haber guardado el orden y los tiempos de las lanzas al sacar de la cuja[367] [206] y habellas perdido, por no haber quedado con lanza en la mano para poder volvella a la cuxa, por habérsele convertido todas en fuego. Y así mismo, por haberse llevado el mantenedor con mucha gracia la sortija, le debemos condenar al dicho príncipe Tartáreo, a que sea apeado del caballo y que se le eche una cadena al cuello y sea atado a los pies de la imagen de

---

[367] Bolsa de cuero colocada en la silla del caballo para meter en ella la lanza. *Diccionario de Autoridades*.

Guadalupe; la cual cumpla sin desaparecer de la plaza, en nombre de Jesucristo, so pena de su desgracia y demás intenso fuego del infierno. —Y firmaron los jueces sus nombres».

Luego como el príncipe Tartáreo oyó pronunciar el nombre de Jesucristo se dejó caer del caballo y Mahoma y los demás demonios partieron con los caballos con increíble ligereza; y el carro triunfal comenzó a disparar tantos cohetes y a echar tanto fuego de sí que las sierpes que le tiraban las estatuas de los herejes y la de Proserpina, todo se convirtió en fuego, y de tal manera que en un cuarto de hora no cesó un punto de [206v] disparar cohetería, que ni nos veíamos de humo unos a otros, ni nos oíamos, según era el ruido grande, que no parecía sino que todo el infierno estaba en la plaza, porque nos certificaron que venían dos quintales de pórvora en cohetería; que salía volando que parecía una cosa del mesmo infierno. Acabado el fuego, quedó toda aquella máquina del carro deshecha y convertida en ceniza, como si no hubiera entrado nada en la plaza. El padrino del mantenedor, luego como cesó el fuego y el humo, tocando los clarines y las chirimías se quitó los acicates[368], y llevando de la cadena, la cual se sacó de la cárcel y se le echó al cuello al príncipe Tartáreo, le subió al teatro donde estaba la imagen de Nuestra Señora y le ató a sus pies. Y luego trujeron el escudo del príncipe Tartáreo, que fijó en la tienda del mantenedor y viendo que decía la letra *inimicitias ponam inter te et mulierem*[369]. Quitamos aquél rétulo y le hicimos pedazos, y se puso otro que decía *ipsa conteret caput tuum*[370] [207]. A este príncipe Tartáreo se le dio una fuente de plata grande y muy rica que pesó 25 marcos de plata muy bien labrada, en precio de la invención, que fue admirable de buena y muy costosa, y todo tan puntual que causó mucho gusto. Estuvo atado a los pies de la imagen, hasta la noche que la llevamos en procesión a San Francisco y él iba delante, con su cadena al cuello; y allí a la puerta de la Iglesia, tomó caballo y se fue con los demás demonios que le estaban esperando a la boca de una calle. Dio tanto gusto esto, que no he podido contarlo tan bien como ello pareció.

[368] Espuelas con una sola punta para picar al caballo. *Diccionario de Autoridades*.
[369] Tr. Pondré enemistades entre ti y la mujer.
[370] Tr., Ella misma aplastará tu cabeza.

Luego por otra calle entró un caballero que se in[ti]tulaba el Salvaje de Tarapaya[371], todo vestido con moho de árboles, el cual se había traído de 16 leguas de Potosí. Entraron con él más de dos docenas de salvajes, los cuales todos venían con mazas en las manos y vestidos de aquél moho, que era mucho de ver, que verdaderamente parecían fieras del campo. [207v] Traían en medio un gran peñasco y dentro un caballo y un caballero que representaba al Inga, monarca y rey de los indios. La peña venía de tal manera armada con aros de cedazos, que no se parecía ninguna cosa del caballo ni del caballero. Traíanla en medio los salvajes y como el caballo iba andando, llevaba la peña, porque iba a manera de unas angarillas[372] y colgaban unos lienzos y papeles engomados, con unos dobleces a manera de peñasco, también puesto, que parecía con alguna yerbas que traía en algunas partes verdaderamente peñasco; y todos los salvajes alrededor dando vuelta a la plaza, arrojando cédulas. Y la letra decía:

Viene dentro desta peña,
en medio de su dureza,
nuestra ignorancia y rudeza.

Esto decían porque venía allí dentro su rey, que ansí él como ellos habían vivido como salvajes, con ignorancia de la verdadera ley, que la serpiente los había tenido engaña[dos]. [208] Y así los ingas tienen en sus armas antiguas una culebra.

Detrás de los salvajes iba siguiendo a la peña una sierpe muy grande con sus alas con tal artificio, que los pies de los que iban dentro que la llevaban, parecían verdaderamente que eran los pies de la sierpe. Llevaba por la parte de adentro, por los costados, unas tripas grandes de vaca como morcillas llenas de sangre; y iban publicando que aquella peña estaba encantada y que de allí había de salir un caballero que en honra de la Virgen había de correr lanzas, y que esto no podía ser si no había alguna dama tan sabia que deshiciese aquél en-

---

[371] Es un pequeño pueblo en el camino cercano a la Villa del Potosí.

[372] «Armazón de cuatro palos clavados en cuadro, de los cuales penden unas como bolsas grandes de redes de esparto, cáñamo u otra materia flexible, que sirve para transportar en cabalgaduras cosas delicadas, como vidrios, loza, etc.» (*Diccionario de la Real Academia Española*, 2001).

canto y librase aquel caballero que allí venía. Y dando vuelta a la plaza se pusieron con el peñasco en medio de toda la p[l]aza, donde todos le veían y le gozaban; y los salvajes pusieron las cabezas de las mazas en el suelo, y esperaron un poco de espacio de tiempo, y luego entró [208v] por otra calle en la plaza una multitud de indios de todos los trajes y aíllos[373] y provincias que hay en Potosí. Traían delante de sí un estandarte que ellos usan, que es un vara larga con unas plumas por toda la vara abajo a manera de plumas de saeta y encima la imagen del sol que es el dios que ellos adoraban. Estos indios venían vestidos con sus trajes naturales y con tantas plumas que era cosa maravillosa de ver. Venían tañendo los instrumentos que cada nación usaba. Detrás dellos entró una dama con traje español en un palafrén con gualdrapa de cumbé[374] de mil colores de lanas finísimas y sillón de plata. La cual venía riquísimamente aderezada con muchas galas, la cual representaba la Fee con un cáliz en la una mano y en la otra una cruz. Y llegándose al peñasco todos los salvajes levantaron las mazas en alto y los indios venían diciendo que librase a su rey de aquel encanto y pidiéndoselo en su lengua con grandes [209] ansias. Ella les respondió que no podía hacer aquello si no abatían aquel estandarte del sol y ponían en su lugar aquella cruz; lo cual luego los indios hicieron y la dama se llegó a la peña y con la mesma cruz dio tres golpes en nombre de la Sanctísima Trinidad. Y al punto se encendió tan gran fuego y con tantos cohetes que pareció otro tanto y poco menos que lo del infierno, del príncipe Tartáreo; y toda la peña se convirtió en fuego y quedó en medio de aquél humo el caballo y en él el Inga encima, con el mesmo traje que andaba vestido, que hubo mucho que ver. La dama tomó la imagen del sol y la arrojó en el fuego, y como el Inga vido la dama, apeose del caballo para arrodillarse a los pies de la Fee y adoralla, y al tiempo que él iba a poner los pies en el suelo

---

[373] En el manuscrito *ayllos*. Se trata de un americanismo utilizado en el Perú por medio del cual se designa un consejo o parcialidad de indios. No es extraño encontrar en el manuscrito que el padre Ocaña utiliza la [y] por [i], ejemplo: *ayllos, yndios, trayan, ymagen*, etc. Como explicamos antes, en esta edición las grafías se han modernizado.

[374] «Cierto baile de negros que se hace al son de un tañido alegre, que se llama del mismo modo, y consiste en muchos meneos de cuerpo a un lado y a otro»; y por extensión se llama también el vestido que se utiliza para este baile. *Diccionario de Autoridades*.

llegó la sierpe que estaba detrás y abrió la boca y tragósele y luego los indios [209v] levantaron grandísimo alarido y voces, como pesándoles de que su rey había sido libre del encanto y de aquél engaño y piligro en que estaba, y le había sucedido otro mayor que era quedar enterrado en las entrañas de aquella sierpe y demonio, que le había impedido que no se convirtiese a la fee que había comenzado a creer. Y fueron segunda vez dando vuelta a la plaza con la sierpe, pidiendo que si había algún caballero que se atreviese a pelear con aquella sierpe y librar a su rey. La dama les aconsejó que si no dejaban del todo de adorar al dios Apolo, y adoraban aquella estrella que en su plaza estaba, que era la Virgen Sanctísima, que no había otro remedio para que su rey fuese libre; y que se lo pidiesen, que ella enviaría gente que pelease con la sierpe.

Y luego llegaron los salvajes y los indios y se hincaron de rodillas delante de la imagen de Nuestra Señora de Guadalupe; y estando ellos ansí, sonaron a la boca [210] de una calle unas trompetas como de gente a caballo que va marchando y entraron en la plaza una docena de hombres de armas, todos con petos y espaldares y morriones[375], con tan gallardos penachos, que causaba contento vellos; los cuales venían acompañando a un caballero que traía lanza y adarga, el cual representaba la predicación; y traía lanza para herir con la palabra divina, que corta más que todo cuchillo, de dos filos, conforme lo del Apocalipsi, y adarga para reparar los golpes de los argumentos de los herejes y de las bárbaras naciones. La gente de armas que le acompañaban significaron la fuerza de España. Luego los indios y los salvajes se hicieron una rueda y en medio tenían a la sierpe y los hombres de armas formaron un escuadroncete a un lado de la plaza y el caballero se fue para la sierpe y la sierpe se volvió con tanta presteza, y el caballo estaba tan bien impuesto, que peleó con ella un cuarto de hora [210v] con tanta gallardía que tenía a la gente suspensa; y a los que estaban dentro de la sierpe meneaban la cola con tanta presteza, que le daban grandes golpes al caballo. Y el caballero tan diestro que sobre un pie y sobre una mano revolvía el caballo tres y cuatro veces, y daba un salto a una parte y a otra con tanta ligereza y destreza que

---

[375] «Armadura de la parte superior de la cabeza, hecha en forma de casco, y que en lo alto suele tener un plumaje o adorno» (*Diccionario de la Real Academia Española*, 2001).

aunque peleará hasta agora no enfadara. Y a cada golpe y bote de lanza que le daba por aquellos ijares a la sierpe, vertía tanta sangre de las tripas que tenía encubiertas, que todo el suelo estaba teñido y algunas veces echaba unas espadañadas[376] de sangre, que verdadera sierpe parecía, hasta que ya cansada cayó de lado en tierra y el caballero se apeó y con un puñal que sacó de la cinta, le abrió el pecho. Y sacó al Inga que parecía que de las mesmas entrañas salía, tan demudado el rostro que causaba admiración; y abrazó a la predicación que le había librado y le tomó [211] por su padrino para aquellas fiestas, y le subieron a caballo acompañandole los salvajes y indios. Fueron dando vuelta a la plaza con el Inga, que llevaba muchas cosas en que reparar, ansí por el traje como por las armas y insignias de todos los ingas que llevaba en el escudo. Iban echando muchas cédulas y la letra dellas decía:

Por aquesta clara estrella
que hemos visto en nuestro polo,
dejo de adorar a Apolo.

Esta letra fue desta suerte, porque fue tanta la devoción que los indios cobraron con nuestra Señora de Guadalupe, que la llamaban la Gran Chapetona, que quiere decir la Señora nueva en la tierra. Y viendo que los españoles la celebraban con tantas fiestas, decían que aquella señora era más linda que las demás; y se encomendaban a ella y le traían sus en[211v]fermos, y se los ponían delante, y recebían de Nuestra Señora grandes favores. Así que todos aquellos indios y los salvajes se fueron llegando a la tela con el Inga, su rey, que se intitulaba el salvaje de Tarapaya. Y le dieron una lanza, y aquél caballero que le libró de la sierpe le apadrinó; y corrieron muy bien, de suerte que fue necesario después de haber corrido las tres lanzas cada uno, mandalles que corriesen otras dos por la mucha igualdad que había habido en las pasadas que, no se determinaron a juzgar por el mantenedor. Y en las dos últimas le ganó el Inga, y así se le dio el premio, que fue catorce varas de terciopelo del espada y unos guantes de ámbar.

---

[376] «Golpe abundante y copioso de algún licor, arrojado con fuerza por la boca o caño» (*Diccionario de Autoridades*).

Y los indios quedaron muy contentos de ver que su rey llevase el premio, y lo celebraron mucho.

El caballero era buen hombre de a caballo, y así [212] lo hizo muy bien, y la invención que trujo fue muy ingeniosa y dio mucho gusto por la mucha variedad de cosas que tuvo, como fue la peña encantada y el tragarse la sierpe al Inga, y el convertirse en fuego y quedar en medio del peñasco un hombre a caballo que parecía que salía de las entrañas de la piedra; y después el pelear de la sierpe, que fue con mucha gracia, vertiendo tanta sangre por las heridas, que todo aquel espacio de la plaza quedó como si hubieran muerto y degollado un toro. Y después fueron con una maroma arrastrando la sierpe, y la sacaron de la plaza; todo con tanta propiedad que no parecía sino que era de carne y de güeso la sierpe, según estaba de bien pintada y compuesta. Y así se dio fin a esta invención.

[212v] Estas cuatro invenciones fueron las mejores y como tales las he puesto, contando en particular de cada una lo que trujo de curiosidad, y aunque hubo otros muchos aventureros, algunos no trujeron invenciones, y otras no fueron de tanto aparato como las que he dicho. Y así las dejo por no cansar demasiado, y porque por lo que hasta aquí he dicho, se podrá sacar lo que podía ser esta fiesta toda junta; que, cierto, hubo tantas cosas que en cualquiera otra parte del mundo parecieran bien. Lo cual yo todo trabajé y ordené, hablando y animando a unos y a otros para que sirviesen a Nuestra Señora de Guadalupe; y todo por entablar la devoción suya y para que después de yo partido, hiciesen cada año, como se hace, esta procesión. Y las limosnas se piden, y cada día son más y serán, porque dejo nombrados con títulos de mayordomos a tres regidores, los cuales piden todos los sábados, [213] que son: el 24 Diego de Alviz, señor de minas y de ingenios, hombre muy rico; y a los veinte y cuatros, Juan Díaz de Talavera y Martín Pérez de Gallate, hombres muy ricos y muy honrados; y no hay sábado ninguno de los que pedían cuando yo estaba allí, que no juntaban cuando menos 20 pesos de plata corriente. Y así, con estas imágines dejo en Potosí y en todos los demás pueblos de las Indias una renta perpetua para la casa de Guadalupe, porque todas las limosnas que se recogen son para España, conforme a las escripturas que dejo hechas acerca desto.

Agora, pues he llegado a este punto, quiero decir las razones que me movieron para hacer estas imágines que dejo en estos pueblos de las Indias, que son las razones siguientes: lo primero fue porque antes de llegar a la ciudad de Lima, en los [213v] valles de Trujillo, junto a Saña, hallé una casa de nuestra Señora de Guadalupe, donde está una imagen muy devota y que ha hecho y hace grandes milagros, con quien toda la gente de Lima y los demás pueblos de españoles tienen grandísima devoción; la cual está en poder de frailes agustinos, y tienen hecha una casa muy buena donde, por simbolizar con la nuestra, hospedan a todos los que van y vienen de España; donde hay casi cien frailes, y leen los artes en un colegio que allí ha hecho la orden, y así van allí a oír de otras casas. Esta casa está en el campo, en un pueblo de indios; tiene muchas rentas y posesiones, y grandes limosnas que les dan los que pasan.

Y luego como llegué a Lima, hallé una cofadría fundada en el convento de San Augustín, y que pedían por las calles limosna para nuestra Señora de Guadalupe. Y así para quitar todo esto fue necesario y convino [214] que yo hiciese una imagen del mesmo tamaño que la de España y más linda y rica que las que acá estaban hechas; y como yo, que la hacía, era fraile de la mesma casa, tuvieron a la imagen que yo hice por verdadero original y a las demás como a retratos. Y con estas fiestas que yo ordenaba, para que la recibiesen, se enderezaba todo a que tuviesen devoción con ella; y ha sido de suerte que les he quitado a los frailes agustinos, como ellos dicen, el comer, porque los que iban de Lima en romería a los valles de Trujillo a Guadalupe, como tienen en la ciudad la imagen en una ermita que yo hice, vienen aquí y dan sus limosnas, y anda pidiéndose por las calles la limosna de nuestra Señora por los mayordomos. Y como yo asenté por cofadres de nuestra Señora de Guadalupe a toda la ciudad, pedí luego que se quitase aquella demanda que andaba de la otra cofadría, porque a los frailes yo no les podía quitar su casa ni su imagen.

Y con esto les quité [214v] las limosnas, que era lo que yo pretendía; de manera que todos los días anda un hombre por las calles y casas pidiendo para nuestra Señora de Guadalupe, y lo que recoge se entriega a los mayordomos para que se junte para Castilla. Y desta suerte será esta limosna perpetua.

Moviome también otra razón a hacer estas imágines y fue que, viendo yo cómo el padre fray Diego de Losal había estado doce años en estos reinos, y que no hallé memoria de nada más que si no hubiera estado, porque como volvió las espaldas se olvidaron de todo; considerando que en partiéndome de un pueblo había de ser lo mismo, hacía una imagen para que la devoción durase y para que los mayordomos con la presencia de la imagen pidiesen la limosna de contino. Bien entiendo que en España habrá habido pareceres de que no habría sido acertado haber hecho estas imágines; pero por estas razones echarán de ver de cuánta importancia ha sido pues en todo tiempo, cada año, irán de las Indias [215] muchas limosnas, las cuales antes no iban, porque se quedaban acá con todo donde había casa y imagen de Nuestra Señora de Guadalupe. Y agora los mayordomos que yo dejo, que son como demandadores, son señores de todo y quedan subordinados a las Justicias y a las Audiencias, para que cada año les tomen cuentas de lo que han recogido por sus libros que tienen, y les fuercen a que cada año envíen lo que tuvieren junto. He trabajado en esto mucho, en que he servido a la casa y a Nuestra Señora de Guadalupe. Ella me dé gracia para que vuelva a su casa, que della espero el premio.

En la ciudad del Cuzco hallé, en la iglesia de San Francisco, una capilla de nuestra Señora de Guadalupe con una imagen y una lámpara de plata. Y en la mesma ciudad, en la parroquia de San Blas de los indios, otra imagen con título de nuestra Señora de Guadalupe, y con cofadría de indios, adonde la gente española acudía a tener novenas. [215v] Y así, para quitar todo esto, hice otra imagen en esta ciudad; y púsela en la mesma capilla por tener lámpara dotada, y el dueño de la capilla que es don Melchor Inga quedó con su patronazgo; y los mayordomos por señores de todas las limosnas. Y desta suerte se remedió esto.

En la villa de Ica, que es un valle muy abundante de vino, hallé en la iglesia mayor otro altar con una imagen pequeña y morena, con título de Nuestra Señora de Guadalupe; y que había hecho un milaglo grande que fue en un temblor de que cayó todo el pueblo y toda la iglesia, y sólo su altar donde ella estaba quedó en pie. Aquí hice otra imagen con quien tomaron más devoción; y en todas partes le hacían grandes fiestas.

Y así hice estas imágines adonde había otras, porque las limosnas no se perdiesen, y se diesen a las otras. Y adonde no las había, como fue en Potosí y en Chuquisaca, las hice para que fuesen mayores las limosnas y para que no se perdiese la memoria; y así entiendo haber acertado.

[216] Acabadas[377] las fiestas de Potosí, que fueron las últimas de la sortija, día de nuestro padre San Hierónimo, con toda la suntuosidad que está dicho en la relación de atrás, me partí para la ciudad de La Plata, que por otro nombre se llama Chuquisaca[378], adonde llegué a los primeros de noviembre del año de 601, y fuime [a] apear en casa del maestro don Juan de Larratigui[379], deán de las Charcas, un caballero muy honrado y de mucho nombre en los reinos del Pirú, por el bien que a todo género de gentes hace, sustentando en su casa a muchos soldados honrados, de tal suerte que de ordinario nos sentábamos a la mesa diez y doce personas todo el año.

La causa de no posar yo en esta ciudad en convento, como lo hacía en todas las demás partes, sino en casa deste caballero, fue porque la imagen que se había de hacer en esta ciudad, la tomó a su cargo el deán, y se había de hacer en su casa, y así fue necesario que yo posase en su casa y no en convento; donde se me dio una cuadra muy bien aderezada, como las tiene este caballero, que es muy curioso y tiene ricas tapicerías, adonde yo procuré vivir de tal suerte como si estuviera en un convento, recogiéndome con tiempo a mi aposento, donde se hizo una imagen tan rica como se dirá adelante, y con tantas fiestas como parecerán por la relación que se hizo y envió a España, la cual también yo pondré aquí con lo demás.

---

[377] A partir de este punto el trazo y forma de la escritura resultan mucho más cuidados, aunque parece ser la misma letra. Las letras pequeñas y bien trazadas permiten que exista mayor número de caracteres por renglón, y mayor número de renglones por página.

[378] Guaman Poma informa que la ciudad de Chuquisaca: «Está dentro de la montaña, tierra caliente y adonde hay tigres, leones, onzas y serpientes y mucho monte...» (Poma de Ayala, *El Primer Nueva corónica*, 1992, p. 981).

[379] Álvarez anota que el nombre de este deán es Juan de Larrategui, como él comprobó en el archivo arzobispal de Sucre. Álvarez, 1987, p. 186, en nota.

[216v] En el camino, desde Potosí a la ciudad de La Plata, se pasan los dos ríos de Pilcomayo y Cachimayo, donde el Rey nuestro señor libró los veinte mil ducados, los cuales se habían de pagar de lo procedido que se paga para hacer las puentes destos dos ríos, que son muy grandes y caudalosos; y tan hondo el valle por donde pasa Pilcomayo, que tiene la bajada de la cuesta una legua larga y tan derecha y empinada, que las sillas de las mulas llevan sobre las orejas. Desde Potosí hasta este río no hay árbol alguno que está a doce leguas; y desde aquí llevan los indios a Potosí los ramos y las demás verduras para las fiestas, para los arcos que hacen por las calles por donde pasan las procesiones. En estos ríos están los molinos donde se muelen todas las harinas ansí de maíz como de trigo, que se llevan a Potosí. Por más abajo pasa el río Grande, por detrás de la ciudad de Chuquisaca, que por otro nombre es llamado el Marañón[380], que cuando entra en la mar del norte por el Paraguay y Buenos Aires, adonde se embarcan para el Brasil, tiene de boca el río ochenta leguas[381]. Y éste es muy mayor y más caudaloso que el río de la Magdalena, que entra por Sancta Marta junto a Cartagena en la mar. Por donde se puede echar de ver la grandeza de esta tierra que tiene ríos tan grandes y lagunas como las que atrás tengo dichas.

A los once días del mes de noviembre del año de 601, que fue sábado, estando yo en el coro de la catedral desta ciudad, con el deán y los demás [217] prebendados desta iglesia de los Charcas, oyendo la misa de nuestra Señora, que se había comenzado con grandísima solemnidad y mucha música ansí de voces como de instrumentos que las tiene esta iglesia muchas y buenas y es la mejor capilla de todos los reinos del Pirú, tiene tres cornetas, un español y dos indios muy diestros todos, y grandes contrapuntantes, tiene un bajón[382] y dos sa-

---

[380] El Marañón es un afluente del río Amazonas.

[381] Álvarez anota que aquí existe un error geográfico ya que el río grande nace cerca de la capital boliviana y es un subafluente del Madeira y el Marañón, que nace en el Perú, al unirse con el Ucayali forman el Amazonas. Álvarez, 1987, p. 187, en nota.

[382] «Instrumento musical de viento, construido de una pieza de madera como de 80 cm de longitud, con ocho agujeros para los dedos y otro u otros dos que se tapan con llaves. En su parte lateral superior se encaja un tudel de cobre, de forma curva, y en este una pipa de cañas con la cual se hace sonar el instrumento, que tiene la extensión de bajo» (*Diccionario de la Real Academia Española*, 2001).

cabuches[383] que ayudan a las voces con mucha destreza, las voces son todas buenas en particular los contraltos, estando en el gloria de la misa diciendo aquel verso de *adoramus te*[384], vino tan grande temblor de tierra[385] en toda la ciudad y su comarca, que pareció ser la fin del mundo, porque la iglesia es de bóveda y comenzó a despedir de sí algunos pedazos, y las paredes de la mesma suerte. Y yo, entendiendo que se caía la iglesia, que no me acordaba si era temblor, temiendo quedar allí enterrado con todos los demás, di una grande voz diciendo:

—¡Madre de Dios de Guadalupe, favorecednos aquí!

Y acabado de decir estas palabras, levanté los ojos y vi la pared, de la iglesia que teníamos a las espaldas, a una parte, y la bóveda a otra parte; y por el abertura el cielo tan claro como se parece por una ventana. Viendo esto puse las manos y encomendeme a nuestra Señora, y estúveme quedo con el deán, porque huir era excusado de causa que las puertas de la iglesia estaban medio cerradas y todas atoradas de gente caída, de suerte que no salió persona [217v] afuera mientras duró el temblor, porque todos caían unos sobre otros.

Al juntarse la pared con la bóveda, que se había abierto, cayó un pedazo del arco que era de ladrillo, y hizo pedazos las coronaciones de las sillas del deán y de la en que yo estaba; y fue Dios servido que el deán no recibió daño y el que yo recebí fue poco, no más de cuanto una raja de la madera de las sillas me descalabró un poco en la mollera, y no fue más de cuanto me rompió el pellejo y me le arremangó un poco. Este temblor duró muy poco, no más de cuanto se pudo decir una ave María; porque si durara otro tanto más, no quedara cosa en pie de toda la ciudad.

En la iglesia mayor, de la gente se perdieron capas, sombreros, espadas, de suerte que todo era confusión y voces, y todos caídos a las puertas unos sobre otros. Recibió la ciudad mucho daño; cayeron algunas casas y las que quedaron, tan abiertas y lastimadas que se ga[s]tó mucho en reparallas. Los templos y los conventos recibieron mayor daño por ser edificios más altos, en particular el de San Francisco, que

---

[383] «Instrumento musical metálico, a modo de trompeta, que se alarga y acorta recogiéndose en sí mismo, para que haga la diferencia de voces que pide la música» (*Diccionario de la Real Academia Española*, 2001).

[384] Tr., Te adoramos.

[385] En este punto se encuentra una anotación al margen: 'temblor'.

cayó un pedazo de la torre y una figura de bulto que estaba sobre las campanas, y un pedazo de un lienzo de un claustro nuevo que iban cubriendo.

Después deste temblor grande vinieron otros temblores, muchos pero pequeños; no más de cuanto estando en la cama temblaba la cuja y se meneaba como cuando se mece una cuna. Esto fue causa de que la gente, atemorizada, tuviese alguna devoción con nuestra Señora, y así hizo toda la ciudad un voto de celebralle una fiesta cada [año] [218].

Salió, pues, para dar principio a esta obra, el deán Juan de Larratigui por toda la ciudad, a pedir a las damas acudiese cada una con lo que pudiese para la imagen. Fue de manera que ninguna mujer quedó en toda la ciudad que no diese algo: anillos de oro muy ricos con piedras preciosísimas, joyas de oro de muchas maneras, sartas de perlas en tanta abundancia, que se juntaron la cantidad de perlas y esmeraldas y rubíes que contaré abajo en la dispusición que cada cosa tiene en la imagen, con las muchas partidas que compró el señor obispo de esmeraldas y perlas para que la imagen se acabase perfectamente.

Comencé, pues, en casa del deán a hacer la imagen como si yo fuera el pintor más extremado del mundo, y puedo afirmar con verdad, que en toda mi vida había tomado pincel al olio en la mano para pintar, si no fue esta vez; sin tener yo más práctica desto, de la que tenía de la iluminación de aquellas imágines que en España, sin haber tenido maestro que me enseñase, hacía; y con el ayuda de nuestra Señora, favoreciendo a mi buen deseo, es de manera la pintura, que no han tenido que enmendar famosos pintores que después vinieron, no sin admiración de todos, por no habello yo usado; lo cual dificultosamente creyeron y al fin la dispusición de la imagen es en esta manera que se sigue:

[218v] Hase de advertir que esta imagen es pintada en lienzo, y todo lo que fuere diciendo es contrapuesto sobre el propio lienzo, cosidas y pegadas las piezas con el lienzo.

La corona es a manera de imperial y tiene por remate sobre los cuatro arcos una cruz de oro muy bien labrada y esmaltada, con siete esmeraldas grandes y muy finas, que era pectoral del obispo. Esta cruz se apreció en quinientos pesos de plata corriente. Los cuatro arcos sobre que asienta la cruz que acabo de decir, son de cristal muy bien labrados, con remates de oro y tres esmeraldas que hacen el pie de la cruz, las cuales están engastadas en oro en los propios cristales; estos costaron docientos pesos.

En el campo de toda la corona tiene veinte y dos esmeraldas y una rubaza muy fina, que es de color rosado y tan grande como un real en largo mas no tan ancha. Estas esmeraldas están todas engastadas en oro en muy curiosas y ricas medallas esmaltadas por los cantos de la corona, por la parte de afuera tiene doce broches de oro, cada broche con cinco perlas en las dos extremidades de arriba; en las puntas de la corona tiene dos cruces de perlas netas[386] que costaron docientos pesos. A las veinte y dos esmeraldas no les doy precio porque fueron ofrecidas, y no sé lo que valen, de manera que los precios que aquí pusiere son lo que se compraba.

En todo el campo de la corona, puestas por buen orden entre las esmeraldas, tiene unas carreras [219] de perlas netas muy buenas, tan gruesas como garbanzos, no muy gordos sino medianos; el peso dellas son cuatro onzas, cada onza a cien pesos ensayados, que son cien ducados. Dos esmeraldas ovadas[387], grandes, muy finas, de lindo verde, engastadas en oro esmaltado las cuales le sirven de zarcillos.

Gargantilla

En el cuello de la imagen, comenzando desde debajo de la barba, tiene cuatro gargantillas. La primera es de cinco diamantes muy finos, en oro engastados y con mucho primor labrados, que le costaron al obispo, en Potosí, trecientos pesos. La segunda gargantilla es de esmeraldas, puestas en oro con mucha curiosidad, que costó docientos y cincuenta pesos corrientes. La 3 gargantilla son unas rosetas de rubíes muy finos y pequeños, puestos en oro, los cuales se compraron con los diamantes que dije arriba, debajo de aquél precio de trecientos pesos, porque era toda una gargantilla y yo hice dos della. La 4ª es de esmeraldas como las de arriba, porque hice lo mesmo de la otra, que fue partilla y de dos gargantillas hice cuatro y las fui dispuniendo de manera que las esmeraldas están entre los rubíes y diamantes con mucha curiosidad; y la variedad causa en el cuello de la imagen mucha hermosura.

Por encima de la toca caen dos vueltas de perla netas, y tan gruesas como gruesos garbanzos; estas son muy ricas y valen mucho. Debajo

---

[386] Limpias, puras. *Diccionario de Autoridades.*
[387] Lo mismo que *aovado*, en forma de huevo. *Diccionario de Autoridades.*

destas dos vueltas de perlas está un collar de [219v] esmeraldas engastadas en oro, en esta dispusición: en medio del pecho de la imagen está hecha una cruz con cinco esmeraldas y a los lados; como se va llegando a los hombros otras dos cruces, con otras cinco esmeraldas cada una, de manera que en la[s] tres cruces del collar hay catorce esmeraldas porque la piedra de en medio de la cruz del pecho no es esmeralda sino un jacinto muy bueno y muy rico que, sola la piedra apreciaron en cien pesos ensayados.

Entre la cruz del pecho y la otra que llega al hombro, hay una roseta de oro. Cada roseta destas, que son dos, con una esmeralda grande en medio y a los lados ocho piedras de mina que contrahacen al rubí y al diamante; de manera que cada una destas rosetas tiene nueve piedras.

A los lados desta[s] rosetas, otras cuatro esmeraldas en cruz más pequeña que las demás, de manera que tiene el collar cinco cruces, la[s] tres grandes de esmeraldas grandes y las dos pequeñas. Cada cruz con cinco esmeraldas; que son por todas las que tiene el collar veinte y cinco esmeraldas, entremetidas por los lados y por en medio muchos diamantes contrahechos de cristal, de suerte que puniendo una vela encendida cerca no se deja mirar la imagen por las muchas luces que las piedras causan, de manera que este collar está curiosísimo. Encima del, debajo de las perlas, está otro collar pequeño, hecho de broches de oro con perlas, cinco cada broche, en ringlera[388] uno tras otro, que son dos docenas los broches. Costó cada uno destos a ocho pesos.

Deste collar grande, de la propia cruz de en medio del pecho, cuelga otra cruz grande que era pectoral de obispo, con siete esmeraldas grandes; y de los brazos de la cruz cuelgan dos piñitas de oro que servían de zarcillos, cada una de las piñitas con cuatro rubíes, que vale [220] la cruz y las piñitas setecientos pesos, la cruz quinientos y las piñitas con los rubís docientos. Del propio pie de la cruz cuelga un papagayo de oro, con una esmeralda grande en medio del pecho, ricamente obrado y con curiosidad esmaltado; vale cien pesos ensayados.

De los propios pies del papagayo comienza una cinta con cinco botones de oro, levantados y grandes, de obra maravillosa; los botones atrechos y, entre botón y botón, una medalla de oro con una esme-

---

[388] Línea de cosas o fila. *Diccionario de Autoridades*.

ralda grande que junta la una extremidad a un botón y la otra a otro. A los lados de cada botón destas cuatro esmeraldas puestas en cruz engastadas en oro a manera y forma de un corazón; por manera que son las esmeraldas que hay en toda la cinta veinte y cinco, y entre esmeralda y esmeralda, un diamante de piedra de cristal contrahecho, muy lindos, que dan grandes luces de sí; y por la parte de afuera, una carrera de perlas no gruesas que cerca a cada botón destos en redondo. Del cabo de esta cinta cuelga una medalla grande de oro con una esmeralda jaquelada[389] grande y rica, y remata la cinta con una perla gruesa, en forma de una cermeña[390] pequeña cuando está por madurar, de manera que por la parte de abajo es más gruesa que una avellana grande, a ésta no hay precio que ponelle porque no le tiene. Ésta dio un clérigo cura de la iglesia Mayor llamado el padre Justiniano. Y con esto remata la cinta que es muy rica y con curiosidad dispuesta; que es lo que más le admiraba de la suerte que yo iba dispuniendo las cosas. Y en esto conozco evidentemente que Nuestra Señora me ayudaba en todo; pues en toda mi vida no había hecho otro trato.

[220v] Debajo de esta cinta está la guarnición de la saya la cual tiene seis medallas de oro muy grandes esmaltadas, cada una con una esmeralda muy grande y muy fina. Alrededor de cada una destas medallas las cercan unas ruedas de perlas netas y gruesas que costó cada una destas perlas dos pesos y medio de plata corriente que son veinte reales. Estas perlas son riquísimas y las mejores que tiene la imagen, desde el espacio que hay de una medalla a otra hay cinco broches de oro, cada broche con cinco perlas gruesas, costó cada uno destos broches ocho pesos de plata, de manera que es el número de broches, que están en la guarnición de la saya en la parte de abajo, treinta y seis están con tanta curiosidad repartidos que hacen admirable labor. El número de las perlas netas que cercan a las medallas son once docenas, a dos pesos y medio cada una, como dije.

Sobre esta saya cae el manto, tiene por todo el campo sesenta cuadros de una palma en ancho, cada cuadro en esta forma[391], en el campo mayor de en medio está una roseta de oro con nueve piedras cada

---

[389] Piedra preciosa labrada a cuadros. *Diccionario de la Real Academia Española*, 2001.

[390] Especie de pera pequeña en forma de campanilla. *Diccionario de Autoridades*.

[391] Aquí aparece el dibujo de un cuadro que está dividido a su vez en nueve cuadros pequeños, el cuadro central es más grande que los ocho que lo circundan.

roseta, en medio una esmeralda grande y alrededor cuatro rubíes y cuatro diamantes como los que dije que tenía el collar. A las cuatro esquinas deste cuadro, por la parte de adentro donde está la roseta, tiene cuatro perlas gruesas, los cuatro cuadrillos más largos a los lados están unas esezuelas[392] de oro cada una con una esmeralda en medio, estas son de cintillos de sombreros que fueron seis cintillos los que se compraron para todos los cuadros cada cintillo tenía quince piezas y costaron a trecientos pesos cada cintillo.

En los cuadritos pequeños de las esquinas tiene en cada uno un broche de oro, cada broche con tres perlas gruesas, el número destos son ciento y setenta, y las rayas negras deste cuadro son de lisonjas de perlas hechas carreras, que entraron en estas carreras que son un poco menudas en todo el manto seis libras de perlas.

[221] En la guarnición de este manto tiene veinte y dos rosetas de oro, de la propia forma, y con las mesmas piedras que la de los cuadros, cercada alrededor cada una destas con una carrera de perlas y entre cada una destas en el espacio que hay de la una a la otra hay dos broches de oro, cada broche con cinco perlas. En medio de los broches se halla un lazo de veinte y cuatro perlas con que levanta un bordado maravillosos y luce mucho la guarnición.

Por la parte derecha del manto saca la imagen una mano que propiamente parece de carne, y en el dedo polex[393] y en el cuarto, dos sortijas con dos rubíes muy finos que costaron docientos pesos, y en la muñeca tiene una manilla con quince esmeraldas muy rica y muy curiosa, rematada con dos vueltas de perlas.

En la mano tiene un cetro de piezas de cristal con extremidades de oro muy bien labrado, costaron los cristales docientos pesos, en medio tiene una esmeralda tan grande como un real de a cuatro, un poco más largo, muy fino y maravillosamente engastado en oro esmaltado, con mucho primor esmaltado, ésta era del licenciado Albornoz, oidor de la Audiencia de los Charcas, costó mil pesos y diola de barata a Nuestra Señora por seiscientos pesos. A los lados desta esmeralda están cuatro broches de oro, y por la parte de afuera de los cristales es-

---

[392] Por *esecillas*, «piezas de alambre o de metal que sirven para asegurar y trabar los botones del vestido y otros usos» (*Diccionario de la Real Academia Española*, 1869).

[393] Dedo pulgar de la mano, también *pólice* o *pollex* (*Diccionario de la Real Academia Española*, 1803).

tán otra docena de broches, en el remate de este cetro está una cruz de esmeraldas muy rica que costó docientos pesos. Cuelgan de las extremidades de los cristales cuatro pinjantes[394] de perlas netas, muy ricos y de mucho precio, todo esto está dispuesto en tal forma que verdaderamente parece que es imposible habello obrado quien semejantes cosas no había hecho.

[221v] De la mano izquierda pende el niño y tiene una corona muy rica y en la cual están nueve esmeraldas engastadas en oro con algunas perlas netas por el campo de la corona. Debajo de la barba, en el cuello, tiene dos carreras de perlas muy buenas y debajo, un collar de oro, en medio un Jacinto muy bueno, y las demás piedras son esmeraldas con algunos diamantes atrechos de piedras de mina, contrahechos en la mano derecha, con que echa la bendición. Tiene una manilla pequeña de esmeraldas, y de la muñeca cuelga un juguete que es un pescado de oro con tres esmeraldas muy bien obrado. En la otra mano izquierda tiene por mundo una piedra grande que llaman espinela muy rica que está echando de sí fuego y encima una cruz de oro pequeñita. De la muñeca le cuelga otro juguete que es una lagartija de oro con muchas esmeraldas. En el pecho tiene otra lagartija y en la fimbria[395] de la ropa tiene otra. Por en medio parece estar la ropeta abierta y con doce piezas de oro que son unos camafeos que van cogiendo las dos partes, cada pieza destas doce tiene una esmeralda pequeña y en la guarnición de la ropilla están tres rosetas de oro como las que dije arriba, y todo el campo de la ropilla del niño cuajado de perlas y de broches, con mucha curiosidad puestos.

Está la imagen debajo de un pabellón que parece brocado de tres altos y las extremidades dél acaban con unas puntas de oro. Encima de la corona de Nuestra Señora, que viene a ser debajo del flueco[396] del pabellón, están tres querubines muy hermosos y dos ángeles a los lados que levantan el pabellón y otros dos a la parte de abajo, hincados de rodillas, teniendo la peana [222] que es una tarjeta con dos ros-

---

[394] «Joya o pieza de oro [...] que se trae colgando para adorno» (*Diccionario de Autoridades*).

[395] «Canto o remate más bajo de la vestidura» (*Diccionario de Autoridades*).

[396] Flueco, «cierto género de pasamano tejido, con los hilos cortados por un lado, que se hace de hilo, lana, seda u otra cosa, y sirve de guarnición en los vestidos u otras ropas, pegándole a las orillas» (*Diccionario de Autoridades*).

tros de ángeles en medio y una luna plateada que atraviesa la tarjeta y sube por los lados de la imagen con mucha gracia.

La estimación de la riqueza que tengo dicha, según el aprecio que hicieron los plateros, de cada cosa destas, son catorce mil pesos de plata corriente, que son catorce mil reales, de a ocho. Esto es lo que la imagen de la ciudad de La Plata tiene.

Bien creo habrá causado algún enfado haberme detenido en cada cosa en particular, pero también habrá deleitado y dado gusto en saber una cosa tan peregrina, que en el mundo todo no hay imagen de la forma desta, y así, pintada con tanta riqueza que a todos cuantos la ven espanta, y yo también estoy espantado de mí mismo como me atreví a emprender una cosa tan grande; y aunque fue atrevimiento, más me admira el haber salido con ello y también y con tanto gusto de todos, lo cual fue, evidentemente, con el ayuda de la Sanctísima Virgen de Guadalupe. A ella las gracias por todo, que yo no le pido por premio de los servicios que en estos reinos le hecho, sino que me vuelva a su casa con bien, libre de los peligros que, ansí por mar como por tierra, se ofrecen. Lo cual espero conseguir con felicidad por quien ella es, pues en todo este viaje no es otro mi interés sino servilla, y por esto no hay trabajo de que yo me escuse, como se interese su servicio, ella lo reciba, pues por ella lo paso, etc.

[222v] Acabada pues la imagen con la riqueza que habemos dicho, se trató luego de ponella donde había de estar que fue en la capilla del Señor obispo, la cual es muy curiosa, y la mejor que hay en la Iglesia Mayor. Y el día que para esto se señaló fue la primera dominica después de la fiesta de la Epifanía para la cual el obispo mandó que, de todos los pueblos de indios que están alrededor de la ciudad, viniesen los curas con todas las cofadrías, cruces y pendones y andas y danzas de indios, las cuales fueron tantas que querer contarlas sería hacer nuevo libro.

El sábado antes en la noche se sacó la imagen de en casa del deán y se llevó al convento de monjas que hay en aquesta ciudad de La Plata, llevose con veinte hachas y muchos españoles que la acompañaron aunque eran más de las nueve de la noche cuando se llevó, de causa que llovía mucho y hase de advertir, que estando el tiempo tan metido en agua, porque en aquél suele ordinariamente llover dos meses y actualmente estando lloviendo tanto comenzó el deán a entristecerse porque había muchas fiestas ordenadas y forzosamente se habían de quedar por el agua. Mandó que la imagen no se sacase de su casa hasta que pasasen las aguas, lo cual como yo vi y que ya estaban hechos los gastos dije que aquella fiesta era de Nuestra señora y que por ella se hacía, que ella volvería por su causa, que la sacásemos, que él [223] agua cesaría.

Fue cosa notable que ansí como la imagen salió de casa cesó el agua de tal suerte que hasta que pasaron todos los nueve días no cayó gota de agua; y después de acabado el novenario aquella mesma noche llovió tanto que pensamos ser anegados.

Aquella noche la puse yo en las andas y con mucha cera y con ser tan tarde acudió mucha gente; y dijeron las monjas los maitines solemnes, y estuvieron toda la noche en el coro velando a Nuestra Señora de Guadalupe con mucha devoción.

Otro día por la mañana fueron a las monjas todos los prebendados de la catredal con toda la capilla y música de ministriles que los
hay buenos, y buena corneta; y se dijo una misa con grandísima solemnidad, con muchos villancicos los cuales pondré aquí ansí los que
se cantaron en la misa de toda la octava como en la procesión que se
hizo por las calles.

Y después de acabada la misa, que no hubo sermón por dar lugar
a la fiesta de la tarde se oró en el pulpito una oración en canciones
castellanas la cual compuso un clérigo honrado de la casa del mesmo
deán, llamado el padre Sebastián de Mendoza, y el mesmo fue el que
la oró con muy buenas actiones y con mucha gracia que la tiene grande para estas cosas, la cual quiero poner aquí [223v] que son 21 canciones para que el curioso que es aficionado a verso eche de ver que
en este nuevo mundo no falta quien celebre las cosas de Nuestra
Señora de Guadalupe con mucha devoción, la cual queda tan enta-
blada en estos reinos con aquestas imágines que tengo hechas que
mientras durare el mundo durará; y si no lo hiciera desta manera en-
volviendo yo las espaldas luego se olvidara todo, como se olvidó lo
que el padre fray Diego de Losal hizo que si no es una memoria que
he hallado en algunas personas de que estuvo en estos reinos otra cosa
no he hallado de provecho para la casa de Guadalupe, y agora con estas imágines tiene de durar su devoción mientras ellas duraren que
será lo que durare el mundo en esta última edad y siempre habrá personas que acudan a recoger las limosnas de Nuestra Señora que en estos reinos se mandaren dejado aparte lo que se recogerá en todo el
año porque todas las semanas se pide *ostiatim*[397] para Nuestra Señora
de Guadalupe. Un día que esto será de más consideración que no son
las limosnas de España.

Digo pues que las canciones que se oraron en el convento de las
monjas son estas:
[224]

Cuando al mar espacioso el barco entrega
y las velas a Bóreas[398] proceloso

---

[397] Adverbio latino que significa «de puerta en puerta» (*Diccionario de la Real Academia Española*, 1803).
[398] Bóreas, el dios griego del viento del norte.

el velador Piloto en su viaje,
primero el ruego humilde al cielo llega,
invocando en el trance peligroso,
favor divino que su daño ataje
y libre del ultraje
del mar embravecido
el leño combatido.
Y así, alentado y rico de esperanzas,
menosprecia del tiempo las mudanzas
y al mar, Bóreas, Caribdis[399], Tiempo y Cila
y demás acechanzas,
con sólo un ruego humilde lo aniquila.

Pues yo, que al golfo inmenso, temerario,
de vuestras alabanzas, Virgen pía,
mi frágil barco doy osadamente,
[224v] razón es que recele el curso vario,
sin invocar un claro norte y guía.
Vos, que del mar estrella refulgente
por renombre excelente
tenéis, dulce señora
socorreréis agora
a quien vuestros loores se dedica,
y el torpe estilo de su ingenio aplica
y lengua y pecho, pues mi pecho y lengua
tendrán vitoria rica,
y sin vos, clara estrella triste mengua.

No celebra mi canto, hermosa Reina,
vuestra sacra invención, ni el milagroso
reparo hecho en la afligida Roma;
que en cuanto Febo sus cabellos peina
se ha visto vuestro brazo poderoso
que venenosas pestes rinde y doma.
Ni por intento toma
[225] mi ruda y tosca pluma

[399] Monstruo marino, hijo de Poseidón.

decir en breve suma
lo que lengua de un ángel no acabara
aunque en siglos eternos siempre hablara.
Ni vuestra aparición al pastor pobre
a quien, con piedad rara,
hicistes que hijo y Vaca por vos cobre.

Diré lo que vio el hijo regalado
que el vuestro os entregó en su despedida,
y dejó con tal trueque engrandecido,
cuando en Patmo desierta, desterrado,
contemplando la luz esclarecida
del cristalino cielo, entretenido,
una mujer, pues, vido,
cuya alfombra preciosa
era la luna hermosa,
y el vestido, ¡oh milagro y traje nuevo!,
eran los rayos del ardiente Febo.
[225v] Cubrían su cabeza y trenzas bellas
que en pensarlo me elevo,
en forma de corona, mil estrellas.

Bien creo que daréis, Virgen, licencia
para aplicar a vuestro rico ornato
el de la que vio Juan en su figura,
pues nos enseña aquí vuestra presencia
la luna por estrado humilde y grato.
Y del sol la belleza y la luz pura,
la gala y compostura,
dese ropaje de oro,
donde el menor tesoro
son finas perlas y cristal precioso,
rico diamante, girasol vistoso,
encendido rubí, verde esmeralda,
que adornan el gracioso
cuerpo, cabeza, cuello, pecho, y falda.

¿Qué sol, qué luz despide más viveza
[226] de claro resplandor y viva lumbre
que la hermosura vuestra soberana?
¿Qué luz, qué sol iguala a esa belleza,
o quién os mirara que de la cumbre
no le atropelle su arrogancia vana?
Hoy, Virgen más que humana,
quiere imitar el suelo
al levantado cielo;
y aunque no tiene estrellas, sol ni luna,
no por eso es adversa su fortuna;
que luna, sol y estrellas imitadas
veréis en cada una
de la[s] joyas que a vos son consagradas.

También, Virgen, en vos se verifica
ser morena y hermosa con estremo,
que es epíteto que la Iglesia os canta;
que esa color trigueña hermosa y rica,
quiso escoger el Hacedor Supremo
[226v] por mostrar que a la blanca se adelanta.
Ved si admira, si espanta
que en el vergel del suelo,
elija el rey del cielo
no el alhelí ni roja clavellina,
no el lirio ni mosqueta peregrina,
blanca azucena, rosa colorada
y la violeta fina;
por la color trigueña a Dios le agrada.

Y aunque la fe con claridad enseña
que sois madre del verbo soberano,
sin duda la razón nos lo enseñara;
pues vemos hermosísima estremeña,
con las veras que vuestra larga mano
esta nación que todo el orbe ampara,
dándonos muestra clara
en las obras divinas

[227] y hazañas peregrinas,
que Guadalupe guarda y reverencia
con sancto celo y singular decencia,
en vuestro santuario venerado,
donde tiene asistencia
el fiel original deste traslado.

¿Quien podrá relatar la inmensa suma
de despojos ganados a la muerte
que adornan vuestro templo poderoso,
pues sin que el tardo tiempo los consuma
penden en las paredes, de la suerte
que aconteció el suceso milagroso?
Vérase allí el dichoso
y bravo vencimiento
contra el moro sangriento,
y por Alfonso, vuestro gran devoto,
el bárbaro furor rendido y roto,
[227v] y las altas colunas adornadas
en memoria del voto,
de escudos, lanzas, petos y celadas.

Los rotos remos cuelga el marinero,
el piloto, el timón despedazado,
uno las velas y otro las entenas
la bala carga el triste pasajero,
de cera el brazo, el mísero soldado:
libres ya de tormentas y de penas
y en las playas serenas
dese puerto seguro,
oro luciente y puro
el mercader agradecido ofrece,
y allí cada cual dellos engrandece
la merced recibida y don supremo,
y el milagro encarece
oro, brazo, pelota, vela y remo.

[228] Las lágrimas piadosas de la madre
de Vos, el hijo alcanzan, clara estrella,
y la viuda triste, su marido;
a la huérfana sola, la dais padre,
a la casada, el llanto y la querella
aplacáis con el bien restituido
y el esposo perdido;
el rústico grosero
os encarga su apero,
el labrador, el tardo buey os pide,
y con la petición el dar se mide;
ya rústico, viuda, padre y hijo
hacéis que el llanto olvide
y a todos dais consuelo y regocijo.

¿A quién no admirará que de Turquía,
de la mazmorra obscura, os traiga el viento
el aherrojado y mísero cautivo,
[228v] y que le sea defensa, amparo y guía
en los disiertos el león hambriento,
y al que os llamó os presente libre y vivo?
Y al fiero moro, esquivo,
que los vuestros encierra,
no sólo le hacéis guerra,
más hacéis que el lugar de Guadalupe
con esclavo y con perro y arca ocupe;
y con este invencible lauro y palma,
al que a Vos os escupe,
de eterna muerte le libráis el alma.

Mucho os preciáis de ser de Estremadura
y yo hallo que sois blanda en estremo,
pues que tenéis tan raro sufrimiento;
pero queréis decir que siempre dura
el ruego vuestro al Hacedor Supremo
para que estorbe nuestro fin violento.
[229] Por más dichoso siento
al estremeño bando,

que cuantos va cercando
con su fogoso carro el rojo Apolo,
y cuantos mira deste al otro Polo
pues goza este tesoro y rica prenda,
que tal amparo solo
basta para que el mundo no le ofenda.

Y tú, perlado insine, Alfonso claro,
honor y gloria desta ilustre gente,
gloria y honor del estremeño suelo,
por cuya petición y juicio raro,
gozamos deste don tan excelente
y nuestras Charcas singular consuelo
espera que del cielo
el premio soberano,
[229v] con abundante mano
esta estremeña dadivosa y rica,
a tus ilustres hombros hoy aplica;
que pues imitas a un Alfonso santo,
la obra se publica
que esperes desta Virgen otro tanto.

Y tú, ciudad famosa, así por nombre,
como por excelencias que contienes,
vive sigura siglos prolongados,
pues no habrá terremoto que te asombre.
Con el abrigo y guarda que en ti tienes,
de hoy más, serán los tiempos regalados:
rayos acelerados
y temerosos truenos,
de hoy más, irán a menos;
y la peste mortal que en tanto aprieto
nos ha puesto, de hoy más tendrán respeto
[230] a esta sancta reliquia y Virgen pura,
antídoto perfeto,
señal de paz en nuestra desventura.

Y pues la tenéis todos obligada,
cual con preciosa joya de oro puro,
cual con aljófar fino y perla neta,
cual con luciente plata y acendrada[400],
acudiréis con ánimo siguro
a descubrir vuestra pasión secreta;
veréis que aquí receta
en todos nuestros males,
remedios celestiales:
aquí tendréis los tristes el contento,
los afligidos, gusto en el tormento;
y con tesoro temporal y vano,
ganáis por uno, ciento,
que es gozar un tesoro soberano.
[230v]
A imitación, veréis, de Guadalupe
estas santas paredes adornadas
de admirables trofeos y despojos;
hará que este lugar frontero ocupe
gran cantidad de piernas destroncadas,
de brazos este; aquel, de claros ojos;
aquí pondrá de hinojos
el muerto la mortaja;
también la tabla o caja
el que escapó del mar, y las prisiones
pondrá el encarcelado y ricos dones;
y con pechos humildes y cencillos,
sus propios corazones,
con piernas, brazos, ojos, caja y grillos.

Gozaréis todo este bien inmenso;
¿Pues vos, señor, por cuya diligencia
hoy le vemos tan rico y adornado,
[231] ¿qué gozaréis por el fervor inmenso?
Mas quiero respetar vuestra presencia
y el ser parte, pues soy vuestro criado;

---

[400] Purificada, limpia. *Diccionario de Autoridades.*

que lo que yo he callado,
lo dirá la riqueza
desta real princesa.
Sólo creed que, pues el cielo santo
de Obededón el hecho encumbra tanto
por ser celoso guardador del arca,
que si os niega mi canto
la gloria, os la dará quien cielo abarca.

Y Vos también, bellísima estremeña,
lucero, sol, antorcha, estrella y norte,
ciprés hermoso, cedro levantado,
lirio cuya hermosura el valle enseña,
blanca azucena do no llegó el corte
[231v] de la culpa jamás, ni el corvo arado,
huerto bello y cerrado,
de David, alta torre
que el pecador socorre;
escala de Jacob, fragante rosa,
fuente sellada de agua milagrosa.
¿Quién hallará epíteto conviniente,
pues que sois más hermosa
que sol, rosa, lucero, estrella y fuente?

Salve defensa del linaje humano,
celestial y divina forastera,
para nuestro consuelo aquí venida,
de cuya larga y dadivosa mano
esta ciudad copioso bien espera.
Con el retrato vuestro engrandecida,
pues sois agradecida,
[232] mostrad, ilustre Reina,
el amor que en vos reina;
y como defendéis a Estremadura,
las Charcas gocen otra tal ventura;
que si nuestros peligros Tú reparas,
¿qué alma habrá tan dura
que niegue el culto a tus recientes aras?

Si huerto, ciprés, cedro, lirio y rosa,
estrella, luna, sol, norte y lucero,
esmeralda, rubí, diamante y perla,
no alcanzan a decir, Morena hermosa,
la gracia dese cielo verdadero,
ni pueden dinamente comprehenderla;
no es mucho que mi musa caiga en falta,
pues para encarecerla,
falta el ingenio y el estilo falta.

[232v] Acabadas de orar estas canciones que se oyeron con el gusto y devoción que puedo significar, quedó la imagen con mucha cera y muchas señoras principales, que se quedaron allí a comer y a velar a Nuestra Señora. Se fue la gente a comer y a percebir para la fiesta y procesión de la tarde, para llevar la imagen a la Iglesia Mayor.

Luego que dio las dos, comenzaron a repicar en la Iglesia Mayor y vinieron todos los religiosos de los conventos de San Francisco, que es de muchos frailes, de Sancto Domingo, de San Agustín, los frailes de La Merced y los padres de la Compañía, el obispo con todos los clérigos, que es mucha la clerecía desta ciudad, y más en aquesta ocasión que acudieron todos los curas de los lugares comarcanos con sus cruces y pendones y danzas; acudió el presidente de la Audiencia con todos los oidores, de manera que se llenó toda la iglesia de religiosos y de sacerdotes clérigos, que Dios sabe cuánto me enternecí yo entonces y lo que mi alma sintió de gozo espiritual.

El lugar que yo llevé en la procesión fue junto al deán, de manera que fui entre el tesorero y el deán, y el obispo detrás; y así salió la procesión con tanto gozo de todos que es imposible poderse significar.

En medio [233] de los prebendados iban los seises de la iglesia, vestidos de pastores y pastoras, que alegraban la plaza con las castañetas y voces, que iban bailando y cantando. Salieron tantas cruces y andas de imágenes que, con estar grandísimo espacio el convento de monjas de las iglesia mayor, llegaban al convento las cruces y no había acabado de salir la procesión de la Iglesia Mayor, que son cuatro cuadras muy grandes las que hay de una parte a la otra.

Querer yo aquí decir el aderezo de la plaza y de las calles, las ricas tapicerías, los muchos cuadros y retratos; los altares curiosos, que en extremo se esmeraron cada uno en su puerta, el que más podía, en competencia devota unos de otros; los muchos arcos de verduras que por la plaza había calles de árboles, todo el suelo cubierto de flores; el ruido de los instrumentos de las danzas de los indios, que son muchos y muy diversos unos de otros; los ministriles de la iglesia, el aderezo de las ventanas, los balcones volados, las damas, los trajes, los vestidos dellas que son las más costosos del mundo; los abanillos, copetes y bizarría grande de los [233v] galanes, como de las damas; de todo esto no trato, porque cada cosa y de cada una dellas se puede hacer un libro. No digo más de que todo brotaba placer y alegría por todas partes.

La gente tan alegre iba a recebir a la Reina del cielo y a dalle el parabién de la bienvenida a su ciudad; que ansí como llegó el obispo, que iba de Pontifical, y salió la imagen del convento y puesta en la calle, mientras el obispo le ofreció el incienso y la incensó, toda la gente se le ofreció de devoción y de lágrimas, de tal manera que no había persona que no tuviese el pañuelo en los ojos, limpiando las muchas que dellos vertían, de ver a la Virgen de Guadalupe en este polo antártico y que venía a hacelles los mesmos favores que hace con España, como se pareció por los milagros que en aquellos días hizo, los cuales dejo por no enfadar, y porque todo el mundo los publica, los callo yo, por haber dicho en otra parte los que hizo en Potosí.

Con buen orden y mucha devoción vino la imagen a la plaza, donde estaba un teatro sumptuosísimo hecho con muchos árboles y frescuras, y un sitial y altar con dosel, [234] donde se puso la imagen y todos los demás santos, que iban en hombros de españoles con sus andas, todos cercados de la imagen como dándole el parabién de su venida a su ciudad. Y así como cuando entra un rey o una reina en una ciudad salen los cortesano della a recebirlos con contento grandísimo de ver a su rey y señor en su ciudad, ansí salieron todos los santos de las cofadrías con mucha cera a recebir a la Reina de los Cielos como cortesanos que son de allá; y por buen orden, mientras los cantores cantaban curiosas letras, iban pasando por delante de la imagen y humillándose todos; y con esto los hombres se provocaban a tanta devoción que todo era lágrimas de contento, tiniéndose todos por ufanos y venturosos de gozar de tanto bien como es el retrato de Nuestra

Señora de Guadalupe, ansí religiosos como seglares, que de todos era general el regucijo y común el alegría como todos lo mostraban por los rostros.

Sentados todos, [234v] el obispo y el Audiencia y los dos Cabildos, eclesiástico y seglar, sonó la música de ministriles; y acabada, salieron al teatro las guitarras y se comenzó, con riquísimos trajes, libreas y apariencias, una comedia de la misma historia de Nuestra Señora de Guadalupe, la cual yo trabajé aunque estaba ocupado en tan urgentes y grandes ocupaciones; la cual se oyó con mucho gusto y se representó bien porque eran faranduleros los que la representaron. Y acabada que fue la comedia, prosiguió la procesión a la iglesia, y llegada la imagen se puso en el altar mayor, donde estuvo nueve días, con mucha cera y concurso de gentes. Díjosele una salve a tres coros tan solemne y con tanta música como en Guadalupe. Con esto vino la noche y encendieron las luminarias de la iglesia y de las torres y ventanas de las ciudad, que parece que el mundo se ardía; y salió una máscara, como contaré adelante, de a caballo. Y la comedia que se representó aquella tarde es desta manera.

*(Aparece un ángel en lo alto del tablado con una espada
desnuda. Sale san Gregorio y, puesto de rodillas dice delante
de una imagen de Nuestra Señora.)*

GREGORIO

Inmenso Dios, solo eterno,
cuya poderosa mano,
quieta[401] el mar hinchado, insano,
y humilla al soberbio infierno.
Tú que sin principio fuiste   5
y causa de causas eres,
y siendo el mismo, si quieres,
desharás cuanto hiciste.
Si por mis graves errores
y por mis culpas castigas   10
a Roma; pues que te obligas
a morir por pecadores;
pecador soy y confieso
que he ofendido al que llevó
por mí una cruz y sufrió   15
en sus hombros tan gran peso[402].
Y pues no halla disculpa
que dar ante ti, Señor,
y ser, por ti, tu pastor
es lo que a mí más me culpa,   20
a mí solo me castigue
tu ira, a mí me atormente,
no lo pague el inocente;

---

[401] «Lo mismo que aquietar» (*Diccionario de Autoridades*, 1726-1739).
[402] Curiosa perífrasis para referirse a Jesucristo.

<pre>
          tu rigor, Dios, se mitigue.
          Cuanto eres Dios de justicia   25
          tanto lo eres de clemencia;
          cese tanta pestilencia
          causada por mi malicia.
          Bien conozco aquella espada
          en roja sangre teñida,   30
          y que tu mano ofendida
          en Roma se muestra airada.
          Azote tuyo enviado
          contra los que te ofendieron;
          y si mis pecados fueron,   35
          ya[403] conozco que he pecado.
          Si como mal limosnero
          he dado tan mala cuenta,
          para escapar de tormenta,
          Virgen, por padrino os quiero.   40
          Nave fiel, santa, sincera,
          en cuyo vientre benino[404]
          navegando el Rey divino
          aportó[405] a nuestra ribera.
          Vos que la leche le distes,   45
          vos que al pecho le criastes,
          vos que como a hombre le amastes
          y como a Dios le servistes;
          que amanse su brazo airado
          le rogad, Señora, vos;   50
          que es propio oficio de Dios
          perdonar cuando es rogado.
</pre>

---

[403] Ed. Villacampa, etc.: «yo». Si no se especifica otra cosa, se entiende que con ed. Villacampa me refiero a las dos ediciones de este editor (1934, 1942), porque no hay variación entre ellas; se especifica el año de edición de una de las dos en caso de que haya cambio con respecto a la otra. Con la fórmula «etc.» se evita nombrar a editores posteriores, que han seguido fielmente a Villacampa y leen igual que este (Gisber, 1957; Álvarez, 1969; Suárez Radillo, 1981).

[404] «begnino», en manuscrito, por errata. Restituyo esta forma por cuestiones de rima. Villacampa, etc.: «benigno».

[405] En el sentido de «llegó».

Ya veo amansar la ira
de la deidad increada;
ya limpia el ángel la espada,   55
ya la envaina y se retira. *(Levántase.)*
De la raya del rigor
pasó la misericordia,
y en dulce paz y concordia
convierte Dios su furor.   60
Con eterno regocijo
se os den gracias Dios y padre;
¿qué no pedirá la Madre
que no le conceda[406] el Hijo?

(Entra Sulpicio, criado del Pontífice.)

SULPICIO   Trueque vuestra Santidad   65
              el disgusto en gran consuelo,
              pues[407] ya del romano suelo
              se apartó la enfermedad[408].
              Y en lugar del[409] triste llanto,
              haga fiestas la memoria,   70
              que ya el luto es dulce gloria
              y vida el amargo llanto.
              Y por el mundo se cuente
              un caso, una maravilla,
              tanto digna de escrebilla[410]   75
              cuanto el milagro es patente.
              Por la gran ciudad de Roma
              de Remo y Rómulo hija,
              columna de la fe santa

---

[406] Ed. Villacampa lee «conceda»; Álvarez: «concederá», que haría el verso hipermétrico.

[407] Ed. Villacampa, etc.: «que».

[408] Por intercesión de la Virgen, se acaba la peste en Roma. Díaz Tena demuestra que Ocaña copia el capítulo primero del *Libro de milagros de la Virgen de Guadalupe* que se guarda en el archivo del monasterio de su nombre (Díaz Tena, 2003, pp. 144-145).

[409] Ed. Álvarez: «de».

[410] Ed. Villacampa, etc.: «escribirla».

y asiento de tu alta silla[411].   80
La que dio hijos a España,
la que a franceses castiga,
la que dio fin a Cartago
y al resto del mundo envidia.
Cuando sus nobles matronas   85
en lugar de sedas finas[412],
eran lutos sus brocados[413]
y sus blancas tocas tinta.
Cuando todo era rigor,
todo pestilencia y ira[414],   90
todo entierros, todo muertes,
pesar en lugar de risa...
Aquí se escuchaban llantos,
acullá[415] pena infinita;
lloraba la madre al hijo,   95
el hijo al padre suspira.
Cuando del amigo enfermo
el amigo sano huía;
negando su luz el sol,
la luna, la noche fría.   100
Tras de muchos estandartes,

[411] Ed. Villacampa, etc.: «de vuestra silla».

[412] Se está utilizando un tópico clásico muy repetido de alabanza de las costumbres antiguas, que después actualizará también Quevedo en su famosa «Epístola censoria».

[413] El *brocado* es la «Tela tejida con seda, oro o plata, o con uno y otro, de que hay varios géneros» (*Diccionario de Autoridades*). Los hilos, o el oro y la seda, se colocaban alrededor de las brocas o rodajuelas; el más preciado era el de tres altos o urdimbres. Es tela que caracteriza a personajes importantes en el teatro, como corresponde al lujo que la caracteriza. Se prohibirían por premática —igual que los bordados de oro— en 1611, aunque con escaso éxito, como se había prohibido en 1600, «a excepción de las personas reales, culto divino y ejercicio de la caballería» (Madroñal, 2007, *s. v.*). «No hando al vso quando dexo /el brocado por la lana, / pues las amas me desnudo, /y me visto las criadas» (*Baile de los trajes, Laurel de entremeses*, 1660, en corde).

[414] Ed. Villacampa, etc.: «e ira».

[415] Adverbio que señala lejanía e indeterminación con respecto al lugar de que se habla (*Diccionario Histórico de la Lengua Española*, 1970).

religiones y reliquias,
en hombros de doce obispos,
dentro de unas andas ricas,
sacaron a la que fue   105
madre, virgen pura y limpia,
salmos el clero rezaba,
los músicos letanías,
y todo el pueblo a una voz
lágrimas al suelo envían.   110
Cubrían los cuerpos sayales
y las cabezas ceniza,
y del más hermoso rostro
eran cera sus mejillas.
En aqueste tiempo, cuando   115
aquí el enfermo gemía,
acullá a voces el otro
misericordia suplica:
¡Muéstranos ser medianera[416],
nuestra abogada María!   120
Por las calles do pasaba
era de la suerte misma
que de los rayos febeos[417]
las tinieblas se desvían.
Ya se levanta el caído,   125
ya el casi muerto respira,
huye la peste, y al fin
todo es sanidad y vida.
Todos confiesan milagro,
todos milagro publican,   130
gracias al inmenso cantan
y himnos a la virgen pía.

GREGORIO   ¿Qué perdido a vos, Señor,
                   llega que no le acojáis?
                   ¿Qué aflicto no consoláis?   135

---

[416] En el sentido de «intercesora».

[417] *Febeo* es «lo que toca o pertenece a Febo» (*Diccionario de Autoridades*, 1726-1735), es decir, al sol.

Mucho amáis al pecador.
Mas, si por ellos bajastes
a sufrir muerte y afrenta,
y hecho hombre, a vuestra cuenta
la culpa dellos tomastes;   140
aunque indignos, con razón
los amáis y los queréis,
pues os costaron, cual veis,
azotes, sangre y pasión.
Componer solo ahora resta   145
de vuestra Iglesia el estado;
no haya alguno condenado,
porque sabéis cuánto os cuesta.

(Sale san Isidro[418], hermano de san Leandro, arzobispo de Sevilla[419].)

ISIDRO   Después de haber a Dios dado
              gracias por tan alto bien,   150
              y habérselas dado a quien
              a su rigor [ha] amansado;
              a vuestra santidad vengo
              a dalle la norabuena[420].

GREGORIO   Es tan buena, que ya pena   155
              ninguna en el alma tengo.
              Dice Dios, como se vee[421],
              los que hambrientos estáis
              venid a mí, no temáis,
              yo soy quien os hartaré.   160
              Estaba Roma hambrienta,
              por salud pidió comida,
              y dioles comida y vida
              el que a todos nos sustenta.

---

[418] Ed. Villacampa, etc.: «Isidro (Isidoro)».

[419] Sigue copiando en esta escena el mencionado códice de milagros de la Virgen (Díaz Tena, 2003, pp. 147-148).

[420] Ed. Villacampa, etc.: «darle la enhorabuena».

[421] Ed. Villacampa, etc.: «ve».

Isidro	Tomaron por su padrino a quien jamás negó cosa.	165
Gregorio	Es lirio, azucena, es rosa y así fue el favor divino.	
Isidro	Digno de eterna memoria es el milagro de hoy.	170
Gregorio	Y yo el que obligado soy a escrebir[422] su dulce historia. Y así, luego determino escrebir esta verdad.	
Isidro	Si gusta tu Santidad, quiero ponerme en camino.	175
Gregorio	¿Adónde quieres partir? sin ayudarme a escrebilla[423]?	
Isidro	A ver mi hermano a Sevilla, con tu licencia he de ir.	180
Gregorio	Mucho a Leandro queréis y con razón, que es un hombre meritísimo de nombre; Vos la licencia teneis. Ya el arzobispo sabe en cuánto le estimo y quiero, y que es a quien di primero de mi secreto la llave. Decí[424] a Sevilla que estime el varón que tiene, justo, de Dios obediente al gusto, el cual en su alma imprime. Que es varón sabio y prudente, discreto, amado de todos, y en sangre noble de godos, de la mejor, decendiente[425].	185 190 195

---

422 Ed. Villacampa, etc.: «escribir» las dos veces que aparecen en estos vv.
423 Ed. Villacampa, etc.: «escribirla», que destruye la rima consonante.
424 Ed. Álvarez: «decid».
425 Ed. Villacampa, etc.: «descendiente».

           Y porque tenga más cierta
           prueba de aquesta verdad,
           y que a[426] su mucha amistad
           siempre está la mía abierta,   200
           y de los amigos tales
           como en mí y él conocéis,
           Isidro, le llevaréis
           los *Comentarios morales*[427]
           que sobre Job escrebí[428],   205
           y otras reliquias famosas,
           flores santas y olorosas,
           porque se acuerde de mí.
           Y en ley de más amistad
           llevaréis, Isidro amado,   210
           al venerable prelado
           de aquella insigne ciudad,
           la imagen bendita y santa
           que tan gran milagro obró,
           y en Roma hoy aplacó   215
           la ira de Dios.

ISIDRO   Es tanta
           Santísimo Padre, aquí
           la merced que nos ofreces,
           que a Sevilla la engrandeces
           y me obligas más a mí.   220
           Porque teniendo una joya
           de tal estima y valor,
           no habrá en Sevilla el temor
           que otro tiempo cupo en Troya.

GREGORIO   Pues sobre aqueste castillo   225
           estuvo el ángel que dio
           temor a Roma, y mostró
           ensangrentado el[429] cuchillo;

---

[426] Ed. Villacampa, 1934, como nosotros; ed. 1942, etc.: «en».

[427] Obra conocida simplemente como *Morales* de san Gregorio.

[428] Eds. Villacampa, etc.: «escribí».

[429] Falta en ed. Villacampa, 1942, etc.; aunque no en Villacampa, 1934.

castillo do estuvo arcángel,
tú, Sulpicio, mandarás   230
que le llamen desde hoy más,
el castillo de sant Ángel.
Y aunque sois, Isidro, vos
testigo fiel a la gente
deste milagro presente   235
que por su madre obró Dios;
quiero también referillo[430]
al Arzobispo en mis cartas,
y vamos, porque te partas,
a mi oratorio, a escribillo.   240

*(Sale el rey don Rodrigo, Crisancto y Gaudenio[431], caba-
lleros, y un loco y dos pajes.)*

REY   No digas más, que has andado
gracioso.

LOCO   Por vida vuestra,
estoy muy aprovechado;
que el guardarropa me muestra
cuanto esta siesta he cantado.   245
¿Callaré?

REY   Sí.

LOCO   Pues, pardiós,
que estando a solas los dos,
me dijo hoy en el jardín
que vos érades muy ruin
y estos mayores que vos.   250

CRISANCTO   Con todo se ha de salir.

LOCO   ¿Parécenos necedades?

REY   ¡Pues a mí!

LOCO   Que no hay mentir.
Dios bendijo las verdades

---

[430] Ed. Villacampa, etc.: «referirlo», igual que tres vv. adelante «escribirlo».

[431] Nombres motivados semánticamente: Gaudenio tiene que ver con el lat. *gau-
dium*, «contento, alegría»; Crisanto no necesita mayor aclaración.

	y yo las he de decir.	255
	¿Sabéis qué dice aquel viejo?	
	Que no osa daros consejo	
	para que bueno seáis;	
	que teme, si os enojáis,	
	le quitaréis el pellejo.	260
REY	¿Soy muy malo?	
LOCO	Así... de porte[432]	
	por lo que hacéis, lo saco.	
	¿Sabéis qué dicen en corte?	
	Que sois tan grande bellaco	
	que no hay quien os soporte.	265
GAUDENIO	Acaba.	
CRISANCTO	Todo lo sabe.	
LOCO	¿Tan presto queréis que acabe?	
GAUDENIO	¡Si que es amigo de ley!	
LOCO	Pues como a Florinda el Rey	
	la encierra y guarda con llave	270
	de ley, dice.	
GAUDENIO	Y de ley rara.	
LOCO	Esperad, le daré un toque[433];	
	lunar con pelo en la cara,	
	malo érades para estoque,	
	porque la ley os faltara.	275
CRISANCTO	Él tiene lengua resuelta[434].	
GAUDENIO	Y con mil sales envuelta.	

---

[432] «*De porte*, de manera bienquista, agradable. *Píc. Just.*, II, 15 (ed. Puyol): Yo no iba muy de porte para con mis carillas» (Cejador, 1921-1925).

[433] Expresión que recoge Cejador, 1921-1925: «*Darle un toque. Comed. Florin.*, 30: Agora que está sola quiero darla un toque para que me cobre temor. *Ruf. dich.*, 1: Cuál de éstos se finge manco para dar un toque franco | al más agudo. *S. Cornel.*: Que le dé un toque en mi negocio y procure descubrir y tomar algún indicio de su intención. *Pensil.*, 4, 6: Que deis un toque a la cadena y hagáis experiencia de la fineza de sus piedras».

[434] «libre, desenvuelta».

REY	Calla, loco.	
LOCO	Id poco a poco, que si yo agora soy loco vos sois estoque con vuelta[435].	280
CRISANCTO	Basta, que no pierde punto.	
REY	¡Hola!, dadme un jarro de agua.	
LOCO	¿A vos? ¿Sabéis qué barrunto? Que os arde mucho la fragua con el calor que está junto[436].	285
REY	Un par de cajas sacad.	
LOCO	Eso sí; mandad, mandad. ¡Hola! dos arcas traed. Coma duro su merced, pues dura su necedad.	290

(Van por el agua y las cajas.)

REY	Parece que ando estos días un poco laso y cansado.	
GAUDENIO	Flaco estáis.	
REY	Son penas mías.	
LOCO	¿No tenéis de estar chupado, si andáis en garzonerías?[437] Pues podéis vivir en paz, dejá el vendado rapaz que ya la vendilla afloja, guardá que al caer de la hoja,	295

---

[435] El *estoque* es uno de los símbolos de la institución real, que quiere representar el poder y la justicia (*Diccionario de Autoridades*, s/v *estoque real*); pero el loco juega de vocablo, por cuanto *vuelta* «significa también la inclinación o torcimiento de alguna cosa hacia un lado, y en la espada u otros instrumentos semejantes es el torcimiento de la línea recta u del corte o filo» (*Diccionario de Autoridades*, 14726-1739), lo cual anticipa el comportamiento injusto del rey.

[436] Nueva alusión chistosa, que en este caso apunta burlescamente a la pasión del rey.

[437] El bufón le acusa de andar ocupado en cuestiones amorosas propias de los más jóvenes o *garzones*.

	os podéis ir en agraz[438].	300
CRISANCTO	Basta, que tenéis tutor.	
LOCO	Ha menestello[439] el galán.	

(Entran con el agua, cajetas[440] y tenedores.)

PAJE	Veis aquí el agua, señor.	
NÚM. 2	Y las cajas aquí están.	
REY	Mostradme acá un tenedor.	305

(Toma el rey una caja y come, y da otra a los caballeros.)

REY	Tened.	
GAUDENIO	Ya aquesta tenemos.	
LOCO	Los tres aquí comeremos.	
CRISANCTO	En todo se ha de estremar[441].	
LOCO	Por loco pienso librar	
	siempre que diere en estremos.	310

(Sale un viejo guardarropa.)

VIEJO	Eso sí, a lo dulce dalle[442]	
	y quemen al guardarropa.	
LOCO[443]	¡Hola!, todo el mundo calle.	
VIEJO	¿Con ninguno el dicho topa?,	
	pues yo no nací en la calle.	315
	¡Cómo está disimulado,	
	el del sayo ajironado[444]!	

---

[438] En el manuscrito «agrás». Ver Cejador: «*Irse en agraz; fuese en agraz.* (Cuando uno murió mozo.) C. 541. *Irse todo en agraz.* P. Vallés. *Fuése en agraz.* (Que murió temprano.) C. 583».

[439] Ed. Villacampa, etc.: «menesterlo».

[440] Ed. Villacampa, etc.: «cajas».

[441] Ed. Villacampa, etc.: «extremar», como un poco más adelante «extremos».

[442] Ed. Villacampa, etc.: «al dulce dadle».

[443] Falta en la ed. Villacampa, 1942, etc. la indicación de interlocutor, como también en la intervención siguiente. Como en casos anteriores, Villacampa, 1934, lee como nosotros.

[444] *Sayo* es la «casaca hueca, larga y sin botones que regularmente suele usar la gente del campo u de las aldeas [...]. Se toma también en estilo familiar por cual-

	¿Son sordos que no han oído?	
REY	Plácido, seáis bienvenido.	
VIEJO	Después del dulce gastado.	320
REY	Amargo para vos es.	
VIEJO	Verdad, cuando no lo tengo.	
LOCO	¡Oh, señor!, zorra en dos pies[445].	
VIEJO	¡Para gracitas no vengo!	
LOCO	Nunca y no.	

VIEJO   Callemos, pues,   325
            y denme algo de la caja.

LOCO   Pardiós, si no es una raja
            de la madera que tiene,
            nada de dentro os conviene.

VIEJO   Que éste el dulce me baraja.   330
            ¡Ah, suerte! ¡Maldito seas!

LOCO   Buen viejo, no seáis prólijo.

VIEJO   ¿Qué? ¿Ya empiezas, ya loqueas?

LOCO   ¡Hola!, veis aquí el que os dijo
            de ruin.

VIEJO   ¿Qué devaneas?   335
            Yo apostaré que este orate
            a su salvo me combate,
            y con su lengua enemiga
            a que me dé el rey obliga
            con un palo jaque y mate.   340
            En sal, porque no se dañe
            la tengas, al cielo ruego.

---

quier vestido» (*Diccionario De Autoridades*). Es prenda masculina, que se pone sobre el jubón, y aparece ya en la época medieval. Mientras que *ajironado* «Lo que está hecho jirones o guiarnecido con ellos» (*Diccionario de Autoridades*). Ver Zabaleta, *Día de fiesta tarde*: «Las mangas ajironadas de color de perla, aforradas en flor de romero; las mangas perdidas abiertas y aforradas en tafetán verdemar» (en CORDE).

[445] *Tomar una zorra* es «emborracharse». Ver Cejador, 1921-1925: «Una zorra cualquiera se la toma». Luego *zorra en dos pies* es lo mismo que «borracho que camina».

LOCO	Apartaos dél, no os engañe.	
VIEJO	Tú eres inocente fuego.	
LOCO	Debéis de andar porque os bañe	345
	con esta agua.	

(*Dale con el jarro de agua.*)

VIEJO	Ta, ta, ta.	
	¡Vive Dios!, que me ha bañado.	
	Desvergonzado se ha;	
	perdido mi honor está,	
	pues se me ha desvergonzado.	350
REY	Tomá, Plácido, comed;	
	callad si el loco os deshonra.	
LOCO	¡Hola!, señor, su merced,	
	soy loco con mucha honra.	

(*Vase el loco.*)

VIEJO	Secándome estoy de sed.	355
REY	Dadle agua.	
VIEJO	No la bebo,	
	que cada vez que la pruebo,	
	aunque esté más asentada,	
	como me duele la ijada[446],	
	un dolor de ella me llevo.	360
REY	Dadle vino, si dél gusta.	
VIEJO	¡Viva un siglo tu grandeza!	
GAUDENIO	¡No se ordenara una justa!	
CRISANCTO	Siempre trata de braveza	
	una persona robusta.	365
GAUDENIO	No, por mi vida, mas siento,	
	siendo los dos instrumento	
	de las amorosas llamas,	

---

[446] «El lado del animal debajo del vientre junto al anca» (*Diccionario de Autoridades*, 1726-1739, que añade que muchos escriben esta voz con aspiración, pero se debe escribir sin ella, es decir, sin *h*, como lo hace Covarrubias).

	que estén sin fiestas las damas	
	y la corte sin contento.	370
	Y aunque Arsenia me maltrata,	
	a su sinrazón me rindo.	
CRISANCTO	¿Qué dice?	
GAUDENIO	Dice la ingrata:	
	como da Gaudenio en lindo	
	y a lo que es Marte no trata,	375
	siento esta afrenta de modo,	
	que mi pensamiento todo	
	el vuelo abate y retira,	
	viendo que cuando me mira	
	con desdén, me da del codo[447].	380
	Oigo que en otro corrillo,	
	cuando a la jineta subo[448],	
	dice un soez maltrapillo[449]:	
	«Mil martes[450] la corte tuvo	
	un tiempo».	
REY	Fue él de[451] tomillo[452].	385

[447] «*Dar de codo*. (Advertir a otro para que atienda, dándole disimuladamente; lo mismo por tírenle de la capa.) Correas. || Desdeñar o menospreciar; tomado de la mujer recuestada, que desdeña oír al amante que la persigue. GALINDO. *C*, 881. Ver LUNA, *Lazar.*, 2: En traje que todos me daban de codo y se burlaban» (Cejador, 1921-1925).

[448] *Montar a la jineta* es «arte de montar a caballo que [...] consiste en llevar los estribos cortos» (*Diccionario de la Real Academia Española*, 2001).

[449] Es insulto que suele aplicarse al que viste con andrajos; pero que se hace sinónimo de «hombre despreciable». La palabra la encontramos por primera vez en el *Guzmán de Alfarache* (1599): «Halléme acaso unas coplas viejas, que a medio tono, como las iba leyendo, las iba cantando. Volvió mi dueño la cabeza y sonriéndose dijo: —¡Válgate la maldición, maltrapillo! ¿Y leer sabes?» (en CORDE).

[450] Es decir, soldados, en alusión al dios de la guerra. El afeminamiento de los cortesanos es lugar común.

[451] Ed. Villacampa, 1942, etc.: «del»; pero en Villacampa, 1934: «de».

[452] Acaso lo mismo que *de tomo*, «de importancia». Ver Cejador, 1921-1925, que recoge los ejemplos: «S. TER., *Vida*, 11: Mas para siervos de Dios, hombres de tomo. RUEDA, 1, 175: Sin otras cosas de más tomo. Id. *Camil.*: Que negocios de más tomo ocupan mi infelice vida».

GAUDENIO	Y mirándome al desgaire[453],	
	casi haciendo donaire,	
	le[454] dice a sus parcialeros[455]:	
	«Estos no son caballeros,	
	sino caballos de aire»[456].	390
	Y porque el vulgacho entienda	
	que a la juventud florida	
	de España no es bien se ofenda,	
	aunque se arriesgue la vida,	
	se suelte a Marte la rienda;	395
	haya fiestas y torneos,	
	y sus locos devaneos,	
	cuando desto más presuman,	
	los sepulten y consuman	
	nuestros honrosos trofeos.	400
CRISANCTO	Justo es, Gaudenio, se eviten	
	razones del vulgo tosco,	
	y si damas se permiten,	
	otras a quien yo conozco	
	lo contrario me repiten.	405

---

[453] *Al desgaire*. (Hacer algo con desamaño, o traer algo puesto con desaire, sin el modo y aire que se debe, ya con descuido, ya adrede.) «C. 509. HOROZCO, *Canc.*, p. 171: No habléis ansí al desgaire. *Rinc. Cort.* (borrador): de través y al desgaire le quitaron los sombreros. *Galat.*, 1: cuán al desgaire te vas, triunfando de nuestras voluntades. A. CRUZ, *S. Andr.*: Dejar caer de su boca una palabrilla y echarla como al desgaire. *Viaje parn.*, 7: de rimas solas | hechas al parecer como al desgaire. F. AGUADO, *Crist.*, 18, 5: El buen escribano en un rasgo hecho al desgaire se deja conocer lo que es. TORR., *Fil. mor.*, 24, 8: tal fue la jura de Esaú hecha tan al desgaire. REBULLOSA, *Teatro*, p. 327: Con alguna palabrada dicha al desgaire» (Cejador, 1921-1925, *s. v.*).

[454] Ed. Villacampa, etc.: «les».

[455] Ver Osuna, *Abecedario espiritual*, segunda parte: «Deve también el que da el consejo no ser parcialero, allegándose a los unos en favor y no curando de los otros, lo qual está de Christo apartado» (en CORDE).

[456] *de aire* quiere decir «hinchado, fatuo». Es el viejo tópico de la pérdida del poder por la relajación de las costumbres de los españoles, como magistralmente mostró Quevedo en su *Epístola censoria*, es verdad que aplicada al reinado de Felipe IV, no como en este caso, a reinados anteriores.

Díceme Aurelia: «la fee[457]
que en ti, Crisanto, hallé
y con que tu pecho armas,
no la defiendas[458] con armas
sino con amor».

GAUDENIO	Ya sé	410
	que es Aurelia el propio amor.	
CRISANCTO	Quiso bien y corresponde	
	a esta obligación, señor.	
PAJE	La hija, viene, del Conde.	
REY	Mi gloria, dirás mejor.	415

(Entra Florinda sola.)

REY	¡Oh, mi bien! ¡Oh, mi regalo!	
	¡Oh, beldad que al cielo igualo!	
	¡Oh, más que humana criatura!	
	¡Oh, archivo de la hermosura!	
VIEJO	No ha estado el requiebro malo.	420
FLORINDA	Suplico a tu Majestad	
	no me trate de esa[459] suerte,	
	ni manche mi honestidad.	
REY	Florinda, amor me da muerte	
	disfrazado en tu beldad.	425
FLORINDA	Si te da la muerte amor,	
	huye dél[460], y sólo mira	
	a que eres rey, mi señor.	
REY	Si me alcanzó con su vira[461],	
	mal huiré de su rigor.	430

[457] Ed. Villacampa, etc.: «fe». No lo anoto en los siguientes casos.

[458] En el manuscrito «lo defienda»; pero acepto la corrección de Villacampa, 1942, etc.; Villacampa, 1934: «lo defiendas».

[459] Ed. Villacampa, etc.: «de esta».

[460] Ed. Villacampa, etc.: «de él».

[461] Villacampa y todas las ediciones posteriores trivializan la lectura y escriben: «si me alcanzó con su ira», se trata de una *lectio facilior* de una expresión, por otra parte bien documentada en la época: «de alcanzó [Amor] con su vira» se lee en el

     VIAJE POR EL NUEVO MUNDO

	Si para causarme enojos,	
	me flechó dende[462] esos ojos,	
	¿qué remedio habrá que cuadre?	
FLORINDA	Mirando al Conde, mi padre,	
	desecharás los antojos.	435
REY	¡Ay!, que es remedio imposible,	
	y el mal que tengo insufrible,	
	y he llegado a tanto estremo	
	que con tu yelo[463] me quemo.	
FLORINDA	Por cierto, caso terrible;	440
	¿qué culpa tiene Florinda	
	de que sus yelos te abrasen?	
REY	¡Hacerte el cielo tan linda,	
	darte esos ojos que hacen	
	que el mismo amor se te rinda;	445
	darte una belleza tal,	
	que no se hallará igual	
	desde aqueste al otro polo;	
	envidiar tu rostro Apolo	
	y yo aclararte mi mal;	450
	dejarte tu padre adonde[464]	
	por mi daño te dejó!	
FLORINDA	Eso en mi favor responde;	
	no tienes la culpa, no;	
	tiénela mi padre, el conde.	455
	Dejome a que tú me honrases,	
	no para que me afrentases,	
	en servicio de la Reina.	
	¡Advierte que canas peina!	
REY	No más, ni adelante pases,	460

Romancero de 1591; Lope, *Jerusalén*: «como la vira de amor le hiere» (en CORDE). *Vira* es una «especie de saeta delgada y muy aguda en la punta» (*Diccionario de Autoridades*), con que solía representarse al dios Cupido.

[462] Ed. Villacampa, etc.: «desde».

[463] Ed. Villacampa, etc.: «hielo», como también un poco más adelante.

[464] Ed. Villacampa, etc.: «donde».

considera que es amor
un basilisco, un gigante,
un ciego que causa horror,
quien trueca en yelo el calor
y en cera el firme diamante[465].   465
Quien hizo que adulterase
un David, e idolatrase
un Salomón, por su ruego;
quien hizo a Sansón ser ciego
y un templo desbaratase;   470
quien hace a Rodrigo agora[466]
que te quiera y que te ame,
que te suplique, señora,
que por tu causa derrame
lágrimas que de amor llora.   475
Acaba, dame esa mano,
mira que lo ruega un rey.

FLORINDA   Rey será, pero tirano,
                  aquel que no guarda ley.

CRISANCTO   Escusarte será en vano;   480
                  dásela, Florinda; acaba.

REY   ¡Ah mujer, que esto bastaba,
                  de jamás vista fiereza,
                  o disfrazada belleza
                  en piel de leona brava!   485

FLORINDA   ¡Déjame; no seas molesto!

VIEJO   Dirá nones hasta el fin[467].

---

[465] Ver: «¿Cómo eres niño, Amor, si eres gigante? / ¿cómo eres lince si te pintan ciego? / ¿cómo hielas a veces siendo fuego? / ¿cómo eres cera si eres un diamante? / ¿Cómo si sufres poco eres Atlante?» («Sonetos», ed. R. Foulché-Delbosc, *Revue Hispanique*, VI, 1899, p. 371). La comparación del amor con un basilisco y un gigante se encuentra ya, entre otros, en Lope y Valdivielso.

[466] Ed. Villacampa, etc.: «ahora».

[467] *Decir nones.* (Por negar y estar duro.) Correas. Ver *Quijote*, I, 22: «No tuvo ánimo para decir nones». Íd., 2, 53: «Son testarudos, y sí una vez dicen nones, nones han de ser, aunque sean pares» (en CORDE).

CRISANCTO	Echó a no querer el resto[468].
FLORINDA	Con tu licencia al jardín quiero entrar.
REY	¿Amor, qué es esto,　　490 que te vas, bella enemiga?
FLORINDA	Si no mandas otra cosa.
REY	¿Sin remediar mi fatiga? ¡Ay[469] mujer de quien se diga que es yelo, fiera y hermosa!　　495 Vuelve, cruel; pero no, vete; mas escucha un poco. No vuelvas. ¡Pénelo yo! *(Entrase Florinda.)* De amor la fuerza llegó a punto que me veo loco.　　500 ¡Crisanto, muero por ella!
CRISANCTO	Adórasla con razón, que es por todo estremo bella. Calva pintan la ocasión[470]; no dejes, señor, perdella[471].　　505
REY	¿Con qué traza?
CRISANCTO	Escucha, advierte: Tu estrella, tu hado o suerte te inclina a[472] solo querer a Florinda que es mujer; tú rey, la cosa más fuerte.　　510 Ella te desdeña a ti,

---

[468] *Echar el resto.* (Hacer el último esfuerzo; tomose del juego de naipes.) Correas. *Echar el resto.* (Por aventurarlo todo, y poner todo esfuerzo: echó el resto; cumplió largamente; hizo todo su poder.) Ibíd. Ver Cervantes, *Pedro Urdemalas*: «En vestir a todas, principalmente a Belica, se ha de echar el resto». *Casa de los celos*: «Pues ¡vive Dios! que pueden estas manos | echar a todas horas todo el resto» (Cejador, 1921-1925).

[469] Ed. Villacampa, 1942, etc.: «Ah mujer».

[470] Es frase hecha. Ver Baltasar del Alcázar, *Poesías*, 21: «No ven calva la ocasión / y tráenla por los cabellos» (en CORDE).

[471] Ed. Villacampa, etc.: «perderla».

[472] Falta en ed. Villacampa, etc., que escriben: «te inclina solo a querer».

como yo lo he visto aquí;
tú la adoras; pues, por fuerza
ve y haz que su gusto tuerza.
Pues eres rey, ¡pese a mí!,   515
en caso justo o injusto,
con razón o contra ley,
enderezado a su gusto,
¿puede hacer, señor, un rey
que no[473] sea a todos muy justo?   520
Amas[474] y eres rey, en fin;
ella una mujer, y sin
remedio alguno te mata,
entra, y goza de la ingrata,
pues sola está en el jardín.   525

GAUDENIO   Crisancto ha dicho muy bien,
rey eres, y sólo quien
puede hacer ley y no hacella[475].
O naciera menos bella,
o no mostrara desdén.   530

VIEJO   Gentil consejo. ¡Por Dios!
¡Buena va la honra del Conde!

CRISANCTO   ¿Tu Majestad qué responde?

REY   Que lo que decís los dos
con mi gusto corresponde.   535
En el jardín quiero entrar,
do a solas la [he] de hablar[476];
quizá podré convencella[477],
y allí acabaré con ella
lo que no pude acabar.   540

---

[473] Falta en ed. Villacampa, 1942, etc., de tal forma que la frase no es interrogativa, sino afirmativa. No así en ed. Villacampa, 1934.

[474] Ed. Villacampa, etc.: «A más», con lo que la frase cambia de sentido completamente.

[475] Ed. Villacampa, etc.: «hacerla», con lo que se pierde de nuevo la consonancia.

[476] Ed. Villacampa, etc.: «hallar», lo cual no deja de ser algo absurdo desde el punto de vista del sentido, porque el rey ya sabía que la joven estaba allí.

[477] Ed. Villacampa, etc.: «convencerla».

                        Y cuando mi gusto tuerza,
                        pues amor es quien me esfuerza[478]
                        y hacerlo no importa nada,
                        si no quisiere rogada,
                        vendré a gozarla por fuerza.   545

VIEJO   ¡A honrado hecho se inclina!

GAUDENIO   Señor, pues tan mal te paga,
                        a todo te determina.

REY   ¡Amor, pues diste la llaga,
                        da, también, la medicina!   550

                   (Éntrase el Rey.)

GAUDENIO   Determinose a hacello[479].

CRISANCTO   Grave caso es querer mucho.

GAUDENIO   ¡Preguntadlo a mí que lucho
                        con otro Luzbel tan bello!

CRISANCTO   ¡Si sabe la reina aquesto!   555

GAUDENIO   Disimulará, que es sabia.
                        ¡Oh, desdén, que [e]s mal de rabia!
                        ¡Oh, amor torpe y deshonesto
                        que hasta al rey no perdona[480]!

                   (Sale el loco.)

LOCO   Harelo; ¿qué me detengo?   560
                        ¿Sabes, Plácido, a qué vengo?

---

[478] Ed. Villacampa, 1942, etc.: «fuerza»; no así en 1934, que lee como nosotros.

[479] Ed. Villacampa, etc.: «hacerlo».

[480] Ed. Villacampa, 1942, etc.: «ni a los reyes perdona»; no así en 1934, que lee como nosotros.

[481] Ed. Álvarez: «mamola». La *mamola* es una burla hecha poniendo la mano bajo la barba de otro; pero *hacer la mamola* «vale engañar a uno con halagos y caricias fingidas» (*Diccionario de Autoridades*). Pero en la época existe también *mamona*; ver Cejador, 1921-1925: «*Hacer la mamona*. (Dícese al que se hace befa, o molestia; y por sujetar, y poder más.) C. 629; tomarle por la barba y golpearle en ella, en mofa y chacota. COVARR.: Se toma por una postura, de los cinco dedos de la mano en el rostro de otro y por menosprecio solemos decir que le hizo la mamona. QUEV., *Tac.*, 1, 11: Hiciéronse la mamona el uno al otro. A. PÉREZ, *Viern. 1 cuar.*, fol. 89: ¿Déjanse hacer la mamona los animales nobles? ¿dan lugar a que los popen sus enemigos? TIR-

	A hacerte una mamona[481].	
VIEJO	Líbreme Dios deste loco; entrarme quiero en la sala.	
LOCO	¡Hola!, el de la martingala[482]; aguardame, escucha un poco.	565
VIEJO	Espérete Bercebú[483], que yo no quiero esperarte.	

(Vase el viejo.)

LOCO	¿Dó está el Rey, Crisanto?	
CRISANCTO	En parte do te holgaras [de] ver tú[484].	570
LOCO	¿Dónde?	
CRISANCTO	Merendando está.	
LOCO	¿Gaudenio, en la huerta?	
GAUDENIO	Sí. Crisanto, vamos de aquí.	
LOCO	También yo quiero ir allá.	

(Sale un sacristán y una mujer con unas candelillas.)

SACRISTÁN	La puerta de la capilla quiero abrir, que es diligente el capellán, y habrá gente que quiera su misa oílla[485].	575

SO, *Por el sótano*, 2, 10: Mas caballo, que a cien Troyas | le puede hacer la mamona. LOPE, *Nac. Jesucr.*, t. II, p. 461: me hiciera la mamona. *Píc. Just.*, f 87: Y para que mi voz no sonase, me hacía la mamona».

[482] «Parte del arnés que cubría las entrepiernas» (*Diccionario de Autoridades*), pero también equivale a *artimaña*, «artificio para engañar» (*Diccionario de la Real Academia Española*, 2001).

[483] Ed. Villacampa, etc.: «Belcebú».

[484] Por cuestiones de cómputo métrico añado aquí la preposición, ausente en el manuscrito y en las ediciones anteriores. El verbo *holgarse* se construye muy frecuentemente con *de*, particularmente cuando va seguida del verbo Ver. Ver Lope de Vega, *El peregrino en su patria*: «Si yo hiciera aquesta Maya, / holgara de haberla visto, / mas yo no gusto que haya Maya de en casa de Cristo» (en CORDE).

[485] Ed. Villacampa, etc.: «oírla».

La lámpara está apagada,
¡oh, pesie[486] a quien me parió!,   580
poco el aceite duró.
¡Buena vieja, ah[487] madre honrada!

VIEJA   Juan de Almidón, ¿qué queréis?

SACRISTÁN   Aquí, en la casa primera,
enciende un cabo de cera   585
y mirá, no lo apaguéis,
que quiero luego encender
la lámpara; daos más priesa[488],
que [e]s hora de oír misa.

(Va la vieja a encender.)

Lechuza debió de ser   590
la que se sorbió el aceite,
pesie a la noturna ave,
¡tanto el aceite le sabe!

(Sale la vieja con la vela.)

VIEJA   Miren aquí. ¡Qué deleite!

SACRISTÁN   Daos más priesa; ¡acabá ya!   595

VIEJA   Veisla ahí, Juan de Almidón.

SACRISTÁN   ¡Sabe que ha de haber sermón,
y el espacio que se da!

(Enciende la lámpara.)

VIEJA   ¡Ojalá tuviera yo
tal priesa en vender mi cera!   600

SACRISTÁN   ¡Bueno está desta manera!

(Sale un ciudadano.)

CIUDADANO   ¿Hay misa?

---

[486] Ed. Villacampa, etc.: «pese», como también unos vv. más adelante.
[487] Falta en eds. Villacampa, etc.
[488] Ed. Villacampa, etc.: «daos prisa». También unos vv. más abajo.

SACRISTÁN	Tan presto, no;	
CIUDADANO	Pues haré oración agora[489] y después volveré a oílla[490].	
VIEJA	Cómpreme una candelilla que arda ante Nuestra Señora.	605
CIUDADANO	¿Cuánto por esta[491] pedís?	
VIEJA	Sólo porque me estrenéis, una blanca me daréis.	
CIUDADANO	¿Y ésta?	
VIEJA	Dos maravedís.	610
CIUDADANO	Pues dadme de aquestas, dos y tomá[492] un cuarto.	
VIEJA	¡En buen[493] hora!	
CIUDADANO	Ardan ante Vos, Señora, custodia sancta de Dios.	

(Enciéndelas y pónelas en el altar)

SACRISTÁN	Den limosna para la obra desta sancta casa.	615
CIUDADANO	Toma.	
SACRISTÁN	La Virgen lo pague.	

(Entran Gil Bragado[494] y Teresa del Peral, villanos.)

TERESA	Entrá[495], Gil Bragado, andad;

---

[489] Verso que falta en ed. Álvarez; pero no en la de Villacampa, que transcribe: «Pues haré oración ahora».

[490] Villacampa recoge literalmente nuestro verso y la atribución correcta, pero acaba en «oírla». Ed. Álvarez: «después volveréis a oírla», que cambia completamente el sentido al haber omitido el v. anterior, con lo que este lo diría también el sacristán y se referiría al ciudadano.

[491] Ed. Villacampa, 1942, etc.: «ella»; en 1934 da la lectura correcta.

[492] Ed. Villacampa, 1934: «toma»; 1942, etc.: «tomad».

[493] Ed. Villacampa, etc.: «buena».

[494] Nombre rústico por antonomasia el de Gil, cuyo sobrenombre *Bragado* tiene también clara motivación, por cuanto es el que lleva *bragas* o también «manchado de varios colores», cuando se aplica a un animal, según el *Diccionario de Autoridades*.

[495] Ed. Villacampa, etc.: «entrad». En el v. siguiente «veréis».

verés a la Virgen.

GIL   Vamos
                    y una branca le ofrescamos.   620

TERESA   ¡Qué linda es su jamestad[496]!

GIL   ¡Más relumbra que la prata!

TERESA   Semeja a guadamecil[497]
                    la saya.

GIL   Tien más de mil.

TERESA   Gil, ¿No ves[498] al niño? Cata.   625
                    GIL¡Qué lindo es el chicotillo!
                    ¡Pardiobre![499], si lo sopiera
                    Teresa, que le trojera[500]
                    al chicote un cabritillo.

SACRISTÁN   Den limosna para la obra,   630
                    desta sancta casa.

TERESA   Tome, señor sacristén[501].

SACRISTÁN   ¡Págueoslo el que es soberano!

VIEJA   Compradme vos cera, hermano.

GIL   E[502] Dios, que ha dicho muy bien,   635
                    por un maravedí, ¿cuánta?

VIEJA   Dadlo acá y llevaréis dos.

---

[496] Ed. Álvarez: «majestad», que deshace la rústica metátesis. También más adelante.

[497] Ed. Villacampa, etc.: «guadamesil». *Guadamecí* es la «cabritilla adobada, en que a fuerza de la prensa se forman por el haz diferentes figuras de diversos colores» (*Diccionario de Autoridades*, s/v *guadamacil*). «Pellicos blancos guarnecidos de guadamecí dorado» caracterizaba el vestuario del teatro primitivo según Cervantes en el prólogo a sus *Ocho comedias* (en CORDE). Quevedo, «Matraca de paños»: «Sucediera una desgracia, / sin ser posible atajarlo, / a no salir hecho un cuero / un Guadamací muy lacio» (ibíd.).

[498] Ed. Villacampa, etc.: «veis».

[499] Juramento rústico, similar a *pardiós*.

[500] Ed. Villacampa, etc.: «trogiera».

[501] Ed. Villacampa, etc.: «sacristán», con lo que se destruye la rima.

[502] Ed. Villacampa, 1934: «eh»; 1942, etc.: «en», pero no cambiamos la nuestra, que es la del manuscrito porque quizá sea lectura preferible.

GIL	Esta alumbre al niño Dios, y acotra a la Virgen santa.	
TERESA	Otras dos quiero ponelle, que también so gente yo[503].	640
GIL	Madre también vos parió[504].	
TERESA	Dadme acá para ofrecelle[505]; trocadme aqueste chanflón[506] y en el trueque haya cornado, para ofrecer, Gil Bragado que dis que tien devoción.	645

(Enciéndelas, y pónense de rodillas ambos.)

	Para mi Maruca os pido Virgen, y ofresco esta cera, pues[507] está ya casadera, que le deis un buen marido.	650
GIL	Yo para mi hijo Diego soprico[508] a su jamestad[509] que le dé una habelidad, tanta que venga a ser crego.	655

---

[503] Ver Correas: *Aunque somos negros, gente somos, alma tenemos.* (Dícese contra los que se desdeñan de juntarse y admitir a otros.) Aquí se da un uso similar.

[504] Los tres últimos vv. faltan en la eds. de Villacampa, 1942, Gisbert, Álvarez, con lo cual el v. siguiente quedaba suelto. No así en la ed. Villacampa, 1934, que leía bien con el manuscrito.

[505] Ed. Villacampa, etc.: «ofrecerle».

[506] *Chanflón* se aplica a «lo tosco, basto, mal formado, sin pulidez ni arte», pero aquí se refiere especialmente a «la moneda mal formada, tosca y falsa, que no pasa ni se recibe» (*Diccionario de Autoridades*), de ahí que aparezca después *cornado*, «moneda de baja ley», que precisamente informa el mismo diccionario «mandó batir el rey don Alfonso el Onceno el año de 1331». Ver las poesías de Pedro Liñán de Riaza: «Nunca me ha pedido / tan sólo un chanflón, / ni por colación / me ha dado rüido; / soy de ella querido / y por ella muero, /porque no es persona / que pide dinero» (en CORDE).

[507] Ed. Álvarez: «que», quizá por atracción del v. siguiente. Villacampa lee bien.

[508] Gil es el pastor rústico que se expresa en la convencional lengua sayaguesa, propia de los pastores en el teatro desde Juan del Enzina. De ahí *soprico* por *suplico* y otras deformaciones.

[509] Véase nota anterior a propósito de esta palabra.

(Entran un ciego y un sordo.)

[SACRISTÁN]	Den limosna para la obra
	desta sancta casa.
CIEGO	¿Hacia dónde está el altar?
SACRISTÁN	A esta parte, buena gente.
SORDO	¡Si es el ciego, mi pariente! 660
CIEGO	¡Ah, señor!, deje el hablar[510]
	con aqueste.
SACRISTÁN	¿Por qué, hermano?
CIEGO	Porque es sordo.
SORDO	Ya[511] lo entiendo;
	limosna me está pidiendo.
CIEGO	Lléveme a mí por la mano 665
	hasta donde está la reina,
	Virgen que causa consuelo,
	la que parió al que en el cielo
	junto con el padre reina.
SACRISTÁN	Ante su imagen estáis, 670
	hincad la rodilla en tierra.

(Híncanse todos de rodillas.)

CIEGO	Virgen santa, en quien se encierra
	todo el bien que en Vos mostráis,
	pues sois Vos la que paristes
	al mismo Dios humanado, 675
	y en vuestro vientre encerrado
	nueve meses le trujistes;
	pues en el templo lo[512] hallastes,
	Virgen, cuando se perdió,
	y después, cuando espiró, 680
	puesto en la cruz lo mirastes;
	y pues sois la que apartó

---

510 Ed. Villacampa, etc.: «deje de hablar».
511 Ed. Álvarez: «Yo».
512 Ed. Villacampa, 1942, etc.: «le».

la pestilencia de Roma,
y la que [513] su cargo toma
rogar por el que pecó;   685
y la que en esta capilla
tantos enfermos sanando,
varios milagros obrando,
ha engrandecido a Sevilla;
un ciego y un sordo estamos   690
postrados, Reina, ante Vos,
para que alcancéis de Dios
lo que humildes suplicamos.
El pide se le conceda
por esa santidad tanta,   695
la gloria que el mundo os canta,
Virgen, escucharla pueda.
Y yo, a quien se le negó[514]
juzgar[515] de la luz dichosa
de aquel que con cara hermosa   700
contino al mundo alumbró,
os pido con la humildad
que en mí conocéis, Señora,
que mire este que os adora
vuestra no vista beldad.   705
Para lo que podéis, chica
es la merced que os suplico,
en fee[516] soy un pobre rico,
dadme vos, pues[517] sois tan rica.

---

[513] Ed. Álvarez: «a la que».

[514] Ed. Villacampa, 1942, etc.: «se negó».

[515] Villacampa, etc. «usar». No está nada clara la lectura del manuscrito, porque la palabra aparece cortada al final del folio; pero no puede ser lo que transcriben los editores anteriores. Por otra parte, es bastante usual la combinación de *ciego* + *juzgar* (sobre todo los *colores*), como se puede leer en este texto de González de Eslava: «Ojos flacos pecadores / no ven divinos primores, / ni será razón que el ciego / quiera juzgar de colores». También encuentro ejemplos también en Cristóbal de Castillejo, San Juan Bautista de la Concepción, Juan de Robles, Francisco Garau (en CORDE).

[516] Ed. Villacampa, etc.: «fe».

[517] Ed. Villacampa, etc.: «que».

(Suena música, y oye el sordo y ve el ciego.)[518]

SORDO	¡Sagrada Virgen María,	710
	obras son de vuestras manos!	
	¿no veis el milagro, hermanos,	
	que en mí obró la Virgen pía?	
	Ya oigo, ya entiendo, amigos;	
	su Majestad me sanó,	715
	a voces pregone yo	
	la verdad, pues sois testigos.	
CIEGO	Ya vuestra beldad contemplo,	
	ya en miraros me recreo,	
	Virgen, ya os miro, ya os veo,	720
	de Dios casa y sancto templo.	
	Milagro, a todos os ruego	
	que hoy al mundo publiquéis.	
	Ya estoy sano, ¿no lo veis?	
	Miradme, ya no estoy ciego.	725
GIL	¿Que ya veis?	
CIEGO	Es cosa llana.	
GIL	¿Y vos, oís?	
SORDO	Caso es cierto.	
GIL	¡Si duermo, o si[519] estoy despierto!	
	Teresa, ¿es ya de mañana?	
TERESA	Sí; ¿no veis al sol salido[520]	730
	y que están sanos los dos?	
SACRISTÁN	Hermanos, curolos Dios;	
	efectos suyos han sido.	
GIL	Pues si Dios lo ha hecho, vamos,	
	digamos que por el ruego	735

---

[518] Según Díaz Tena, 2003, p. 152, es milagro inventado por Ocaña, pues no aparece en el códice de milagros de la Virgen que sigue. Sugiere la investigadora que por afán efectista y espectacular del autor.

[519] Ed. Villacampa, etc.: «Si duermo o estoy despierto».

[520] Ed. Villacampa, 1942, etc.: «al sol ya salido», que hace el v. hipermétrico. Villacampa, 1934, lee como nosotros.

	de su madre sanó un ciego	
	y un sordo que aquí llevamos.	
	Sépase aquesta verdad	
	y publíquese en Sevilla.	
SACRISTÁN	Y el arzobispo ha de oílla[521];	740
	milagros[522], todos cantad.	

(Corre el sacristán una cortina, y éntranse diciendo: ¡Milagro!
¡Milagro! Entra Tarife, capitán del rey moro, y el conde don
Julián, con la carta de Florinda en las manos[523].)

CONDE	Este es el papel do viene	
	de mi deshonra el aviso,	
	por quien llorar me conviene,	
	y por quien llorarse tiene	745
	lo que un rey mirar no quiso.	
	Esta es la carta, Tarife,	
	que me ha obligado a que rife	
	con el rey Rodrigo godo,	
	y que[524] contra el mundo todo	750
	cual león, la cola engrife[525].	
	Esto, sin tomar consejo	
	de nadie, será el espejo	
	donde me pienso mirar,	
	hasta venirme a vengar,	755
	si el cielo me da aparejo.	
	Sola aquesta es por quien rabio	
	y la que obliga a mi labio	
	que te declare mi mal;	
	que es mancha en pecho leal	760
	la deshonra de un agravio.	
	Por ésta te envía a ti	

---

[521] Ed. Villacampa, etc.: «oírla».

[522] Ed. Villacampa, 1942, etc.: «milagro».

[523] Ed. Villacampa, etc.: «la mano».

[524] Falta en ed. Villacampa, 1942, etc., que hace el v. hipométrico.

[525] *Engrifar* es lo mismo que «encrespar, erizar» (*Diccionario de la Real Academia Española*, 2001).

    Miramamolín[526], y fía
    del honor que cabe en mí,
    que has de ver la sangre fría   765
    del rey que me ofendió así.
    Esta publica el error
    que me obliga a ser traidor;
    ya leértela deseo,
    que cuantas veces la leo,   770
    tantas se aumenta el dolor.

    (Abre la carta, y léesela al moro; la cual dice así:)

    Carta

El gran deseo que me causa la ausencia de padre tan querido, y con razón, por carecer de tu vista, juntamente con mi soledad, me hacen escrebir tan larga y enfadosa carta. Y avisando de una nueva, harto nueva para mí, aunque vieja en España. Entre muchas que hay dignas de memoria en este palacio, sola una contaré por más notable ni jamás acontecida a rey. Y es que teniendo yo esta sortija que va dentro de esta carta con esta engastada[527] esmeralda, sobre una mesa, suelta y descuidada, joya de mí y de los míos tan estimada como es razón, cayó sobre [e]lla el estoque real[528], y desgraciadamente, la hizo dos[529] pedazos, partiendo por medio la verde piedra, sin ser yo parte de remedialla[530]. Hame causado tanta confusión este desastre, que jamás podría mi lengua significar[531] en el discurso de mi vida. Padre mío muy querido: remedia mi mal, si ser pudiere, porque en España yo no siento quién pueda remediallo[532]. Mi madre queda no muy bue-

---

[526] En España, lo mismo que *califa*, almohade (*Diccionario de la Real Academia Española*, 2001).

[527] Falta este adjetivo en ed. Villacampa, 1942, etc.

[528] Nueva alusión al símbolo de la majestad, que aquí puede entenderse también como símbolo fálico, por cuanto toda la carta encubre elegantemente la deshonra sexual de la joven, mediante los eufemismos *sortija*, *esmeralda*, Ver*de piedra*, *joya*, que evitan nombrar la violación de la hija del conde.

[529] Falta el numeral en ed. Villacampa, etc.

[530] Ed. Villacampa, 1934: «sin ser yor [*sic*] parte de remediarla»; Villacampa, 1942, etc.: «sin ser yo parte a remediarlo», que cambia el sentido.

[531] Ed. Villacampa, 1942, etc.: «significarlo».

[532] Ed. Villacampa, etc.: «remediarlo».

na, y yo lo mismo. Dios sea en tu guarda. De Toledo, a tres de diciembre de la era de[533] César de 750 años[534]. Tu hija.

CONDE	Mira si con razón hago
	guerra a un Rey que tan mal pago
	le dio al vasallo más fiel.
	Nerón seré, y tan cruel, 775
	cuanto sangriento el estrago.
	Mira si es bien que derrame
	lágrimas, y que le llame
	injusto, aleve y sin ley.
	¡Vénguese el conde del rey, 780
	o el rey al conde no infame!
TARIFE	Al que ha intentado tu afrenta,
	conde, por muerto le cuenta.
	Pues poner quiso el traidor
	mancha en la sangre mejor 785
	que [e]l alto cielo sustenta.
	Si por su apetito ciego,
	Florinda, cual ves, forzada,
	se inclinó a cumplir su ruego,
	verá su España asolada. 790
	¡Rayo soy, tema mi fuego!
	No tiene lugar Castilla,
	aldea, ciudad o villa,
	fuerte muro, alcázar, torre,
	que gran peligro no corre, 795
	hasta la insigne Sevilla[535].
	Cuanto el mar bético baña
	y cuanto se llama España

---

[533] Ed. Villacampa, etc.: «del».

[534] Señala Gisbert, en una nota de su edición (p. 52), que es «error del autor» el anacronismo que supone fechar la carta en el año 750, cuando Rodrigo reinó entre los años 709 y 711. Pero se está hablando de la era del César, es decir, del año 712, uno después de la invasión musulmana. Luego no es error del autor.

[535] Como se puede ver, los anacronismos son constantes, e incurre incluso Tarife en el de llamar Sevilla a la ciudad que romanos y godos designaban con el nombre romano de Híspalis, y que precisamente cambió por el de Isbiliya con la invasión ára-

	hasta Asturias y Galicia,	
	han de pagar su malicia.	800
	¡Tarife es quien te acompaña!	
	Tarife, que si naciera	
	otro su igual, asolara	
	al[536] mundo y lo destruyera.	
CONDE	Muza es aqueste, repara.	805

(Entra Muza.)

MUZA	¿Cómo estás desta manera?	
	¿Qué es esto, Tarife? Cuando	
	todo el campo entra marchando	
	por Málaga y Antequera,	
	sin dejar fuerte en frontera	810
	que no lo vaya asolando.	
	Cuando está rompiendo el parche	
	el atambor[537], y yo solo	
	haciendo el escuadrón marche	
	antes que dé luz Apolo	815
	y el cielo este campo escarche.	
	Cuando blandeando astas[538],	
	por dar fin a infames castas	
	de aquestas cristianas villas	
	entran moriscas cuadrillas,	820
	¿en ocio tú el tiempo gastas?	
	Deja la conversación	
	del Conde, y la sinrazón	

be. Más abajo se alude a Málaga y Antequera (la Antikaria romana y la Medina Antikaria árabe).

[536] Ed. Villacampa, etc.: «el».

[537] Forma antigua por *tambor*.

[538] Ed. Villacampa, 1934: «blanqueando estás», que no tiene sentido ninguno; Villacampa, 1942, etc. Corrigen en: «flaqueando estás», que es una clara mala lectura, una *lectio facilior* que destruye el sentido y la rima de la quintilla (en consonante con *castas*, *gastas*). *Blandear la lanza* es «lo mismo que vibrarla o cimbrarla a una parte y a otra con la fortaleza del brazo» (*Diccionario de Autoridades*, 1726-1739). Covarrubias añade: «como lo hacen los jinetes». Aparece más adelante esta expresión; por su parte, *asta* es lo mismo que «lanza o pica»; pero también el palo de la misma y «arma defensiva de los antiguos romanos» (*Diccionario de la Real Academia Española*, 2001).

que el rey Rodrigo le ha hecho
y, pues es en su provecho, 825
gocemos de la ocasión.
Del[539] Andalucía está
sujeta la mayor parte.
Conde, la tuya se va;
si eres en esfuerzo Marte, 830
acortes el llanto ya.
Larga a la cólera rienda.
Si fueron yerros de amor,
en castigallos[540] se entienda.
¡Guerra te llama, señor! 835
¡A sola guerra se atienda!
Si escuchas la escaramuza,
¿cómo no prestas las armas
donde el valor no se escusa?
Conde y Tarife, ¡armas!, ¡armas! 840

CONDE ¡Armas, armas, fuerte Muza![541]

(Suenan dentro «Guerra», y echan mano a las espadas y éntranse. Sale Crisancto herido en el rostro, con la espada desnuda.)

CRISANCTO

¡Ah fortuna ingrata, fiera!
¡Ah cielo cruel, tirano!
¡Oh campo español cristiano,
quién te vio y te considera! 845
¡Oh infelice rey Rodrigo,
amoroso y desdichado,
esquivo te ha sido el hado;
huye, teme al enemigo!
¡Quién en la sangrienta guerra 850
pudiera volverte a ver!
¡Ah Florinda, al fin mujer,
destruición[542] de aquesta tierra!

---

[539] Ed. Villacampa, etc.: «De la».
[540] Ed. Villacampa, etc.: «castigarlos».
[541] Verso que falta en ed. Villacampa, con lo que la quintilla no se completa.
[542] Ed. Villacampa, etc.: «destrucción».

Consideraras, ingrata,
lo mucho que te amó el rey;   855
amor le forzó y su ley,
que es la que a todos nos mata.
¡Ah conde, en nada leal!
¿Con qué pagarás tal daño?
Diste favor al estraño;   860
vendiste a tu natural.
Si fue manchado tu honor,
bien pudieras remediallo[543];
no lo pagara el vasallo,
vengáraste en el señor.   865
Crisancto vuelve y pelea;
mas, ¿dó tengo de volver,
si es imposible el vencer,
y el huir, no es cosa fea?
Verdad clara: ¿dónde voy?   870
¿Cómo de la lid me alejo?
No me alejo ni al rey dejo,
que cerca al morir estoy.
Mortales son mis heridas;
¡pluguiera[544] a Dios y con ellas   875
se repararan aquellas
que dan fin a tantas vidas!

*(Recuéstase sobre la espada, y salen huyendo Gaudenio y
el rey, heridos, con[545] las espadas desnudas.)*

GAUDENIO   Huye, escápate, señor,
que tu gente va vencida,
y quiere librar la vida   880
el que muestra más valor.
Deste[546] monte la espesura

---

543 Ed. Villacampa, etc.: «remediarlo».

544 En el manuscrito, por error, *pluviera*. Acepto la enmienda de Villacampa, 1942;
en 1934 transcribe «plugiera».

545 Ed. Villacampa, 1942, etc.: «y con».

546 Ed. Villacampa, etc.: «de este».

te escape[547]; encúbrete en él;
mira que el moro es cruel
y será el huir cordura.   885
Holgara de acompañarte,
mas son mis heridas tantas,
que ya mover más las plantas
no puedo. ¡Habré de dejarte!
El rey eres, y es mejor   890
que en un peligro tan bravo,
muera el vasallo o sea esclavo
porque se libre el señor.

CRISANCTO   ¡Socorredme aquí, mi Dios,
que ya me falta el aliento!   895

REY   Lastimosas quejas siento;
amor la culpa sois vos.
Crisancto es; ¿si está de muerte?
¡De muerte está! ¡Oh buen Crisanto!

CRISANCTO   ¡Oh rey desdichado tanto   900
cuanto en armas bravo y fuerte!
¿Cómo del moro el rigor
no huyes, por escaparte?
Contrario te ha sido Marte;
huye su ira, señor.   905
Advierte lo que te digo,
mira que es consejo sano
cuando el vencedor va ufano,
huir la cara al enemigo.

REY   Pluguiera al cielo, Florinda,   910
nunca en el mundo nacieras,
y ya que naciste, fueras
más discreta y menos linda.
Fuiste una flor que al sentido

---

[547] El manuscrito «se escape». Ed. Villacampa, 1934: «te escape»; en 1942, etc. se
propone la enmienda: «te tape». Sin embargo, pensamos que podría tener sentido el
verso, que significaría: «que la espesura de este monte te permita escapar; encúbrete
en ella».

      del rey dio justo[548] tu olor,   915
      mas debajo desa flor,
      veneno estaba escondido.
      Pensé de tu flor dulzura
      para mi gusto sacar;
      saqué disgusto, pesar,   920
      pena, muerte, desventura.

(Suenan dentro cajas, y dice el Conde don Julián.)

CONDE   ¡A ellos, Tarife, a ellos,
      que van de vencida todos;
      muera el rey, mueran los godos,
      no escape ninguno de ellos   925

TARIFE   Hacia aquesta[549] parte están;
      el matallos[550] no se escusa.

CONDE   ¡A ellos, valiente Muza!

MUZA   ¡A ellos, conde Julián[551]!

GAUDENIO   Perdidos somos, Rodrigo;   930
      toda la morisma viene;
      escápate, que conviene,
      o entrégate al enemigo.

REY   Seguir quiero tu consejo.
      ¡Encubridme, monte, vos!   935
      ¡Mi vida, infinito Dios,
      en vuestras manos la dejo!

(Éntrase el Rey por el monte, y salen tos moros.)

TARIFE   ¡Date, cristiano!

GAUDENIO   Huigamos[552],
      Crisanto, por la espesura.

---

[548] Ed. Villacampa, etc.: «gusto», que también hace sentido; pero pensamos que dado que la palabra se repite 3 vv. después, puede ser correcta la lectura del manuscrito.

[549] Ed. Villacampa, etc.: «aquella».

[550] Ed. Villacampa, etc.: «matarlos».

[551] Ed. Villacampa, 1942, etc.: «don Julián», que hace hipermétrico el verso.

[552] Ed. Villacampa, etc.: «huyamos».

CONDE	Serán vuestra sepultura	940
	las hojas de aquestos ramos.	

(Vanse huyendo los cristianos, y los moros tras ellos por el monte, y sale Angelio con un cofre de reliquias.)

ANGELIO	Grata carga, dulce peso,	
	¿adónde huiré con vos?	
	que quien sigue al mismo Dios	
	con vos hará un grave exceso.	945
	¿En qué parte he de ocultaros?	
	¿Adónde podré esconderos	
	que de los moriscos fieros	
	ninguno pueda hallaros[553]?	
	¡Ay, que del amor que os tengo	950
	en sumo grado, quisiera	
	no dejaros, si pudiera,	
	pero muy cansado vengo!	
	Vuestro peso no me pesa,	
	ni me cansa vuestra carga,	955
	dulce es mucho, nada amarga,	
	mas dame el moro gran priesa.	
	Si no os dejo entre estas plantas,	
	gran riesgo corréis las[554] dos;	
	mas, ¿dónde iré yo sin vos,	960
	bellas reliquias y sanctas[555]?	
	En apartaros de mí.	
	se aparta quien me da vida;	
	si no os dejo, es conocida	
	la ofensa; quedaos aquí.	965
	El corazón adivina	
	y teme no haya emboscadas,	
	sanctas reliquias sagradas	
	de Fulgencio y Florentina.	
	Más vale que aquestas breñas	970

---

[553] Ed. Villacampa, 1942, etc.: «encontraros». Sin embargo, Villacampa, 1934, daba la lectura correcta «hallaros».

[554] Ed. Villacampa, 1942, etc.: «los».

[555] Ed. Villacampa, etc.: «santas». También unos vv. después.

os gocen, y las honréis,
y que cubiertas quedéis
entre dos tajadas peñas.
Visiteos el oso bravo
y el fiero tigre también;   975
quizás vendrá tiempo en quien
el que os sigue será esclavo.
Y por ser corto el de agora
os determino dejar
en este oculto lugar,   980
que temo la turba mora.

(Escóndelas entre los árboles y vuelve a salir.)

Angelio, ¿cómo es posible
que dejes quien tanto adoras?
Si amas mucho, poco lloras;
ausencia es dolor terrible.   985
Al fin, habré de dejaros,
mas mi fee y palabra os doy,
si algún tiempo vivo soy,
que volveré a visitaros.

(Vase, y salen dos canónigos con la imagen de Nuestra Señora.)

CRISELIO   Del sangriento y duro estrago   990
que por secretos divinos
han hecho los sarracinos[556],
más que Cipión en Cartago.
Con más piedad que el troyano
Eneas, cuando libró   995
los penates, y sacó
en hombros su padre anciano[557].

---

[556] Lo mismo que *sarraceno*, «mahometano» (*Diccionario de la Real Academia Española*, 2001).

[557] Es lugar común que Ocaña pudo leer de un paisano suyo, Alonso de Villegas, en cuyo *Fructus sanctorum* escribe: «Eneas Troyano honró tanto a su padre Anquises que, dándole licencia que llevasse él y los demás troyanos nobles lo que quisiessen sobre sí de la ciudad que ardía, primero llevó los dioses penates y, dándole licencia que

En aquestos míos y en estos[558]
que también os han traído,
cuyos trabajos han sido   1000
en vuestro servicio[559] puestos.
Por aquestas altas sierras
y por estos montes varios,
huyendo de los contrarios,
pisando incógnitas tierras,   1005
Virgen, os hemos librado
sin haber visto lugar
oportuno en que ocultar
la que a Dios nos dio humanado.
Desde la leal Sevilla,   1010
do estaba aquesta beldad,
honrando aquella ciudad,
hasta León y Castilla,
no ha quedado oculta parte,
senda y lugar intricado[560]   1015
que estos pies no hayan pisado;
pero todo es guerra y Marte.

LEONATO   Criselio[561], si habemos de ir
adelante, deja agora
el hablar con quien no inora[562]   1020
lo que le quieres pedir.
Y advierte que la has traído
en tus hombros grande trecho,
y aunque es de cristiano pecho,
el peso ha de haber sentido.   1025

sacasse otra cosa, sacó a su padre, passando por llamas y espadas hasta que le puso en salvo en el monte Ida» (ed. Josep Lluis Canet Vallés, en CORDE). Los *penates* eran «los dioses domésticos a quienes daba culto la gentilidad» (*Diccionario de Autoridades*).

[558] Ed. Villacampa, 1942, etc.: «y estos».

[559] Ed. Villacampa, 1942, etc.: «vuestros servicios».

[560] Ed. Villacampa, etc. recoge la forma actual: «intrincado», pero *intricado* puede ser latinismo, de *intricare*, razón por la cual respeto esta forma.

[561] En el manuscrito «Cricelio», quizá por confusión de s/c del autor.

[562] Ed. Villacampa, etc.: «ignora»; pero el manuscrito parece preferir el no mantenimiento de grupos cultos en algunas ocasiones.

                    Descansa, dámela[563] a mí
                    y llevaréla otro rato.

CRISELIO   Aunque el peso es dulce y grato,
                    has dicho bien; vesla ahí.

          (Dale la imagen.)

                    Temo, mi Virgen, no os halle   1030
                    el enemigo escuadrón,
                    que es cada cual un león.

LEONATO   Fresco río, alegre valle,
                    Criselio, ¿no ves las muchas
                    arboledas que se ofrecen,   1035
                    las montañas que parecen,
                    del agua el rumor no escuchas?
                    Por el ciprés[564] empinado
                    que al cielo quiere llegar,
                    ¿no ves la yedra trepar,   1040
                    y el álamo plateado?
                    Mira la robusta encina,
                    el roble, el zauce[565], el nogal,
                    y entre el amargo jaral,
                    el jazmín, la clavellina.   1045
                    Propio lugar y morada
                    más para hambrientos lobos[566]
                    hacer ordinarios robos
                    que de pie humano pisada.

CRISELIO   Por cierto, caro Leonato,   1050
                    su aspereza inacesible[567]
                    parece cosa increíble.

---

[563] Ed. Villacampa, 1942, etc.: «dádmela». Además transcribe «descansá»; pero esta claro el tuteo. Como viene siendo habitual, Villacampa, 1934 lee como nosotros.

[564] En el manuscrito, «ciprez».

[565] Esta asimilación, frente a la forma normal *sauce*, se ha mantenido hasta hoy en la toponimia de la zona, donde se recoge *Zaucejo*, por ejemplo en la comarca de la Java.

[566] Juega con el nombre de *Guadalupe*, que mezcla el *wad*, «río» en árabe con el *lupus*, «lobo» latino.

¡Qué compostura, qué ornato!
¡Qué verdes plantas floridas,
cuyas hojas en el viento,   1055
tremolando aquel contento
causan, que causan las vidas!
¡Madre de aquel Dios sin par,
cuyo secreto divino,
a este lugar peregrino   1060
nos ha querido aportar!
Si en esta inculta[568] espesura
conviene que vos quedéis
y que aquestos montes deis
beldad con vuestra hermosura,   1065
quedaos muy enhorabuena,
que el monte se está riendo,
convidándome y diciendo
no lleve en dejaros pena.
Mi Leonato, este lugar,   1070
fresco alegre y regalado,
me parece acomodado,
en que podemos dejar
ese[569] traslado divino
de aquel sancto original,   1075
por quien se reparó el mal
y el bien al hombre le vino.

LEONATO   Dices muy bien, mi Criselio;
escondámosle entre tanto
que Tetis descoge el manto   1080
y encubre sus rayos Delio.
En este lugar secreto
quedaréis, mi Virgen, vos,
que la primer causa, Dios

---

[567] Ed. Villacampa, etc.: «inaccesible».

[568] Ed. Álvarez: «oculta»; pero Villacampa y Gisbert leen con el manuscrito: «inculta», más lógica, dado que la espesura no es oculta en sí, sino que sirve para tapar y ocultar.

[569] Ed. Villacampa, etc.: «este».

[570] En el manuscrito «efecto», pero regularizo por cuestiones de rima.

hará aquí un divino efeto[570].   1085
En aquesta cueva oculta,
fresco monte, sierras de oro,
el más supremo tesoro,
hoy del mundo se sepulta.

(Mete Leonato la imagen en una cueva.)

CRISELIO   Os queda, excelsas montañas   1090
                encerrado el mayor bien
                en vos, que se ha visto, y quien
                tuvo a Dios en sus entrañas.
                Queda la joya más bella
                que jamás el mundo vio,   1095
                y el sol y cuanto crió
                Dios, es sombra junto a ella.
                Queda una piedra preciada
                tan rica que es todo el cielo,
                todo el mar y todo el suelo   1100
                en su comparación, nada.

(Sale el canónigo que llevó a esconder la imagen.)

LEONATO   En el oculto lugar
                ya nuestra imagen se asconde[571],
                entre dos riscos, adonde
                ninguno la podrá hallar.   1105

CRISELIO   Dichosa y felix[572] montaña
                que goza de tal tesoro.

LEONATO   Libre estará cuando el moro
                sea señor de toda España.
                Y pues del dorado coche   1110
                los caballos van mojando
                sus clines[573], y está mostrando
                el fresco la obscura noche;
                vamos, Criselio, a la parte

---

[571] Variante normal en la época por *esconde*, que es como lee la ed. Villacampa.
[572] Mantengo la forma latinizante, en vez de *feliz*, que lee la ed. Villacampa, etc.
[573] Por *crines*, que es lo que lee la ed. Villacampa, etc. Se ha mantenido hasta hoy.

<table>
<tr><td></td><td>do los cristianos están,</td><td>1115</td></tr>
<tr><td></td><td>que quiere entrarse Titán</td><td></td></tr>
<tr><td></td><td>y nos amenaza Marte.</td><td></td></tr>
<tr><td>Criselio</td><td>Vamos, aunque apenas puedo</td><td></td></tr>
<tr><td></td><td>moverme de adonde[574] estoy.</td><td></td></tr>
<tr><td></td><td>¡Mi imagen, aunque me voy,</td><td>1120</td></tr>
<tr><td></td><td>no me voy, que con Vos quedo!</td><td></td></tr>
<tr><td>Leonato</td><td>¡No me voy, Virgen sagrada,</td><td></td></tr>
<tr><td></td><td>ni Vos tampoco os quedáis;</td><td></td></tr>
<tr><td></td><td>que si voy, conmigo vais</td><td></td></tr>
<tr><td></td><td>aunque quedáis ocultada.</td><td>1125</td></tr>
</table>

(Éntrase y acábase la mitad de la comedia. Hay entremés, y salen a empezar la otra mitad Bertolano, alcalde villano y un vaquero.)

<table>
<tr><td>Gil</td><td>Hinchado estó de rencor.</td><td></td></tr>
<tr><td>Alcalde</td><td>¿Por eso os aquillotráis[575]?</td><td></td></tr>
<tr><td></td><td>¡Pardiobre, Gil, vos mostráis</td><td></td></tr>
<tr><td></td><td>que sodes muy mal pastor!</td><td></td></tr>
<tr><td></td><td>¿Un home asaz como vos,</td><td>1130</td></tr>
<tr><td></td><td>tan persoñudo y mañero[576],</td><td></td></tr>
<tr><td></td><td>que ha veinte años que es vaquero</td><td></td></tr>
<tr><td></td><td>y aún más, juro al sol de Dios,</td><td></td></tr>
<tr><td></td><td>con una cuita tamaña,</td><td></td></tr>
<tr><td></td><td>que parece estar insano,</td><td>1135</td></tr>
<tr><td></td><td>al alcalde Bertolano</td><td></td></tr>
<tr><td></td><td>viene? ¡Qué donosa maña!</td><td></td></tr>
</table>

---

[574] La ed. Villacampa, 1942, etc.: «donde».

[575] De *quillotro* «aquel otro» (*Diccionario de Autoridades*, que señala que es voz rústica). Como el pronombre, el verbo se utiliza para evitar nombrar realidades malsonantes o, simplemente, como palabra vacía que puede usarse por cualquier otra.

[576] *Mañero* es el «hacendoso, aplicado y que tiene maña y habilidad para hacer las cosas» (*Diccionario de Autoridades*, 1726-1739). *Persoñudo* no aparece en la documentación consultada, pero es muy probable que se trata de una pronunciación rústica del término *personudo*, «corpulento», que se recoge en varios textos contemporáneos, como el siguiente del *Romancero general*: «Hombres personudos, / gordos y rollizos, / de anchas pantorrillas / Y tozuelos lisos» (en CORDE).

Si la vaca se perdió,
buscadla en malhora[577], Gil,
pues que non tenedes mil,　　　　　　　　　1140
y nos vos acuitéis[578], non.
Sois mi compadre, e quijera[579]
fuésedes rico, además;
mas sos[580] descuidado asaz,
no es ésa buena manera.　　　　　　　　　1145
Id al castillo de Alia[581]
y sus montes rodeá,
y si es menester buscá
todo el confín de Vandalia.
Que tenéis ya Gil un hijo　　　　　　　　　1150
y es menester trabajar,
para poderle endonar
cuando se case, un cortijo.

GIL　　De Alía el término en torno
y aun casi el de Talavera[582],　　　　　　1155
la montaña dentro y fuera,
sin dejar casa en contorno
he buscado, y ni pisada
ni rastro, ni huella alguna
me ha mostrado la fortuna.　　　　　　　　1160

ALCALDE　　Pues volved otra vegada[583],

---

[577] Lo mismo que «en mala hora».

[578] De *acuitarse*, «preocuparse», derivado de *cuita*, que aparece arriba.

[579] Ed. Villacampa, etc.: «quisiera». Pero son normales en el dialecto rústico las formas como *quijera*.

[580] Ed. Villacampa, 1942, etc.: «sois».

[581] *Alía*, en la actualidad, villa cacereña, en la comarca de las Villuercas, cuyo término limita con las provincias de Toledo, Ciudad Real y Badajoz, y está cerca de Talavera de la Reina, a la que luego se alude.

[582] Dos villas hay con este nombre, Talavera de la Reina, que se encuentra en la provincia de Toledo, y Talavera la Real, en Badajoz. Pensamos que se refiere a la primera por cercanía; pero también porque Guadalupe tiene mucha relación con la tierra de Talavera, la comarca de la Jara, aun en la actualidad.

[583] Término anticuado por *vez*.

	y si echando el agua abajo	
	no la pudistes[584] hallar,	
	agua arriba heis de buscar,	
	aunque os cueste algún trabajo.	1165
GIL	Pues yo me encomiendo a Dios	
	y a su Santísima Madre,	
	y vo a buscalla[585], compadre.	
ALCALDE	Él vaya, buen Gil, con vos. *(Vase Gil.)*	
	El consejo y escribén	1170
	vienen a consejear,	
	alcaldada pienso dar	
	si me contradice alguién,	
	que sea en Cáceres sonada	
	más que en París, ¡voto a mí[586]!	1175

(Salen otro alcalde y Bras Maroto y Melenaque, regidores y escribano. El alcalde, Malceñido se llama[587].)

MALCEÑIDO	Acotro[588] alcalde está aquí,
	hágase una consejada[589].
ALCALDE	¿Pues, a qué vine el consejo?

---

584 Ed. Villacampa, etc.: «pudisteis».

585 Ed. Villacampa, etc.: «buscarla».

586 «Voto a mil», ed. Villacampa, etc.

587 Puesto que *ceñir* es «apretar la cintura el vestido», *mal ceñido* es sinónimo de *mal vestido*. Ver la *Miscelánea*, de L. Zapata de Chaves: «Julio Cesar, como atendia á cosas mayores, andaba mal çeñido en su mocedad; del que dijo Silla cavete á puero malè proecincto, que dice en español, "guardaos del moço mal ceñido"» (ed. Pascual de Gayangos, en CORDE). También *Melenaque* parece nombre motivado, pero no se me alcanza de dónde puede proceder, pudiera tener que ver con *miriñaque*, cierta prenda de vestir o «alhajuela de poco valor», también nombre de tejido, cuya presencia se localiza ya a principios del XVII (J. Corominas, J. A. Pascual, *Diccionario crítico etimológico castellano e hispánico*, Madrid, Gredos, 1991, *s. v. miriñaque*).

588 Demostrativo que significa «el otro, aquel otro» (*Diccionario Histórico de la Lengua Española*, que lo recoger por primera vez en Enzina. Se usa hasta el siglo XVI y siempre por personajes rústicos que se expresan en sayagués). Hoy existe la variante vulgar *algotro* en la misma zona geográfica.

589 Neologismo jocoso que quiere ser anticuado y rústico y que significa «junta del concejo o ayuntamiento».

590 «En provecho, en favor de».

Bras	A tratar de cosas en pro[590] de la villa.

Malceñido	Aun bien, que so,	1180
	además de alcalde, viejo.	
	Sentémonos y empezá	
	a relatar, escribén,	
	que sois[591] muy home de bien,	
	mas nada me reprochá,	1185
	que estó desde acotro día	
	algo sañudo con vos,	
	desde la hiesta de Dios[592].	

Malceñido	Entonces razón pedía	
	el escribén, y no en balde;	1190
	dicen que sos mal sofrido.	

Alcalde	Séalo o no, Malceñido,	
	yo empuño vara de alcalde,	
	y se ha de hacer lo que mando[593];	
	y más que fue de mi voto	1195
	el regidor Bras Maroto.	

Malceñido	Yo soy alcalde más brando.

Melenaque	Lo pasado sea pasado[594],	
	todos se pueden sentar	
	y habre el que ha de habrar[595].	1200

(Siéntanse todos en un banco, y dice el escribano:)

Escribano	Cosme Antón se ha querellado
	del mastín de Pero Tieso,
	que en la viña se le ha entrado

---

[590] Ed. Villacampa, 1942, etc.: «soy», con que cambia el sentido.

[591] Ed. Villacampa, etc.: «fiesta». El alcalde aspira la h- y por eso es *hiesta*. Se refiere a la fiesta del Corpus Christi, como más adelante aparece.

[593] Ed. Villacampa, etc.: «mande»; pero es mejor la lectura del manuscrito, entre otras cosas porque hace perfecta la rima con *brando*, que es con la palabra que tiene que rimar, y no con *alcalde*.

[594] Parece lectura más lógica que lo que lee la ed. Villacampa, etc.: «lo pasado se ha pasado».

[595] Ed. Villacampa, etc.: «haya de habrar».

y de las uvas comió.

ALCALDE	¿Quién será brando con eso?	1205
	Por vida de Maruquilla[596],	
	mi muchacha, que es gran mal.	
ESCRIBANO	El daño es medio real.	
ALCALDE	¿Qué sofre aquesto la villa?[597]	
	Asentá, escribén: mandamos	1210
	que se lo pague, o sea preso,	
	y que ahorquen al sabueso,	
	y en esto lo sentenciamos.	
	Y más, mandamos aquí	
	que el can que se desmandare	1215
	y en ajena[598] viña entrare	
	y hiciere daño allí,	
	que lo pague; y luego, a costa	
	del amo, el consejo beba.	
MAROTO	Todo el consejo lo aprueba.	1220
MELENAQUE	Y aun la pena es harto angosta.	
ALCALDE	Con esto escarmentarán,	
	que andan todos desmandados.	
MELENAQUE	Véncenlos[599] a estar atados.	
ALCALDE	Quizás no los soltarán.	1225
ESCRIBANO	También aquí ha querellado	
	Menga, la hija de Teresa,	
	de que pació en su dehesa	
	el puerco de Juan Machado,	

---

[596] Diminutivo de Maruca, que a la vez lo es de María. *Mi muchacha* es lo mismo que «mi hija», expresión que sigue utilizándose hoy en las comarcas cercanas a Guadalupe.

[597] Este v. falta tanto en las eds. de Villacampa, 1942, Gisbert, Álvarez, con lo cual la estrofa quedaba falta de un verso. Villacampa, 1934 sí lo transcribía.

[598] Ed. Villacampa, etc.: «alguna viña», por error.

[599] Así, acaso por *vécenlos*, de *vezar/ avezar*, «acostumbrar». Villacampa, 1942, etc., *vénzanlos*; pero 1934: *véncenlos*.

[600] Lo mismo que *concuñado*. Ver el *Universal vocabulario*, de Alonso de Palencia: «Frateria. es la muger del hermano o hermana de la muger del hermano. cuñada o

	con cuatro de su concuño[600];	1230
	y porque ayer les pidieron	
	las bellotas que comieron,	
	respondieron con gran zuño[601]	
	diciendo que le harían	
	más mal del que ella pensaba,	1235
	y si en esto replicaba,	
	que las manos le pondrían	
	en donde no le da el sol[602].	
ALCALDE	¡Oh hidepucha[603], villano!	
MELENAQUE	Pues la moza, Bertolano,	1240
	¡pardiós!, chapoda[604] una col,	
	que es una gloria miralla.	
ALCALDE	Pues dé inhormación[605] al punto	
	y pagarlo han todo junto.	
	¡Lindo, atrás de contentalla[606],	1245
	la quieren aporrear;	
	no ha de pasar así, no;	
	sentencia daré aquí yo	
	que haga al mundo temblar!	
MALCEÑIDO	¿Hay más?	
ESCRIBANO	Benito Ximón[607],	1250
	tabernero.	

concuña» (Ed. Gracia Lozano López, en CORDE). Las Casas, en la *Historia de las Indias*, escribe: «Cristóbal Colón, según los que dixeron que fue a la villa de Palos con su hijo o a tomar [a] su hijo, Diego Colón, niño [...] y fuese al monasterio de La Rábida, de la Orden de sant Francisco, que está junto a aquella villa, con intinción [*sic*] de pasar a la villa de Huelva a se ver con un concuño, casado diz que con una hermana de su mujer» (Ed. Paulino Castañeda Delgado, en CORDE).

[601] «Lo mismo que ceño» (*Diccionario de Autoridades*, 1726-1739).

[602] Eufemismo por *culo*.

[603] Es eufemismo rústico por *hideputa*.

[604] Lo mismo que *podar* las ramas u hojas de una planta o árbol.

[605] Ed. Villacampa, etc.: «información»; pero así se pierde la pronunciación aspirada.

[606] Ed. Villacampa, etc.: «contentarla», igual que un poco antes «mirarla».

[607] Ed. Villacampa, etc.: «Simón», pero por considerar que puede ser variante de Jimeno, prefiero mantener la lectura del manuscrito.

MAROTO	¿El tabernero?

ESCRIBANO   El propio.

MAROTO   Un buen compañero.

ESCRIBANO   Presenta esta petición
              dice que el señor alcalde
              Bertolano le bajó   1255
              el vino, a precio que no
              puede vender, que es de balde[608];
              y pide al consejo todo
              que le suban la postura.

ALCALDE   ¡Pardiós, buena sobidura[609]!   1260

MALCEÑIDO   No ha de hacerse dese[610] modo;
              Bertolano, so[611] mirar
              si el precio es tan bajo[612] y chico
              que haya de alzarse.

ALCALDE   Replico
              que no se tiene de alzar.   1265

MELENAQUE   ¿Por qué?

ALCALDE   Porque yo no quiero.

MELENAQUE   ¡Oh, qué gentil triquitraque[613]!

ALCALDE   ¿También sois vos, Melenaque,
              amigo del tabernero?

MELENAQUE   No hago por la amistad,   1270
              so que miro a[614] la razón.

MAROTO   Ha dicho bien; que es Ximón
              home de mucha verdad.

ALCALDE   Maroto, no os apuntéis.

---

[608] Es decir, «gratuitamente».

[609] Lo mismo que *subida*. En la ed. de Villacampa, etc.: «subidura».

[610] Ed. Villacampa, etc.: «deste».

[611] En lenguaje rústico «sino».

[612] Ed. Villacampa, etc.: «está bajo».

[613] Como recoge Correas, *triquitraque* se usa: «Cuando importunan con aldabadas y mucho hablar y golpear». Pero su uso puede ser también eufemístico, como aquí.

[614] Falta la preposición en ed. Villacampa, 1942, etc.

MAROTO	No me apunto, Bertolano.	1275
ALCALDE	Mira que alzaré la mano.	
MAROTO	Haré yo que la bajéis.	
MALCEÑIDO	Bueno está; acaba, Maroto,	
	y Bertolano también;	
	dejémoslo al escribén	1280
	que sabrá dar un buen voto.	
MELENAQUE	Dejémoslo de consuno.	
ALCALDE	Pardiós, déjese por mí!	
ESCRIBANO	Pues se me remite[615] a mí,	
	en tiempo más oportuno	1285
	lo veré.	
MELENAQUE	Veldo en buen hora[616],	
	y si fuere justo alzallo,	
	hacello, y si no dejallo,	
	que este Ximón siempre llora.	
ESCRIBANO	La villa se me ha quejado	1290
	de que en la canicería,	
	ni antier[617] ni acotro día	
	metió carne el obligado.	
MELANEQUE	Es desorden insofrible	
	que mate sola una res	1295
	cuando son menester tres.	
ALCALDE	Penallo, y será posible	
	que se enmiende.	
MELENAQUE	Bien decís.	
ALCALDE	Mandamos que si no diere	
	carne al pueblo y no cumpliere,	1300
	pague diez maravedís,	
	en tres partes repartidos:	

---

[615] Ed. Villacampa, 1934: «Pues que se me remite»; Villacampa, 1942, etc.: «Pues que se remite».

[616] Ed. Villacampa, 1934: «Vedlo en buen hora»; 1942, etc.: «Vedlo en buena hora», en modernización que destruye el lenguaje arcaico del texto.

[617] Forma que se sigue empleando en la actualidad por *anteayer, antesdeayer.*

cámara, denunciador
y juez.

MELENAQUE   ¡Sí que es dolor
ver los pobres afligidos!   1305
Y con aquesto partamos,
que tengo que chapodar
mi viñuela.

ALCALDE   A pregonar
será bien de que nos vamos
los alcaldes al trabajo,   1310
que el que josticia quisiere,
si al momento no viniere,
se quede para badajo[618].
Escribén, mandaldo así.

ESCRIBANO   Haráse, señor alcalde.   1315

ALCALDE   No ha sido esta vez en balde
lo que se ha tratado aquí.

(Entranse, y sale Gil fatigado, buscando su vaca.)

GIL   Si suele el que por su gusto
atraviesa una ancha vega,
cuando a la posada llega,   1320
llamar al camino injusto;
yo que por fragosas sierras
y caminos nunca usados,
llena el alma de cuidados,
piso no pisadas tierras;   1325
¿qué disgusto, qué pesar
habrá que no me acompañe,
qué ladera no me dañe,
o qué espacioso lugar?
Pensé en aquesta espesura   1330
que de mil flores se esmalta,

___

[618] *Badajo* es también «necio, especialmente por ignorante o charlatán» (*Diccionario Histórico de la Lengua Española*, que cita textos desde el *Cancionero de Baena*, entre ellos el de Covarrubias, que lo explica como «necio», y Correas, que le da el sentido de «hablador»).

pues ninguna otra me falta
por buscar, tener ventura.
Y la vaquilla perdida
aquí hallalla pensé,   1335
y así, todo lo busqué,
sin dejar parte escondida.
Y ni la vaca ni modo
en este áspero camino,
ni rastro de que aquí vino.   1340
¡Ay, sírvase Dios con todo!
¡Sagrada madre de Dios
a quien tengo por señora,
y a quien tanto el alma adora
que sois su consuelo vos!   1345
Cuando a buscarla empecé,
bien sabéis, Virgen sincera,
que os puse por medianera
y que a Vos la encomendé.
Si me importa[619] el no hallalla[620],   1350
mejor es que no parezca;
mas, si no, Virgen, merezca
por vos, que pueda encontralla.
Cansancio y sed me fatiga[621];
y me molesta el calor;   1355
tres cosas que la menor
a tomar descanso obliga.
Debajo aquel sauce umbroso,
a la vista alegre y grato,
quiero descansar un rato.   1360
¡Válgame el cielo piadoso!

(Hace que ve la vaca, al tiempo que se va a recostar.)

¿No es mi vaca aquélla? Sí;
ella es, y está acostada.

---

[619] Ed. Villacampa, 1942, etc.: «importara».

[620] En el manuscrito «hallarla», que rompe la rima. Restituyo la que debió de ser lectura original.

[621] Ed. Villacampa, 1942, etc.: «fatigan», en concordancia actual.

Miren do estaba ocultada.
¡Buscalda, Gil, por ahí!   1365
Quiérola hacer levantar
a la vaca, a la perdida.
Muerta está; estando sin vida,
¿cómo se tenía[622] de alzar?
Al fin, no hay placer cumplido;   1370
miren lo que he trabajado,
y en efecto, la he hallado
muerta, en lugar ascondido[623].
Sin lesión alguna está.
¿De qué pudo perecer?   1375
¡De Dios, que lo puede hacer,
son regalos que me da!
Si murió, ¿en qué estó[624] perplejo?
Pues el sol me da su luz,
haré en su pecho una cruz   1380
y desnudalle el pellejo.
Que llevándole en la mano,
verán que la busqué ya,
y así no me riñirá[625]
mi compadre Bertolano.   1385

(Saca el cuchillo, y hácele una cruz en el pecho.)

¡Ruego a Dios, todo mi mal[626],
vaca, se resuelva en vos!
¿Qué es esto? ¡Válgame Dios!
¡Cosa es más que natural!

(Levántase la vaca, y él, alborotado, dice.)

Apenas en su ancho pecho   1390

---

[622] Eds. Villacampa, etc.: «tiene», menos lógica desde el punto de vista del tiempo verbal.

[623] Ed. Villacampa, 1942, etc.: «escondido».

[624] Ed. Villacampa, etc.: «estoy».

[625] Ed. Álvarez: «reñirá».

[626] Eds. Villacampa, etc., por error que no deja de ser cómico en este caso: «Todo animal, vaca, se resuelva en vos».

              la sancta cruz señalé,
              cuando viva la miré.
              ¡Misterio tiene este hecho!
              Turbado está mi sentido,
              mover las plantas no puedo.   1395
              ¡Favor, mi Dios, que este miedo
              nace de lo sucedido![627]

              (Suena música, y aparece sobre un árbol la Virgen de
              Guadalupe.)

MARÍA   ¡Gil!

GIL   ¿Qué es esto? ¿Quién me llama?

MARÍA   La madre del Redemptor.
              Cobra aliento; ese temor   1400
              despide, y mira a esta rama.
              Para testimonio y prueba
              y que conozcas que soy
              la que te ha hablado hoy
              la Virgen, tu vaca lleva.   1405
              Con más gusto y alegría
              que viniste volverás,
              y siempre della tendrás
              abundante granjería[628].
              No temas ni te alborotes;   1410
              de Cáceres ve a la villa
              y cuenta esta maravilla
              al clero y sus sacerdotes.
              Y de mi parte les di
              que me vengan a buscar   1415
              a este desierto lugar,
              do vida a tu vaca di.
              Y que en estas verdes yedras,
              entre esta arboleda tanta

---

[627] Milagro que sigue al pie de la letra el capítulo cuarto del códice de milagros
del archivo del Monasterio (Díaz Tena, 2003, pp. 154-157).

[628] «El modo de aumentar el caudal, criando ganado y vendiéndole o comer-
ciando con otras cosas» (*Diccionario de Autoridades*, 1726-1739, *s. v. grangeria*).

cavando, mi imagen santa   1420
hallarán entre unas piedras.
Y en hallándome la villa,
como en efecto ha de ser,
dirás que tienen de hacer
donde yo esté, una capilla.   1425
Que el tiempo ha de hacer su oficio
y vendrá otra edad dorada,
do en esta selva entricada[629]
se verá un gran edificio.
Y la opinión de mi nombre   1430
por el mundo correrá,
y por mí recibirá
santos favores el hombre.
Ni temor tu ánimo ocupe
ni miedo en no ser oído[630];   1435
ve y dirás que mi apellido
ha de ser de Guadalupe.

          (Suena la música y desaparece.)

GIL   Elevada la memoria,
                   suspenso el entendimiento,
                   he quedado, y sólo siento   1440
                   gusto alegre y dulce gloria.
                   Madre de aquel cuyo amor
                   en vuestras entrañas mora,
                   ¡tantas mercedes, Señora,
                   a un tan grande pecador!   1445
                   ¿Cómo, o por qué merecí,
                   siendo un pobre ganadero,
                   fuese vuestro mensajero
                   y que viese lo que vi?

[629] Ed. Villacampa, etc.: «intrincada».

[630] Ed. Álvarez: «en ser oído», que destruye el sentido. No advierte este editor que Villacampa, 1942, de quien copia, había corregido esta mala lectura en su fe de erratas (p. 357) y lee como el manuscrito y como leía en 1934.

[631] Ed. Villacampa, 1942, etc.: «mandaste» y un poco más adelante «turbaste».

Mas, pues vos me lo mandastes[631],   1450
sin dubda[632] de ello gustáis;
tardos pies, ¿cómo no andáis?
¿Corazón, de qué os turbastes?
Llevaréos, vaca, conmigo,
que, pues, habéis sido quien   1455
fue instrumento de mi bien,
también seréis fiel testigo.

(Vase. Entran Bertolano y Melenaque, alcaldes.)

ALCALDE   ¿Qué, finó de mi comadre,
Melenaque, el zagalejo?

MELENAQUE   ¡Pardiós, ya dejó el pellejo!   1460

ALCALDE   Siéntolo como compadre,
que era el mochacho sencillo
y gloria el ver cada día
cómo en la iglesia servía
al cura de monacillo[633].   1465

MELENAQUE   ¡Qué bueno! Sabía de coro[634]
toda la misa, y cantaba.
y al sacristán ayudaba
las pascuas, allá en el coro.
Y aún también os amembráis[635] vos   1470
que cantaba las compretas[636],
maitines y anchonetas[637]
todas las noches de Dios;
y el día de Corpus Christe,

---

[632] Ed. Villacampa, etc.: «duda».

[633] Variante normal en la época por *monaguillo*.

[634] Es decir, «de memoria», «de carrerilla»; de ahí *decorar* con ese sentido.

[635] *Amembrase* es lo mismo que *acordarse*.

[636] Ed. Villacampa, etc.: «completas».

[637] Ed. Villacampa, etc.: «canzonetas», pero prefiero mantener la lectura del manuscrito porque puede tratarse de una deformación vulgar de Melenaque de la palabra *chanzonetas*, que suele aparecer en estos contextos de canciones y rezos religiosos.

[638] Según el *Diccionario de la Real Academia Española*, 2001, la persona que siempre está de chanza; pero aquí tiene un significado preciso relacionado con las proce-

| | hacía una mojarrilla[638] | 1475 |
| | con que alegraba a Sevilla. | |

ALCALDE ¡Estará Sancha muy triste!
Y más por estar ausente
Gil, mi compadre, que fue
a buscar la vaca.

MELENAQUE   A fe,   1480
que lo ha sentido la gente,
porque es hombre de pro Gil,
sin dobleces[639], placentero,
no villano ni grosero.

ALCALDE Tien bondades más de mil.   1485
No habrará una palabra
en mengua de honor ajeno;
home es asaz todo bueno,
sus tierras coltiva[640] y labra.
Un poquillo de ganado   1490
apacienta en la dehesa,
oye misa, a[y]una[641], reza
y es del pueblo todo amado.

(Entra el alcalde Malceñido.)

MALCEÑIDO Melenaque y Bertolano,
¿en qué se entiende?

ALCALDE   En tratar   1495
cómo Dios quiso finar
al hijo de Gil.

MALCEÑIDO   Es llano
que lo ha sentido la madre

---

siones del Corpus, donde la mojarrilla es una figura que suele ser de mujer y va encima de la tarasca o sierpe. Era usual en las procesiones sevillanas.

[639] Ed. Villacampa, etc.: «sin doblez y».

[640] Ed. Villacampa, etc.: «cultiva».

[641] El manuscrito «auna». Acepto la enmienda de Villacampa, que como suele, no advierte que se trata de enmendar el original.

[642] «Se toma también por compasión y lástima» (*Diccionario de Autoridades*, 1726-1739).

	tanto, que me da mancilla[642].	
ALCALDE	La madre y toda la villa	1500
	y yo que soy su compadre.	
	¡Pardiobre, que le he llorado	
	como a hijo, Malceñido!	
	Pues, Gila, ¿no lo ha sentido,	
	que lo llamaba ahijado[643]?	1505
MELENAQUE	¡Dios se lo quiso llevar,	
	y quijá[644] le está muy bien!	
MALCEÑIDO	El cura y el sacristén[645]	
	lo quieren ya sepultar.	
	Vamos a compañamiento[646].	1510
MELENAQUE	Vamos los tres en buen hora.	
MALCEÑIDO	¡Oh, cómo Sancha lo llora!	
ALCALDE	Y yo, ¡joro a mí, lo siento!	

(Sacan al muchacho amortajado y Sancha, puesta de rodillas junto a él, le comienza a llorar diciendo:)

SANCHA	¿Quién no gime y no lamenta,	
	mi hijo, viéndoos ansí[647]?	1515
	La cuita que miro aquí,	
	¿qué corazón no atormenta?	
	¿Dolor como aqueste igual,	
	por quien con razón me aflijo	
	habrá, viendo muerto a un hijo,	1520
	sin conocer de qué mal?	
	Sin conoceros lesión	
	que vos pudiese dañar,	
	hijo, os vide finar;	
	¿qué más pena y compasión?	1525
	¿Quién os fizo daño, quién	

---

[643] Ed. Villacampa, etc.: «su ahijado».
[644] Ed. Villacampa, etc.: «quizá».
[645] Ed. Villacampa, etc.: «sacristán», que destruye la rima.
[646] Ed. Villacampa, 1934: «al acompañamiento»; 1942, etc.: «al compañamiento».
[647] Ed. Villacampa, etc.: «así».

la muerte vos procuró?
¡Si Dios fue, y dello[648] gustó,
guste yo dello también!
Mas, ¿qué dirá vuestro padre   1530
cuando un hijo que tenía
halle menos aquel día?
¡Cuitada de vuestra madre!

(Entran los alcaldes y los demás labradores.)

ALCALDE   ¡Sancha, bien sabedes vos
si haber muerto mi ahijado   1535
me habrá en el alma pesado:
mas son cosas que hace Dios!
Deja agora el lamentar
que llega ya el sacristán,
el cura y pueblo también,   1540
que lo vienen a enterrar.

(Entran con sobrepellices y con candelas, diciendo.)

SACRISTÁN   Gori, gori, gori, gori.

TODOS   Gori, gori, gori, gori.

ALCALDE   Non vos acuitedes tanto,
deja ya, Sancha, el llorar,   1545
que después habrá logar[649];
acabad, acortá[650] el llanto.

SACRISTÁN   Déjemos[651], señor alcalde,
hacer nuestro oficio agora,
que Sancha con razón llora.   1550

ALCALDE   ¡No son llorará[652] de balde!

SACRISTÁN   Gori, gori, gori, gori.

CURA   Gori, gori, gori, gori.

---

[648] Ed. Villacampa, etc.: «de ello».
[649] Ed. Villacampa, etc.: «lugar».
[650] Ed. Villacampa, 1934: «cortá»; 1942, etc.: «corta».
[651] Ed. Villacampa, etc.: «déjenos».
[652] Ed. Villacampa, etc.: «No se llorará».

(Entra Gil, el vaquero.)

GIL   Con voluntad nada escasa
             Dios, gracias os debo dar,   1555
             pues he llegado a pisar
             los umbrales de mi casa.
             Y a vos, Señora, de quien
             hoy vengo[653] a ser mensajero,
             vuestra ayuda pido y quiero   1560
             para que anuncie tal bien.
             Que si no soy socorrido
             de esa poderosa mano,
             mi venida será en vano,
             quizás no seré creído.   1565
             Entrarme quiero allá dentro,
             mas, ¡valedme Vos, Señora,
             gran pena en el alma mora,
             con cuerpos muertos encuentro!

ALCALDE   Gil es éste; ¡oh, mi compadre,   1570
             a tiempo sodes venido,
             que un hijo que habéis tenido,
             lo lloraréis como padre!

SANCHA   Llegá, ayudame[654] a llorar
             Gil, un dolor tan esquivo: 1575
             ¡un hijo dejastes vivo,
             ya lo vienen a enterrar!
             Si vos la vaca no hallastes,
             a él la muerte lo halló;
             védeslo aquí, ya finó   1580
             el hijo que tanto amastes.
             ¡Acuitada[655] de la madre
             que lo parió y que lo ve
             muerto, sin saber de qué!

---

[653] Ed. Villacampa, etc.: «yo vengo».

[654] Ed. Villacampa, etc.: «Llega, ayúdame».

[655] Como *cuitada*, «aquejada de dolor» (*Diccionario Histórico de la Lengua Española*). Más adelante *acuitedes*.

ALCALDE	Abonda el llanto comadre;	1585
	a Gil, que es vuestro velado,	
	no lo queráis acuitar,	
	antes lo heis de consolar,	
	que vendrá el pobre cansado.	
GIL	Regalos de vuestra mano	1590
	son estos que me enviáis,	
	mi Dios, y que os acordáis	
	de mí, es negocio muy llano[656].	
	Virgen, en el monte os vi,	
	hablástesme[657] en él, y es cierto	1595
	que hallar mi hijo[658] muerto,	
	tiene gran misterio aquí.	
	Las lágrimas enjugad,	
	mi Sancha, olvida el disgusto,	
	que, pues Dios lo hizo, es justo	1600
	se cumpla su voluntad.	
	La que dio a la vaca vida	
	con su mano poderosa,	
	la dará a tu hijo, esposa,	
	si dello fuere servida.	1605
	Pues nunca esperanza incierta	
	salió, puesta en ella, es cierto;	
	y quien ve a tu hijo muerto	
	también vio la vaca[659] muerta.	

(Híncase de rodillas.)

	Bien sabéis, Virgen Señora	1610
	y madre del Redemptor,	
	que por vuestro embajador	
	llegué a Cáceres agora.	
	Y creo y tengo por cierto	
	que por misterio ascondido[660],	1615

---

[656] Ed. Villacampa, etc.: «negocio llano».
[657] Ed. Villacampa, 1942, etc.: «hablásteme».
[658] Ed. Villacampa, etc.: «hallar a mi hijo».
[659] Ed. Villacampa, 1942, etc.: «vio a la vaca».

para que yo sea creído
hallé aquí a mi hijo muerto.
Para que el caso siniestro
por vos, Virgen, reparado,
que soy vuestro fiel legado   1620
conozca este pueblo vuestro.
Y conozcan[661] ser verdad
que os escuché y me hablastes,
que os miré, y no me cegastes
aunque vi vuestra beldad.   1625
Y en justo agradecimiento
de la merced recebida[662],
os juro, si le dais vida,
cumplir vuestro mandamiento.
Y a vuestro culto y servicio   1630
el muchacho dedicaros,
y, pues merecí escucharos,
merezca este beneficio.

(Levántase el muchacho, y caen todos por allí espantados.)

NIÑO   ¡Padre!, ¡padre!, ¡madre mía!

SACRISTÁN   Aberruncio[663] Sataná,   1635
              ¿qué es del hisopo, do está?
              ¡Agua en él! ¡sancta María,
              justo juez, buen pastor,
              Sanctiago, san Vicente,
              sancta Clara, san Llorente[664],   1640
              san Pedro, san Amador!
              ¡sancta Inés, sancta Anastasia,

---

[660] Ed. Villacampa, etc.: «escondido». Es vacilación normal en la época y, por tanto, conviene mantener la forma.

[661] Ed. Villacampa, etc.: «conozca».

[662] Ed. Villacampa, etc.: «recibida».

[663] Ed. Villacampa, etc.: «Abrenuncio».

[664] Variante rústica por Lorenzo.

	sancta Úrsula y Rufina,	
	san Josef, sancta Marina,	
	me den su favor y grasia[665]!	1645
	¡Jesús, mil veces Jesús!	
MELENAQUE	¡Muerto so!	
MALCEÑIDO	¡Yo estoy morido!	
ALCALDE	Melenaque y Malceñido	
	helde[666], si podéis, la cruz.	
MELENAQUE	Hédsela vos, Bertolano,	1650
	que estoy yo medio difunto.	
ALCALDE	¿Qué le he de her, que barrunto	
	que ni tengo pie ni mano?	
GIL	Gentes de Cáceres, buenas,	
	¿de qué teméis? ¿Qué es aquesto?	1655
	¿Qué os tiene en aqueste puesto	
	las almas de temor llenas?	
	¡Ah, cristiano pueblo! ¿En vos	
	cabe temor de mirar	
	este milagro que obrar	1660
	quiso por su Madre, Dios?	
	Volvé en vos para que os cuadre	
	lo que deciros pretendo	
	del efecto que estáis viendo,	
	la causa es Dios y su Madre.	1665
NIÑO	Padre, lléveme al lugar	
	donde vio aquella Señora;	
	que Dios, por su ruego agora,	
	me quiso resucitar.	
GIL	Sí haré, hijo querido;	1670
	tened por suceso cierto	
	que el vivir mi hijo muerto,	

---

[665] Evidentemente, la pronunciación debía de ser seseante, para que rimen *Anastasia* y *gracia*. Más adelante encontramos algún otro caso que lo confirma. En el manuscrito sólo se lee la abreviatura *gra.*

[666] Lo mismo que *hacedle.*

misterios altos han sido.
Para que crédito deis
a lo que deciros quiero,   1675
a un tosco, zafio vaquero,
estad atentos y oiréis.
Virgen, para ser creído
y que yo no caiga en mengua,
avivá mi torpe lengua   1680
y despertá mi sentido.
Sabed cómo es cosa cierta
que a buscar la vaca fue,
y que en el monte la hallé
entre sus árboles muerta.   1685
La gran señal de la cruz
en su pecho señalando
apenas la hice, cuando
la Madre de aquel Jesús
que por salvarnos murió,   1690
dándole a la vaca vida,
desde una rama florida
de esta suerte me habló:
«Dirás a la clerecía
de Cáceres, que al lugar   1695
do estás, vengan a buscar
y hallarán la imagen mía.»
Vila, aunque indigno; hablela,
aunque no merecedor
de tan supremo favor;   1700
no es fraude, engaño o cautela.
La verdad a todos cuento,
ningún recelo os ocupe:
junto al río de Guadalupe[667]
la hallaremos, no os miento.   1705
Y este milagro que habéis
visto tan patente y llano,
obras son de su alta mano,

---

[667] Ed. Villacampa, etc.: «río Guadalupe».

	porque crédito me deis.	
ALCALDE	¡Válgame nuestro Señor!	1710
	¿Que vos la vistes, compadre?	
GIL	Vila.	
NIÑO	¡Ah, mi señora madre!,	
	¿no me abraza?	
SANCHA	¡Sí, mi amor!	
CURA	Este milagro presente	
	que he visto, buen Gil, aquí,	1715
	la dubda668 que cabe en mí,	
	la hace verdad patente;	
	y el crédito que tenemos	
	de vuestra gran sencillez,	
	nos dice que verdad es,	1720
	y así todos la creemos.	
	Partamos de aquí al momento	
	a buscar la imagen santa,	
	que al alma escucharlo espanta	
	y eleva el entendimiento.	1725
ALCALDE	Todos hemos de ir allá,	
	y el escribén, porque dé	
	de lo que hallaremos, fee.	
CURA	También el notario irá.	
GIL	Y este muchacho también,	1730
	que, pues lo resucitó,	
	quiero a su Majestad yo	
	ofrecérselo669 luego.	
SACRISTÁN	Amén.	
	Es mi oficio responder	
	amén, y respondo luego;	1735
	que me vi a riesgo en que ruego	
	a Dios, no me vuelva a ver.	
MALCEÑIDO	¡Alto!, azadones llevemos	

---

668 Ed. Villacampa, etc.: «duda».
669 Ed. Villacampa, etc.: «ofrecerlo».

            y picos para cavar
            la tierra.

ALCALDE   No han de faltar.   1740

CURA   Pues, ¿en qué nos detenemos?
            Partamos de aquí.

GIL   Partamos,
            que yo espero en su clemencia,
            no han de hacer resistencia
            peñas, montes ni sus ramos.   1745

           (Salen Menandro y Carino, pastores.)

CARINO   ¿Que en efeto[670], Menandro, es caso cierto
            que el hijo de aquel Gil, vaquero humilde[671],
            a la vida volvió después de muerto?

MENANDRO   Y es notoria verdad, Carino amado,
            tanto como saber que hay sol y alumbra;   1750
            y que le apareció la Virgen santa
            entre unas breñas de aquel monte espeso
            que ciñe las riberas y rodea
            del río Guadalupe, es caso llano.

CARINO   ¿Y se dio de eso fee?

MENANDRO   De lo primero,   1755
            que se hallaron presentes el Vicario,
            regidores y alcaldes desta villa.

CARINO   ¿Y en el hablar la Virgen al vaquero
            crédito se da?

MENANDRO   Todo el que basta,
            pues han ido al lugar la clerecía,   1760
            el Consejo y los más ricos de Cáceres,
            do Gil dice que vio la Virgen santa.
            Si la hallan, Carino, yo te juro
            que ha de haber grandes fiestas, juegos, danzas,
            solemnes procesiones, alegrías,   1765
            y que pienso dejar el campo en tanto

---

[670] Ed. Villacampa, etc.: «efecto».
[671] Ed. Álvarez: «y humilde».

	que aquesto que te digo durar vea;	
	que el ganadillo es poco, y ya bien sabe	
	el pasto, abrevadero; y si no, piérdase,	
	que más importa ver cosas tan altas.	1770
CARINO	¿Cómo, si importa verlas? Y al momento,	
	si gustas[672], nos partimos a la parte	
	do dices hallarán[673] joya tan rica:	
	que las cabras bien trepan por las ramas	
	y saben desnudar un tronco de hojas.	1775
MENANDRO	Partamos, mi Carino; que, pues todos	
	sus casas dejan, déjense las chozas	
	y seamos testigos del suceso	
	más dino[674] de memoria que en el mundo	
	se ha visto jamás ni se ha contado.	1780
CARINO	¡Adiós, chozas!	
MENANDRO	¡Adiós, pobre ganado!	

(Entran todos los que van a buscar la imagen y Sancha con su hijo.)

	Gil Este es el sitio y lugar	
	en quien la imagen se asconde[675],	
	aquí, cavando, es adonde	
	sin duda la habéis de hallar.	1785
	Aquí es donde me habló,	
	aquí es donde la miré,	
	aquí la vaca[676] hallé,	
	y aquí la resucitó.	
	Los corazones fijad[677]	1790
	sólo en Dios; pedidle todos	
	descubra sendas y modos	

---

[672] Ed. Villacampa, etc.: «gustáis».

[673] Ed. Villacampa, 1942, etc.: «do dicen se ha de hallar»; en 1934: «do dice...».

[674] Ed. Villacampa, etc.: «digno».

[675] Ed. Villacampa, etc.: «se esconde».

[676] Ed. Villacampa, 1934, etc.: «la mi vaca».

[677] En el manuscrito «figar»; acepto la enmienda de la ed. de Villacampa, que siguen los demás.

para hallar tanta beldad.
¡Virgen, si es que Vos queréis
honrar aquesta espesura,   1795
este risco y peña dura,
os pido que la ablandéis!

CURA   ¡Alto! Si es ésta la peña
donde se tiene de hallar,
empezad luego a cavar,   1800
desmontad la inculta breña.

ALCALDE   ¡Eh, Dios!, que he de ser primero.
Venid vos acá, azadón.

(Toman los azadones y empiezan a cavar.)

CURA   ¡Todos con gran devoción!

MELENAQUE   Cueva es ésta. Entrarme quiero.   1805

MALCEÑIDO   Melenaque ha descubierto
una cueva, y dentro está.

ALCALDE   También quiero entrar allá
yo también, que no estó muerto.

(Entran los labradores y quédase el cura.)

MELENAQUE   ¡Aquí está la Virgen bella!   1810

MALCEÑIDO   ¡Aquí está el sancto tesoro!

ALCALDE   ¡Más que perlas, plata y oro
relumbra; parece estrella!

MALCEÑIDO   ¡No semeja sino al sol
este sancto relicario!   1815

ALCALDE   Entre acá, padre Vicario.

CURA   ¡Dichoso campo[678] español!

ALCALDE   Que nos no nos atrevemos
a ponella[679] en nuestras manos.

CURA   ¡Venturosos aldeanos!   1820
Entremos los dos.

---

678 Eds. Villacampa, etc.: «pueblo»
679 Ed. Villacampa, etc.: «ponerla»; Gisbert: «ponerle».

SACRISTÁN	Entremos.
GIL	Tengo tan llena el alma de contento

con la presente nueva, y de alegría[680],
que quisiera hablar la lengua mía,
mas no le da lugar el pensamiento.   1825
De alegre confusión mi entendimiento
en éxtasis se ve; la fantasía
me representa al vivo aqueste día,
y al fin, no sé decir lo que acá siento.
Confuso, de mirar, suspenso, absorto,   1830
mi humilde nacimiento y mi bajeza
y el presente suceso, estoy en calma.
Cuando dijera más, quedara corto;
Vos que habitáis junto a la suma Alteza,
Virgen, pues lo sabéis, desidlo[681] al alma.   1835

(Salen todos de la cueva, y el Vicario saca la imagen.)

ALCALDE	¡Qué linda es y qué hermosa![682]
MELENAQUE	Y el chicotillo además,

Gil, allega y le verás,
su cara más que la rosa.

GIL	Mi imagen es ésta, cierto; 1840

ésta es la que me habló,
y la que a mi hijo dio
la vida, después de muerto.
La palabra que me distes
Virgen, bien la habéis cumplido;   1845
altos misterios han sido,
pero Vos los descubristes.
Por tan grande beneficio
como fue el resucitar,
este hijo, ha de quedar   1850
de hoy más en vuestro servicio.

---

[680] Ed. Villacampa, 1942, etc.: «y alegría»

[681] Ed. Villacampa, etc.: «decidlo»

[682] Este v. se atribuye a Melenaque en ed. Villacampa, 1942, etc.

Veislo aquí, luego lo ofresco[683],
por Vos vive, vuestro es,
dadme a besar esos pies[684],
aunque tal bien no merezco.   1855

CURA   Dichoso Gil, pues has sido[685]
descubridor de tal mina.
¡Oh veta rica, divina,
del metal más escogido!
Oh dichoso monte y sierra   1860
que tal ventura alcanzaste,
y tú, cueva, que encerraste
el mayor bien de la tierra!
¡Y yo mil veces dichoso,
pues firme atlante[686] hecho,   1865
sobre mis brazos y pecho
sustento este cielo hermoso!

ALCALDE   Y todos hemos tenido
ventura, y la confesamos,
pues fuimos los que hallamos   1870
ese[687] tesoro escondido.
Y agora solo tratemos
dónde la hemos de llevar.

MALCEÑIDO   En Cáceres podrá estar
y allí una igreja[688] la haremos,   1875
muy grande con su capilla,
donde misas se dirán
y cada año se hará
fiesta a costa de la villa.

---

[683] Ed. Villacampa, 1942, etc.: «ofrezco».

[684] Ed. Villacampa, etc.: «vuestros pies».

[685] Ed. Villacampa, etc.: «ha sido».

[686] «Persona que es firme sostén y ayuda de algo pesado o difícil» (*Diccionario de la Real Academia Española*, 2001), pero alude a las estatuas que sustituían a las columnas y sustentaban los arquitrabes de los edificios.

[687] Ed. Villacampa, etc.: «este».

[688] Ed. Villacampa, etc.: «iglesia», con que se pierde la pronunciación rústica, normal en los textos de la época.

GIL No apruebo ese parecer: 1880
    advertí que me mandó,
    cuando la Virgen me habló,
    que aquí se había de hacer
    en este mismo lugar,
    donde la habemos[689] hallado, 1885
    para su sancto traslado
    una capilla y altar.
    No os apartéis de este intento.
    Esto dijo cuando vi
    su rostro. Hacedlo ansí[690]. 1890
    Cumpliréis su mandamiento.

CURA Hágase lo que ha hablado
    Gil, pues así lo ordenó
    la Virgen cuando le habló
    y le hizo su legado. 1895
    De esto gusta y es muy justo
    hacer cuanto Gil dijere;
    y el que lo contrario hiciere,
    no será hacer su gusto.
    Traigan a aqueste lugar 1900
    de Cáceres oficiales,
    obreros y materiales,
    para que el templo y altar,
    do ha de estar esta preciosa
    imagen, se haga luego. 1905

ALCALDE Haráse al punto, y un crego[691]
    more aquí, Gil y su esposa,
    entre tanto que volvemos
    de Cáceres, y a la villa
    se cuenta esta maravilla. 1910

CURA Dice bien.

---

[689] Ed. Álvarez: «hemos», que hace el v. hipométrico. Villacampa daba la lectura correcta.

[690] Eds. Villacampa, etc.: «así». También tres vv. más abajo.

[691] Variante rústica por *clérigo*, usual en sayagués.

ALCALDE   Pues no tardemos.

(Vanse, y sale el rey Alfonso el Onceno y un general.)

REY   Que Albohacén[692] intenta darme guerra
        y quiere apoderarse de mi España,
        la suya deja, y viene a ver mi tierra,
        y de ejército grueso se acompaña.   1915
        ¡Vana imaginación su pecho encierra!
        Arme su gente, pruébeme en campaña,
        que Alfonso soy de Asturias y Castilla
        rey poderoso, y de la gran Sevilla[693].
        Y en ella está mi corte, y prevenido   1920
        tengo un fuerte escuadrón para la ofensa
        de aquese infame rey moro, atrevido,
        que de España señor se juzga y piensa.
        Suene de Marte el belicoso ruido,
        marche mi gente, salga a la defensa,   1925
        tiemble Belona desta airada mano[694],
        y sepa Albohacén que soy cristiano.

GENERAL   Con tal ira y furor se precipita
        contra tus gentes el contrario bando,
        que de los griegos el rigor imita   1930
        cuando el troyano muro iba asolando.
        Tu fuerte alcázar ha de ser mézquita
        juran por su Mahoma, y blasfemando

[692] Abu-l-Hasan' Ali llamado Almafacem, Albofacem, Albohacem y como aquí transcribo. Invadió la Península en junio de 1340 y fue derrotado por Alfonso XI en la batalla del Salado (30 de octubre del mismo año).

[693] Alfonso XI (1311-1350), hijo de Fernando IV, que reinó desde 1325 hasta su muerte, en el sitio de Gibraltar. Tuvo un importante papel en la Reconquista y es recordado por la batalla del Salado, a la que se alude aquí.

[694] Ed. Villacampa, 1934: «tiemple Belona de esta airada mano»; 1942, etc.: «tiemple Belona esta airada mano», que cambia completamente el sentido del verso. Como escribe Rojas Villadrando, *El viaje entretenido*: «Belona: diosa de las batallas, y la que incita el ánimo a guerras, campos y desafíos» (en CORDE). Por tanto, incluso Belona, diosa de la guerra y las batallas, tiene que temblar de la mano airada del rey, no templarla.

del supremo Señor de tierra y cielo[695],
entran talando ya tu andaluz suelo.　　1935
A fuego y sangre cantan la venganza
de su difunto hijo Abomelico[696];
estriba en su valor y en la pujanza
de su grueso escuadrón, te certifico.
Blandea el menor de ellos fuerte lanza,　　1940
el moro es poderoso, airado, rico,
y el número de gente en tanta suma,
que mi lengua lo deja a sutil pluma.
Si no haces marchar la infantería
y que el paso le impidan, ten por cierto　　1945
que has de verte en peligro, rey, el día
que en tus tierras le den camino abierto.
Acompañe el consejo a la osadía;
en ambas cosas, rey, eres experto;
y cuando fuera flaco el enemigo,　　1950
ha de temerse; advierte lo que digo.

REY　　Apruebo tu consejo por muy sano;
eres mi general, ordena y traza
lo que importare, fuerte Ledidano;
saca a mis gentes a campaña rasa.　　1955
Conózcante y conozca el africano
que miedo ni temor no me embaraza.
y que están dos Alfonsos en Sevilla,
uno de Portugal, yo de Castilla.
Reyes cristianos de invencibles nombres　　1960
de sangre goda y de una igual grandeza,
y que mis españoles son más que hombres
robustos, temeraria su fiereza.
Y al fin conozca, porque más le asombres,
que tú conmigo vas, va tu destreza;　　1965
y si él se juzga y se confiesa Marte,
va, para le vencer, Dios de mi parte.

---

[695] En el manuscrito «suelo», error por atracción de la palabra que termina el v. siguiente.

[696] Abomelic, en efecto muerto en una escaramuza con las tropas cristianas.

(Entra un caballero con una carta.)

CABALLERO   De la venturosa villa
de Cáceres, un correo
llegó agora.

REY   Ya deseo   1970
la nueva que trae oílla.

CABALLERO   Dice[697] que en una espesura
de Cáceres, apartada,
más para lobos morada[698]
que para humana criatura,   1975
buscando un pastor un día
una vaca que perdió
al verla, le apareció
la Virgen Sancta María.
Y díjole que cavando   1980
en aquel mismo lugar,
la vendrían a hallar.
Apenas cavaron, cuando
el consejo y clerecía
hallaron la imagen santa   1985
cuya hermosura es tanta,
que admira y causa alegría.
Hiciéronle allí una ermita,
y ha hecho milagros tales
que son obras celestiales.   1990
Hasta muertos resucita.
De enfermos que allí sanaron,
cual manco, cual sordo y ciego,
las informaciones luego
con esta carta enviaron[699].   1995

---

[697] En el manuscrito «dise».

[698] Se juega con el topónimo *Guadalupe,* río de los lobos.

[699] Por error, estos cuatro vv. no se transcribieron y faltan en las eds. de Villacampa, 1942, Gisbert, Álvarez y las más actuales. Sí estaban en la ed. Villacampa, 1934, que lee como nosotros. Y el caso es que son necesarios para el sentido, pues de alguna forma marcan cuándo se le da al rey la carta que lee inmediatamente y que en las citadas eds. no se advierte.

GENERAL	Nueva alegre y venturosa;
	que está España en conclusión[700]
	con la presente ocasión
	afligida y temerosa[701].

(Lee el Rey la carta para si.)

REY	¡Oh nueva dichosa y santa!	2000
	Ha sentido el alma mía	
	con ella tanta alegría,	
	que no sabré decir cuánta.	
	Esta aparición estraña,	
	Virgen, me deja entender	2005
	que fue para socorrer	
	en sus trabajos a España.	
	Yendo de mi parte Vos,	
	es justa razón advierta	
	la vitoria[702] ha de ser cierta,	2010
	que podéis mucho con Dios.	
	Si a mis afligidos ojos,	
	Reina, la quisierdes[703] dar,	
	yo os prometo de enviar	
	la mitad de los despojos.	2015

(Suenan atambores dentro, y dicen todos: arma, arma.)

	Mas, ¿qué alboroto es aqueste?
	¡No estoy de recelo ajeno![704]

(Sale Rolando, capitán, con la espada desnuda.)

ROLANDO	¿Qué haces, Alfonso Onceno?	
	¿Quieres que un reino te cueste?	
	¿Las tristes mortales quejas,	2020

---

[700] En el manuscrito «conclución».

[701] Ed. Villacampa, etc.: «temorosa».

[702] Ed. Villacampa, etc.: «victoria».

[703] Ed. Villacampa, etc.: «quisiereis».

[704] Debajo de este verso aparece tachado el siguiente: «¿Qué incita al arma? ¿Qué es esto?», que, sin embargo, copió Villacampa, 1934, 1942, etc., con lo que la redondilla se destruye y quedaría un verso suelto.

    destruiciones[705], robos, vidas,
    de tus ciudades perdidas,
    no han llegado a tus orejas?
    ¿Los dolorosos gemidos
    de matronas deshonradas,   2025
    de doncellas afrentadas,
    no han herido tus oídos?
    El tropel, la confusión,
    el alboroto, la grita
    de armas, ¿al arma no incita   2030
    y mueve tu corazón?
    Albohacén tus ciudades
    destruye, tus campos tala,
    a Atila en soberbia iguala
    y es un Nerón en crueldades[706].   2035
    Si no sales a la vega,
    perdidos somos, te advierto.
    Rey Alfonso, aquesto es cierto;
    el contrario escuadrón llega.

REY   Vuestro divino favor   2040
    importa agora me deis,
    Virgen, que si vos queréis,
    yo volveré vencedor.
    Salgamos, general fuerte,
    a entender en lo que importa,   2045
    que el gran tiempo ser acorta
    y nos da priesa la muerte.
    Ningún temor nos ocupe,
    vamos, y en el fiero estrago,
    digan todos: ¡Santiago!   2050
    y ¡Virgen de Guadalupe!

[705] Ed. Villacampa, etc.: «destrucciones»

[706] Prototipos de la crueldad; tanto el rey de los hunos como el emperador romano se convierten en tópicos. Ver Pedro de Castro y Anaya, *Auroras de Diana*: «No le deuemos al buen gusto de nuestra fragil naturaleza? en auernos librado de dos dozenas de trifulcos fajados (el culto llama assi las ventosas sajadas) fulminados de vn Cirujano enxerto en Neron y aforrado en Atila» (Ed. Luis González Simón, en CORDE).

(*Éntranse*[707] *todos diciendo:* ¡*Santiago!* y ¡*Virgen de Guadalupe!* y *sale un cautivo con prisiones y un Cristo escondido.*)

CAUTIVO   Masmorra[708] triste y obscura,
cadenas duras, pesadas,
que estando a mis pies ligadas
aumentáis mi desventura.   2055
Moro cruel, pues me pones
en el estremo del mal
en que estoy, viéndome tal,
¿no aliviarás las prisiones?
No, que eres tanto cruel   2060
cuanto tu condición fiera;
ya que no como, siquiera
diérasme agua, moro infiel.
A mitigar la sed pruebo,
llegando a estas piedras frías   2065
mi lengua, que ha ya seis días
que gota de agua no bebo[709].
Ya siento el alma inmortal
apartarse aqueste día
del cuerpo y su compañía.   2070
¡Morir, cosa natural! (*Saca el Cristo.*)
Para la ocasión de ahora
os he tenido ocultado
siempre, mi Cristo, y guardado
en parte que el moro inora[710].   2075
Vos y vuestra Madre santa
la que dicen que se ha hallado
junto a Cáceres, y ha dado
muestras de grandeza tanta;
en el riesgo en que me veo,   2080
me socorred hoy los dos.

---

[707] Ed. Villacampa, etc.: «Entran todos».
[708] Ed. Villacampa, etc.: «Mazmorra».
[709] En el manuscrito, por error, «bebe».
[710] Ed. Villacampa, etc.: «ignora».

¡No os pido vida, mi Dios,
que es vano ya ese⁷¹¹ deseo!
Ni que la agua⁷¹² que me niega
el moro y su pertinacia   2085
me deis, sino la de gracia
con que el impírio⁷¹³ se riega.
Divina y preciosa llaga,
de quien abierta manó
agua y sangre y redimió   2090
al mundo, y se dio por paga.
Bien creo que si importara
a aquesa fuente⁷¹⁴ de vida
reparar la mía perdida,
agua material manara.   2095
Sólo, manantial dichoso,
pues tengo por valedora
a la Virgen, pido agora
para el trance riguroso,
dejéis que mi boca llegue   2100
a besar ese costado,
antes que aquel golpe airado
de la muerte, a ella me entregue.

(Llega a besar el costado, y sale agua.)

¡Piadosísimo Señor!
¿Tal bien, tal merced, tal gloria,   2105
merece una vil escoria
de la tierra? ¡Oh gran favor!
¡Oh don de grandeza tanta
el que agora recibí!
Conozco no fue por mí   2110
sino por Vos, Virgen santa.
Vos fuistes mi intercesora,

---

⁷¹¹ Ed. Álvarez: «este».

⁷¹² En el manuscrito «l'agua»; Villacampa, 1934: «el agua»; 1942, etc.: «el agua».

⁷¹³ Ed. Villacampa, etc.: «empíreo».

⁷¹⁴ En el manuscrito «aquesa fuente»; Villacampa, 1934: «a aquesa fuente»; 1942, etc.: «a aquesta fuente».

para la muerte os llamé.
socorrístesme[715] y cobré
por Vos la vida, Señora.   2115
¡Quien sin temor y recelo
de ser cogido otra vez,
en vuestra casa los pies
pusiera, Reina del Cielo!
Y quién[716] fuera tan dichoso   2120
que de aquel vuestro traslado,
que Cáceres ha hallado
mirara el rostro hermoso;
bien sé que fuera posible,
si dello gustárades Vos,   2125
que no hay cosa para Dios
ni para Vos imposible.

(Cáensele las prisiones, y ábresele[717] la puerta.)

¡Oh suceso milagroso!
De Dios estas obras son!
¡Dejado me ha la prisión,   2130
abierto se ha el calabozo[718]!
Salirme quiero de aquí.
Miedo, en gran riesgo me pones,
pues si me ven sin prisiones,
¿qué dirán, triste de mí?   2135
En dos confusos recelos
el alma triste se vee[719];
decidme Vos, ¿qué haré
Reina de los altos cielos?
¿Saldré de la prisión?

(Óyese una voz que dice:)

[715] Ed. Villacampa, etc.: «socorrísteme».
[716] Ed. Villacampa, etc.: «Y pues».
[717] Ed. Villacampa, etc.: «ábrese».
[718] Nuevo caso de seseo, ya advertido antes. En este caso el manuscrito recoge *milagroso-calaboço*.
[719] Ed. Villacampa, etc.: «se ve».

—   Sal.   2140

          ¡Sal, escuché! ¡Oh vos[720] dichosa,
          aunque el alma temerosa[721]
          recela algún daño o mal!
          ¡Fuera temor! No me inquiete,
          pues[722] Dios de mi parte es   2145
          y su madre; tardos pies,
          ¿qué os detenéis? ¿Voyme?

—   Vete.

          ¡Vete, escuché! No me ocupe
          miedo en aquesta alegría;
          mas, ¿dónde voy?, ¿quién me guía?   2150

—   ¡La Virgen de Guadalupe!

          ¡Virgen, si la guía sois Vos,
          el vano temor se acorte,
          que sois mi sur y mi norte
          y va entre mis manos Dios.   2155

          (Vase, y entran dos moros y dan voces de dentro los cristia-
          nos diciendo: ¡Santiago¡ y ¡Virgen de Guadalupe!)

ALBOHACÉN   Perra nación, vil canalla,
                 gente infamte, ¿qué ocasión
                 sin herida ni lisión[723]
                 os saca de la batalla?
                 ¿Qué os incita que[724] huyáis,   2160
                 qué os mueve a que desmayéis,
                 gente vencida?, ¿teméis,
                 de desarmados tembláis?
                 Volvé, o por Mahoma juro[725],
                 si os ponéis más en huida,   2165

---

[720] Ed. Villacampa, etc.: «voz».
[721] Ed. Villacampa, 1942, etc.: «temorosa».
[722] Ed. Villacampa, etc.: «que».
[723] Ed. Villacampa, etc.: «lesión».
[724] Ed. Villacampa, etc.: «incita a que».
[725] Ed. Villacampa: «Volvé, o por Mahoma os juro; Álvarez: «Volved, o por Mahoma os juro».

	que he de ser yo el homicida	
	de vuestras [vidas][726].	
MORO	Siguro[727]	
	que vuelva puedes estar.	
	Si al vano temor me entrego,	
	la causa es el estar ciego.	2170
ALBOHACÉN	¿De qué pudiste[728] cegar?	

(Aparece Nuestra Señora de lo alto[729], con una fuente de arena en la mano.)

	Una mujer me cegó,	
MORO	hermosa más que la luna,	
	la cual, sin defensa alguna,	
	polvo en los ojos me echó.	2175
	No soy yo solo, que todos	
	tus moros ciegos están.	
ALBOHACÉN	¡Reniego de mi alcorán[730]!	
	¡Esa mujer traen los godos!	
	¿Dónde está? ¿Dó la hallaré?	2180
MORO	Apenas la tierra pisa.	
ALBOHACÉN	Dime el traje y la divisa,	
	que yo te la mataré.	

(Arroja un puñado de arena y ciega al moro.)

	Mas, ¿qué es esto? ¡Muerto soy!	
	¡Mahoma, de ti reniego!	2185
	¡Ayuda, Alá, que estoy ciego!	
	¡Ciego con arena estoy!	

---

[726] El manuscrito pone «heridas», que hace el v. hipermétrico y que no tiene sentido, pues no se puede ser el homicida de las heridas de alguien. Aceptamos, pues, la enmienda de Villacampa, que —de nuevo— no advierte que se trata sólo de eso, una propuesta de lectura.

[727] Ed. Villacampa, etc.: «Seguro».

[728] Ed. Villacampa, 1934: «pudiste»; 1942, etc.: «pudieste».

[729] Ed. Villacampa, etc.: «en lo alto».

[730] El Corán o libro sagrado de los musulmanes, que aquí por antonomasia se refiere a la religión toda.

La mujer, sin duda, es ésta.
Aquí estás[731], quiero vengarme.
¡Otra vez volvió a cegarme!   2190
¡Caro el mirarla me cuesta!

(Dan voces dentro, diciendo: ¡victoria, victoria!)

¡Victoria cantan! ¡Ah, perros,
que ansí[732] os dejastes vencer!
¡Aunque ciego, he de volver
a morir entre sus hierros!   2195

(Éntrase. Tornan a decir ¡victoria!, y sale el rey con unos sol-
dados.)

REY   Por la victoria presente
               gracias a Dios se le den,
               que apenas a Albohacén
               vuelve el tercio de su gente.
               Y a Vos, Santísima Madre   2200
               del Verbo Divino, esposa
               del spíritu[733], y dichosa
               hija del Eterno Padre,
               vos las doy, pues habéis sido
               la parte eficaz y el todo   2205
               de que Alfonso, vuestro godo
               vencedor haya salido.
               Porque con piadosos ojos,
               intercedistes[734] con Dios,
               quiero repartir con Vos   2210
               la mitad de los despojos.
               Y cuando me desocupe
               y tenga, Virgen, lugar,
               os prometo visitar
               la casa de Guadalupe.   2215
               Milagro raro y sutil:

---

[731] Ed. Villacampa, etc.: «está».
[732] Ed. Villacampa, etc.: «así».
[733] Ed. Villacampa, etc.: «Espíritu».
[734] Ed. Villacampa, etc.: «intercedisteis».

> solos veinte míos han muerto,
> y los contrarios son, cierto,
> más de cuatrocientos mil[735].
> Luego a la Virgen paguemos   2220
> de dos[736] partes la [mitad];
> la una vos le[737] lleva[d]
> y a descansar nos entremos[738].

> *(Salen Melenaque y Malceñido, el uno con un cirio y el otro con un cántaro de leche.)*

MELENAQUE   ¿Ese cirio le traéis
> a la Virgen, Malceñido?   2225

MALCEÑIDO   Sí, que la cera he cogido
> del colmenar.

MELENAQUE   Bien hacéis,
> que da esta señora ciento
> por uno que se le da[739];
> y así el colmenar vendrá,   2230
> Malceñido, en más aumento.

---

[735] En efecto, los muertos del lado cristiano fueron pocos en comparación con los musulmanes, según cronista de la época: «Et Dios que fue vencedor en esta sancta lid tovo por bien que nom moriesen y más de quince a veinte Christianos de los de caballo, que morieron en el comienzo de la pelea; et de los Moros fueron y mortos et cativos muchos dellos» (C. Sánchez-Albornoz, *La España musulmana según los autores islamitas y cristianos medievales*, en CORDE).

[736] El manuscrito: «de dos partes», que hace al v. hipométrico. Villacampa, etc. sugiere: «de las dos partes». Pero no consigue acertar con el problema de la rima.

[737] Ed. Villacampa, 1942, etc.: «la».

[738] El pasaje está deturpado en el manuscrito original, que presenta la siguiente lectura y estructuración: «Luego a la Virgen paguemos / de dos partes la una; / la una vos le llevaréis / y ahora nos a descansar nos entremos». Villacampa, etc. leen como les parece, añadiendo incluso un verso más: «Luego a la Virgen paguemos / de las dos partes, la una; / la una vos le llevaréis / y ahora nos a descansar / nos entremos». Propongo la lectura que se ofrece aquí, que introduce la palabra «mitad», sugerida por lo que había dicho el rey anteriormente: «Si a mis afligidos ojos, / Reina, la quisierdes dar, / yo os prometo de enviar / la mitad de los despojos» (vv. 2011-2015); «Porque con piadosos ojos, / intercedistes con Dios, / quiero repartir con Vos / la mitad de los despojos» (vv. 2208-2211).

[739] Es frase hecha, como recoge Correas, suele aplicarse a Dios, la Virgen, etc.: «*Ciento por uno.* Hale de costar; da Dios ciento por uno».

	Yo, para que me aproveche	
	el fruto que da el ganado,	
	traigo, de la que he sacado,	
	este cántaro de leche.	2235
MALCEÑIDO	Pues tocad la campanilla,	
	saldrá el padre, y le daremos	
	esto que los dos traemos	
	a la Virgen sin mancilla.	

(Tocan la campanilla, y sale un monje de san Jerónimo y dice: ¡Deo gracias!)

FRAILE	¡Deo gracias!	
MELENAQUE	Salga acá, padre.	2240
FRAILE	¡Oh, mis hijos! ¿Qué queréis?	
MELENAQUE	Venimos a ver, cual veis,	
	a la que de Dios es madre,	
	y a ofrecer a su clemencia	
	aqueste don, aunque es chico[740].	2245
	Las voluntades, soplico[741],	
	reciba su remenencia[742].	
FRAILE	Ella lo recibirá,	
	y por aquese[743] buen celo,	
	que os dé asiento allá en el cielo	2250
	a su hijo rogará.	
MELENAQUE	Pues, ábranos, y al momento	
	este cirio que le damos,	
	a la imagen lo encendamos;	
	por ese dará ella ciento.	2255

---

[740] Ed. Villacampa, etc.: «aunque chico».

[741] Ed. Villacampa, etc.: «suplico».

[742] Ed. Villacampa, etc.: «su reverencia». La forma *remenencia* es frecuente entre los rústicos, como muestra este texto del *Manojuelo de romances* de Lasso de la Vega, donde también habla un alcalde rústico: «Bien sabe el señor concejo, / con remenencia habrando / cuanto quillotro su pro / después que al Rey me entregaron / el cual si huera de prata» (en CORDE).

[743] Ed. Villacampa, etc.: «aqueste».

MALCEÑIDO   De mis colmenas, señora,
                 aquesta cera cogí;
                 alúmbreos y recibid
                 la voluntad que en mí mora.

(Entra el cautivo.)

CAUTIVO   ¿Qué tierra es esta que piso?   2260
                 ¿Es monte, este que parece?
                 Lo que a la vista se ofrece,
                 más parece paraíso.
                 Gente es ésta. ¡Ah, mis hermanos!
                 ¿Dónde estoy, no me diréis?   2265

FRAILE   Por cierto, sí, y hallaréis
                 que estáis entre tres cristianos,
                 y ante aquesta Virgen bella,
                 por quien, a lo que imagino,
                 por jamás visto camino   2270
                 habéis venido.

CAUTIVO   ¡Oh, mi estrella,
                 mi luz, mi norte, mi día,
                 mi bien, mi gloria, mi cielo,
                 mi regalo, mi consuelo,
                 mi agradable compañía!   2275
                 ¡La que de la prisión triste
                 que saliese me mandó,
                 la que la vida me dio,
                 la que de gloria me viste!
                 ¡Ya ningún temor me ocupe,   2280
                 sin duda alguna sois Vos
                 la sancta madre de Dios
                 que llaman de Guadalupe.

FRAILE   ¡Ella es! ¡Su casa es ésta!
                 ¡Alégrate!

CAUTIVO   ¡Oh padre mío!   2285
                 ¡Es tanto el contento mío,
                 que no acierto a dar respuesta!
                 Como el que de lid sangrienta
                 escapa, a mí me contemplo.

La ropa cuelgue del templo,   2290
que saqué de la tormenta.

MELENAQUE   ¡Válgame nuestra señora!
¿Cautivo estábades?

CAUTIVO   Sí, amigos,
y los dos seréis testigos
deste milagro.

MALCEÑIDO   ¡En buen hora![744]   2295

(Entra el general del Rey con los despojos.)

GENERAL   Aquí es do tienen de estar
colgados ante sus ojos,
estos debidos despojos
para que adornen su altar.

FRAILE   ¡Deo gracias!, caballeros.   2300
¿Qué se busca?

GENERAL   Alfonso el rey,
columna de nuestra ley,
nos hizo sus mensajeros.
Dice que para memoria
de la guerra que venció,   2305
ponga estas banderas yo,
despojos de la vitoria[745].
Lorigas, petos, celadas,
alfanjes, grebas, pendones,
estandartes, morriones,   2310
preseas al fin ganadas[746]
en la terrible contienda
que tuvo con Albohacén[747];
para que el favor y bien[748]

---

[744] Ed. Villacampa, etc.: «del milagro. —¡En buena hora!».

[745] Ed. Villacampa, etc.: «victoria».

[746] Armas ofensivas y defensivas de los musulmanes, junto con las insignias que portaban. La *loriga* era armadura que protegía el cuerpo; mientras que la *celada* cubría la cabeza y la *greba*, la pierna.

[747] Ed. Villacampa, etc. lee este nombre «Albohacem».

[748] Ed. Álvarez.: «y el bien».

	que dio esta imagen, se entienda.	2315
FRAILE	Impresas[749], cierto, dichosas,	
	pues merecen adornar	
	su divino y sancto altar,	
	con razón muy venturosas.	
CAUTIVO	Y tú, villa imperial	2320
	de Potosí, con razón	
	puedes en esta ocasión	
	juzgar tu ventura igual	
	a España, pues también tienes	
	el tesoro que ella alcanza;	2325
	de quien ten cierta esperanza	
	que te vendrán grandes bienes.	
	Y a ti, nación estremeña,	
	mucho la Virgen te honró,	
	pues en tu tierra gustó	2330
	ocultarse entre una breña.	
	Eres nación noble, hidalga,	
	y todos es justo honréis	
	la matrona que tenéis	
	para que en la muerte os valga.	2335
	Tened siempre en la memoria,	
	sin que otra cosa la ocupe,	
	la Virgen de Guadalupe.	
	Y aquí se acaba la historia.	

FIN

---

[749] Ed. Villacampa, etc.: «empresas».

[255] Acabada de representarse esta comedia que fue grandísimo el gusto que dio y pareció bien a todos prosiguió la procesión a la iglesia mayor, ya pasada la tarde, de suerte que, después de dicha la Salve con la solemnidad que dije arriba era ya anochecido y encendieron las luminarias de la iglesia y las del cabildo de la ciudad y por toda la plaza y calles que parecía ardía la ciudad toda en fuego y las campanas ansí de la Iglesia Mayor como las demás de los conventos con lo mucho que las repicaban provocaban a regucijo. La gente de allí a dos horas salieron de máscara. Todos los caballeros con galanísimas libreas y sacaron tres carros de música en que venían todos los instrumentos músicos que se pudieron juntar y a las esquinas de las calles había música de guitarras y de voces en que se cantaban graciosísimas letras con famosas tonadas con mucha destreza y gallardía de voces que las hay en esta ciudad maravillosas de buenas y con esto se dio fin a la fiesta de este día que fue domingo primero después de la epifanía. [255v] Lunes adelante comenzó la iglesia mayor su novenario, y para esto mandaron que todas las cofadrías del pueblo acudiese cada una con su cera un día por sus antigüedades, y así lo hicieron con tanta devoción y abundancia de cera que ardían todo el día diez y seis blandones con cirios gruesos como hachas sin la demás cera menuda que estaba en el altar de Nuestra Señora y en los demás altares coraterales en cada uno seis velas, los canónigos y dignidades fueron diciendo las misas por su orden de antigüedad y así el deán comenzó y dijo la primera misa, y a todas ellas villancicos y con mucha música.

Este día primero del novenario prediqué yo, quisiera poner aquí también con lo demás el sermón, pero por ser cosa propia no lo hago contentándome con decir que Nuestra Señora me ayudó en aquél acto, el cual fue tan a gusto de todos que el Audiencia me envió un recaudo muy cumplido acerca del sermón, en el cual agradecí al pueblo lo bien que había acudido al servicio de Nuestra Señora y les provoque tanto a devoción con algunos milagros que les conté a propósito en el discurso del sermón que se echó de ver en la gente pues en lo que quedaba acudieron con tanta frecuencia de gente que no cabíamos en la iglesia. Predicó después otro día el guardián de San Francisco y el rector de la Compañía otro día, y el doctor González, canónigo de la mesma iglesia y otros frailes de San Agustín [256] y de Sancto Domingo de manera que todos los nueve días hubo sermón a la misa mayor ocupándose todos en los loores de Nuestra Señora a porfía unos de otros. El que más podía esmerarse en servir a la Virgen en aquel ministerio de la predicación de sus alabanzas. De mi sermón no digo más de que en dos meses no entró en mi poder que procuraron muchos trasladalle porque como había de haber tantos sermones, estudié con mucho cuidado cosas curiosas a propósito de la fiesta y al fin fue sermón de oposición. A Dios y a su madre las gracias en cuyas causas me ocupaba.

Después de dichas las vísperas, a la tarde, se representó en la Iglesia Mayor otra comedia, por los mismos faranduleros, y en el discurso del novenario se representaron otras siete comedias dentro de la iglesia porque se repartieron las fiestas de manera que la tarde que no había fiesta de plaza de toros y otras cosas había comedia. Acabado, pues, de predicar, me asenté en una silla a la puerta de la iglesia con los mayordomos y el libro de los cofadres sobre el bufete y fuéronse asentando por cofadres toda la gente y montó la limosna que mandaron dos mil y quinientos pesos de plata corriente de los cuales dieron de [256v] presente los mil y ciento y los demás quedaron los mayordomos a cobrallo y juntallo y si no hiciera esta imagen y cobraran la devoción con que todos quedaron no juntara ni mil reales ni hubiera sido de importancia mi venida a estos reinos, y desta manera lo será adelante y lo ha sido agora pues entiendo llevaré plata para poder desempeñar la casa de los veinte mil ducados de que pagaba censo con el ayuda de Nuestra Señora en la cual confío me dará su gracia para que acierte a servilla.

Después, a la noche, a la hora de cuando se pone el sol, comenzaron a repicar a la Salve a la cual acudió todo el pueblo que se dijo con grandísima solemnidad, y este orden de la misa, y Salve, se guardó todos los nueve días diciéndose villancicos a la Salve como a la misa y la iglesia abierta hasta las diez de la noche sin que de día faltasen señoras principales de la iglesia, las cuales ahí se quedaban a comer con tanta devoción de los indios, y de la gente criolla nacida acá en las Indias que no han visto a Nuestra Señora de Guadalupe que admiraba mucho ver cómo acudían todos, porque los que son nacidos en estos reinos son notados de poco devotos y virtuosos por el mucho vicio con que se crían en aquesta tierra de libertad que lo es mucho.

[257] Luego el día siguiente hubo fiesta de plaza, que fueron doce toros, hubo buenos hombres de a caballo que con rejones hicieron buenas suertes y hubo una lanzada, y sucediolo bien al que la dio y ganó aquél día mucha fama de buen alanceador. Corridos que eran ya la mitad de los toros, entró en la plaza una soldadesca con disfraces de la gente más principal del pueblo en que venían muchos clérigos porque en estas fiestas ninguno se escusaba. Entraron todos con alabardas y después que hubieron paseado la plaza se hicieron un escuadrón en que mataron cuatro toros que les acometieron con mucha gallardía, y dio mucho gusto aqueste disfraz por no haberse usado nunca en esta ciudad, de que las damas quedaron muy contentas por ver cosas nuevas.

A la noche salió don Juan Ayamoro que es el cacique principal de los indios, como si dijésemos en España un duque. Salieron con él a caballo y a pie indios con hachones alumbrando, más de cuatrocientos indios con disfraces al uso de la tierra tan buenos que en Madrid parecieran bien, y con esto se dio fin alla fiesta deste día que fue el tercero. [257v] Tratando, pues, de las fiestas de plaza los días que las hubo, porque ya dije que había comedia en la iglesia cuando no había fiesta de plaza. El día siguiente, que fue jueves, hubo otra docena de toros, y en medio de la plaza fabricaron un castillo con mucho artificio para la defensa del cual entraron en la plaza una gran compañía de moros tan galanos de turbantes y de los demás aderezos moriscos que hubo mucho que ver y puestos en el castillo después de haber paseado la plaza merendaron tantas cosas que los residuos que arrojaban a la gente de abajo eran tortas reales y después por otra calle entró otra compañía de gente vestidos a la española con tanta bizarría de sedas y cadenas de oro y penachos que hubo mucho que ver y en qué reparar con todos géneros de armas, escuadras de picas y de arcabuceros y rodeleros[750] y después de haber dado vista a la plaza se pusieron en escuadrón para acometer al castillo y los de dentro le defendían tan bien que parecía cosa muy de veras, fue mucho de ver. Algunos soldados que subían por las picas arriba con tanta ligereza que causaba gusto, y los de arriba tenían mucha artillería y muy gruesa, que parecía se hundía la plaza, arrojaban tantas alcancías[751] que hacían pedazos las rodelas. Fueron estas fiestas de tanto más gusto cuanto carecieron de desgracias, que de ordinario suelen acaescer, de manera que todo salía a pedir de boca y al gusto. [258] Este día en la noche salieron de máscara todos los mercaderes, tanto más vistosos y costosos cuanto tienen de suyo, las sedas y las libreas fueron grandes las ventajas que esta máscara hizo a todas las demás, ansí en las libreas como en los carros triunfales que sacaron y las músicas y las letras, que todo fue en extremo bueno, de que ellos quedaron muy ufanos, y toda la ciudad contenta y gustosísima de vellas.

A esta fiesta sucedió la que el cabildo de la ciudad y caballeros hicieron que fue el sábado, hubo unos toros famosísimos en los cuales hicieron gallardas suertes, y todo sin desgracia ninguna, después de los toros entraron en la plaza seis cuadrillas de a seis de juego de cañas con el adorno y riqueza de libreas que puedo encarecer, los cuales jugaron las cañas con tanta gracia que ni los caballos cansaban, ni los caballeros ni la gente se enfadaba, aunque jugaran hasta agora porque en esta ciudad hay buenos hombres de a caballo y muy buenos caballos y con esto los dividió la noche con tanto gusto de todos que se juntaron para despedir la fiesta aquella noche más de docientos hombres de pandorga[752] en que llevaban órgano y todos los demás instru[258v]mentos músicos curiosos y delectables que se pudieron hallar en la ciudad, y con ellos los cantores de la iglesia mayor cantando a las esquinas de las calles tonadas con tanta gracia que nunca se ha visto cosa semejante en esta tierra. Llevaban asimismo campana, cen-

---

[750] Soldado que pelea con rodela, es decir, que pelea con un escudo redondo y delgado que se coloca en el brazo izquierdo y sirve para cubrir el pecho cuando se pelea con espada, (*Diccionario de Autoridades*).

[751] «Bola hueca de barro seco al sol, del tamaño de una naranja, que [...] servía para hacer tiro corriendo o jugando alcancías» (*Diccionario de la Real Academia Española*, 2001).

[752] «Junta de variedad de instrumentos de que resulta consonancia de mucho ruido» (*Diccionario de Autoridades*).

cerros, badiles[753], sonajas, morteruelos, panderos, cuernos, sartenes, almireces y de todo cuanto podían hallar, de manera que de docientos hombres que iban, ninguno iba sin llevar algo que sonase y cuando acaba aqueste ruido tan grande y tan confuso sonaban las chirimías y luego las guitarras y las voces que parecía una cosa del cielo, y con esto se dio fin a estas fiestas y se pasó la imagen a su capilla con tanta devoción de todos que las lágrimas daban testimonio della. Enfadoso entiendo que he sido, pero no he podido con más brevedad contar tantas cosas como hubo que en particular cada cosa tenía que decir, cada una en sí lo que de todas juntas he dicho, pero habrá echado de ver el curioso que yo lo he sido en mandar a la memoria tantas cosas pues las letras que hubo, los versos, epigramas, enigmas y jerolíficos eran sin cuento. De los sonetos que recogí pondré aquí seis por no caber.

[259] ¿Quién es aquella que en el trono altivo
está con majestad y impíreo[754] tanto,
de ricas piedras el adorno y manto,
de divina beldad fértil archivo?
¿Quién la que excede en rayos a aquel vivo
y radiante sol, con tal espanto?
¿y quién la que con celo y culto santo
venera de La Plata el templo divo?
Sus sienes ciñen imperial corona,
mas no es mucho, y que ceptro real ocupe
su diestra, pues con tanta gloria reina,
que es la Virgen que encierra a Guadalupe.
Y en cuanto Delio peina
sus hebras de oro, tiene poderío,
imperio, majestad y señorío.

[259v] Cuando el humano artífice piadoso
tan bella os pinta con pincel humano,
¿Cómo estaréis de la divina mano
de aquel pintor eterno y poderoso?

---

[753] «Pala pequeña o instrumento de hierro o de metal con que se menea y se coge la lumbre en las chimeneas o braceros» (*Diccionario de Autoridades*).
[754] Por *imperio*.

Alma gloriosa, cuerpo milagroso,
que asiste en aquel trono soberano,
si vuestra sombra asombra el temor vano,
viva, seréis de Dios un cielo hermoso.
Y tu, pintor, artífice y maestro,
que con arte y espíritu divino,
tal retrato nos das, el pincel quiebra.
Pues con primor estraño y peregrino
espíritu, arte, mano y pincel diestro
señalan el ovillo y dan la hebra[755].

[300] Un moro infiel, que de la secta ciega
la confusión seguía y de Mahoma,
para su torpe casa la vía toma,
y adonde están los viles huesos llega[756].
Víctimas hace, y él a sí se entrega,
y en viendo huesos, polvos y carcoma,
como si viera a Guadalupe o Roma,
se saca allí los ojos, y se ciega.
Dijo y creyó que no era necesaria
la vista; porque ya que ver no vía,
en viendo el zancarrón abominable.
Pues, Virgen bella y santa, Virgen pía,
visto ese retrato hermoso y admirable
vuestro, en la tierra varia,
Si ya no hay más que ver que estos despojos,
los ojos cieguen, no vean más los ojos.

[300v] ¡Oh Retrato real, oh templo digno
del tesoro que estima el Padre Eterno!
¡Preciada y escogida de aquel Terno
que siendo un solo Dios, es uno y trino!
Con vos, bella María, al mundo vino
la primavera y desterró al ivierno;

---

[755] Error de paginación de la 559v pasa a la 300 sin que exista alteración en el
texto.

[756] El moro llega a La Meca, en donde se encuentran los huesos de Mahoma.

vuestra fe, humildad y amor tan tierno,
y vistió de humanidad al que es divino.
¿Quién sino vos de Guadalupe Madre,
y de Dios y del mundo, a sus estrellas
en virtudes el número adelanta?
Las arenas del mar son menos que ellas.
Mirad si con justicia el Sumo Padre
premia vuestro valor con gloria tanta.

[301] No llega a vuestros pies la luz divina
Oh Virgen, de la luna refulgente,
y como su inferior, humildemente,
se postra a ellos, de su gloria dina.
El supremo planeta se os inclina,
y el firme, errante y mal resplandeciente
astro[757] y estrella, todo está obediente
y os rinde su belleza peregrina.
Rodearos la luna, sol y estrellas,
vienen a daros, Virgen, la obediencia
y a que les deis de vuestra luz, alguna.
Y como del planeta luna y ellas
reciben luz; estrellas, sol y luna
la reciben de vos con excelencia.

[301v] Virgen de Guadalupe, que a este polo
austral venís, para que el indio inculto
adore en este vuestro sancto bulto
a aquel original divino y santo.
La idólatra intención, el triste dolo,
desarraigada del corazón oculto,
crezca, Señora, en vuestro sancto culto,
deje la ciega adoración de Apolo.
Y tú, pues tanto bien tu templo encierra,
dichosa Plata, la ciudad del oro,
con mayor propiedad de hoy más te nombra,
rica y próspera estás con un tesoro,

---

757 La luna.

que aunque tuvo su origen de la tierra
adorna al cielo y al infierno asombra.

[302] Pie de ilustración: «Traje de los indios y las indias chirigunaes».

[302v]: En blanco.

[De cómo me partí luego para las fronteras
de Tomina y el pueblo del Villar]

[303] Acabadas todas las fiestas de la ciudad de La Plata, me partí luego para las fronteras de Tomina, y fue conmigo Miguel Juárez, natural de Guadalupe, a rescatar ropa a trueco del maíz que allí se coge. Y juntó seiscientas cargas de maíz que, puestas en Potosí, le valieron tres mil pesos.

Son fronteras de los chiriguanaes, que son unos indios caribes de guerra, los cuales la traen con otros indios que están orilla de la mar del norte, en los llanos. Y de todos cuantos cogen de los otros, se sirven dellos, y se comen muchos dellos. Son indios fuertes y casi tan valientes como los de Chile. Y traen el cabello largo y una corona abierta, como de fraile. Estos, algunas veces vienen a las chácaras de los españoles y matan los que pueden, y a los indios que los españoles tienen, lo[s] llevan para servirse dellos. Y algunas veces salen de paz.

Y traen una resina que llaman quina-quina, la cual es muy provechosa para enfermedades causadas particularmente de frío; y ésta la traen en algunos calabazos. También suelen traer de los indios que ellos tienen para comer o para su servicio; y los dan a trueco de algunos vestidos y de platos de plata, los cuales los españoles compran para servirse dellos en sus simenteras. Y esto es lícito, porque si no se los compran, se los comen. Y las armas ordinarias suyas son arcos [303v] y flechas con yerba, de manera que en hiriendo, luego mueren de la herida; y son tan diestros en el tirar, que a una boca de un cántaro no yerran a cincuenta pasos.

Estuvimos en Tomina el día de Santiago, que es el día que se junta toda la gente a celebrar la fiesta del apóstol, que le tienen por patrón. Y tienen juego de cañas y toros, y se hacen buenas fiestas. Aquel día prediqué allí y asenté por cofadres de nuestra Señora de Guadalupe a todos; y mandaron de limosna docientas cargas de maíz, que vendidas allí valieron cuatrocientos pesos. Y luego nos partimos para La Laguna, que es otro pueblo de españoles, y aguardé al domingo para que se juntasen todos para podellos asentar por cofadres; y allí junté otros docientos pesos de limosna. Y luego nos partimos Miguel Juárez y yo al valle de Supachuy[758] y al Villar; y a este tiempo vino nueva que los chiriguanaes salían de guerra, y toda la gente que se pudo juntar en aquellas fronteras, salieron a impedirles el paso. Y así, en todo aquel valle no hallamos hombre ninguno sino solas a las mujeres y a los niños, de manera que llegando yo a puesta del sol a una chácara de una doña María, mujer principal, y quiriendo [304] pasar a dormir a otra chácara que estaba media legua más adelante, no nos dejó que nos fuésemos Miguel Juárez y yo, y nos regaló mucho porque la tuviésemos compañía aquella noche, porque tenía gran temor que los chiriguanaes vendrían y la matarían ansí a ella como a todos los de casa. Y así nos quedamos allí aquella noche y nos recogimos al fuerte que la casa tiene, que todas las casas están hechas a manera de fortalezas para que la gente de dentro se pueda defender de aquestos indios, que son muy belicosos; que aconteció vez en el pueblo de La Laguna matar cincuenta españoles, sin las mujeres y niños, que no perdonan a nadie. Y sacó tres escopetas la doña María y las cargó y aderezó, porque la tiraba ella mejor que nosotros; y tomó cada uno la suya y así estuvimos toda la noche en centinela y no vinieron por entonces los indios.

Y después que anduvimos todo el valle, nos partimos para el pueblo del Villar, que se sube una cuesta de más de una legua y muy derecha, de muy mal camino. Y al tiempo que nos volvíamos por unos [304v] cabezos[759] altos, por donde iba el camino, acerté a mirar hacia la tierra de los chiriguanaes y vi unos grandes humos y dije a Miguel Juárez que iba conmigo:

—Aquellos humos son de los indios de guerra, que han dormido allí esta noche, y si han caminado hoy, están muy cerca de nosotros; y así es menester que esperemos la ropa que viene detrás, con un negro que yo traía y un indio ladino.

Y volví la rienda a la mula y di una voz al negro, que caminase y no se quedase atrás, y luego que llegaron las mulas dije que caminásemos aprisa para que no nos alcanzasen los chiriguanaes y para que entrásemos en un valle que estaba allí cerca, porque no nos viesen.

---

[758] Sopachuy.

[759] «El cerro alto o cumbre de una montaña» (*Diccionario de Autoridades*).

Y fuimos así caminando cosa de medio cuarto de legua, y vimos bajar por la propia cuesta por donde nosotros íbamos cosa de dos docenas de indios, que venían delante explorando la tierra, con sus arcos y flechas. Y como no vieron más de cuatro personas y que el uno era indio, determinaron de acometernos; y diciendo Miguel Juárez que picásemos a las mulas, dije que no convenía porque era cuesta y estaban cerca y nos alcanzarían y flecharían como a puercos,[305] sino que nos apeásemos y nos defendiésemos, que Dios y nuestra Señora de Guadalupe nos ayudarían y libraría[n] de sus manos. Y así nos encomendamos a nuestra Señora de Guadalupe; y yo tomé la espada de mi negro y echeme al cuello una bota de cuero crudio en que traímos el vino, que me cogía todos los pechos, para defensa de las saetas y revolví el manto al brazo, caído un pedazo dél; y a Miguel Juárez dije que dejase caer la capa tendida y apartada del cuerpo para que las flechas quedasen en la capa sin llegar al cuerpo. Y así nos estuvimos quedos por ver si los indios pasaban sin hacernos mal.

Y antes que llegasen a nosotros, que apenas podían llegar las flechas, nos las comenzaron [a] arrojar como que no hacían caso de nosotros; de manera que echamos de ver que su intento era matarnos. Y así se fueron cercando tanto, que a dos rociadas que me dieron de flechería, quedó mi manto y la capa de Miguel Juárez cuajados de flechas porque ninguno de los indios nos erró tiro. [305v] Y a mí me dio una en una pierna, de que comencé a cojear un poco. Y Miguel Juárez, como me vido cojo, comenzose a turbar y yo le dije que tuviese ánimo, que no era nada, y con el temor de la muerte que yo tenía, no sentía el mal que tenía en la pierna, que era mucho; y dije:

—¡Ah, Madre de Dios de Guadalupe, que me habéis traído a morir asaeteado en este desierto donde no sabrán de mí! A vos me encomiendo.

Y diciendo esto, íbamos Miguel Juárez y yo apareados, que le dije no se quitase de mi lado; y embestimos con los indios, y pirmitiéndolo Dios dimos con dos indios muertos de dos estocadas, que los pasamos de parte a parte y herimos a otros, que los estoques eran buenos. Y luego que vieron los indios muertos, es costumbre dellos en viendo muerto un indio, luego coger el cuerpo del indio muerto y huir; y así lo hicieron. Y Miguel Juárez, algo ya encarnizado, dijo:

—Vamos tras ellos y matémoslos a todos.

Yo dije que no, sino que ellos por una parte y nosotros por otra; pues Dios nos hacía merced de que nos dejasen. [306] Y así dimos a correr por el camino adelante, con las cabalgaduras, por una cuesta abajo para llegar al valle y meternos en unas matas espesas que allí había porque no nos viesen más de cuatrocientos indios que venían tras los otros. Y para memoria de aquesta merced que Dios nos hizo, trujimos los arcos y las aljabas con las flechas de los indios que matamos, con promesa que hicimos de metellos en Guadalupe; los cuales tiene Miguel Juárez en su poder y los lleva a Castilla en un baúl con su ropa.

Después me quité yo el borceguí y me curé la pierna, que no era mucha la herida, de la cual hasta el día de hoy tengo la señal. Curémela con un poco de contrayerba, que yo traía en la faltiquera[760] por lo que se ofreciese, en particular por las muchas víboras que hay por esta tierra, que ningún hombre anda sin ella, para tomalla luego. Y las saetas de los indios traen hierba, que es más fuerte que picadura de víbora, porque no duran veinte y cuatro horas. Luego aquella noche dieron sobre el [306v] pueblo del Villar, de donde nosotros habíamos salido, y llevaron las piezas de indios que pudieron coger. Los demás, con los españoles, se recogieron al fuerte, que tuvieron lugar porque los descubrieron a prima noche a espías que los españoles tenían puestas, y dieron aviso; porque si no, no se librara hombre de cuantos allí había.

Luego otro día, que fue domingo, llegué a La Laguna y se juntó allí toda la gente para ir en socorro a los del Villar, que está seis leguas de allí. Y yo dije que no fuesen todos sino que quedase allí alguna guarnición, porque entendía que venía grande golpe de indios y que habían de dar aquella noche sobre nosotros. Y así fue, que los indios que dieron sobre el Villar, fue concierto entre ellos que llegasen un día antes porque la gente de estotro pueblo fuese a favorecellos y quedaría el pueblo solo y serían señores dél la noche siguiente. Y así fuera si no fuera por mí, que parece me inspiró Dios para que advirtiese dello.

Y así fue que luego otra noche oímos [307] el algazara que traían porque a su parecer venían a cosa hecha. Y salieron como treinta

---

[760] *Faltriquera*, «Bolsillo de las prendas de vestir» (*Diccionario de la Real Academia Española*, 2001).

hombres de a caballo con sus escopetas y dieron sobre [e]llos y mataron algunos de la primera ruciada. Y así volvieron luego huyendo, porque en oyendo una escopeta huyen luego, aunque ya muchos de los indios las traen de las que han cogido a los españoles que han muerto. Y algunos mestizos que se han pasado a ellos huyendo de las justicias de acá, malos cristianos, se las han enseñado a tirar y les hacen la pólvora, que tienen mucho recaudo con que hacella por los muchos salitrales que hay. Y desta manera, de aquí a diez años será imposible podellos conquistar por las muchas armas que tienen. Y la mesma dificultad tienen los de Chile y los araucanos; que ya cuesta tanta gente a España como ha costado Flandes.

El jueves adelante fue la fiesta de la Asunción de Nuestra Señora y vine a Tomina a predicar [307v] aquel día. Y luego que me bajé del púlpito y comí, hice que me ensillasen la mula y me partí luego para la ciudad de La Plata, que no veía la hora que salir de aquella tierra; y Miguel Juárez se quedó a recoger el maíz que habían mandado de limosna y lo que él había juntado de su ropa. Y cuando su mujer Francisca de Ulloa oyó lo que había pasado, fue tanta la pena que recibió, que entendió no ver más a su marido.

Todo aquesto he contado no para que se entienda que fuimos valientes, sino para que se sepa lo mucho que yo he trabajado en este viaje y los grandes peligros en que me he visto, y las muchas mercedes que Dios me ha hecho en me haber librado destos y de otros muchos espirituales, que en esta tierra de tanto vicio y libertad se ofrecen a los hombres. Dios me dé su gracia para que acabe este viaje con felicidad y con bien, y me vuelva a mi casa de Guadalupe, que [e]s la cosa que más deseo al presente.

[308] Acabadas, pues, todas las cosas de Potosí y de Chuquisaca, y puestas en orden de la manera que queda dicho; dejando en todas partes mayordomos y personas que acudan a pedir y a recoger las limosnas de nuestra Señora de Guadalupe, por tan buen orden en todo, que perpetuamente no dejarán de enviar cada año lo que se recogiere; quedando todos con los poderes tan cumplidos como los truje yo del convento; dejando ansimismo en todos los cabildos un tanto de las cédulas reales para que cuando falten algunas de las personas que al presente quedan nombradas para pedir las limosnas, las mismas Justicias puedan nombrar otras conforme al tenor de las letras reales; para que en ningún tiempo dejen de acudir al pedir las dichas limosnas, las cuales serán mayores y más de cada día por la memoria viva que tienen de contino con la presencia de las imágines que yo dejo en todos los pueblos que me pareció convenían quedar porque de otra manera, en volviendo yo las espaldas todo se acabara y no hubiera mas memoria ni limosna de la que al presente se ha cogido; y desta manera quedan las demandas perpetuas en estos reinos para siempre jamás; dejando, pues, todas esas cosas fundadas y compuestas de la manera que mejor convino, me partí de Potosí a los 16 días del mes de junio del año de 1603 para la ciudad de Chuquiabo[761], [308v] la cual está casi cien leguas, pocas menos, de Potosí.

En este camino no hay pueblo ninguno de indios ni de españoles hasta llegar a Cicacica[762], donde hay minas de plata de buena ley, como

---

[761] Álvarez anota que se trata de Chuquiapu, ciudad que se encuentra a 3.705 metros sobre el nivel del mar. Se fundó con el nombre de Nuestra Señora de la Paz en 1548. Álvarez, 1987, p. 195, en nota.

[762] En el manuscrito Çicaçica.

la de Potosí; sácase poca por los pocos indios que tienen de mita[763] para la labor de las minas. En todo este camino, hasta llegar a este pueblo, me sucedieron algunas cosas adversas, que siempre de los caminos no tengo que contar sino trabajos y desgracias. Una fue, que a la segunda jornada de Potosí, estando para partir del tambo de la Quebrada para la Lagunilla, aquella noche me hurtaron unos ladrones mis dos cabalgaduras y quedamos con la ropa, que si no la llevábamos a cuestas, no había remedio por no haber allí cabalgaduras que poder alquilar ni carneros de apires[764] de indios tampoco. Y así doblamos las cargas, y caminando a pie la mitad de nosotros, llegamos al tambo de las Vizcachas, donde compré dos caballos que me costaron cuarenta pesos. Y de allí partí con un fraile francisco[765] que iba en mi compañía; y llegamos al tambo de las Peñas, que es una jornada muy larga y de mal camino; y la gente mía, que venía detrás, se fue por todo un río abajo y perdieron el camino y caminaron toda aquella noche hasta llegar a las lagunas de Paria, y dieron con unos pantanos donde las mulas atollaban y cayeron, y toda la ropa vino [309] mojada y perdida; y los mozos por entrar en los pantanos se mojaron las piernas para poder sacar las mulas; y era el frío tan grande que hacía, que pensaron perecer. Y otro día, a las diez del día, llegaron adonde yo estaba, tan tullidos que se quemaban las piernas en el fuego y no lo sentían.

La noche que yo pasé aquí fue trabajosa, porque no tuve otro regalo más que arrevolverme en el manto y echarme en el suelo, limpio de ropa, sin tener más que unas pajas de icho, que es una yerba como el esparto de Castilla. Y así pasamos la noche que para nosotros fue muy larga y muy fría, porque no dejó de caer nieve en todo aquel camino hasta que llegamos a Chuquiabo, que por otro nombre se dice la ciudad de La Paz. Tuve el día San Juan en el tambo de las Sepulturas, donde nos quedamos todos sin misa, por no haber recaudo para decilla; y un día tan triste y con tanta nieve, que no parece sino que todos los días de San Juan los tenía ya por aciagos en estos reinos, porque siempre en ellos, como los pasaba por los campos y caminando,

---

[763] *Mitta* en el manuscrito. «Repartimiento que se hace por sorteo en los pueblos de los indios para sacar el número correspondiente de vecinos que deben emplearse en los trabajos públicos» (*Diccionario de la Real Academia Española*, 1803).

[764] Apiri (Chile): «Operario que transporta el mineral en las minas» (*Diccionario de la Real Academia Española*, 2001).

[765] Franciscano.

me sucedían desgracias; y ansí al entrar de Potosí la tuve muy grande desgracia de nieve, y a la partida, de la misma suerte.

Al fin llegamos a la ciudad de Chuquiabo, donde asenté por cofadres a todos los que hallé en aquella ocasión allí; y diéronme de limosna 300 pesos [309v] de presente lo demás que mandaron quedó a cobrallo don Diego de Ávalos y Figueroa[766], que fue el que nombraron por mayordomo de aquella ciudad. Aquí estuve 20 días y en este tiempo celebraron la fiesta del Sanctísimo Sacramento en el convento de San Augustín; y pasando con la procesión, fue tanta la nieve que cayó, que muchas de las cosas que estaban puestas en los altares, y colgaduras, se echaron a perder; y cuando en España vamos llenos de calor, acá íbamos en la procesión muertos de frío, porque esta tierra es al revés de la de España, y por todos estos tres meses de junio, julio y agosto, nieva mucho en todo el Collao; y así no se coge fructo en toda esta tierra ninguno, porque el invierno llueve y todo el verano nieva; y así no se cogen sino papas, que son unas raíces pequeñas como camotes o patatas de España, las cuales secas al sol se guardan para todo el año, y después de secas mudan el nombre de papas y se las llaman chuño[767], y es una comida recia y de mucha sustancia; y desto se gasta en Potosí en mucha cantidad: de suerte que si no es estas papas, no se coge en todo el Collao otra cosa. Es tierra muy llana, donde hay grandes pastos para el ganado de la tierra, que se cría mucho, y de Castilla también; y la tierra muy linda, morena como la de la Mancha.

El traje de los indios del Collao es este

[310] En blanco.

[310v] Pie de ilustración: «Indio colla».

[311] Pie de ilustración: «India colla».

[766] El español Diego de Ávalos y Figueroa es el autor del primer libro importante que salió de las prensas limeñas, *Miscelánea austral* (1602). El libro consta de 44 cansinos coloquios entre los protagonistas Delio y Cilena y contiene un largo poema titulado «Defensa de Damas».

[767] «Papa deshidratada, muy usada en la comida criolla de las regiones andinas» (*Diccionario de la Real Academia Española*, 2001).

[311v] En blanco.

[312] En blanco.

[312v] Carnero del Collao y Pacajes[768] que son los más fuertes, y los que cargan el vino y bajan los metales del cerro de Potosí. Cargan estos carneros dos quintales de metal que son 8 arrobas. La carne destos es como de vaca para comer de que hacen el charque[769] o cecina que se come en Potosí. Vale diez pesos corrientes cuando está gordo.

[313] El arma de que usa el indio colla es la honda. Trae cogido el cabello con llauto[770], que son muchas vueltas de una cuerda delgada de lana, todas las vueltas juntas. Trae de contino al lado derecho, colgada, una taleguita pequeña de lana de muchos colores, colgada de

[768] El Collao y Pacajes son provincias del Alto Perú. Hoy día el Collao pertenece al departamento de Puno, en Perú, y Pacajes forma parte del departamento de La Paz, en Bolivia.

[769] También *charqui*. Término propio de Argentina y es lo mismo que tasajo, cecina o carne seca. *Diccionario de la Real Academia Española*, 2001.

[770] No se encontró consignada esta palabra en ningún diccionario castellano; más adelante Ocaña explica que es una cuerda de lana del ancho de un dedo con la que se dan muchas vueltas para asegurar el cabello.

una cuerda por el hombro izquierdo, a la cual llaman chispe. Usa de aquella camiseta por encima de la rodilla, los brazos y las piernas de fuera; y por las espaldas una manta cuadrada con que se arreboza. Son indios medianos de cuerpo, antes pequeños que no grandes; y las mujeres también pequeñas.

Usan las mujeres, en la cabeza, de aquel capirote negro como media luna; los cabellos los hacen soguillas[771] pequeñas y muchas; juntan aquella vestidura, las extremidades por encima de los hombros, con aquellos topos que son de plata; y de allí cuelgan muchos cascabelitos, y van andando con un paso muy menudo, y este paso es general en todas las indias. Cíñense la vestidura con muchas vueltas, al cual ceñidor llaman chumbe. Van de contino por el camino hilando lana, y con los niños a las espaldas envueltos en una manta; y todo lo que va allí se llama quipe. El manjar con que se sustentan se llama maíz, papas y chuno; y alguna quínua, que es la semilla de los bledos[772] de España.

Estas indias del Collao son [313v] la gente más puerca y más sucia que hay en todos los reinos del Pirú, porque desde que nacen, en toda la vida saben qué cosa es lavarse ninguna cosa de su cuerpo; y así traen en la cara y en los brazos y piernas y manos, sobre la carne, unas costras a manera de crietas de suciedad. Y ellas son morenas de curtidas que andan, y con el frío se ponen como negros de Guinea y muy más morenos que mulatos. La lengua desta gente del Collao es muy dificultosa de pronunciar, y así la hablan pocos como la lengua quichua, que también es dificultosa; pero la general se entiende por todas partes.

En los tambos sirven a los pasajeros de pajes para traelles lo que han menester para comer, que más sucios pajes no tiene el mundo; y de suerte que quitan la gana de comer en solo ver la comida en sus manos. Llevan las cargas de la ropa y baúles de los pasajeros en carneros, a los cuales llaman apires, porque lleva un carnero seis y ocho arrobas; y como salgan una hora antes, llegan a la jornada tan presto

---

[771] «Trenza delgada hecha de pelo o de esparto» (*Diccionario de la Real Academia Española*, 2001).

[772] «Planta de la familia de las Quenopodiáceas, de tallos rastreros, de unos tres decímetros de largo, hojas triangulares de color verde oscuro y flores rojas, muy pequeñas y en racimos axilares» (*Diccionario de la Real Academia Española*, 2001).

como el pasajero que va en buena mula.

Y el andar las mujeres tan puercas dicen que es con gusto de los indios, porque los españoles no se aficionen a ellas, como si a ellos se les diera mucho, porque no lo tienen por deshonra coger a la mujer con otro. [314] Solamente les dan cuatro mojicones[773] y luego se les olvida.

Usan de bailes con tamboriles, y van las indias de dos en dos y el tamboril en medio; y beben mucha chicha de maíz y se emborrachan mucho; y las mujeres también, de suerte que, por doquiera que va el hombre, encuentra con mujeres borrachas. Y no trabajan el lunes porque no vuelven en sí de lo que bebieron el domingo, porque han menester todo el lunes para sosegarse y dar razón de sí. Y así, cuando viene algún día de fiesta, los indios le tienen doblado por la razón que digo de beber mucho.

En toda esta tierra, que es muy llana, hay muchos pueblos de indios, que son los que sustentan a Potosí en la mita ordinaria de doce mil indios, que se reparten entre los ingenieros, que son todos los que tienen minas; y desta causa los más de los indios que hay en Potosí son collas.

Está la ciudad de Chuquiabo situada en un valle hondo, de suerte que se viene caminando por un camino de tierra muy llana y no se parece la ciudad hasta que están sobre [e]lla, por estar en lo hondo. Y, para entrar, se baja una cuesta muy derecha que tiene una legua. El temple de Chuquiabo es templado aunque un poco más frío que caliente. Hay cinco conventos: de frailes franciscos, dominicos, de la Merced, augustinos y padres de la Compañía de Jesús. Es de poca gente la ciudad.

---

[773] *Mojicón*: «golpe dado en la cara con el puño cerrado» (*Diccionario de la Real Academia Española*, 1832).

[DE CHUCHITO, SU GRAN LAGUNA, Y MUCHAS OTRAS COSAS NOTABLES
QUE HAY EN ESTAS TIERRAS]

[314v] De Chuquiabo salí para Chucuito; y en el camino me aparté cuatro leguas del camino real para visitar a nuestra Señora de Copacabana, que es una imagen muy devota y que ha hecho y hace grandes y muchos milagros, la cual tienen frailes de San Augustín. Es una imagen muy parecida en todo a nuestra Señora de Guadalupe en las facciones del rostro, y del mesmo altor que nuestra imagen, porque sacando yo una medida que traía conmigo de nuestra Señora de Guadalupe, la medí con la de esta imagen de Copacabana y no tuvo la una más que la otra, sino que vinieron iguales; y quedaron los frailes muy contentos de ver que su imagen se parecía en todo a nuestra Señora de Guadalupe. El pueblo es de indios. Llámase Copacabana y del pueblo tomó nombre la imagen. No es pueblo grande sino como los demás de indios, que de ordinario son pequeños por los muchos indios que faltan, los cuales se consumen en el cerro de Potosí.

Está este pueblo y convento de frailes agustinos situado orilla de una gran laguna, la cual toma nombre del pueblo principal que es Chucuito y así se llama la laguna de Chucuito[774]. Es una de las cosas más notables que hay en todos estos reinos, porque tiene esta laguna más de ochenta leguas de boj[775]; tiene muchas islas; es de agua dulce; [315] tiene mucho pescado, en tanta abundancia que se sustenta todo el Collao, que son más de docientas leguas hasta Potosí, del pescado salado de aquesta laguna. Y desde a tres jornadas de Chuquiabo se viene de contino caminando orilla desta laguna hasta Chucuito; y es mucha recreación porque tiene su resaca como la mar, y cuando hace el viento un poco fresco, levanta las olas y las quiebra como en la mar; y las olas algunas veces son grandes, de suerte que se han perdido al-

---

[774] Álvarez anota que se trata del lago Titicaca, que es el más elevado del mundo. Álvarez, 1987, p. 200, en nota.

[775] «El ámbito o circuito marítimo» (*Diccionario de Autoridades*).

gunos barcos que se han entrado muy adentro a descubrir las islas que hay allá dentro. Hay siempre pescado fresco para los que caminan, que es de mucho regalo; en particular unos bagres[776] que son muy crasos[777] y muy gustosos, y de ordinario hacen daño comiendo dellos demasiado.

Esta laguna tiene su desaguadero dos leguas de un pueblo que se llama Zepita, donde la naturaleza la estrecha tanto, que viene a quedar como un río tan ancho como un tiro de ballesta. Y desta suerte va corriendo el agua como dos leguas y después se hace otra laguna muy grande, a la cual le han dado vuelta y la han boxeado[778] por todas partes y no le han hallado desaguadero, de suerte que toda la vida está en un ser, y aquella agua que le entra no saben por dónde desagua, [315v] y así se entiende que debe de ir por debajo de tierra, por parte secreta, en estotra laguna principal[779]. Entran en ella cuatro ríos muy caudalosos, que en tiempo de aguas no se pueden vadear, sin otros muchos arroyos que también entran en ella; aunque por todo el Collao, como es tierra tan llana, no hay muchos ríos.

En esta laguna hay una puente, por la parte del desaguadero, que dije que se estrechaba el agua como un tiro de ballesta; la más notable y milagrosa que tiene el mundo, porque el agua está muy honda y anch[a], y no se puede hacer ni de madera ni de piedra; y así toda la puente es de haces de enea[780], espadaña[781] o juncos que llamamos en España. Estos haces están juntos unos con otros y atados con unas

---

[776] Pez abundante en la mayor parte de los ríos de América, (*Diccionario de la Real Academia Española*, 2001).

[777] «Grueso, gordo espeso» (*Diccionario de la Real Academia Española*, 1780).

[778] «Rodear, medir la circunferencia y circuito de alguna Isla, País o Región, y andar alrededor de ella» (*Diccionario de Autoridades*).

[779] Álvarez anota que «se refiere al lago Poopó, que se extiende al sur de Oruro y tiene 2.500 kilómetros cuadrados de aguas saladas; al cual separan del Titicaca casi 320 kilómetros» (Álvarez, 1987, p. 201, en nota.)

[780] *Anea*, «planta de la familia de las Tifáceas, que crece en sitios pantanosos, hasta dos metros de altura, con tallos cilíndricos y sin nudos, hojas envainadoras por la base, ensiformes, y flores en forma de espiga maciza y vellosa, de la cual la mitad inferior es femenina y masculina la superior. Sus hojas se emplean para hacer asientos de sillas, ruedos, etc.» (*Diccionario de la Real Academia Española*, 2001).

[781] «Planta herbácea, de la familia de las Tifáceas, de metro y medio a dos metros de altura, con las hojas en forma casi de espada, el tallo largo, a manera de junco, con una mazorca cilíndrica al extremo, que después de seca suelta una especie de

maromas[782], y sobre estos haces mucha de la mesma espadaña suelta, lo cual siempre está sobre el agua y por allí pasa todo el trato del Pirú a Potosí, las recuas de los arrieros y todos los carneros que van de Ariquipa cargados de vino, y los que van del Cuzco con harinas y maíz y con los cestos de la coca, que es una yerba que los indios traen en la boca todo el día, mascándola, con cuyo frescor se sustentan los que trabajan en las minas de Potosí. Cuando pasan las cabalgaduras esta puente, van temblando y la puente tiembla y se hunde hacia [a]bajo con el [316] peso de las cabalgaduras y de las personas; que si se ven estas cosas, no se pueden creer el peligro con que se pa[sa]n esta y otras puentes que hay de crisnejas[783], que son de ramas de árboles como de sauces, de las cuales van haciendo unas sogas anchas, y por aquellas sogas tres juntas por encima dellas, pasan las cabalgaduras y la gente; pero esta puente del desaguadero de la laguna de Chucuito me admiró más que todas esotras, por ser ésta de sola paja puesta sobre el agua, que cuando yo me vi sobre [e]lla, di muchas gracias a Dios por haberme traído a semejante paso, que dubdo haber otro como él en todo el mundo semejante; y no hay en ochenta leguas a la redonda otra parte por donde pasar sino por aquí, por estar estas ochenta leguas todas hechas un mar, y cuando hay viento, muy bravo.

Antes de llegar a esta laguna, viniendo de Chuquiabo a Chucuito, está un pueblo de indios que se llama Tiaguanaco, donde están unos edificios de piedras tan grandes que no se sabe de dónde se pudieron traer allí, porque en cincuenta leguas alrededor no hay piedras de aquel grano de aquéllas, ni hay cantera, por haberse procurado buscar con grandísima diligencia. Y en una tierra tan llana, están edificados a manera de fortaleza dos fuertes de piedras tan grandes y tan pulidamente labradas, que para poder escribir [316v] lo que aquí digo, fui a los edificios con el cura de aquel pueblo, que fue conmigo para enseñármelo todo; y medí una piedra por lo largo y tuvo sesenta pies y de ancho quince, tan pulida y tan llana por todas partes, que estaba toda muy plana. Tenía de canto y de grueso toda igual, sin tener por una

pelusa o vello blanco, ligero y muy pegajoso. Sus hojas se emplean como las de la anea» (*Diccionario de la Real Academia Española*, 2001).

[782] «Cuerda gruesa de esparto, cáñamo u otras fibras vegetales o sintéticas» (*Diccionario de la Real Academia Española*, 2001).

[783] Crizneja, «soga o pleita» (*Diccionario de la Real Academia Española*, 2001).

parte más que por otra, siete pies. Yo estaba considerando cómo pudieron traer fuerzas humanas aquella piedra allí, porque no tenían los indios mulas ni bueyes como agora, ni otros animales que pudiesen tirar tan grandes piedras.

Había otras mayores que ésta, aunque no tan largas pero muy más anchas y de más grueso, de suerte que en medio de la fortaleza está formada una casa con solas cinco piedras, de suerte que cada lienzo de pared es sola una piedra, y en esta mesma piedra están abiertas ventanas y puertas; y con solas cuatro piedras están las cuatro paredes; y por suelo está otra pied[ra], tan ancha que toma todo el suelo de la casa, y tan gruesa que no me pude persuadir a qué fuerzas humanas pudiesen haber asentado ni traído semejante piedra, sino que los demonios debieran de ayudar a semejante cosa.

Y la tradición que hay de los indios viejos parece que confirma esto, porque dicen ellos que el Zupay, que así llaman al demonio, trujo aquellas piedras, y dicen que las traían por la laguna [317] y que venían por el aire; aunque, bien considerado, me pareció ser aquella obra de gigantes, porque hay muchos rostros de gigantes hechos de las mesmas piedras; y en particular hay un gigante entero de una piedra que tiene de largo ocho varas. Y parece esto ser ansí, porque debajo de aquella piedra grande que tenía por suelo la casa, sacaron los españoles, por noticia que dello dieron los indios, una cabeza de un gigante, toda de oro, la cual se llevó a la ciudad de Chuquiabo y pagaron el quinto della a su majestad; y consta por las partidas de los libros de los oficiales reales, haber pagado de quinto al emperador Carlos quinto, noventa marcos de oro que le cupieron del quinto; de manera que pesó toda la cabeza del gigante 450 marcos de oro. Y así por esta razón como por las figuras de gigantes que hay, tengo para mí haber sido edificios de gigantes y que en algún tiempo los hubo allí como los hubo en el Tucumán, como tengo escrito atrás y como parece por los güesos de los sepulcros dellos; aunque hasta agora en Tiagüanaco no se ha descubierto ningún sepulcro de gigantes, y puede ser habellos y no haberse descubierto; aunque hay noticia que por debajo de tierra va una cueva de un fuerte a otro, y que por debajo se comunicaban; y podrá ser estar allí [317v] los cuerpos y aún otras muchas riquezas, sino que no hay hombres que quieran gastar plata en buscar la puerta de la cueva; aunque es poco el espacio que hay de un fuerte a otro, que no serán dos tiros de escopeta, y con una zanja que se abriese por medio, honda que se atravesase de una parte a otra, si había cueva, forzosamente se había de dar con ella.

Pero digo que con la grandeza de las piedras destos edificios pueden callar y quedan muy atrás lo que las historias cuentan de las pirámides de Egipto y de otros grandes edificios, con la grandeza destos que pare[ce]n más obras de demonios que de hombres; y así lo he advertido con la laguna, por cosa muy notable en estos reinos.

Esta orilla desta mesma laguna, a un lado della, otro pueblo de indios que se llama Tarabuco; donde se halló una cruz de madera muy grande[784], con tres clavos de cobre; de la cual cruz yo llevo conmigo a España una raja pequeña, por los muchos milagros que Dios obra por ella. La cual cruz se tiene por tradición haber puesto allí el apóstol san Bartolomé, por habelle cabido la India para predicar el Evangelio; y por lo que los indios dicen, parece ser ansí y que tomaron el traje de aquel hombre; y así en el calzado como en el vestido y el cabello largo, todos conforman en decir que es el nazareo. Y dicen los indios que vieron un hombre descalzo con barba y cabello largo [318] y que les predicaba y que les puso en medio de la plaza aquella cruz, la cual es de una madera tan pesada que, por pequeña que sea una rajita, como un cabello delgada, no más de cuanto sea visible, echada en una escudilla de agua luego se va al fondo, como se podrá hacer la experiencia con la raja que yo llevo conmigo, como yo la he hecho muchas veces.

Y dicen los indios que estando el apóstol y aquel hombre predicándoles que no adorasen al sol, que se fue de la plaza a vista de todos y se metió por la laguna adelante y que les pareció que iba andando por encima del agua, y que nunca más le vieron, y que se quedó la cruz por muchos años después en la plaza del pueblo, y aunque el demonio les decía muchas veces que quitasen de allí aquel madero, que no le habían podido quitar. Y es de advertir que de la madera que es la cruz, en docientas leguas alrededor no hay de aquella madera, ni un árbol verde en todo el Collao; que no cría la tierra sino unas matas de icho, que es como el esparto de España. Y que tenían mucho miedo de llegar a la cruz porque los primeros que la quisieron quitar habían muerto de repente; y así no se atrevían a llegar a ella aunque el demonio se lo decía muchas veces; hasta que muchos años antes

---

[784] Esta noticia se encuentra subrayada en el manuscrito.

que los españoles entrasen, permitiéndolo Dios, la quitaron y la echaron en la laguna. Y a los indios que fueron en que se quitase, los tuvieron los demás como tenemos nosotros a los [318v] descomulgados, como pareció que estando viniendo los indios, le dio por baldón el uno decille que había sido hijo o nieto de los que quitaron la cruz. Y el clérigo o doctrinante del pueblo de Tarabuco reparó en aquello que decía el indio y llamole y preguntole cómo había sido aquello, y qué cruz era la que habían echado en la laguna; y el indio contó al clérigo todo lo que por tradición sabía. El cura juntó todos los indios viejos y preguntoles el caso cómo había pasado, y algunos dellos lo negaban y otros lo confesaban. El clérigo, con esta relación, escribió al obispo de los Charcas y fuele respondido que hiciese diligencia en buscar la cruz. El clérigo aguardó que la laguna menguase, porque por tiempo de verano se retira el agua y se enjuga algún espacio de tierra, y en tiempo de invierno como los ríos vienen crecidos vuelve a crecer; y habiendo venido el verano, fue con lo[s] indios a la parte donde dijeron que la habían arrojado, que según parece ha más de cuatrocientos años que la echaron.

Y siempre entre los indios permanecía esta noticia de que estaba allí aquel madero que ellos temían mucho. Y a poco espacio, como iban cavando dieron con la cruz, el clérigo lleno de gozo juntó todos los indios del pueblo y no la podían sacar según es de grande y pesada. Y la llevó a la iglesia; y al sacalla hubo alteración [319] del tiempo y en particular sanaron enfermos. Y después, el año siguiente que fue el de 600; bajó el obispo a ver la cruz; y volvieron a cavar y hallaron dos clavos de cobre. Y el otro que falta está toda la punta quebrada y en la mesma cruz, de suerte que al tiempo que la echaron se debió de quebrar. Averiguó el obispo por los quipes[785] de los indios que son unos cordeles con muchos ñudos, que son entre [e]llos los anales y las escrituras, porque cada año van dando en aquellos cordeles los años que pasan y los tributos que pagan; y al fin sacó en limpio que al tiempo que vieron ir aquel hombre por la laguna adelante, fue en el que fue la muerte y tránsito de la Virgen gloriosa; y que

---

[785] Por *quipus*, «cada uno de los ramales de cuerdas anudados, con diversos nudos y varios colores, con que los indios del Perú suplían la falta de escritura y daban razón, así de las historias y noticias, como de las cuentas» (*Diccionario de la Real Academia Española*, 2001).

el sancto apóstol fue llevado por virtud divina como los demás para hallarse a la muerte de la Reina de los ángeles. Y así se tiene por cierto y averiguado haber sido el apóstol san Bartolomé el que puso esta cruz en la plaza de Tarabuco.

La madera está muy buena, sin putrefactión, de suerte que en el agua se conservó tantos años. Es esta cruz de mucha devoción en estos reinos, y se hacen muchas cruces de oro y en ellas ponen de la madera desta cruz, la cual ha hecho y hace muchos milagros. Advierto esto de paso en mi viaje porque también es cosa notable y de memoria digna.

[319v] Caminando, pues, de contino, por orilla desta laguna notable, vine y llegué a Chucuito, donde estaba por corregidor el conde de la Gomera, el cual me regaló mucho y me hizo mucha merced en cuatro días que allí estuve. Los españoles que había que eran pocos; mandaron de limosna a nuestra Señora de Guadalupe ciento y cincuenta pesos. Quedó a cobrallos la persona a quien yo dejé mi poder.

Y luego me partí para la ciudad de Ariquipa, y dejé el camino real del Cuzco a la mano derecha y fui a la mano izquierda buscando la mar. Pasé la puna[786], que es muy fría; que fueron cuatro días de despoblado, durmiendo en los campos sin abrigo ninguno. Pasé por el volcán de los Ubinas, que está allí cerca y de contino echando humo y fuego: y llegué a la cuesta de Chiguata, que tiene dos leguas de bajada, con tanta obscuridad de ceniza, que no se parecía cielo ni tierra sino un caos tan condenso de tinieblas y la cuesta tan derecha, que me pareció bajábamos al infierno.

Llegamos a la ciudad de Ariquipa con guía de indios, llenos de ceniza los rostros y sombreros, y la demás ropa, como si hubieran sacudido sobre cada uno de nosotros un costal de harina. Y cuando me vi allí, quedé muy arrepentido; pero por ver aquella desgra[320]ciada ciudad, que fue la mejor de todos estos reinos, y por poder contar lo que sucedió cuando reventó aquel volcán, que tanta ceniza arrojó de sí, que la llevó el viento por todas partes, y por la parte de México[787] la

---

[786] «Tierra alta, próxima a la cordillera de los Andes» (*Diccionario de la Real Academia Española*, 2001).

[787] En el manuscrito *Mégico*.

llevó hasta Sonsonate[788] que son mil y tantas leguas por mar, y por ser una de las cosas más notables que ha sucedido no sólo en estos reinos del Pirú pero ni en todo el mundo; y por haber sido en el tiempo que yo andaba por estos reinos, por curiosidad quise entrar en esta ciudad para poder decir de experiencia lo que vi, y lo demás por relación; para que no quede una cosa tan notable sin que yo la advierta en mi viaje[789].

Estuve solos cuatro días en esta ciudad; sin ver el sol, sino que a las dos de la tarde era menester encender velas por la mucha obscurana que había, por la ceniza que andaba en el aire, con haber ya pasado cuatro años que sucedió el reventar el volcán. En estos cuatro días no entendí sino en saber lo que había pasado y en ver lástimas y necesidades grandes en toda aquella gente, que en tanta prosperidad antes se había visto. Y, al fin, lo que sucedió en la primera ruina de Ariquip[a] es lo siguiente, que por no enfadar, abreviaré lo que pudiere:

[788] Hoy día es una ciudad en El Salvador, cabecera del departamento del mismo nombre.

[789] Poma de Ayala también da cuenta de la erupción volcánica que azotó la ciudad de Arequipa: «Le fue castigado por Dios como reuentó el bolcán y sallió fuego y se asomó los malos espíritus y salió una llamarada y humo de senisa y arena y cubrió toda la ciudad y su comarca adonde se murieron mucha gente y se perdió todas las uiñas y aguiales y sementeras» (Poma de Ayala, *El Primer Nueva corónica*, 1992, p. 973).

Primeramente, viernes, que se contaron 18 de febrero del dicho año de 1600, comenzaron a las 7 horas de la noche algunos temblores de tierra, con tanta frecuencia que casi se alcanzaban unos a otros, aunque aquella noche no hicieron daño en los edificios; pues no fue cosa de consideración algunas paredes que cayeron. Y el sábado siguiente arreciaron los temblores de la tierra, con tanta furia, fuerza y violencia y tan a menudo, que aunque los remesones que daban las paredes de las casas eran de rato en rato, jamás el suelo dejaba de estar alterado y temblando con contino movimiento, de manera que hicieron sentimiento[791] algunos edificios, y parecía cosa sobrenatural el tenerse y no caer, según era grande la fuerza que traían los temblores recios que hubo aquella noche y todo el día del sábado. Fueron más de 150 temblores que movían las paredes de una parte a otra, que cada uno traía apariencia de asolar la ciudad, dando con esto Dios nuestro señor aviso a la gente para que se comenzasen a percebir para el mayor daño que después vino.

[321] El dicho sábado, entre las cinco y las seis de la tarde, estando el cielo muy condenso[792] de nubes y una niebla como las que sue-

---

[790] El terremoto sucedió en 1600 y Ocaña nos informa que está narrando el suceso a partir de las referencias que de él le dan, en 1603, los habitantes de Arequipa. Sin embargo más adelante hace saber al lector que, a distancia, fue testigo de la erupción del volcán, cuando se encontraba en Tucumán, a más de doscientas leguas de Arequipa.

[791] «Se toma por la quiebra que hace alguna fábrica o cosa semejante, con que amenaza ruina» (*Diccionario de Autoridades*).

[792] Condensado.

le haber en España en tiempo de invierno, se oyeron unos truenos tan grandes, que pareció que la máquina de los cielos se disolvía; y no eran como suele otras veces, sino como si dispararan piezas de artillería, los cuales se oyeron en muchas leguas alrededor; y así los oí yo yendo caminando más de docientas leguas de Ariquipa. Y miraba al cielo, y como le veía claro y advertía que no eran truenos, dije a los compañeros que iban conmigo: «¿qué artillería es esta que dispara el cielo? Por gran portento tengo esto». Hasta que llegamos a la ciudad de Sanctiago de Tucumán y supimos la pérdida desta ciudad de Ariquipa.

Y como aquel ruido de aquellos truenos había sido un pedazo de cordillera, que había reventado, el cual arrojó de sí tanta ceniza que por todo el Pirú se tendió, comenzó pues en Ariquipa a llover una arena un poco gruesa, como la que hay en las playas de la mar, ecepto que ésta no era redonda sino pedacitos partidos de piedra pómiz, como purificados por fuego, muy blanca y sequísima, y entre ella alguna marga[r]ita[793] resplandeciente, plateada y alguna ceniza entre [e]lla. Y la gente, viendo llover aquello lo cogían y lo envolvían en papelitos para guardar y en[321v]viar por curiosidad a otras partes; y fuese tanto aumentando el llover ceniza y con tanta abundancia, que en poco espacio cubrió los tejados y suelo y campos más de media vara en alto, y se les caían las casas y los techos con el grandísimo peso, y la que envolvían en papelitos para enviar a otras partes, la llevó el viento hasta México, y en Sonsonate dañó la fructa del cacao, que aquel año se perdió toda. Y fueron más de mil y tantas leguas las que por la parte de abajo y por la parte de arriba llegó hasta el Tucumán, que hay más de quinientas leguas, quedando todos los campos y árboles cubiertos de ceniza, que cosa semejante después que Dios crió el mundo no ha sucedido. Y toda aquella noche del sábado hubo unos truenos tan espantosos que no se sabe haber oído cosa de mayor ruido que lo que entonces se oía todas las veces que el volcán disparaba aquel fuego. Y así no hubo persona que en toda aquella noche ni en los ocho días siguientes durmiese ni reposase, porque en cuarenta horas estuvieron en perpetuas tinieblas sin saber si era de día ni de noche, ni qué hora era por no haber quedado reloj, ni cosa con cosa,

---

[793] «Lo mismo que perla. Aplícase regularmente a las más preciosas» (*Diccionario de Autoridades*). En el texto *margagita*.

entendiendo todos que era la fin del mundo por el fuego grande y globos que el volcán arrojaba. Y entonces no sabían que había sido volcán, sino que era fuego del cielo; y como tenemos por fee [322] que ha de ser por fuego el último fin, entendieron realmente que entonces era y que ya era llegada la última hora.

El domingo por la mañana, al parecer, porque todo era obscuro y andaban por las calles con hachas[794], determinaron de descargar los tejados, porque los techos se caían con el peso de la ceniza; y no se pudo hacer enteramente por falta de los indios, que todos habían acudido al remedio de sus maíces, que estaban por el suelo y cubiertos de cenizas. Y así aquel año no hubo cosecha de nada, y como la yerba quedó cubierta de aquella ceniza, hasta el día de hoy todo el ganado pereció, y las cabalgaduras en que podían[795] huir murieron de hambre, y los pájaros y las demás aves se venían a las casas y se metían entre la gente y se dejaban tomar. Valieron después las comidas mucho: daban por una hanega de trigo doce ducados, que son diez y ocho pesos de plata corriente más medio real, porque peso y medio corriente son doce reales, y valía cada hanega 18 pesos; y el maíz y las demás comidas, por este modo fue subiendo. Y los indios se huyeron a otras partes. Fue la falta que hubo de confesores, grande, porque aunque había muchos religiosos de todas órdenes para confesar a toda una ciudad y de tanta gente, no bastaban en un día, y así se confesaban de cuatro en cuatro sin podellos detener; y se hincaban de rodillas a los pies de los confesores y decían sus culpas a voces, todos cubiertos de [322v] ceniza barbas y cabezas, entendiendo todos ser hundidos aquel día. Las acequias de la ciudad por donde venía el agua se cegaron de todo punto y el río, con la mucha ceniza, se estancó y estuvo sin correr todos aquellos días, porque el agua que corría, se embebía en la mucha ceniza que caía; y dejaron de moler los molinos, y el trigo que había, que era mucho, quedó enterrado en las eras;

---

[794] Guaman Poma también hace alusión a la profunda oscuridad en la que se vio sumida la ciudad a causa de la ceniza: «Escureció treynta días y treynta noches. Y ubo prodición y penetencia y salió la uirgen María todo cubierto de luto y ansí estancó y fue seruido Dios y su madre la uirgen María» (Poma de Ayala, *El Primer Nueva coró - nica*, 1992, p. 973).

[795] En el manuscrito *podíamos*, aunque se encuentra tachado. Esta enmienda es muy interesante ya que a través de ella se puede percibir que Ocaña está transcribiendo lo que los habitantes de Arequipa le narran.

y así fue grande la hambre que había, aunque la gente andaba tal que no se acordaban de comer. Hubo en este sábado y domingo tantos globos de fuego en el aire, que causaban espanto; y en estos dos días no vino persona ninguna de fuera que pudiese dar noticia de dónde había procedido tan grande daño. Y así pasaron en perpetuas tinieblas hasta el lunes, que el día amaneció con un poquito de claridad, como cuando hay luna y está el cielo nublado.

Lunes después de las nueve, al parecer de la mañana, volvió el día a escurecerse, tanto que con luces andaban por las calles las personas, y lloviendo siempre ceniza, aunque ya más delgada. Y comenzaron a hacer algunas procesiones y a pedir a Dios misericordia, porque hasta este día no se atendió a otra cosa más que a las confesiones; y se hizo una procesión de sangre en la cual iban todos descalzos, ansí frailes co[mo] [325] seglares, todos con reliquias en las manos porque cada uno tomaba aquello con que más devoción tenía. Iban todos las cabezas descubiertas, llenas de cenizas cara y barbas y vestiduras; todos tan desemejados, que los que se iban azotando no tenían necesidad de capirotes porque no se conocían los unos a los otros; tantas cadenas, tantos grillos, tantos hombres aspados[796], tantas penitencias y tan ásperas hubo en esta procesión cuanto jamás [ha] habido en el mundo. Derramose mucha sangre; todos los niños y mujeres con piedras en las manos dándose golpes en los pechos y todos dando voces y gritos con lágrimas en los ojos, no habiendo rostro de ninguna persona enjuto, por de duro corazón que fuese. Y así esto es más para llorar y sentir que no para escribir; y así lo dejo a la consideración del que lo leyere, que fue mayor el sentimiento y espectáculo de la gente, de cuanto se puede decir ni encarecer porque faltan razones y palabras, no para exagerar esto sino para poder decir algo de lo que pasó en esta procesión, en la cual llevaron a la imagen sanctísima de nuestra Señora de la Piedad, que no se oía otra voz ni otro canto sino esta palabra de piedad, la cual iban todos pidiendo. [323v] La sancta imagen no se parecía, aunque llevaban muchas hachas, sino de muy cerca; toda blanqueando de ceniza. Y todos los hombres descubiertas las cabezas, y en ellas y en las barbas tanta ceniza que no se conocían los unos a los otros; y las luces de la procesión apenas se parecían. Y vol-

---

[796] «Mostrar con quejidos y gestos enojo excesivo o dolor vehemente» (*Diccionario de la Real Academia Española*, 2001).

vieron con la procesión a la iglesia mayor, quedándose todos en aquella plaza sin saber qué hora era, ni si era de noche o si era de día. Y con verse todos allí juntos, parece que se consolaban unos con otros; y ansí fueron pocas las personas que se fueron a sus casas.

Por intercesión de la sanctísima imagen que sacaron en procesión, amaneció el día con un poco de claridad; y por el tiempo que habían estado sin luz les pareció que era el martes. Este día fue algo más claro, aunque no vieron el sol en todo el día. Cayó este día menos ceniza y más delgada que al principio; pero hubo muchos temblores de tierra. Y el miércoles siguiente fue de la mesma manera; con alguna claridad, pero el sol como si no le hubiera. Y hubo también algunos temblores; pero no tan recios ni con tanta violencia como los pasados. La necesidad de comida fue grande. El agua que bebían era toda llena de ceniza.

[324] El jueves siguiente hubo también temblores y el día amaneció con más serenidad y comenzaron a ver los cerros circunvecinos a la ciudad, y no llovió ceniza.

El viernes siguiente fue el día nubloso, de suerte que no pareció por parte ninguna del cielo claridad alguna; y llovió tierra muy menuda. Hízose este día una procesión general, pero no de sangre, desde la iglesia mayor a nuestra Señora de las Mercedes. Llevaron en esta procesión la imagen devotísima de nuestra Señora de Consolación; y todos los religiosos de los conventos, descalzos y con mucha devoción; y todo el pueblo iba de la misma manera. Hubo sermón, y aquel día y otros atrás se hicieron algunos exorcismos y conjuraron las nubes algunos sacerdotes con vestiduras sacras.

El sábado siguiente fue uno de los más espantosos días que los humanos han visto ni oído decir, porque amaneció con tan extraordinaria obscuridad como la más obscura noche por obscura que haya sido, porque encontraban los unos con los otros por las calles y si no traían luces y velas, no se veían; y así andaban por las calles con luces. Y fue tanta la tierra que llovió, que entendieron ser enterrados vivos, de suerte que subió por algunas partes dos varas y ya no se podía andar por parte ninguna ni conocían sus casas los dueños. Y así se recogió toda la gente [324v] a la iglesia mayor para que allí quedasen los cuerpos de todos enterrados. Y por ser sábado se dijo misa de nuestra Señora, y se celebraron los divinos oficios, tratando todos de que se dijesen misas de réquiem por todos, por la poca esperanza que tenían de vida, contándose ya todos por muertos, y viendo que con el mucho peso de la tierra y ceniza se venía abajo la iglesia mayor por ser el techo de madera, como se cayó después que salieron.

Se sacó la imagen devotísima de nuestra Señora de Consolación, y la de sancta Marta, que la tiene la ciudad por abogada de los temblores, y el Sanctísimo Sacramento con el cual estuvo en las manos don Martín, abad vicario que era en aquella sazón de Ariquipa, en medio de la plaza, cayendo ceniza sobre todos, porque no dio lugar a que sacasen un palio porque toda la iglesia vino al suelo; y así estuvieron todos allí cercados de Madre y de Hijo hasta que se trujo un toldo con que se cubrió el Sanctísimo Sacramento. Después que por el reloj vieron que ya era noche; que siempre lo fue, solo había distinción por las horas, llevaron a San Francisco el Sanctísimo Sacramento y la imagen de nuestra Señora y de sancta Marta con mucho trabajo por no poder ya andar, hasta la cinta, en la ceniza de las calles; y lleváronse allí por ser iglesia de cantería y fuerte. [325]

Hase de advertir que en todos estos ocho días que duró esta tormenta, no entró en la ciudad ninguna otra persona, ni español ni indio, para que diese nueva de dónde había procedido tanto daño, porque ya estaban persuadidos a que había sido volcán que había reventado. Y de donde podían traer la nueva era del pueblo de Omate y Puquiña y de otros que por allí hay, pueblos de indios. Y de aquí no pudieron porque de repente cayó tanta ceniza y piedra pómiz, que quedaron, como estaban cerca del volcán, todos enterrados. Y como fue de noche, que estaban los indios ya recogidos en los pueblos, todos quedaron allí con los clérigos y españoles que había en aquella ocasión, porque la ceniza fue tanta, que el día de hoy, de aquellos pueblos no se parecen sino los tejados de las torres de las iglesias. Que cosa semejante no ha sucedido después que Dios crió el mundo ni las historias cuentan semejante acaecimiento, que hayan pueblos quedado enterrados en ceniza. Y así quedó toda la gente allí, que era de donde podía[797] venir el aviso de lo sucedido.

Pasada, pues, esta gran tormenta del sábado, comenzó a mejorar el tiempo y vino un hombre español del pueblo de Omate. Digo que

---

[797] En el manuscrito aparece *donde nos podía venir*, y la palabra *nos* está tachada. Lo mismo sucede en el pasaje precedente en donde el autor enmienda: *nos diese, estábamos, nos podían.*

venía caminando por cerca de allí y toda la ciudad acudió luego a saber dél qué nuevas traía del camino. El cual vino a pie y con mucho trabajo por habérsele muerto el caballo, como se murieron [325v] de hambre en aquellos ocho días todas las cabalgaduras; y así aunque quisieran salir de la ciudad no tenían en qué. El cual hombre había andado todos aquellos ocho días, perdido por el campo, desatinado de la ceniza, por haber cubierto los caminos; hasta que caminando, vuelto el rostro al aire que venía de hacia la mar, como hombre que era muy cursado de aquella tierra, vino a dar con la ciudad. Y dijo que, viniendo él caminando con dos indios que con él entraron por aquel paraje de Puquiña, vino de repente tan grandísima tempestad de piedras vivas como piedra pómiz, y tanta tierra, que parecía que todo el mundo se hundía; y que en breve tiempo se hallaron todos cercados de tierra y piedras, que no podían caminar; y que venía esta tierra revuelta con tanto fuego, que quemaba donde caía; y que no pudiendo sufrir los golpes de las piedras, se metieron debajo del caballo para repararse de la tempestad; y que viendo que duraba tanto el caer tierra, temiendo quedar allí enterrado, quitó la silla al caballo y se la puso en la cabeza para defensa de las piedras que caían de las nubes; y que venía diciendo a los indios que debiera de haber algún mundo allá [a]rriba y que se venía abajo, pues tanta piedra y tierra llovía. Y venían las piedras culebreando con tanto ruido y ímpetu, que no estaban en sí de espanto y admiración que tenían; y que llegando a un río [326] que está allí cerca, que suele llevar mucha agua, que le halló todo cegado de la mucha tierra que había caído en él, como si nunca allí hubiera habido agua ni parecer que hubiese tomado otro camino. Y que con esta tempestad vino caminando siempre hacia la mar, con mucha obscuridad, y que no sabía qué día era ni podía decir otra cosa porque aún a los compañeros los indios no veían muchas veces, y que por eso venían asidos unos de otros.

Después, acá, lo que se sabe es que reventó un gran pedazo de cordillera, a la cual no ha podido llegar nadie para ver de ciento qué parte fue la que reventó, con haber tres años y medio que sucedió esto que escribo, por estar algunas leguas antes la ceniza, tan alta que hay cerrillos della como sierras de arena.

El daño que causó no se puede decir; pues de solo el valle de Víctor se cogían cada año ciento cincuenta mil arrobas de vino, y todo este valle está perdido porque la mucha piedra pómiz que cayó represó y detuvo el río, que no corrió en doce días, y después reventó el agua y se llevó todas las viñas, quedando todo asolado y con tantas piedras que, aunque el tiempo mejorara, no fuera más de provecho. En la mar, por la parte donde entra este río, fue tanta la ceniza que cayó allí y piedra pómiz, que con tener el río de Tambo que así se llama más de 18 brazas por [326v] la mar en hondo, ha hecho allí una isla como si en toda la vida allí hubiera habido mar, sino que parece que desde el principio fue isla; y ha quedado tan firme que no se ha disminuido. Y así los pilotos en muchos días no pudieron tomar el puerto, porque le desconocían por aquella nueva isla que la ceniza hizo en la mar. Tiene una propiedad estraña esta ceniza: que es tan subtil, que no hay cosa que esté guardada della; y en las cajas muy cerradas y guardadas están las ropas llenas desta ceniza; y cuando de algún cerro se desmorona alguna cosa desta ceniza, corre como arroyo de agua y se lleva cuanto topa por delante; y así derribó muchas bodegas y paredes; pasaba de una parte a otra; y cosas sucedieron de gran maravilla, como era sacar de las bodegas las tinajas del vino y llevarlas a otra parte con tanta facilidad y presteza como si fuera una avenida de un río muy caudaloso.

Sucedió que estando un hombre muy enfermo en la cama, bajó un golpe de aquella ceniza, que venía corriendo por una cuesta abajo como si fuera agua, y sacó la cama del aposento donde estaba con el enfermo y se la llevó hasta en medio de un llano. De suerte que la gente que estaban en las chácaras, cerca de algunos cerros, perecieron porque la ceniza que bajaba se llevaba las casas, como se llevó la casa de doña Leonor de Peralta, mujer de Hierónimo Ran.

Esta relación [327] como aquí se contiene escribí en el convento de San Francisco, en la ciudad de Ariquipa, dictándome estas cosas el contador de la hacienda real Sebastián de Mosquera y otras personas, todas honradas y fidedignas; y así, lo que hasta aquí he escrito es como en efecto pasó. Sea Dios bendito que tan gran castigo envió sobre esta ciudad, tomando por instrumento una cosa tan leve como es un poco de ceniza; pero ésta fue tanta que durará toda la vida. Lo que yo puedo decir desta ciudad es que tiene vestigios de haber sido de las mejores del Pirú, la más rica y la más regalada, porque un año con otro entraban en ella setecientos mil pesos para emplear en vino, y agora no alcanzan un poco de maíz; pero trigo se coge y se da lo que es menester; las viñas no llevan fructo, todo se les va en rama y no madura la uva por la falta del calor del sol; pues en todos los días que allí estuve nunca vi el sol, sino la luna muy colorada; y a las dos de la tarde ya es noche, y es menester encender velas. Y me decían a mí, viéndome afligido, que aquéllos eran días de gloria para ellos. Y es la ceniza tan subtil, que en haciendo un poco de viento la levanta en tanta abundancia que escurece el sol, y tarda todo el mes en volverse [a] asentar y así, como siempre hay viento, siempre hay ceniza en el aire.

El temple de la ciudad era bueno y de mucha frescura y fructas, y de muchas güertas y recreaciones; las mujeres hermosas [327v] y en el tiempo de su prosperidad bien tratadas y de muchas galas y joyas, y en lo que toca a vicio, como en las demás partes de las Indias, amigas de fiestas y de holguras. Y gente muy caritativa y limosnera; y gente principal y muchos caballeros que todo el año gastaban en fiestas. Yo no veía la hora que salir de allí, porque temía mayor castigo que el pasado por las muchas enemistades que entre los ciudadanos había. Y así me partí otro día, después de Santiago. Y este día me hicieron los padres de la Compañía que cantase la misa en su casa. Hay en esta ciudad frailes de San Francisco y de Sancto Domingo, de San Augustín y de la Merced, y padres de la Compañía de Jesús; hay dos monesterios de monjas. Y mucha ceniza y con ella mucha mala ventura y necesidad. Dios los remedie y se compadezca dellos.

Partí de la ciudad de Ariquipa a los 25 de julio del año de 1603 para el valle de los Collaguas. Volví a pasar en este camino otros tres días de despoblados y una puna muy fría y la segunda noche no pude alcanzar la jornada y me quedé a hacer noche al abrigo de una peña, que mayor frío no he pasado en mi vida, porque hacía un aire muy delgado que me traspasaba el cuerpo; y el indio que nos guiaba no pudo encender lumbre y así pensamos aquella noche perecer.

Otro día llegue a Yanqui, donde estaba por co[328]rregidor el doctor don Gonzalo Rodríguez de Herrera, el cual había venido de Castilla conmigo. Este corregidor me regaló mucho y en tres semanas no me dejó caminar; el cual tiempo había bien menester para limpiar la ceniza que saqué de Ariquipa. Lo que hay en este valle son muchos pueblos de indios, y eran muy ricos antes de la pérdida de Ariquipa, a los cuales los doctrinan frailes de San Francisco. Pasa un río muy grande por este valle, y orilla dél hay unos baños admirables, que baja el agua de lo alto de un cerro y cuando llega a mezclarse con el agua del río, viene ya templada; y es contento bañarse allí, y son baños muy saludables; y así hay de contino en estos baños indios enfermos que se curan con ellos; y está hecha una casa allí a la orilla del río, y todo con mucha curiosidad.

Aquí se labran muy lindos cumbes y sobrecamas; y deste valle es la que yo llevo a Castilla, la cual me dio doña Ana de Peralta, mujer del corregidor. Es muy curiosa sobrecama; y porque en España vean lo que labran los indios, la llevo conmigo, por ser de buenas lanas y de finos colores. El temple deste valle es bueno, porque participa de sierra, y él es muy hondo, que para bajar a él se bajan dos leguas muy largas y la cuesta tan derecha, que las mulas llevaban las sillas en las orejas, y todos la bajamos a pie por ser tan empinada.

[328v] Partí del pueblo de Yanqui para la ciudad del Cuzco, cabeza del Pirú por haber tenido allí los ingas, reyes antiguos de los in-

dios, su corte y asiento. Salió conmigo el corregidor una jornada, y dos días antes que yo partiese, envió el corregidor indios adelante para que en las dormidas me tuviesen recaudo de leña y hierba para las cabalgaduras. Y así pasé aqueste despoblado con regalo (que fueron otros tres días de puna muy áspera y fría, y que en tiempo de nieve cae mucha), por la amistad que el corregidor me hizo de enviar indios adelante que me tuviesen recaudo. Fui la segunda noche a dormir debajo de una peña adonde la naturaleza hizo una concavidad tan grande, que está como una cueva donde caben cuatro mil botijas de vino y pueden estar cincuenta personas dentro con sus camas; y no hay otra parte sino allí donde poder hacer noche. Tiene tres puertas y es una cosa admirable porque si no fuera por aquel reparo, no sé qué fuera de los pasajeros, sino que perecieran por aquel despoblado. Al fin éste no le sentí como los demás; y aquí se cumplió el refrán que dice: por doquiera que vayas, de los tuyos halles. Yo hallé en este corregimiento a este amigo y como tal me trató, y en su casa me dieron una petaca, que es como cesta grande llena de dulces y de bizcochuelos, que en [329] medio de la puna me parecía, cuando sacaban para comer de los bizcochos, que estaba en algún locutorio de monjas. Y como mi intención en este itinerario es contar lo que por mí en todas partes ha pasado, como cuento de mal, me pareció poner también este regalo que tuve en esta puna tan áspera, así de camino como de temple. Plega a Dios que con bien lo cuente y que en las que me quedan por pasar, me suceda tan bien como en ésta.

Vine, pues, caminando hasta entrar en el camino real que viene de Chucuito al Cuzco, del cual yo me aparté para entrar en Ariquipa. En este camino está la tierra más alta de todo el Pirú, no montuosa sino de altura natural, por la razón que agora diré. El camino real sube un poco de cuesta pequeña como un cuarto de legua, y arriba en lo llano, hay una laguna pequeña de la cual salen dos arroyos de agua y después con otras aguas se van engruesando de suerte que se hacen dos ríos grandes, el uno corre al mar del norte y el otro, que sale por el otro lado, corre al mar del sur; y desde este lugar corren todas las demás aguas, unas al un mar y otras al otro; y pues desde aquí se dividen, infiero yo que aquélla es la tierra más alta del Pirú.

[329v] Más abajo desta laguna pequeña, de donde salen estos dos ríos que digo, corre el uno al mar del norte y el otro al sur. Viniendo hacia el Cuzco están unos famosos baños en los cuales el Inga se ba-

ñaba; y así están unos pilones con mucha curiosidad hechos, para mezclar y templar el agua caliente con la fría. Salen a la falda de un cerrillo pequeño muchos ojos de agua muy caliente, y tanto que no sufre la mano en el agua cuanto se diga tres veces Jesús; de suerte que metiendo una gallina, sale pelada; y si la detienen un cuarto de hora, saldrá cocida.

A estos baños llegamos un día de viernes a medio día, y los güevos que comimos los asamos en la misma agua, y si se descuidaban un poco, se ponían muy duros. De suerte que el agua caliente sale por muchas partes y cuando llega a juntarse, que es un poco antes de los pilones, viene poco menos que un buey de agua. Y por la otra parte de abajo viene otro arroyo grande de agua fría; y júntanse ambos y por espacio de un cuarto de legua va el agua muy templada. Y del arroyo del agua fría apartan un poquito de agua, que viene a caer en los pilones del agua caliente, para templalla, y que cada uno la tome como quisiere, o muy caliente o no tanto. Sólo [330] hay en este lugar una falta para tomar baños; y es que no hay casa ni abrigo donde recogerse, de suerte que si alguno se quiere bañar, tiene necesidad de llevar toldo; y no entiendo que debe de ser bueno, porque es puna y muy fría, aunque llana y no montuosa de sierras.

Desde estos baños vine caminando hasta el río de Quiquijana. Es río muy caudaloso. Es pueblo de indios, y la mitad está de la una parte del río y la otra mitad de la otra parte; y por una puente se comunican los unos con los otros. La puente se comenzaba a hacer de madera, porque era de crisnejas, que son unas sogas hechas de ramas de un árbol que se llama crisneja, que es como los sauces de Castilla. Estas puentes de crisneja son muy peligrosas. Por orilla deste río se viene caminando toda una jornada. Es río seco. No tiene ribera de arboleda; ni en cuantos ríos hay desde Potosí a Cuzco, ninguno tiene arboleda sino que todos son de arena y muy secos; ni hay un árbol en todo el Collao.

Hasta Potosí, desde el Cuzco, que son ciento y ochenta leguas las que hay, como parece por las jornadas que hay, las cuales pondré también aquí. De Potosí: 7 leguas a Yocalla; a La Quebrada, 5; a la Lagunilla, 7; a las Vizcachas, 6; a las Peñas, 7; a la venta de Enmedio, 8; a las Sepulturas, 6; a Caracollo, 7; a Panduro, 6; [330v] a Cicacica, 6; a Ayo Ayo, 6; a Calamarca, 4; a Viacha, 6; a la ciudad de Chuquiabo, 8; a Laja, 4; a Tiaguanaco, 6; a Zepites, 8; a Copacabana, 6; a Pomata, 5; a Llave,

7; a Chucuito, 6; a Pacarcolla, 5; a Jullaca, 5; a Nicacio, 5; a Pucara, 4; [a] Ayaviri, 5; a Chungara, 6; a Lurucache, 7; a Cacacha, 6; a Cangalla, 4; a Quiquijana, 4; a Quispicha, 6; a la ciudad de Cuzco, 3. Este es el camino real y jornadas que hay desde Potosí al Cuzco; el cual camino andan los indios con el chasque, que es decir la estafeta con las cartas, en 16 días, porque hay en cada tambo destos indios de remuda, y en llegando un indio, luego toma otro la talega de las cartas y parte adelante, de suerte que de día y de noche siempre van corriendo y caminando con las cartas. El camino de Ariquipa no pongo porque me aparté a un lado, y después volví a salir al mismo camino real; y como el de Ariquipa es lo más despoblado, por eso no lo pongo.

Llegué a la ciudad del Cuzco a 24 de agosto del año de 1603. Fuime [a] apear al convento de San Francisco donde todos aquellos padres me regalaron mucho y me hicieron mucha caridad, y me recibieron con muchas muestras de alegría por las nuevas que de mí habían bajado de Potosí. Y luego comencé, por no perder tiempo, a tratar de mi negocio de asentar los cofadres.

[331] En esta ciudad del Cuzco hallé dos imágines de nuestra Señora de Guadalupe, desde el tiempo del padre fray Diego de Losal: la una en el convento de San Francisco, en la capilla de don Melchor Inga, con una lámpara de plata dotada de aceite, que de contino arde; la otra imagen está en la parroquia de los indios que se llama San Blas. Viendo que aquí estaban estas dos imágines, traté de renovar la de los españoles para que se renovase también la devoción y memoria de nuestra Señora de Guadalupe. Y con ayuda de las cosas que el pueblo dio, hice una imagen muy linda y con muchas joyas, la cual recibió el pueblo con mucha devoción. Trujéronla en procesión desde las monjas de Sancta Clara hasta San Francisco, que se atravesó la ciudad de una parte a otra. La procesión fue muy solemne porque mandó el obispo que todas las cofadrías se juntasen; y su señoría, vestido de pontifical, bendijo la imagen. Este día hubo misa nueva en las monjas, y a una hermana del misacantano[798] se le dio el velo. Prediqué yo y cumplí con todo, aunque el sermón fue todo de san Francisco, cuya fiesta las monjas celebraban; porque después prediqué otros dos sermones de nuestra Señora en San Francisco, en el [331v] novenario que se le hizo con mucha solemnidad. Y en estos nueve días asenté por cofadres todo el pueblo; diéronme de limosna dos mil y trecientos pesos, que fue mucho por estar la ciudad muy necesitada.

La noche antes de la fiesta mandó pregonar don Pedro de Córdoba Mesía, corregidor del Cuzco, que todos pusiesen luminarias en las calles, puertas y ventanas, y en las torres y las iglesias y en la fortaleza, de manera que parece que la ciudad ardía en fuego. Salieron de máscara todos los caballeros con muy buenas libreas, y el corregidor con ellos, el cual por devoción de nuestra Señora les dio a todos colación

---

[798] Misacantano, de misa y cantar. «Sacerdote que dice o canta la primera misa» (*Diccionario de la Real Academia Española*, 2001).

aquella noche. Acudieron todos aquellos nueve días a las misas cantadas y a las salves a las tardes, con grandísima devoción. Y así la puse
la imagen en aquella capilla que antes estaba; y nombráronse dos mayordomos muy honrados, los cuales tienen cuidado de la imagen y de
pedir la limosna de nuestra Señora de Guadalupe. De suerte que queda esto con buen orden y bien fundado, para que cada año no falten
las limosnas y se pidan de contino, y se envíen a España cada año lo
que se recogiere. El traje de los indios y indias desta ciudad es este
que se sigue.

[332] En blanco.

[332v] Pie de ilustración: «El traje del Inga, rey de las Indias
Occidentales».

[333] Pie de ilustración: «Traje de las Pallas, reinas y indias principales, mujeres de caciques».

[333v] En blanco.

[334] Habiendo agora de tratar desta ciudad del Cuzco[799], la cual fue cabeza destos reinos por haber tenido los ingas sus cortes en ella, me pareció poner el traje aquí de los ingas, como he puesto el de otras provincias. Digo que todos los indios del Cuzco traen aqueste traje, salvo aquella rosa en la cabeza que solos los reyes la traían; y los que agora traen las orejas hendidas son los del aíllo o linaje de los orejones, que son decendientes de sangre real. Y así en esta ciudad hay muchos Indios que son como los hidalgos en España, que no pagan tributo al rey ni están obligados al servicio personal como los demás indios. La camiseta no les llega con cuatro dedos a las rodillas; son muy galanas de muchos colores aljedrezados, de lanas, y cumbes muy finas. La manta que traen también es muy galana. El arma y insignia del Inga, es una vara y arriba como una hacha engastada en un bastón. El cabello traen largo, por la parte de delante hasta la frente y por detrás hasta que cubre todo el pescuezo, como las coletas de los de Castilla la Vieja. Toda la honra del indio son los cabellos, de suerte que cuando sucede por algún delicto cortárselos, como por ladrón o por otro delicto semejante, es más vergüenza para ellos que dalles docientos azotes; y así al indio que merece muerte, se los dan y le trasquilan; [334v] y es de tanta deshonra aquello para él, que no se atreven [a] aparecer delante de otros indios, sin cabellos. Tráenlos cogidos con un llauto, que es una cuerda de lana, del anchor de un dedo, dadas muchas vueltas juntas, de manera que queda como rosca. Otros usan este llauto de una madera, como aro de cedazo, con muchas pececillas y botoncillos de plata. Son muy amigos de traer plumas y así las traen de ordinario. Y cuando hay flores y rosas, traen de unas flores muy hermosas que hay por los campos, y compran los claveles a las mujeres españolas para ponérselas en los llautos. Traen las orejas, en aquella parte donde las mujeres se ponen los zarcillos, unas rodezuelas de madera, y alrededor la carne de la oreja, aunque esto no lo usan sino los del aíllo de los orejones. Son indios de mucha razón y de buenos ingenios; y así hay entre [e]llos buenos pintores y plateros. Y al fin fueron estos indios los que por su mucha industria sujetaron y tenían por

[799] Álvarez anota que antiguamente la ciudad se llamaba Cosco, «que en quechua significa centro u ombligo, por estar en medio de imperio incaico. Se cree que el Cuzco lo fundó el primer emperador Mancocapac en el siglo XI» (Álvarez, 1987, p. 223, en nota).

vasallos a todos los indios del Pirú, desde Quito hasta la entrada de Chile; que allá estaban los capitanes del Inga cuando llegó al Cuzco la nueva de la entrada de los españoles. Y así bajó el Inga a resistillos, y le prendieron; y trujeron por rescate dél tanto oro y plata, que fueron llenando una sala grande de un tambo, [335] hasta dos estados en alto. Y de aquello se le envió al emperador mucho, de lo primero que fue a España.

El traje de las indias principales es también el que muestra la pintura. Estas traen agora camisa de lienzo y faldellín, y encima, ceñida al cuerpo, una como tunicela sin mangas la cual se llama azú[800]; y encima aquella manta sobre los hombros que se llama llíquida y sobre la cabeza otra manta pequeñita que se llama yanaca. Aquel vaso que tiene en la mano se llama cuero, con que dan a beber la chicha a los indios. Y ellas en los bailes usan de aquel tamborino, traen ojotas o sandallas en los pies, y de ordinario descalzas, aunque agora en estos tiempos usan de botines y chinelas o pantuflos. Y estas pallas son para los españoles como las mujeres públicas; no digo que ellas viven deso, sino por la facilidad que tienen de tratar con los españoles, que lo tienen ellas por honra tener por galán a un español. Y muchas dellas, que son ricas, se casan con ellos. La lengua del Cuzco es la que se habla generalmente por todo el Pirú, porque el Inga mandó que se hablase en todas partes para que se entendiesen todos. Porque hay tanta variedad de lenguas, que en cada pueblo es diferente la una de la otra, y con la general que uno sepa, pasará por todas partes entendiéndole.

[335v] Todos los indios del Cuzco, ansí varones como hembras, son más blancos que los demás y de mejores caras y más bien agestados y se tratan con más limpieza. Hay su invierno y verano, al revés de España; de suerte que por junio, julio y agosto nieva y hace muy buen frío, y desde Navidad y toda la Cuaresma llueve, y el demás tiempo es de calor y templado. Danse aquí todas las fructas de Castilla, y hay mucha camuesa en particular, mucho bembrillo, duraznos y melocotones, mucha azúcar, que se provee todo lo de arriba hasta Potosí, del

---

[800] De nuevo se refiere a las prendas propias de la mujer indígena que son: El *acso* es una especie de falda., la *lliclla* es un manto que se pone sobre los hombros y la *ñañaca*, una mantilla de cabeza que usaban las mujeres principales; pero Ocaña las escribe cada vez con una grafía diferente.

Cuzco, y así se hacen muchas conservas. Hay en esta ciudad muchos caballeros y gente principal, y señoras, y encomenderas de indios. Y así fui muy regalado de dulces y de comidas y presentes que enviaban muchas señoras, de suerte que en las ciudades siempre me iba muy bien y tenía mucho regalo; pero como para llegar de una ciudad a otra hay en medio cien leguas y 200 leguas de tan malos caminos, aguábanse tanto los regalos pasados, con los trabajos de los caminos, que se sentía y advertía más en el trabajo que en el regalo.

Esta ciudad, así por ser todas las casas de piedra y con tejados, como en la forma della, se parece mucho a las de España, por no estar como otras edificada por cuadras, aunque el sitio della fuera de dos plazas, que tiene buenas. Lo demás es áspero y cuesta.

[336] Están a cuatro partes desta ciudad, pegados con ella a los lados, cuatro pueblos o parroquias grandes de indios que hacen a la ciudad parecer mayor de lo que ella es. Hay frailes de Sancto Domingo, de San Francisco, de San Augustín, de la Merced y padres de la Compañía, y un convento de monjas de Sancta Clara. Está el obispo y la catedral del Cuzco, que es muy grande obispado y de mucha renta. Cógese trigo en abundancia. Vino no tiene ninguno; llévase de la Nasca y de Ica.

Aquí está el templo del Sol[801], tan celebrado del Inga y tan pulidas las piedras, tan juntas y bien encajadas y aplanadas, que no tienen argamasa ninguna en medio; y de tal suerte que si no es con mucho cuidado mirando, no se echa de ver juntura de piedra una con otra. En este templo tenía el Inga todos los ídolos de todas las provincias a él sujetas, de suerte que cada provincia tenía en aquel templo su ídolo particular; y así está todo por la parte de adentro lleno de ventanillas y en cada una de aquéllas estaba su ídolo, y en medio estaba la imagen del sol, hecha toda de oro, muy bien labrada.

Aquí está comenzada a hacer la iglesia de Sancto Domingo; y todo el convento era la casa del Inga; que es cosa maravillosa de ver la obra de las paredes, cuán ajustadas y pulidas están las piedras sin otra mezcla ninguna de cal. [336v] Por esta calle que pasa por delante de Sancto

---

[801] Poma de Ayala informa que «la dicha gran ciudad de Santiago del Cuzco, cabeza y corte real de los doce Yngas, reyes de este reyno [...] fue cabeza mayor deste reyno. Y ansí defendió su ciudad Mango Ynga...» (Poma de Ayala, *El Primer Nueva corónica*, 1992, p. 971).

Domingo, fue por donde entraron en esta ciudad solos cinco españoles, los primeros, que no fueron más; y fueron pasando por en medio de tanta multitud de indios, que a puñados de tierra que les tiraran los podían enterrar, a ellos y a los caballos. Y no pudiendo pasar con los caballos, uno dellos se apeó y se echó al cuello los cascabeles del caballo y comenzó a dar saltos a una parte y a otra, que los indios, huyendo dél, les hacían ancha plaza por donde pasasen. Y fue tanto el ímpetu de los indios, que iban huyendo del que llevaba los cascabeles, que hallaron reparo en una pared; y eran en tanta multitud y se apiñaron y empujaron tanto, que dieron con la pared en el suelo; y lo mismo sucedió junto a Cochacaras, en una batalla que dieron a los indios, que así como oyeron disparar la artillería, fue tanto el miedo con que iban huyendo y el ímpetu que llevaban, que derribaron otra pared. Y así fue permisión sola de Dios que solos cinco españoles entrasen en una corte del Inga entre tanta multitud de indios que, como dije, a puñados de tierra que les arrojaran, los mataran. Y así quiso Dios guardallos para la conversión desta gente y de todo el Pirú y provincias dél.

[337] En lo alto de una cuesta grande que tiene tres cuartos de legua, está la fortaleza del Inga: un edificio todo de piedra sin argamasa, muy curiosamente labrado, aunque agora ya está todo desbaratado porque los españoles le han deshecho todo para hacer portadas de las casas con las piedras labradas de la fortaleza. Han quedado solamente las murallas, que son unas piedras tan grandes, que admira vellas; por tan buen orden asentadas y poco menos del grandor de las de Tiaguanaco; y algunas tan grandes. Entre estas piedras está una apartada un poco de la fortaleza que se llama la piedra cansada; la cual se llama desta manera porque la trujo el Inga consigo desde Quito, que son casi quinientas leguas, por caminos tan ásperos de cuestas, que si no es por fuerza de demonios, tengo por imposible por fuerzas humanas haber llevado allí aquella piedra, que es tan grande y tan gruesa como una cuba de 400 arrobas. Y de que el Inga la trujo desde Quito, es común parecer de todos, por la tradición de los indios, que todos dicen habella traído desde Quito, y que cuando llegaron los españoles la dejó allí junto a la fortaleza y bajó a impedir el paso a la gente de España con gran multitud de indios y con todos sus capitanes. Esta piedra tiene por la una frente unos [337v] agujeros por donde pueden entrar unas cuerdas; pero aunque se juntasen todos los in-

dios del Cuzco agora, me parece que no podrían trastornalla, cuánto más llevalla por cuestas tan ásperas de subida, que apenas las personas pueden subir; y tan largas cuestas, que hay muchas de a dos leguas de subida. Y así digo que hay cosas en el Pirú que no se pueden creer aunque se ven por vista de ojos; pero decir todo un pueblo una cosa y afirmar ser ansí todos, ansí indios como españoles, es causa de que yo lo escriba aunque sea difícil de creer; pero como el demonio tan de ordinario hablaba con esta gente y los tenía por tan suyos, no dubdo sino que haría cosas semejantes para dalles a entender que era poderoso para todo, y con semejantes cosas los engañaría.

En la cuesta desta fortaleza fue donde mataron al valeroso don Francisco Pizarro una tarde, por subir a ganar la fortaleza y quitalla a los indios; y como eran tantos y la cuesta tan derecha, arrojaban muchas piedras grandes por la cuesta abajo y como él estaba peleando con una espada y rodela, llegó una piedra destas grande y dándole en las piernas, se las quebró; y después, de rodillas, fueron tantos los indios que mató de los muchos que cargaban sobre él, que tenía alrededor de sí un montón de cuerpos muertos. Y al fin aquella tarde murió el don [338] Francisco Pizarro sin ganar la fortaleza, y su cuerpo está enterrado en la iglesia mayor desta ciudad.

Tenía el Inga no sólo esta fortaleza en el Cuzco; pero en todos los caminos por donde se podía entrar a su corte, a dos leguas y a cuatro y a seis, tenía antes de llegar a la ciudad fortalezas y caminos cercados; y no entraba indio alguno sin que primero se le diese noticia de lo que quería y de dónde venía; y sus capitanes en estas fortalezas los detenían hasta que el Inga mandase que entrasen. Y no se dejaba ver muy a menudo de los suyos, y cuando le hablaban no le miraban a la cara y volvían el rostro a un lado. Y esta costumbre permanece hasta agora en los indios y indias, que cuando hablan con alguna persona, no le miran al rostro y están medio vueltos el cuerpo a un lado; y particularmente hacen esto más continuamente las mujeres. Tenía, alrededor del Cuzco, en los campos, los almacenes donde tenía las comidas de toda su corte el Inga; y con mucha guarda y con cuidado de que no faltase nada.

El valle desta ciudad es muy largo y muy fértil; y mucho no se riega sino con el temporal. Se cogía mucho maíz y hoy día cogen los españoles mucha abundancia de trigo y muy bueno[802].

[338v] En esta ciudad del Cuzco fue donde se levantó Francisco Hernández, estando una noche cenando, en las casas que agora son de don Francisco de Loaysa, entre los cuales estaba el corregidor; y entró el Francisco Hernández armado y tendió sobre la mesa una alabarda y dijo:

—¡Ea!, caballeros, que por todos va.

Y respondió el corregidor:

—Por mí no, que soy del rey.

Y luego le dieron un alcabuzazo y le mataron. Y aquí han sido los demás alzamientos y los más dificultosos de reducir y adonde de contino llegaron a rompimiento de batalla. Y al fin, en esta ciudad están avecindados los mejores caballeros del Pirú, y donde hay más encomenderos y gente más lucida y de a caballo y de rúa por las calles, aunque el día de hoy están con muchas necesidades por irse acabando los repartimientos; y hay muchos nietos de los conquistadores con más necesidad que otros.

El temple de la ciudad en verano es bueno; y pueblo sano, aunque de diez años a esta parte ha entrado una enfermedad en la ciudad que llaman tabardillo[803], que muere mucha gente a la entrada y salida del verano. Las muchas fructas que tiene son mucha parte de haber poca salud; porque dan por ocho reales cien camuesas, por un real cincuenta duraznos, y desta manera las demás fructas. Y todo el año está la plaza [339] llena de fructa, y no se coge en el valle de la ciudad sino en los valles de alrededor, donde están las chácaras de la coca; los cuales valles se llaman los Andes del Cuzco, que quiere decir tierra caliente y de frescura y arboleda, porque el valle de la ciudad no tiene arboleda.

---

[802] Poma de Ayala al hablar del Cuzco dice que es una ciudad en la que: «corre plata, falta de comida y de uino y de carne, todo caro, y la ropa cara. Y tiene juridición y provincias y obispado y conuentos. Y tierra muy fría, en helándose la comida» (Poma de Ayala, *El Primer Nueva corónica*, 1992, p. 971).

[803] «Enfermedad peligrosa, que consiste en una fiebre maligna, que arroja al exterior unas manchas pequeñas como picaduras de pulgas, y a veces granillos de diferentes colores» (*Diccionario de Autoridades*).

En la plaza desta ciudad degolló don Francisco de Toledo al Inga
rey de los indios, el cual había venido y salido destos Andes donde estaba retirado; y era muchacho, y cuando le traían, se asomó don
Francisco de Toledo, virrey del Pirú, a una ventana para velle; y cuando llegó junto a la ventana, los que le traían le dijeron que quitase el
llauto al virrey, y que se le humillase; y preguntó el Inga si era aquél
el rey, y dijéronle que no, sino *yanacona* del rey, que quiere decir criado del rey. Y dijo el Inga:

—Si no es el rey, no quiero humillarme, que yo soy el rey.

Y dijo esto porque no le supieron responder; que le habían de decir que no era el rey en persona, pero que representaba al rey y que
el acatamiento que a él se le hiciese, se hacía al rey; sino dijéronle absolutamente:

—No es el rey sino *yanacona* suyo.

Y así pasó el muchacho sin hacelle cortesía, y desto se enojó don
Francisco de Toledo, y otras cosas que se juntaron porque le mandó
[339v] cortar la cabeza; el cual murió baptizado y confesando la ley
de Cristo, cercado de muchos frailes que le ayudaron a morir. Y fue
cosa notable, que estando en el cadahalso para cortalle la cabeza, era
tanta la multitud de indios que estaban por la plaza y por todos aquellos altos llorando, y dando voces y alaridos por su rey, que de ninguna suerte podían los frailes ayudalle a bien morir. Y dijéronle que
hiciese señal que callasen y no hizo el Inga más que levantar los brazos y tendellos hacia donde estaban los indios, y luego en ese punto
callaron todos como si no hubiera persona en toda la plaza, que causó admiración. El cual pedía que no le matasen sino que le enviasen
a España al rey, que el quería ir a serville allá; y no se pudo acabar
con el virrey, sino que le degollaron. Muchos han dicho que no fuese matado sino envialle a España, y que descubriese grandísimas riquezas y tesoros desta tierra, los cuales quedaron escondidos; como se
tiene noticia de una cadena de oro muy gruesa con que el Inga tenía cercada toda la ciudad del Cuzco; y otras muchas cosas, las cuales
saben de cierto que están enterradas y ninguno sabe donde. Entiéndese
que desde la fortaleza hasta Sancto Domingo que era la casa del Inga,
hay cueva y que se comunica lo uno con lo otro por allí. De cualquiera manera [340] fue mucha lástima degollar [a] aquel muchacho,
en el cual acabaron los reyes ingas del Pirú. Y de todos ha quedado
sólo don Melchor, que fue a España el año 1603, el cual es decen-

diente desta sangre de los ingas llamado del Rey nuestro señor, por parecerles a algunos que había de inquietar la tierra. Es buen hombre de a caballo y juega bien las armas, y es discreto y cortesano, y tiene buenas fuerzas y muchas gracias, que para ser descendiente de indios es mucho, aunque todos los ingas de quien deciende don Melchor fueron de grandísimo gobierno, y para ser bárbaros, siempre se conservaron por su mucha industria.

No se me ofrece más qué poder decir de cosas notables más que yo viese en esta ciudad del Cuzco.

[LAS JORNADAS, TAMBOS, Y PUEBLOS QUE HAY
DESDE EL CUZCO A LIMA]

Partí de la ciudad del Cuzco a 20 de otubre del año de 1603. Salieron conmigo, haciéndome merced y honrándome (hasta dos leguas de la ciudad, a un pueblo de indios, donde comimos), el corregidor don Pedro de Córdoba Mesía, caballero del hábito de Santiago, y su tiniente el licenciado Andrés de Paz; dos frailes franciscos y otros caballeros, a los cuales yo agradecí mucho la merced que me hicieron, porque todos me habían cobrado grandísima afición y voluntad por los sermones que les prediqué, en los cuales procuraba de contino [340v] consolar y encender en devoción de nuestra Señora de Guadalupe, como lo quedaron en esta ciudad y en las demás. Y después que comimos, el corregidor se partió y volvió al Cuzco, y con él los demás que hasta allí habían venido; y yo fui a dormir a Lima, tambo que está 6 leguas del Cuzco, que es una de las fortalezas que dije que el Inga tenía en los caminos por donde se entraba en la ciudad. Y otro día pasé el río Bermejo, que es un arroyo que sale de un volcán, y viene el agua de contino colorada como deshecha en almagre; y en tiempo de aguas es aqueste muy mal paso. Y vine a hacer noche sobre el famoso y gran río de Apurima, el cual en el más tiempo del año no se vadea. Este río tiene una puente de madera, agora de poco acá, que habrá cuatro meses que se acabó, la cual puente está en el aire, porque están hechas unas cadenas de madera, colgadas de la una orilla a la otra, asidas de unos argollones de hierro; la mejor invención que hay en estos reinos; la cual por ser tan curiosa, la pintaré aquí de la manera que están las cadenas de madera hechas.

Destas cadenas hay por la parte de abajo tres y por la parte de arriba, que sirven de espaldar y antepecho dos; las extremidades presas en la orilla del río y por [341] debajo pasa todo el río, de manera que queda toda la puente en el aire. Y por aquellas tres cadenas que están por abajo juntas, que sirven de suelo, están puestas unas tablas por donde pasan todas las recuas, y todo el trato desta ciudad, que se prove de Lima y de Quito y Guánico[804] y de otras muchas partes. Esta es una puente milagrosa, y por cosa notable la pinto aquí, la cual antes era de crisneja y cada día se desbarataba. Aquí no se ha podido hacer puente de piedra, y agora en este tiempo había gastado el rey mucha plata en labrar y juntar la piedra para la puente; y al tiempo que se hacían los estribos, se los llevó todos. Y así se hizo ésta, que costó más de treinta mil pesos.

Luego como se pasa el río, se comienza a subir la laja[805], que es una piedra cortada, la cual cae sobre el río; y en deslizando un poco a una parte, caen las mulas cargadas al río, donde está un piélago tan hondo que, en cayendo alguna cabalgadura, no tiene remedio. Y así han caído allí algunas mulas cargadas de barras de plata y con otras cargas, y no ha sido posible sacar nada de cuanto ha caído. Y cuando los arrieros hacen el fletamento, sacan por condición que la laja de Apurima se ha de pasar por cuenta y riesgo de cuya es la hacienda que se fleta. Aunque ya se ha remediado esto y está el camino con estribo al río.

[341v] Luego, a dos jornadas del Cuzco, está este río de Apurima. Hace abajo tan grande calor y con tantos y tan penosos mosquitos, que si no se pasa este río por la mañana, no se puede sufrir el sol grandísimo y calor. Allí se me huyó el indio que traíamos de guía, y por ir tras dél el mozo y otro indio que yo traía conmigo, me quedé solo, con las cabalgaduras, al bajar de la Laja; y como había tantos mosquitos que picaban a las mulas, no las podía tener porque cada una se me iba por su parte. Y cuando llegó a mí el mozo, ya estaba cansado de correr tras ellas y lleno de sol, y todo el rostro y las manos picado de mosquitos; y son tan ponzoñosos que come la picadura 24 horas, que no hay quien lo pueda sufrir. Los mosquitos son pequeñitos y verdes. Y el indio bajó por un cerro abajo y se les metió en el río y así se nos huyó; que son tan malos, que dejan a los españoles por los campos y se les van de noche huyendo, por no ir con ellos enseñándoles el camino, aunque les dan cuatro reales cada día.

---

[804] Huanico es un centro poblado menor que pertenece al distrito de Namora, en el departamento de Cajamarca, Perú.

[805] «Bajo de piedra, a manera de meseta llana» (*Diccionario de la Real Academia Española*, 2001).

Luego subimos una cuesta muy larga, de más de una legua; y es de advertir que todo este camino del Cuzco a Lima, todo es cuestas subir y bajar, y todo el día se gasta en caminar cuatro y cinco leguas, porque el medio día se gasta en subir la cuesta y el otro medio en bajalla. Y hay tanta variedad de temples, que cuando habemos subido la cuesta y [342] llegamos a la cumbre y a lo alto, es mucho el frío que hace, que hay necesidad de arrebozarse las capas; y después en lo bajo y en los valles, no se puede sufrir el calor, de suerte que en una mesma jornada de un día hay diferentes temples de frío y calor. Y así, de ordinario, en estos caminos enferma mucho la gente si no se camina con mucho cuidado; y es menester llevar herramental y todo aderezo de clavos y herraduras, para que en cayéndose la herradura, luego le echen otra; porque como los pueblos están cien leguas unos de otros, si no se repara la cabalgadura luego como se le cae la herradura, cánsanse y despéanse[806] y no pueden llegar a donde van. Y por esta causa llevan todos recaudo para herrar; y como los caminos son tan largos y tan malos, son excesivos los trabajos que se pasan en ellos.

A cabo, pues, de cuatro días después, llegamos al río de Vilcas, que es también muy caudaloso. Para bajar a este río se baja una cuesta tan larga, que tiene más de dos leguas grandes. En medio desta cuesta está el tambo donde se hace noche; y es tan derecha, que con dificultad se baja a caballo, y después de pasado el río, que se pasa por puente de crisneja, que son unas sogas hechas de ramas de árboles que hay, que son como sauces. Y como el río es tan ancho, por más tirada que esté la puente, está en arco. Y cuando la cabalgadura está [342v] abajo, en medio de la puente, que pasan una a una, es menester dalles voces y animallas para que puedan subir la otra mitad de la puente, porque no caigan en el río; como sucede muchas veces, trastornarse la puente y dar con todo abajo. Estas cosas no se pueden creer si no es vellas, que cierto admiran mucho a la gente chapetona y nueva que viene de Castilla, cuando llegan a semejantes pasos.

---

[806] «Dicho de una persona o de un animal: Maltratarse los pies por haber caminado mucho» (*Diccionario de la Real Academia Española*, 2001).

Al fin, por las jornadas contadas, llegué a la ciudad de Guamanga[807]. Es de poca gente y pobre. Estuve aquí solos ocho días. En ellos asenté por cofadres a toda la gente. Diéronme de limosna, de presente solos treinta ducados, y lo demás quedaron los mayordomos con cuidado de recogellos los demás pesos que mandaron.

En esta ciudad no hay cosa notable de que poder escribir, mas de que pocos días antes que yo llegase, habían degollado al corregidor por traidor al rey, y estaba la cabeza puesta en la plaza sobre un mármol de piedra. El sitio es un valle, que por la mayor parte están los pueblos en lo hondo. Cógese mucho trigo, todo lo que ha menester para su sustento. Hay frailes de Sancto Domingo, de San Francisco, y de la Merced. Aquí no hay padres de la Compañía de Jesús; por donde se podrá entender que la tierra no es buena. Hay un convento de monjas. El trato de la gente desta ciudad es todo de las minas de azogue que tienen en Guancavelica[808]; y así, lo más del año residen en Guancavelica la más gente de la ciudad.

De aquí [343] partí demediado noviembre y vine caminando cuestas abajo y cuestas arriba de contino, sin caminar un solo día por tierra llana, sino siempre por cuestas, pasando algunos ríos, pero no tan caudalosos como el de Apurima y Vilcas; caminando algunas veces por unas laderas que no cabe más que sola una cabalgadura; y por la parte que mira al río, tan derecha la cuesta, que si se le van los pies a la cabalgadura o tropieza, no tiene dónde reparar; y si cae, son docientos estados, que ni fardos ni cabalgadura hay por parte ninguna por donde podellos volver a subir, porque caen de romania y de golpe, sobre el río. Y la cuesta más mala que yo hallé en todo este camino fue la de Vilcas, después de haber pasado el río para venir a Lima; porque tiene de alto dos leguas y media de subida, y tan derecha que vamos culebreando por todo un cerro arriba; y en muchas partes de la cuesta hay muchos pedazos como escalera de piedras, que de ninguna manera se puede bajar a caballo aunque al subir sí, pero con gran dificultad; y de cualquiera manera que sea, las cargas han de caer, por-

---

[807] La provincia de Huamanga se ubica en la región centro occidental del departamento de Ayacucho, Perú. Es la provincia más poblada y la de mayor producción agrícola.

[808] Ciudad del Perú, capital del departamento homónimo de Huancavelica, el cual se encuentra en el centro-sur de Perú.

que si van subiendo las cargas, caen por las ancas, y si vienen bajando, caen por las orejas. Y está el camino tan estrecho, que cuando viene alguna recua, siempre en estos pasos va un hombre delante para avisar que se detengan los que vienen caminando, [343v] porque si se encuentran en aquellas partes estrechas de las laderas, ni hay poder pasar adelante ni volver atrás, porque no puede, en semejantes pasos, revolverse la cabalgadura ni es posible sino rodar la cuesta abajo; y así es menester ir de contino con grandísimo cuidado.

Desta suerte llegué al valle de Jauja, de los buenos de todo esto que hay desde el Cuzco a Lima, y el mejor de todos. Hay muchos pueblos de indios en este valle. Corre un río grande por en medio del valle, y los pueblos que van por la una partes los tienen a su cargo para doctrinarlos y enseñarlos la fee. Los pueblos del otro lado los tienen frailes de Sancto Domingo.

En este valle se coge mucho maíz, y la cecina de puerco es la mejor de toda esta tierra, como la cecina de Tarija, más allá de Potosí. Los indios deste valle de Jauja acuden a la mita del cerro de Guancavelica, y así los tiene muy gastados y apocados por los muchos que allí mueren azogados. Aquí, en este valle, estuve dos días, apercibiendo matalotaje para 20 leguas que hay de despoblado y puna hasta el pueblo de Gurachiri[809], el cual despoblado se llama Pariacaca[810], que es la más mala puna de todas las del Pirú, en la cual me sucedió la mayor desgracia que tuve en cinco años que anduve caminando de contino, de causa que una noche milagrosamente amanecí con vida.

[344] Y fue el caso que partiendo del valle de Jauja para pasar el despoblado de Pariacaca, luego como comencé a entrar en la puna comenzó el tiempo a hacer mudanza, de manera que luego como llegamos a los primeros tambillos, que son unas cabañas cubiertas de piedra como zaburdas propiamente de puercos, porque para entrar en ellas tienen unas puertas tan bajas y pequeñas que si no es muy inclinado el hombre, no hay poder entrar dentro; el techo es de piedra de la propia suerte que se arma una calera; y es de piedra porque si fuese de madera no duraría nada, de causa que los pasajeros lo que-

---

[809] El distrito de Huarochirí es el pueblo que da nombre a la misma provincia de Huarochirí, la cual se encuentra ubicada en la parte central y oriental del departamento de Lima, Perú.

[810] Pariacaca, es una de las sierras del Perú, llamada también Nevado Pariacaca.

marían todo por el grandísimo frío que hace, que entiendo es la puna más alta y más fría que hay en toda la cordillera general dentro destas trecientas leguas que hay desde Lima a Potosí; y las puertas también están tan bajas porque no metan los pasajeros las cabalgaduras dentro. Pues luego como descargamos la ropa, comenzó a venir tanto granizo, que en poco tiempo, dentro de una hora, con una enjalma[811] que pusimos a la puerta, quedamos tapiados de granizo, y las cabalgaduras hasta la barriga y temblando toda la noche, metidas en corral sin poder salir a pacer; de suerte que cesó el granizo y comenzó a nevar toda la noche. Y, al fin, con aquel reparo de las pocilgas y con la cena y buen vino que había, pasamos la noche sin sentir mucho el frío. Dos horas antes que amaneciese, hice que se levantase un indio y [344v] que diese a las cabalgaduras un costal de maíz para que comiesen y pudiesen a la mañana caminar; y al tiempo que el indio quitó la enjalma de la puerta, quedó tapiada de nieve como era tan baja, y con la espada de un criado mío y de otros dos hombres que allí llegaron, desazolbaron la puerta y el indio puso allí junto a la puerta el costal de maíz, y las cabalgaduras con la buena gana que tenían comieron del maíz cuanto quisieron. Y un caballo mío muy fuerte que yo traía, en que venía el almofrej y ropa de la cama, comió demasiado y con la sed que tenía, llegose al río y bebió, y como era agua de nieve y tan fría, diole un torzón y murió luego a la orilla del río; y a la mañana, cuando quisimos cargar, juntamos las cabalgaduras para dalles más maíz y echamos menos el caballo, y por el rastro que dejó en la nieve le fueron siguiendo; y llegando al río viéronle muerto y hinchado como que quería reventar, que sabe Dios la pena grande que recebí por quedar sin tener en qué poder llevar la cama.

Al fin partimos la ropa en dos cabalgaduras y fuimos caminando y subiendo de contno y metiéndonos más en la puna, que se tarda tres días en pasar; y este de en medio fue para mí tal, que después que camino en estos reinos, mayor trabajo no he pasado; y cierto que quisiera pasarlo en silencio por no renovar las lágrimas que derramé en aquel desierto, que tendré memoria dél en todo el discurso de la vida.

[345] Yendo, pues, todos caminando hasta medio día, hizo el día sosegado y no cayó más nieve de la que había caído la noche antes.

---

[811] «Especie de aparejo de bestia de carga, como una albardilla ligera» (*Diccionario de la Real Academia Española*, 2001).

Y después de medio día comenzó poco a poco a caer nieve de manera que mientras más fue cayendo el sol, fue la nieve aumentándose; y con tanta fuerza ya, que íbamos caminando unos tras otros como grullas y no nos veíamos. Y de dos indios que traíamos de guía del valle de Jauja, el uno se nos fue aquella mañana y nos dejó una manta y el jornal, que no le habíamos pagado; y todo lo perdió de buena gana por no pasar con nosotros la aspereza de aquella puna. El otro indio que nos quedó hícele que fuese siempre delante y si quería proveerse, todos estábamos detenidos guardándole el cuerpo, porque si le dejáramos atrás, hiciera lo mismo. Sucedió que de las cargas que venían atrás, de la ropa, se cayó una, y como se apearon a cargalla y se detuvieron mucho, yo no advertí en ello, como venía adelante de todos con el indio; y así no supe que se había caído la carga y fuime caminando poco a poco, con tanta nieve, que no parece sino que el cielo caía a pedazos de su esfera; y por poco que andaba mi mula, andaban menos las otras por venir muy cansadas; con las cargas dobladas, mucha nieve, y haber comido poco, todo era causa de caminar poco, de suerte que debieran de quedar dos leguas detrás.

Y comenzó a cerrar la noche con tanta nieve y obscuridad, que no veíamos señal de camino, ni aún de día apenas le descubríamos.

Y dijo [345v] el indio:

—Padre, yo no sé el camino ni veo nada, ni me atrevo a pasar de aquí.

Y era en una campiña rasa donde corría un viento que traspasaba el cuerpo. Díjele:

—Por tu vida, hijo, que aunque sea tarde, que lleguemos a los tambillos, que ya no pueden estar lejos.

Y volví la cabeza y di una voz para que anduviese la gente, entendiendo que venían tras mí; y según pareció después, quedaban dos leguas atrás. Y como vi que no venían, comencé a entristecerme por ser tan noche, y dije al indio:

—Plega [a] Dios que no hayan perdido el camino.

Respondiome el indio:

—Aquí cerca vendrán; yo quiero volver para venirme con ellos porque no se vayan por otra parte.

Y yo, con el deseo que tenía de que nos juntásemos, dije al indio:

—Vuelve por tu vida, que cerca vendrán y yo te daré a beber, cuando lleguen, muy bien.

Que para un indio es más dalle de beber, a lo menos lo estima él en más, que dalle cien ducados. Con esto se volvió el indio y yo me quedé en aquel campo dando voces de cuándo en cuándo, y de contino cayendo nieve; y desta suerte estuve dos horas largas esperando sobre la mula, con grandísima confusión y turbación de ver que no venían ni ellos ni el indio. Y fue que como ellos vieron que cerró la noche y no veían el camino, dijeron:

—El padre va adelante con el indio; ya estará en los tambillos; nosotros no vemos por dónde vamos y las cabalgaduras no pueden caminar: quedémosnos al abrigo destas peñas que allí había.

Y así lo hicieron, de suerte que cuando llegó el indio a ellos, debía de ser [346] las once, y dijeron:

—Pues ya es media noche; en volver a cargar y en llegar allá será amanecido.

Volvieron a repetir:

—El padre se iría poco a poco y habrá llegado a la jornada.

Al fin yo, viendo que era muy tarde y que no venían, ni el indio volvía, comencé a persuadirme que se habían perdido y que el indio no había dado con ellos; y apeeme de la mula, que apenas me podía tener en los pies, y tomé la gualdrapilla y echéla sobre la cabeza de la mula y arrevolvíme las riendas del freno a la cinta, y puesto mi rostro con el de la mula metido debajo de su cuello y las manos, que no las sentía de frío, las puse debajo de los codillos o brazuelos de las manos de la mula; y tiniendo abrigo y compañía con ella y ella conmigo, permitió Dios que se estuvo toda la noche queda, que no se meneó de un lugar, no sin gran admiración mía porque suele una mula con el frío disparar toda una noche y caminar de una parte a otra. Pensar que yo puedo aquí con razones encarecer lo que aquesta noche pasé, no es posible; y así lo dejo a la consideración del que lo leyere, porque la primera noche, si fue mala y de mucha nieve, hubo qué cenar y qué beber, y los duelos con pan dicen que son llevaderos; pero traspasado de hambre, sin qué beber, y nieve tanta que no parece sino que para aquella noche se guardó toda, porque de cuándo en cuándo levantaba las manos a sacudir el sombrero que parecía tenía una torre sobre mí, daba piadosas quejas [346v] a nuestra Señora y decía:

—Pues, ¿cómo Señora, que me ha traído mi fortuna o por mejor decir mis pecados a morir en un desierto, enterrado en nieve, estando los monjes de Guadalupe bien cenados y recogidos en sus celdas, y yo que no ando haciendo negocios sino los vuestros, pidiendo limosnas para dar de comer a los peregrinos que acuden a vuestra casa, y yo tengo de morir de hambre y perecer de frío esta noche en este desierto?

No podía pronunciar estas palabras sin grandísima copia de lágrimas; y cuento y confieso con toda verdad que me apercebí aquella noche lo mejor que pude para morir, porque era tanta la nieve y el frío que tenía, que me iba faltando el calor natural y tenía por imposible poder amanecer con vida, sino helado y traspasado. Y es cosa cierta que el calor de la cabalgadura me sustentó y después yo sustenté la mula, que nunca me quise servir de otra y no la quise vender. Y cuando me partí de Lima, la di a una persona que la tratase con regalo porque la mula era muy buena para de rúa y para de camino.

Al fin aquella noche para mí fue la más larga que en los siglos ha pasado, y no puedo decir lo que Job *non computetur inannis*[812], porque de contino la tengo en la memoria todo el año, todos los meses, semanas y días como si de nuevo resucitara; porque como un cuerpo resucitado amanecí a la mañana, el medio cuerpo en el sepulcro y el medio de fuera; porque afirmo con toda verdad que la mula y yo amanecimos metidos en la nieve hasta la cinta, de suerte que para salir fuera me quité [347] el botón del manto y se quedó en la nieve; y así salí fuera; y el manto que le tenía con unas piedras apartado del cuerpo me sustentó porque defendía la frialdad de la nieve. Y a la mañana ni parecía camino, ni señal dél, ni veía por todos aquellos campos más que nieve y cielo; y ya se me quitaba con la demasiada blancura la vista de los ojos, y no sabía por dónde ni adónde ir; y así me estuve quedo allí esperando mi gente o otra alguna que pasase, que siempre pasa aunque hay todo este rigor de tiempo; y porque la mula comiese algo, lo que hacía era mirar a donde había algunos bultos altos, y llegaba con los pies y descubría unas matas de icho, que son como el esparto de España. Y la mula íbase tras de mí y comía aquello que yo descubría; y desta suerte estuve entretenido mirando de contino por el campo, si parecía alguna gente. Y a las diez del día vino mi criado con las cargas, que cuando yo los vi, no se puede decir el gozo que mi alma recibió. Y tomé un trago de vino que de traspasado no

---

[812] Tr., Que Job no sea considerado vacío, en vano.

lo podía pasar: comí un bocado, y dolíame tanto la cabeza que estaba como fuera de mí. Y así poco a poco fuimos caminando y luego otro día me dio una gran calentura; y luego como llegué a Lima me dio tan grande enfermedad de tantos trabajos, que estuve muchos meses que no podía volver en mí.

Al fin llegamos a la jornada, y otro día a Guadachiri, donde descansé dos días para reparar las [347v] cabalgaduras y para repararnos nosotros. Lo que hay notable que poder decir deste despoblado, aunque lo sucedido en él bastaba para no tratar de otra cosa, con todo eso quiero poner como en lo demás, lo que hay de consideración. Y es, que en los dos días primeros desde Jauja, siempre se va subiendo cuesta arriba, que no parece sino que suben, los que por allí caminan, al cielo por escalera de tierra; y en lo alto y encumbrado desta puna tan áspera, hay unas lagunas tan hondas y de tanta agua, que pueden navegar en ellas navíos muy grandes y capaces. Cada una de dos que hay, de docientas velas surtas[813]. Esta agua se recoge aquí de la que se derrite de la nieve de otras sierras más altas que están a un lado del camino real. Y por orilla destas lagunas va el camino por una ladera, tan estrecha la senda, que no cabe más que sola una cabalgadura; de suerte que se pasa con mucho riesgo porque, en cayendo, van luego rodando al agua; y como está tan honda, que no tiene orilla de playa como la tiene la laguna de Chucuito, por estar estas lagunas entre cerros, no tiene remedio la cabalgadura que va cargada, porque el peso de la carga la lleva a lo hondo y profundo del agua. Esta crece hasta que llega a peso de un guayco y quebrada de un cerro, y por allí va desaguando conforme va recibiendo por el otro lado que [348] cae, el agua de una peña muy alta.

Viniendo ansí caminando para bajar adonde están estas lagunas, está una escalera hecha a mano, con escalones tan formados como los tiene una torre, salvo que son largos; y por allí bajan las cabalgaduras con las cargas sobre las orejas. Tiene esta escalera de Pariacaca, de escalones continos un cuarto de legua, que si no son los que han caminado este camino y visto esto, no podrán entender el peligro grande y trabajo que se pasa y hay [en] estos pasos semejantes. Y los que van caminando desde Lima al Cuzco suben más tierra que los que vienen

---

[813] Término náutico, de *surgir*. «Volvió la nave surta y amarrada / la aguda proa al peligroso viento» (*Diccionario de Autoridades*).

caminando para Lima, porque desde allá para acá suben solamente dos días y después van bajando siempre; pero desde Lima al Cuzco comienzan a subir desde la cuesta del Chorrillo que tiene de alto dos leguas largas, y encima de la cuesta está el tambo y unos indios poblados. Y desde aquí a Huarochiri también se va subiendo, porque aunque hay algunos valles hondos, vuélvese a subir mucho más de lo que se baja. Y desde Guadachiri hasta esta escalera, siempre se va subiendo; de suerte que son cuatro días los que se caminan, siempre hacia [a]rriba, y cuestas tan derechas que si la cabalgadura cae, se despeña sin remedio, como cada día sucede; y así de[348v]cía yo muchas veces que aquel camino era camino de ángeles, porque si no es con el espíritu o con alas, parece imposible poder subir los cerros tan altos que delante de los ojos se van ofreciendo, en particular aquella subida desta escalera; que cuando desde lenjos se parece y descubren las peñas por entre las cuales ella va, y dicen los baquianos[814] que lo saben a los chapetones que van con ellos que así los llaman a los nuevos en la tierra, por allí arriba, por aquellas piedras habemos de subir, no lo quieren creer, y entienden que los engañan, porque parece desde lenjos que los cerros están con sus puntas sustentando los cielos. Y con esto queda dicho lo que hay en esta puena de Pariacaca. Por los campos hay algunas vicueñas, que son las que crían en los buches las piedras bezares. Son propiamente como cervatillos de Castilla y muy ligeras.

De Guadachiri partí, y entré en Lima por mis jornadas contadas; las cuales pondré aquí con las leguas que hay de una a otra, para que quede el camino real desde Potosí a Lima todo puesto. Entré por el me[s] de diciembre en Lima, el año de 1603, viniendo de vuelta de la tierra de arriba. Y luego como llegué, me dio tan grave enfermedad, de los trabajos pasados, que no me levanté de la cama hasta el sábado de [1604][815].

[349] Las jornadas, tambos, y pueblos que hay desde el Cuzco a Lima, son los siguientes. Desde el Cuzco a Jajaguana, 5 leguas; a Limatambo, 4; a Pampacongo, 5; a Curahuasi, 5; a Abancay, 5; a Cochacajas, 8; a Pincos, 6; a Andaguailas, 6; a Uramarca, 5; a Vilcas, 5;

---

[814] «Experto, cursado. Práctico de los caminos, trochas y atajos» (*Diccionario de la Real Academia Española*, 2001).

[815] Ilegible en el manuscrito.

a los Tambillos, 6; a Huamanga, 4; a Azángaro, 6; a Parcos, 8; a Picoy, 8; a Arcos, 7; a Guancayo, 6, y a Jauja, 7. El despoblado de Pariacaca tiene 20 leguas. Desde la última dormida a Guadachiri hay 5 leguas, al Chorrillo, 6; a 7, 5, y a Lima, 9.

Con esto queda puesto todo el camino real desde Lima a Potosí las jornadas y las leguas que hay de una parte a otra. Y hase de advertir que los más destos son tambos, que es decir como ventas en Castilla, que son unas casas en los campos, con unos balcones grandes en los cuales están unas barbacoas hechas de adobes o piedras con barro, sobre las cuales tienden unos chuces, que son unas mantas gordas que tienen los indios; y sobre aquello, los pobres soldados que caminan sin cama, duermen. Y en los mesmos balcones están con las personas las cabalgaduras, atadas en unas pesebreras, porque cada uno quiere tener su cabalgadura al ojo. Estos tambos hizo el Inga para que sus capitanes se recogiesen con él, de noche.

[De cómo fui de Lima al valle de Ica, y tomé posesión
de las tierras que el virrey, don Luis de Velasco, donó
a la casa de Nuestra Señora de Guadalupe]

[349v] Después que en Lima fui convalesciendo de mi prolija enfermedad, que me duró el convalescer hasta principio de agosto de 1604 años, llegándose el tiempo que el virrey don Luis de Velasco dejaba el gobierno de los reinos del Pirú, por venida del conde de Monterrey, fui al virrey y le pedí que en aquella última despedida destos reinos hiciese alguna merced y limosna a la casa de nuestra Señora de Guadalupe, para que Ella le diese buen viaje. Y ansí me hizo merced de cincuenta fanegadas de tierras en el valle de Ica; y luego como saqué la provisión, me partí para allá a medir las tierras y a tomar la posesión dellas.

Está el valle de Ica cuarenta leguas, todas de unos arenales tan grandes, que las cabalgaduras llevan siempre el arena por encima de los murecillos de manos y pies, de suerte que van de contino como atollando, de la propia suerte como cuando se va por un lodazal, y así se cansan mucho. La primera jornada desde Lima se va a Pachacama[816], que es una casa que el Inga tenía de gran recreación, la cual está sobre un cerro pequeño donde la mar bate, de suerte que parece fortaleza; donde hay noticia que están grandísimos tesoros escondidos.

Desde aquí partí otro día para el pueblo de Chilca, y en esta jornada me perdí y erré el camino, [350] y caminé desde un día por la mañana hasta otro día aquella hora, que fueron 24 horas sin apearme de la mula, por aquellos arenales sin saber dónde estaba; y caminé toda la noche por amor del sol, porque le hacía grande de día; y si me apeara a esperar que amaneciera, no tenían qué comer las cabalgaduras

---

[816] Álvarez anota que era un «templo piramidal construido en adobe sobre un pequeño cerro, casi a orillas del mar. Estaba dedicado al dios Pachacamac». Aparentemente se trata de un templo en el que había reunidas grandes cantidades de oro y plata destinadas al culto. Álvarez, 1987, p. 240, en nota.

sino arena, y a la mañana cuando quisiera caminar, no pudiera porque iban cansadas y sin comer; allí en aquellos arenales nos quedáramos para carne momia como han quedado otros muchos. Pero yo tuve advertencia de volver el rostro y advertir de qué parte venía el viento; y como de contino corre viento sur, fui caminando hacia la parte de donde venía el viento y desta manera volví en busca de la mar, y cuando amanecía volví a dar en el camino y me hallé cosa de media legua de Chilca; de suerte que dende Pachacama, de do yo salí, a Chilca hay 6 leguas, y cuando amaneció había caminado en todo aquel día y toda la noche 18 leguas, porque me fui metiendo hacia la sierra. Y como yo iba tan achacoso de mi convalescencia y pasé tan mala noche, con mucho sereno, me dio una calentura que fue fuerza detenerme en Chilca dos días, y no pensé poder pasar adelante sino que fuera necesario volverme a Lima.

En este pueblo de Chilca, que es de indios, hay una de las cosas más notables que hay en todo el Pirú, y es que hay unas [350v] hoyas en la mesma arena, las cuales el Inga mandó hacer a mano, de suerte que fueron sacando el arena hasta que hallaron alguna tierra. Aquí no hay agua ni se riegan ni hay por dónde les venga, ni llueve en todo el año; y se dan en estas hoyas los mejores melones y pepinos y las mejores uvas de todo el Pirú. Y para coger el maíz hacen una cosa que verdaderamente si no lo viera no lo creyera; y es que cogen grandísima cantidad de anchovetas de la mar, que es un pescado como sardinas pequeñas de España, y quítanles todas las cabezas y en cada cabeza ponen un grano de maíz y hincan la cabeza de la sardina en el arena de aquellas hoyas, y sin más beneficio ni gota de agua, se hacen unos maizales tan altos y mejores que donde los riegan, con tan grandes mazorcas que admira y espanta vellos. Y todas las demás hortalizas y fructas de Chilca hacen grandísima ventaja a las de otras partes. Esto admira aquí por una de las cosas notables que hay en estos reinos: que un grano de maíz y de trigo metido en una cabeza de sardina y enterrada en el arena, multiplique y crezca tanto sin llover en todo el año gota de agua, cosa es que admira mucho y digna de mandar a la memoria.

Hay en estas hoyas mucha yerba, propiamente como la grama de Castilla, de donde colijo yo que debe [351] de haber mucha humedad debajo de algún río, que pasa por allí debajo de tierra, como pasan por muchas partes en estos reinos, y como pasa Guadiana en

España; pero por más cierto tengo que aquella humedad que hay en aquellas hoyas es de la mar, porque están muy cerca della, y como están hondas, deben de estar en el propio peso de la mar, y por debajo del arena se le comunica aquel agua y aquella humedad. Y persuádome a que esto es así porque en algunas hoyas hay un poquillo de agua de algunos puquíos, y es muy gruesa y salobre por estar tan cerca de la mar; y así lo tengo por cierto ser esto ansí como lo entiendo, porque si fuera agua de algún río, creciera o menguara como lo hacen todos los ríos de los llanos, que en tiempo de aguas van que no se pueden vadear; y estar siempre allí el agua, siempre en un peso, no puede ser sino de la mar, que siempre, aunque tiene sus resacas conforme con los tiempos, está en un peso. Y el pescado que se coge aquí es muy bueno, en particular un pescado pequeño y un poco largo que se llama pejerrey. El de Chilca es con muchas ventajas mejor que el que se coge en otras partes. Este pueblo de Chilca es pequeño y de pocos indios.

Desde Chilca se va todo por grandísimos arenales al tambo[817] de Asia; y en medio del camino está el [351v] río de Mala. Es de mucha arboleda y ribera muy espesa; y así, los negros cimarrones que se huyen de sus amos se van a esconder allí, y salen al camino a robar a los españoles; y pocos días antes que yo pasase, había casi cincuenta negros con su capitán, de suerte que fue necesario enviar gente de Lima para que peleasen con ellos y los prendiesen o los echasen de allí. Y fueron tan desvergonzados, que se pusieron en defensa y salieron a pelear al campo con los españoles en forma de escuadrón; y mataron muchos y a los demás que cogieron, los pusieron en unos palos en el camino; y así, cuando yo pasé, estaba aquel camino llano y seguro; que pocos días antes había pasado un fraile de la Merced y le quitaron la plata que llevaba y después le hicieron que bailase en calzas y jubón; y el fraile, porque no le matasen, bailó; y pasó a Lima y dio noticia al virrey y así se remedió este daño.

Desde el tambo de Asia se va, siempre por orilla de la mar, por unos arenales tan muertos, que mueren muchos caballos en este camino, hasta el pueblo de Cañete, el cual fundó el marqués de Cañete.

---

817 Tambo, «mesón o venta. Es voz Indiana» (*Diccionario de Autoridades*).

Es pueblo pequeño, de pocos españoles y pobres[818]. Cogen algún vino y trigo en abundancia, para sí y para gastar en los pueblos de la sierra. [352] Antes, dos leguas, de llegar a Cañete, está la isla de los lobos marinos, que es un pescado que aúlla propiamente como lobo, y salen a tierra en aquella isla que es pequeña; y allí son tantos los que hay y lo que aúllan, que se oyen por espacio de una legua; que vamos siempre por orilla de la mar por camino alto, de suerte que la mar está abajo y el camino va por una barranca alta, de donde un mal clérigo arrojó a la mar a una hermana suya con quien carnalmente trataba, que viniendo caminando por allí le dijo:

—Mira, hermana, la mar cómo bate en esta barranca.

Y la pobrecilla fue a mirar y diole el clérigo un arrempujón y dio con ella en la mar más de cien estados en alto, donde se ahogó y nunca más pareció. Está puesta una cruz allí; yo me llegué a ver el salto que la pobre mujer dio y le dije un responso. Y está la tierra tan derecha, que en cayendo de allí no hay dónde poder reparar, sino que de golpe caen en el agua. Y como yo por doquiera que pasaba iba notando todo lo que había, me apeé de la mula a mirar esto, que es temeridad grande mirar abajo, por la mucha profundidad que allí tiene la mar.

Dos leguas adelante [252v] de Cañete está el río más caudaloso que hay en este camino, desde Lima a Pisco, el cual toma nombre del mismo pueblo y así se llama el río de Cañete. Es de muchas piedras, las cuales el agua trae rodando; y es causa de que se hayan ahogado muchos en él. Tiene la puente de crisneja, cuatro leguas más arriba, en un pueblo de indios que se llama Lunaguaná[819], donde hay los mejores bembrillos del reino, y mucho vino y otras fructas. Y con esto tiene la plaga de Egipto, que son mosquitos; tantos y tan ponzoñosos, que en una siesta que allí estuvimos nos martirizaron. Esta plaga destos mosquitos es general en todos los valles calientes del Pirú; y en habiendo árboles y frescura, aunque no sea tierra caliente, hay destos mosquitos; y dura la picadura y la comezón 24 horas, porque otro día

---

[818] Poma de Ayala da información muy semejante a la de Ocaña con respecto a Cañete: «Es una villa razonable, de poca gente, junto al mar [...] gente pobre, de plata y oro. Y no tienen ganados...» (Poma de Ayala, *El Primer Nueva corónica*, 1992, p. 957).

[819] Lunahuana es uno de los distritos de la provincia de Cañete, se encuentra a 38 kilómetros de San Vicente de Cañete, en el departamento de Lima, Perú.

comen las picaduras de las manos como si acabaran de picar; y si las rascan, se enconan.

De Lunaguaná se va por unos montes de arena muy menuda como 4 leguas y después hay otras 4 leguas de camino más tieso hasta Chincha, donde el Rey nuestro señor tiene el almacén de los azogues que bajan de Guancavelica para subir a Potosí. Allí, en el puerto de Chincha, los embarcan hasta Arica y desde allí los llevan [353] en carneros hasta Potosí. En este pueblo de Chincha no hay cosa notable más de que se coge mucho trigo y de aquí se lleva harina para Pisco y para Ica, porque allá no atienden a sembrar sino a la labor de las viñas. Está a un lado metido en la sierra y cordillera primera, el pueblo y cerro de los azogues de Guancavelica, donde está el cerro tan famoso por el azogue como el de Potosí por la plata. Es ver este cerro un retrato del infierno por las minas tan profundas como tiene, adonde ha muerto tanta multitud de indios, que tiene ya muchos pueblos asolados, porque de trabajados y de azogados los indios, no hay año que no pasan de setecientos indios muertos, como parece por las matrículas y mitas cuando van de los repartimientos. Y así los indios, cuando van al cerro, dicen que van a morir, y se despiden de sus mujeres y hijos para no volverse más a ver, que es lastimosa cosa de ver; y otros llevan a sus mujeres consigo y a sus hijos, y todos mueren o la mayor parte, porque los que andan en las minas, como no hay respiradero por donde salga el polvo, aquel polvillo que sacude cuando barretea, éntraseles [353v] por las narices y por la boca y áseseles[820] al asadura[821], y luego les da una tosecilla como cuando uno está tísico; y así poco a poco se les va aumentando la tos hasta que vienen a echar a pedazos por la boca el asadura. Y cuando ven que el indio comienza a toser, luego le aperciben para la muerte; y no tiene remedio ninguno y así no se le hacen porque tiene el azogue en las entrañas metido.

El temple del pueblo es de contino frío y mucho más que Potosí porque allá, alrededor de Potosí y en el mismo cerro, se da alcacel[822];

---

[820] De *asir*. Por la descripción de Ocaña se puede inferir que el polvillo se les adhiere al hígado.

[821] «Hígado» (*Diccionario de la Real Academia Española*, 2001).

[822] Por alcacer, «cebada verde y en hierva» (*Diccionario de la Real Academia Española*, 2001).

y acá, en Guancavelica, no se da nada sino que todo se trae de acarreto. Lo más que hay notable en este pueblo es que todos los edificios dél son hechos de agua, y así todo el pueblo es hecho de agua, en esta forma: Que en la falda de un cerro se va destilando un poco de agua y aquella agua se cuaja a manera de piedra pómiz o como una piedra de sal, salvo que no es tan macisa sino que tiene algunos ojuelos; y de aquellas piedras cuajadas del agua, llegan y cortan, y dentro de ocho días está vuelto a cuajar como si no hubieran sacado nada de allí. Y cuando quieren que las piedras sean cuadradas, como suelen hacer algunas aras, echan el agua en una caja de madera, que es como molde de ladrillos, [354] y queda el agua cuajada de la forma que es la caja. Esta es la cosa más notable que hay en toda esta puna: que todo un pueblo y las paredes de casas, torres y iglesias, todo hecho de agua; y cien pueblos pueden edificar porque no faltará la cantera; y no tarda el agua en comenzarse a cuajar (como cuando se hiela el agua en Castilla y hace aquellos carámballos[823] gruesos de Castilla la Vieja) 24 horas, porque con mucha brevedad se convierte en piedra. Al fin esto que se convierte en piedra es agua, que por lo que tiene de salitre y de gruesa no es mucha maravilla; pero que la madera en el agua del río del Paraná se convierta en pedernal, como lo advertí cuando escribí lo del Paraguay, esto es mucho de admirar, como lo es que si no es viéndolo y palpando, no se puede creer. No hay más cosas notables de qué poder escribir, pero esta sola cosa de convertirse el agua en piedra, es tanta curiosidad, que basta para lo que se puede decir.

El vicario de Guancavelica fue el licenciado Acacio de Quirós, el cual declaró, cuando murió, haber sido fraile del orden del glorioso nuestro padre San Hierónimo, y mandó su hacienda a la casa de Granada, de donde dijo era profeso. Esta hacienda no pude cobrar aunque truje poder para ello, por estar en Gaspar de Contreras, hombre con mucha necesidad. [354v] Junto a Guancavelica están las minas de Chocolococha. Son de plata de buena ley y por la falta de indios se saca poca.

Volviendo, pues, al camino real que dejamos, desde Chincha se va al puerto de Pisco, donde se embarca todo el vino que se coge de to-

---

[823] *Carámbano*: «Pedazo de hielo más o menos largo y puntiagudo» (*Diccionario de la Real Academia Española*, 2001).

dos aquellos valles de Ica, Chunchanga y Humay. Entre Pisco y Chincha se pasan cuatro ríos, los dos muy caudalosos, que son el de Chincha y el de Pisco. En medio destos está el río de Guaramayo, donde me vi medio ahogado y todas las cabalgaduras, que por tres veces se zabulleron y no pareció ninguna. En este río, pasándole con una balsa hecha de eneas o juncos, íbamos en la balsa Miguel Juárez y yo y el indio balsero, nadando; y cuando llegamos a la mitad del río, iba tan recia el agua y con tanta corriente, que arrebató la balsa y dio con nosotros en la mar, de suerte que la reventazón de la mar echó la balsa a un lado. Que tengo por muy cierto que la imagen de nuestra Señora que yo llevaba conmigo, milagrosamente nos libró de que no nos ahogásemos, como se había ahogado en el mismo lugar, pocos días antes, un clérigo; pero yo di voces al indio, que se dejase llevar del agua sin hacer fuerza, hasta que llegamos al raudal y remanso que hacía la mar; y poco a poco fuimos [355] saliendo. Y si cuando nos llevaba el agua, el indio hiciera alguna fuerza para detener la balsa, cualquiera que fuera era bastante, con la corriente del agua, para volcar la balsa y ahogarnos como el clérigo; y como nos dejamos llevar del agua, fue Dios servido que salimos bien, aunque fue muy muy abajo en la entrada de la mar. Todos estos ríos y arroyos deste camino son muy peligrosos en tiempo de aguas y se pasan con mucho riesgo. En el puerto de Pisco no hay nada de qué poder hacer memoria, por ser pueblo nuevo y que comienzan agora a edificarle. Hay en él un convento de frailes descalzos de San Francisco, y van haciendo muy linda casa con una güerta muy grande.

Desde Pisco al valle de Ica hay doce leguas, de los mayores arenales que hay en todo este camino. Y en medio dél, que es a las seis leguas, están las hoyas de Villacurí, la cosa más mostruosa que hay en todas las Indias; donde está una viña que en toda la vida ve agua ninguna, de la propia suerte que las hoyas de Chilca, y que me pareció a mí que no habría más de setecientas plantas; pero son como parrones, de las cuales había el dueño cogido aquel año cuatro mil arrobas de mosto, que dudo haber en todo el mundo cosa semejante, en medio de un arenal tan seco [355v] que las cabalgaduras llevan de contino casi a la media pierna las manos y pies en el arena, sin que se les parezcan los murezuelos de las manos.

Aquí, en estas hoyas de Villacurí, en medio destos arenales, se dio la más bárbara y cevil batalla que [ha] habido en estos reinos, porque murieron todos los españoles, de una parte y de otra, como bárbaros, porque viniendo marchando el campo de los rebeldes, por estos arenales se encontraron con el campo del rey, que iba en busca suya; y como se descubrieron una mañana, trataron luego de darse la batalla; y cuando ellos peleando no se mataran, murieran todos, ansí caballos como personas, de sed, porque en estas doce leguas no hay agua sino unos puquíos de salitral. Venían en el campo del rey más de mil españoles, y en el otro 300, con mucha suma de indios, ansí de una parte como de otra; y de todos los españoles apenas quedó hombre, que como puercos se alancearon. Y al fin, los de la parte de los rebelados, con ser tan pocos, quedaron victoriosos.

Están hoy día en estos arenales montones de güesos; y los arrieros, que caminan de contino de noche por amor del sol, han oído muchas veces en aquel lugar de la batalla mucho ruido y estruendo de armas, y han visto muchas cosas espantosas. Y con todo no quieren recoger aquellos güesos, que si los sepultasen [356] y les dijesen algunas misas, por ventura no habría nada de aquello; pero está todo aquel campo, en más de una legua que duró el alcance, lleno de güesos y cuerpos, muchos por aquél arena, sin que nadie se acuerde dellos para encomendallos a Dios; y habiendo muerto siendo contra su rey y con título de traidores, al fin con inquietud de conciencia, sea como fuere, esto es cierto: Que permite Dios que allí, en aquel lugar, muchas veces (como lo testifican todos los arrieros que cursan aquel camino), han oído y oyen cajas de guerra y mucha vocería diciendo arma, arma... Y un fraile de San Francisco, el padre Baltasar Pérez, fraile predicador viejo y fidedigno, me afirmó que viniendo un día caminando con otros tres compañeros seglares con quien venía en compañía, vieron un hombre sobre un caballo armado de peto y espaldar, ir por el camino un poco delante dellos y que se apartó del camino y llegó a un médano de arena y se puso detrás dél; y que como le vieron tan cerca, un hombre armado de punta en blanco[824], dijo el fraile:

—Lleguemos allí y sepamos qué caballero es aquél.

Y que todos cuatro, como iban, llegaron al montón de arena, que estaba cerca dellos, y no vieron a nadie, ni por todo aquel campo, que era llano no apareció más; y el [356v] fraile le dijo un responso y se

---

[824] «Con todas las piezas de la armadura antigua» (*Diccionario de la Real Academia Española*, 2001).

volvieron todos espantados. Este camino es muy pasajero y todo el trato del vino del Pirú; y todos los días, uno con otro, pasan de cuatrocientas mulas las que descargan vino en la playa, que lo traen de Ica[825], de Chunchanga[826] y de Humay[827].Y trae cada mula cuatro botijas por 20 reales desde Ica, que son 12 leguas, todas de arena que muele a las cabalgaduras y a las personas.

Llegué al valle de Ica demediado agosto del año de 1604, habiendo caminado desde Lima hasta aquí 42 leguas. Luego como llegué, traté de sacar un testimonio de las tierras que había realengas en aquel valle, en las cuales me podían dar, y le despaché con un propio al virrey don Luis de Velasco.Y entre tanto que venía la provisión del virrey, traté de asentar por cofadres a todo el pueblo; y dijéronme que tenían en la iglesia mayor cofadría de nuestra Señora de Guadalupe. Fui allá y hallé una imagen pequeña y morenita en un altar con poco adorno, y que la cofadría que había era de los indios.Y para quitar aquella memoria de aquella imagen, y que las limosnas que se pidiesen fuesen todas para nuestra Señora de Guadalupe de los reinos de España, determiné de tomar trabajo y hacer una imagen como las demás que dejo en otros pueblos. La gente acudió con devoción y dieron [357] para el adorno della muchas perlas y esmeraldas; y así la hice muy curiosa, como las demás.

Y el día que se determinó que el pueblo la recibiese con solemne procesión, la noche antes, por haber en aquel pueblo mucha gente de Trujillo y de Estremadura, hicieron una máscara por las calles con un carro de música, de suerte que el pueblo se regocijó mucho con las luminarias y con la máscara. Llevose la imagen a la iglesia mayor, sábado en la tarde, y díjosele una salve muy solemne, y el domingo la misa con mucha solemnidad, a la cual acudió todo el pueblo.Y les prediqué un sermón en alabanzas de la Virgen; y con algunos milagros que les conté, cobraron mucha devoción con nuestra Señora de Guadalupe, y se asentaron todos por cofadres.Y dieron luego, de

---

[825] Sobre la villa de Ica, Poma de Ayala informa que es tierra de mucho vino: «Es una villa rica, poderosa, abundancia de fruta de todas maneras y de mucho pan y mays y de mucha carne y de pescado y de vino como agua, lo mejor del reyno y muy barato...» (Poma de Ayala, *El Primer Nueva corónica*, 1992, p. 961).

[826] Pueblo perteneciente al departamento de Ica, Perú.

[827] Pueblo peruano que se encuentra en el distrito de Humay, en la provincia de Pisco, que pertenece a la región de Ica.

contado, 300 pesos de plata corriente, sin lo demás que mandaron para el tiempo de la cosecha; y cada año recogerán los mayordomos, al tiempo del mosto, mucha limosna, la cual será perpetua para siempre; que éste ha sido el principal intento que de contino he tenido y me ha movido a hacer estas imágines: que sea su memoria perpetua para que así lo sean también las limosnas. Luego, a la tarde, se juntó todo el pueblo y las cofadrías, [357v] y llevamos con mucha solemnidad la imagen en procesión al convento de San Francisco; y estuvo en la capilla mayor, en un tabernáculo, 9 días. Dijéronse nueve misas cantadas con mucha música, y a la tarde salve y ledanía, a la cual toda la gente del pueblo con mucha devoción acudía. Y después se puso en la capilla que los mayordomos le hicieron, donde es a su cargo servilla y recoger las limosnas para España. Y ponía estas imágines en conventos de San Francisco porque hay más devoción y porque sean más bien servidas, como lo son; y porque si hay limosnas, pocas o muchas, estos padres no quieren nada ni pueden tener rentas. Y desta suerte queda en este valle de Ica, que es el mejor del reino, donde se coge mucho vino, muy bien fundada y asentada la demanda de nuestra Señora de Guadalupe.

Acabado esto, me vino la provisión del virrey, en que hizo de merced a nuestra Señora de Guadalupe cincuenta fanegadas de tierras en aquel valle; las cuales medimos en la parte que nos pareció mejor y más cómoda; y tomé posesión dellas. Y el trabajo que me costó esto hasta llegar a punto de tomar la posesión, las contradicciones que tuve de indios y españoles, fueron muchas y pasé muy malas noches por aquellos guarangales[828], y grandísimos soles de día. Sírvase nuestra Señora dello; [358] pues por Ella lo pasaba y así se lo tengo ofrecido.

Después de haber tomado la posesión, comencé a dar pregones y a poner en venta las tierras; y en la ciudad de Lima hice lo mismo. Y diéronme por ellas dos mil y quinientos pesos, que salieron a razón de cincuenta pesos la fanegada de plata corriente; de suerte que de esta subida que hice al valle de Ica, con la limosna que me dieron en Pisco y en Ica y lo de las tierras, montó dos mil y nuevecientos pesos lo que truje a Lima. Detúveme en esto cuatro meses; y cuando vine a embarcarme para México, me dio una enfermedad que me

---

[828] De *guarango*, voz de origen incierto, incivil o grosero, (*Diccionario de la Real Academia Española*, 2001).

puso en el extremo de la vida, porque los grandes soles que pasé me hicieron mucho daño.

Sucedió en este tiempo, en estos reinos, un temblor tan grande de tierra, que no se ha visto cosa semejante, porque quedaron muchos pueblos del todo asolados y puestos por el suelo, aunque en Ica no hizo mucho daño. Y fue el caso que la víspera de Sancta Catalina, 24 que se contaron de noviembre del año de 1604, a la una del día después de mediodía, vino tan grande temblor de tierra que parece que todo el mundo se hundía. Yo estaba a este tiempo sobre mi cama, reposando un poco la siesta porque la noche antes no había dormido, por haber estado en el campo ocupado en lo de las tierras. Y comenzó la cama a menearse, y un fraile [358v] francisco que estaba sentado sobre la cama parlando conmigo, salió corriendo; y yo me levanté y quise sacar conmigo la imagen de nuestra Señora de Guadalupe, la cual estaba colgada de un clavo, un poco apartada de la cama; y por los muchos vaivenes que la pared daba a una parte y a otro, o por la turbación que yo tenía, estuve un rato que no pude quitar la imagen del clavo. Y estando ocupado en esto parece que me dijeron en el espíritu que dejase la imagen; y con aquella inspiración la dejé y di un salto a la puerta de la celda, y apenas hube sacado la mitad del cuerpo de la puerta, cuando vino de romanía toda la celda abajo y cayeron las paredes y el techo, y quedó mi cama y toda la demás ropa enterrada, de suerte que dos negros, después, cavando en 4 días, no pudieron sacar mis hábitos ni la ropa de la cama. Quedó el pedazo de la pared donde estaba la imagen en pie, que no cayó; y así la saqué luego como pasó el temblor, que duró casi media hora, y tan recio que, con estar hincados de rodillas en el claustro, no nos podíamos los frailes tener en la tierra, que parecía nos arrojaba de sí. Cayó también la celda del guardián y algunos pedazos de otras celdas; la cerca de la güerta cayó casi toda, por muchas partes la iglesia, y lo demás quedó maltratado. Y del pueblo cayeron algunos pedazos de casas; [359] pero no fue mucho el daño que hubo en Ica respecto de otros pueblos, que quedaron del todo asolados.

Este mesmo día y a la propia hora, salió la mar de sus límites, y de improviso cubrió todo el pueblo del puerto de Arica y no dio lugar a más de que la gente, corriendo y muy aprisa, se retirase; y así cubrió todas las casas y iglesias, y al retirarse a su madre se llevó tras sí todo el pueblo, de manera que lo barrió, de suerte que parece no haber habido en aquel sitio pueblo ninguno. Perdiose toda la hacienda, que no pareció cosa ninguna sino que se lo tragó todo la mar. Y si como fue a la una del día, que la gente andaba fuera y vieron venir sobre sí la mar, fuera a tiempo que estuvieran recogidos y de noche, no quedara persona de todo el pueblo. Y así no se ahogaron sino algunos enfermos que no tuvieron quién los ayudase a salir, porque no había quién se acordase de otro ni aún las madres de los hijos.

Este salir de la mar tanto, fuera de su orilla y límite, fue general desde Chile hasta el pueblo de Cañete, que está 20 leguas de Lima. Salió la mar por espacio de más de 600 leguas, tres y cuatro picas. Esto conforme lo que vi yo, en el puerto de Pisco que llegó el agua hasta las mismas bodegas y por allá [a]rriba salió [359v] más, pues llegó a cubrir la más alta casa y torre del pueblo de Arica; y agora se ha edificado el pueblo más arriba. Siempre este puerto ha sido muy enfermo por el mucho pescado que muere en él y la abundancia de fructas; y como los que bajan de Potosí vienen deseosos de lo uno y de lo otro, causa enfermedad y así mueren muchos. De suerte que este salir la mar tan repentinamente, lo causó el temblor, que la furia del fue en la mar. Y así contaron los pilotos, que a esta sazón se hallaron en la mar por aquel paraje, que no parecía sino que el agua arrojaba de sí los navíos y que por espacio de un cuarto de hora pensaron ser hundidos todos y tragados de la mar.

Este mismo día, víspera de Sancta Catalina, a 24 de noviembre, fue el temblor pasando por toda la tierra adentro, y a las dos de la tarde llegó a la infelice y desgraciada ciudad de Ariquipa, y fue con tanta fuerza el temblor, que toda la ciudad cayó por el suelo, con tan grande ruido y ruina de edificios, que los había buenos de cantería, en particular en los conventos, que certifican los que de allá vienen, que no quedó pared en la ciudad que no cayese, y que en muchas partes della no quedó pared ninguna de una vara en alto, porque afirman que los cimientos de las casas arrojaron [360] de sí la tierra. Y esto fue con mucha pérdida de ciudadanos, que quedaron cubiertos de las paredes de las casas. Y así parece que Dios quiso de todo punto acabar de destruir esta desventurada ciudad; que fue la mejor del Pirú y la más rica; pues solas las mujeres hicieron un gran servicio gracioso al Rey nuestro señor, y agora han quedado que no tienen qué comer ni qué vestir ni con qué comprallo; pues después de haberles venido un daño y azote tan grande de la ceniza, conforme dejo dicho atrás, les vino después tan grande castigo, que no les quedó dónde poderse recoger; y así parece haber sido voluntad de Dios que no esté allí aquella ciudad; que la mucha riqueza y prosperidad debiera de ser causa de vivir con algún descuido de conciencia y con libertad. Dios remedie a los que quedan y los perdone.

Con este mismo temblor, en el pueblo de la Nasca, que está a 18 leguas de Ica, donde yo estaba, se abrieron en la tierra unas bocas por donde salió tanta agua y tan alta, que afirman subía 20 picas en alto, que parecían montes de agua en el aire. Y todas las viñas y ingenios de azúcar que había, se lo llevó todo el agua que de aquellas bocas salió; y quedaron lagunas muy grandes; [360v] y un pueblo de indios que estaba junto a la laguna que había en los Lucanes, con el temblor se abrió la tierra y se hundió todo el pueblo, que se tragó toda la tierra; de suerte que adonde estaba el pueblo de los indios, que era pueblo grande, no hay agora más que un hoyo muy grande y hondo, que la tierra se hundió hacia [a]bajo. Otros tres o cuatro pueblos de indios que estaban en este paraje, quedaron todos destruidos. La ciudad del Cuzco y la de Chuquisaca recibieron mucho daño, y todos los demás pueblos que hay en espacio de trecientas leguas, todos quedaron lastimados. Solamente en la ciudad de Lima no hizo daño el temblor, porque cuando llegó venía ya con poca fuerza. Solamente hervía la tierra y se sentía menear un poco por espacio de un cuarto de hora.

Este ha sido uno de los casos más notables que ha sucedido después que se descubrió esta tierra; y nunca con un solo temblor se ha visto haber hecho daño en tantas partes como éste lo hizo.

Y así, luego que desenterraron mi ropa de la celda que se cayó encima, me partí luego para la ciudad de Lima, adonde llegué por Pascua de Navidad, año de 1604, donde di fin al viaje del Pirú, y voy embarcando mi ropa para caminar a México. Dios me lleve con bien[829].

[829] Aunque Ocaña da como fecha de su embarque a México la Navidad de 1604, parece que se trata de un error ya que en el capítulo titulado «De algunas cosas que tiene Lima en particular» Ocaña informa que fue testigo de un auto de Inquisición que se celebró en Lima en 1605, por lo que suponemos que debió embarcarse a finales de ese mismo año.

ILUSTRACIONES

Traje de todos los indios de los Llanos,
desde Paita hasta Chile

Traje de los indios de los Llanos

Desde Coquimbo hasta Santiago

Este indio mató a la gente que fue con Villagrán,
del gobernador Valdivia. Este es el traje de los indios
de guerra de Chile, esta coraza es de cuero de vaca crudio.
Esta arma se llama macana

La bella Guacolda. Traje de las chilenas,
desde Coquimbo hasta el valle de Arauco

Desde Santiago a la ciudad de Chillán, tiene este mapa
y hay 60 leguas por la costa arriba

Desde la ciudad de la Imperial a la Concepción
que es lo que está en este mapa con 33 leguas por costa

Indio del valle de Arauco. Caupolicán,
éste mató al gobernador Valdivia

India araucana del mesmo valle

Anganamón, *yanacona* del Gobernador Martín García de Loyola, el cual mató al dicho gobernador. Este indio vive hoy año de 1607 [*sic*] y es el que ha destruido a todo el reino

El Gobernador Martín García de Loyola

Indio de la ciénega de Purén

El gobernador don Alonso de Sotomayor

Carneros del Pirú, del Collao y de Chile
y de toda la tierra de arriba

De la Imperial a Valdivia son 24 leguas, y de Valdivia
a Osorno 14 leguas, de Osorno a Chiloé 40 leguas
que es lo que contiene este mapa

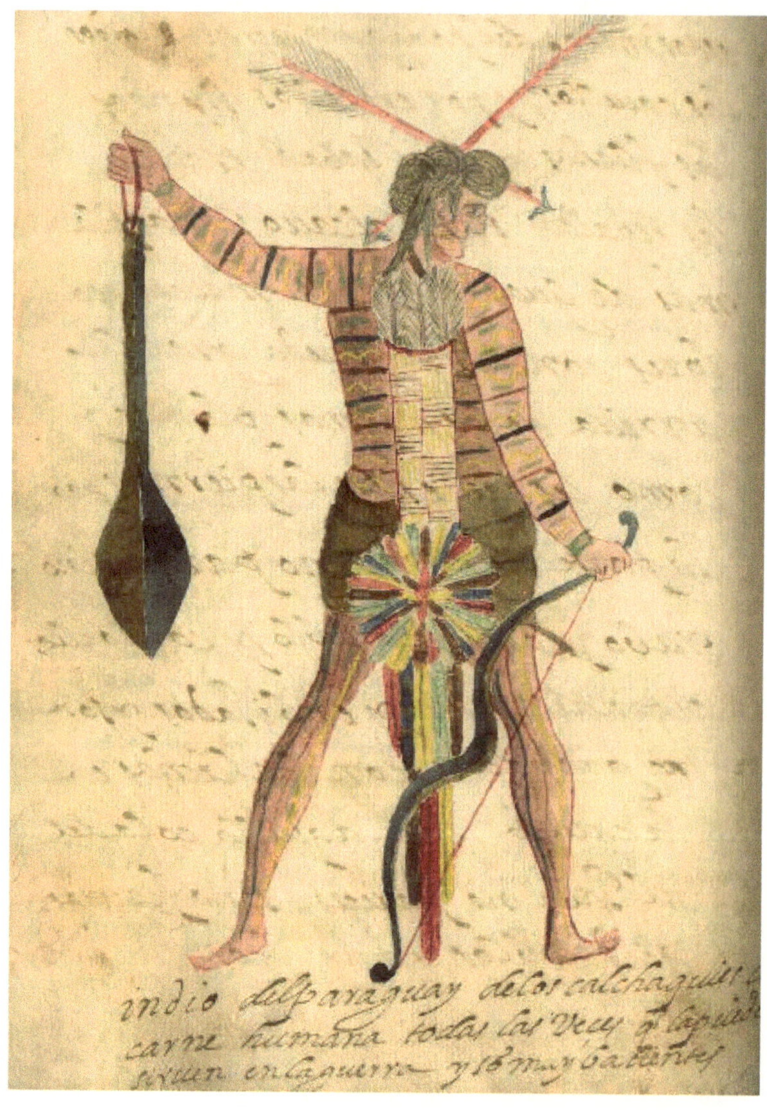

Indio del Paraguay, de los calchaquíes. Come carne humana
todas las veces que la puede haber. Sirven en la guerra
y son muy valientes

India del Paraguay, de las charrúas de guerra

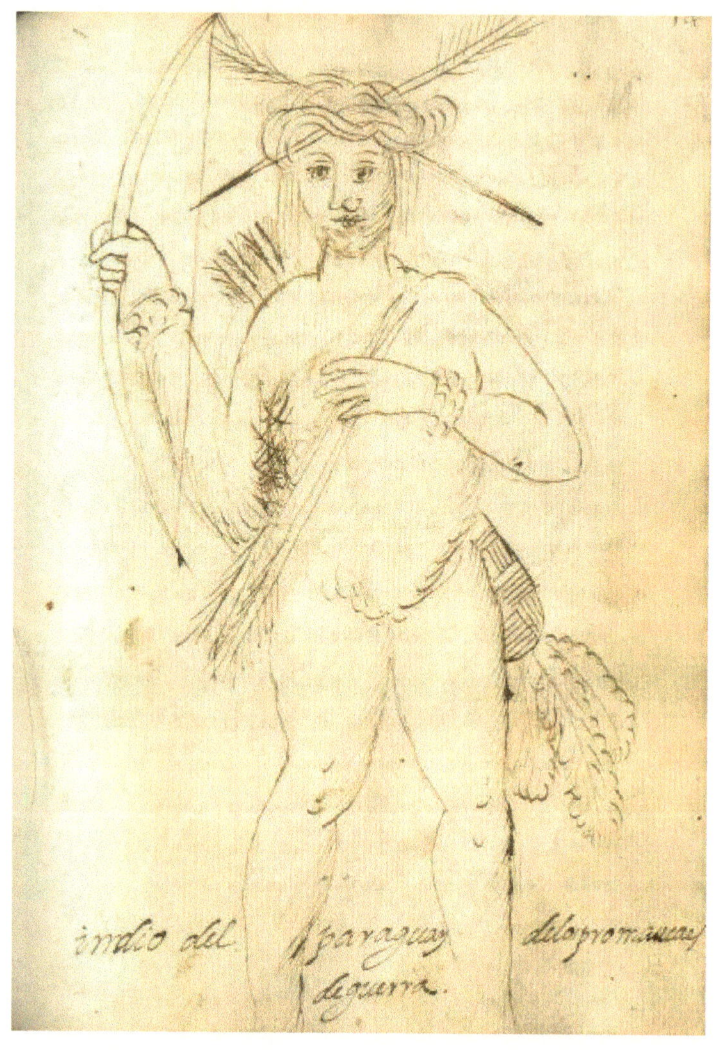

Indio del Paraguay, de los Promaucaes de guerra

Traje de los indios y las indias chirigunaes

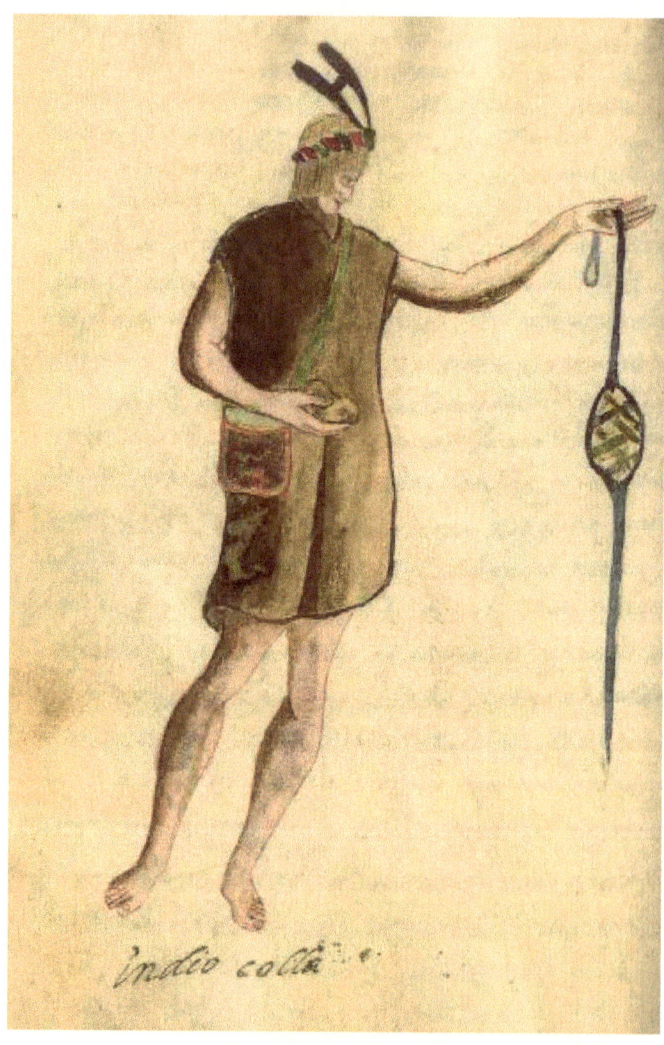

Indio colla

India colla

El traje del Inga, rey de las Indias Occidentales

Traje de las Pallas, reinas y indias principales,
mujeres de caciques

Mapa del viaje de Ocaña